U0937588

Perspicacity

The Viewpoint of
55 Young Economists to
China' Economy

55位青年经济学人的思想守望

新京报／编

中央编译出版社
CCTP Central Compilation & Translation Press

序一

中国当代经济学人的使命

我认为有三类经济学家：一是理论经济学家，目标就是要摘取诺贝尔奖，就是提出问题、提出假设、发现规律；二是应用经济学家，研究经济转轨、研究中国制度变革、推动中国经济的转型，他的主要研究内容是眼前短期政治和长期政治的演变和制度的转型；三是“飞机场型经济学家”，善于分析常识的经济学家。这三类经济学家我们都需要。

这是从经济学人本身这样一种工作角度来讲。如果从一种更宏观的角度看，中国当代经济学人的使命是什么？我认为有两大使命：一是研究中国经济加快制度转型；二是研究中国经济发展有没有理论规律。

要完成这两大使命，我觉得应该好好学习了解世界经济的发展史。中国已经是世界第二大经济体，我们今天的一举一动都已经影响世界。这样背景之下我们如何与世界互动，世界有什么反应？最后结果是什么样？我想世界经济史上有很多东西可以借鉴。200 多年来人类发展史有不少教训，有的甚至非常惨痛，因此未来中国经济保持稳定增长应该有它的逻辑，应该了解世界的大背景、大逻辑，了解制度政策变化可能发生的情况，借鉴历史指导中国。

我的第二个建议是读点经济学术史。我们要尊重先人、前辈，但是我们也不要迷信前辈，更不要简单地迷信主流经济学。理由是：金融危机之后，美国主流经济学家都在反思。我们说哪种理论都有它产生的特殊时代背景，都有一定的时代性，包括它的局限性。任何一个学派都不是常青树，都不能永远独占舞台。

我们做经济学人，首先要明确“我是干什么的”、“我研究哪一块”，不要什么都研究。不要东碰碰，西碰碰。

我认为做理论经济学要耐得住寂寞。“板凳要坐十年冷，文章不写一句空”。十年磨一剑才可以磨出好东西。比如，得过诺贝尔奖的一个人 1960 年写了社会成本问题，到了几十年以后才得诺贝尔奖，他没有写过多少东西，远远不如我们中国有的经济学者写了那么多的文章。

做政策研究要脚踏实地，善于调研。有深度的文章不需要摆花架子。有价值的文章不是光是批评政治，而是能够提出建设性的意见。有深度的文章，不能光是隔靴搔痒，不要嚼人家已经嚼过的馒头，那没有出息。不要说人家听不懂的话，那是似懂非懂。

做学问要善于捕捉经济运行中出现的问题和矛盾；准确判断问题，判断问题矛盾的性质与特征；学会通过现象抓本质，把握经济规律。经济大势呈现特征性的东西；政策研究要回答的不仅仅是应该怎么办，而且要回答具体怎么办。

做好这些的经济学者，其思想其观点，就可以从一个国家的发展、政治制度演变历史中找到他的影子，就能见证历史，影响历史，这就是政策经济学家的使命。

经济学人应该是良心的守望者，知识的守望者，不能趋炎附势，不能人云亦云，更不能见风使舵。如果经常是今天否定自己的昨天，今年否定自己的去年，不断地打自己的耳光，这样的经济学人是没有出息的。经济学人做人做学问必须老老实实，不怕自己观点思想不成熟，就怕不老实，只要老实做人和做学问，社会和历史的眼光是客观的，早晚都会得到承认，同时在劳动报酬上给予一定肯定。

夏斌（国家经济战略研究院院长、国务院参事）

序二

年轻的力量

这是55位中国青年经济学者的采访合集。

这是中国青年经济学者对中国经济走向思考的汇聚。

中国的经济学家群体，是伴随着中国经济的快速发展逐渐走上“舞台”的。

一定程度上说，经济学家群体的涌现和活跃，是中国市场化经济改革的成果。

1984年，大约150名年轻的经济学者，聚集在距离北京1200多公里的浙江省德清县境内的莫干山，举行了一场“经济体制改革中的重大理论问题和现实问题”大讨论，史称莫干山会议。

从此以后，中国的市场经济改革，一路向前，虽有波折但以开弓没有回头箭的姿态，一路向前。经过30年，中国成为全球最大的经济体之一，一代一代的经济学者走上前台，为推动经济改革鼓与呼，贡献了积极的力量。

当年，他们都是30岁左右的年轻才俊。他们中有人回忆说，当时，“农村改革已经大有起色，城市改革尚举步维艰。保守势力很强大，思想意识形态依然比较紧张。”他们以莫干山会议为契机，第一次登上时代前台，他们以智慧、学识和担当向时代发声，对中国改革开放从农村向城市的关键推进提供了诸多卓有价值的思路，并引起了决策层重视。

从80年代初“莫干山会议”上青年经济科学工作者的“第一次集体发声”，到80年代末，北大、清华、人大等高校经济学专业百余名学子和主管经济的时任国务院副总理姚依林走上街头，向千百民众提供“中国经济发展和改革咨询”，中国经济学人总是在传承和新生中，积极站在时代的前沿，为国家发展提供理性和智慧。

如今，参加莫干山会议的一代青年，许多成为了国内著名的主流经济学家。

他们的故事告诉后来者，顺应时代的潮流，推动时代的进步，是年轻的知识分子应有的担当。

新京报策划和启动对于中国青年经济学人的报道和评选，既有向莫干山一代致敬的缘起，也有呼唤当代更多青年经济学人向前辈学习，努力为推动深化中国市场经济改革的目的。

30 年过去，许多人认为，中国经济的高速增长已经难以持续，当年两位数的增幅，也已经不符合现实。

中国的经济，正步入了一个“新常态”，对发展速度的追求，逐渐让位于对发展质量的追求，对经济规模的追求，逐渐让位于对于合理的经济结构的追求。如果说，80 年代的经济学家追求的是解放生产力，那么，如今的经济学家，面对的课题是如何让中国经济健康、持续、绿色地发展。

事实上，新一代的青年经济学者，与前辈们一样，对中国经济的未来充满忧患意识。

两年来，新京报启动的中国青年经济学人报道活动，先后采访了 55 岁青年经济学者。他们有的来自高校，有的来自政府研究单位，有的来自商业机构。他们的共同特点是，对中国的经济的未来保持密切的关注和积极的思考。

他们关注金融，关注土地，关注人口，关注价格，关注就业，关注经济结构，关注民生。

在对他们的采访报道里，可以看出，他们是一群以思考为乐趣的年轻人，他们是一群对中国经济未来抱有忧患意识的年轻人。

新京报两年来对 55 位青年经济学者的专访文章，我都曾仔细阅读。最大感受是，我们选择采访的这批青年经济学者，都是沉得住气，耐得住寂寞的知识分子。这是一种难能可贵的品格，这种品格，也与新京报所倡导的价值观相符合。

所以，在这些报道刊发后，我们结集出版既是对两年来工作的一个总结，也是对 55 位青年学者的致敬，更希望以一本书的形式，让更多人的分享，他们对中国经济和未来的思考。

王海涛（新京报经济新闻部主编）

目　录

释放制度活力，经济可保持20年高增长 …………………… 聂辉华　/1
警惕经济学范式危机 …………………………………… 张茉楠　/7
要调动民间投资必须让利 ……………………………… 何　帆 /13
由危机倒逼改革，这不是好状态 ……………………… 鲁政委 /21
中国不缺“保尔”缺“比尔” ………………………… 管清友 /29

中国对世界经济的影响力超乎想象 …………………… 宋　宇　/37
收入分配改革方案年内见分晓 ………………………… 牛　犁　/45
充实养老金可用外汇储备资产 ………………………… 张　斌　/53
不改革就没有“下半场” ……………………………… 陶　然　/61
拉美是中国的一面镜子 ………………………………… 柴　瑜　/71

劳动力流动越自由，经济发展越均衡 ………………… 陆　铭　/79
破垄断或是改革突破口 ………………………………… 陈道富　/87
土地城市化模式有待改变 ……………………………… 范剑勇　/95
收入分配改革应保证“富不过三代” ………………… 刘胜军 /103
能源行业改革不缺智慧缺勇气 ………………………… 朱　彤 /111

改革≠过度“市场化” …………………………… 陆 磊 / 119
增值税税率可以降一点 ……………………………… 徐建国 / 127
经济增长要靠“啃硬骨头” ………………………… 王 军 / 137
我们必须重新认识农业 ……………………………… 朱信凯 / 145
改革不能总依赖倒逼机制 …………………………… 陈建奇 / 155

经济结构调整好比吃中药 ……………………………… 苏亮瑜 / 163
利率管制过死，滋生钱的“黑市” ………………… 余 方 / 171
应用制度确保社会层级流动 ………………………… 芮 萌 / 179
金融改革应尊重市场意愿 ……………………………… 李晓阳 / 187
收入分配应由市场决定 ………………………………… 薛兆丰 / 193

面对危机需以史为鉴 ………………………………… 范文仲 / 201
利差是被人为创造出来的 …………………………… 梁 琪 / 209
经济改革别指望一揽子方案 ………………………… 吕冰洋 / 217
经济转型的关键是企业所有权竞争 ………………… 徐 高 / 227
政府应增强预算透明度 ……………………………… 刘 桓 / 237

让投资慢下来，与消费相匹配 ………………………… 赵 萍 / 247
推动经济发展，投资教育更划算 …………………… 李宏彬 / 257
混合制改革关键在国企市场化 ……………………… 汪 浩 / 265
改革税制，将税权收归全国人大 …………………… 龚六堂 / 273
利率市场化推动银行业二次转型 …………………… 温 彬 / 283

降房价不如稳房价 …………………………………… 吴斌珍 / 293
股市监管大框架尚未搭建完成 ……………………… 夏立军 / 301
P2P 应强调“事前监管” …………………………… 尹振涛 / 309
“良性”股市可成经济改革抓手……………………… 田利辉 / 319
完善保障房，房价自然回归 ………………………… 成德宁 / 329

城市人口调控可充分发挥市场作用 …………………………… 陈　钊　/ 337
警惕养老社区变成“圈地运动” …………………………… 朱铭来　/ 345
国企应让出一些控制权给民资 …………………………… 刘元春　/ 353
中国经济结构将发生重大变化 …………………………… 刘培林　/ 363
取消限购是正常的政策反应 …………………………… 朱海斌　/ 371

应该增加对居民家庭的转移支付 …………………………… 尹志超　/ 381
目前微刺激不能停 …………………………… 邵　宇　/ 391
现在是取消限购限贷的好时机 …………………………… 吴　庆　/ 401
户籍改革到位每年可获超万亿收益 …………………………… 都　阳　/ 411
近期不宜死守3%赤字率红线 …………………………… 汪德华　/ 419

央行全面降息可能性很小 …………………………… 谭小芬　/ 429
未来五年是爆发金融危机高危期 …………………………… 张　明　/ 437
通过适当微刺激避免经济硬着陆 …………………………… 汪红驹　/ 447
“人口红利期”还有四五年 …………………………… 殷剑峰　/ 457
政府需要寻找新的投融资计划 …………………………… 陈少强　/ 465

01 聂辉华

释放制度活力，经济可保持 20 年高增长

核心观点

中国经济持续发展的最大挑战，是被制约了的经济体制改革，这已经成为了一切问题的源头。如果深化体制改革，就可以进一步释放制度的活力，中国经济再保持 20 年的高增长是没有问题的。

“顶层设计”概念需要慎重理解。我们必须避免“建构主义”的陷阱，即哈耶克所说的“致命的自负”。

图 / 杨奉焓

聂辉华

1978 年生于江西省崇仁县，中国人民大学经济学博士，美国哈佛大学经济学博士后。现为中国人民大学经济学院副教授，中国人民大学企业与组织研究中心副主任。主要研究组织经济学，在契约理论、企业理论和新制度经济学等领域产生了广泛的学术影响。

“政企合谋”埋下高增长隐患

新京报：能简要介绍一下你研究的领域和近期关注的问题吗？

聂辉华：我的研究领域是组织经济学，主要研究政府和企业内部的激励机制，以及政府和企业的关系。目前主要关注“政企合谋”现象、中国深层次改革的总体战略等。

新京报：你提出的“政企合谋”分析框架该怎么解释？

聂辉华：我提出“政企合谋”这个分析框架，是希望一方面解释中国经济的高速增长，另一方面解释中国经济和社会中出现的诸多问题，例如矿难、环保、食品安全和高房价等。目前学术界的研究，侧重于解释第一个方面，而我是要同时解释两个方面。

由于中央政府和地方政府之间存在信息不对称，在以 GDP 为考核标准的压力下，有些地方政府可能会允许辖区内的企业选择不安全、不环保、短视的低成本方式来实现经济的高增长。

地方政府得到政绩和升迁的好处，企业得到高额利润，因此双方有动力进行“合谋”，于是埋下了矿难、食品安全、环境破坏等问题的隐患。只要不进行政治体制改革，改变现有的经济发展方式，“政企合谋”将长期存在。

新京报：你认为目前中央政府对地方政府的考核标准有哪些缺陷？未来如何完善？

聂辉华：有两个方面的缺陷。第一，在考核内容上，过于强调 GDP、财政收入等硬性指标，对民生、环保、技术创新、法律实施和产权保护等“软性”指标强调不够；第二，在考核主体上，完全是自上而下的考核与问责，缺乏自下而上的考核与问责。未来应该在考核的内容和考核的主体两方面进行完善，更多地将上述“软性”指标纳入其中，并引入当地居民对地方政府的评价机制。

新京报：那这种“政企合谋”有没有可能发挥更积极的作用？比如在引导和激发企业的创新能力方面。

聂辉华：市场经济的核心是产权保护和自由竞争。如果政府可以更好地保护企业的物质和知识产权，可以更好地保护正常的市场竞争，中国企业在市场竞争和国家引导下一定可以实现“中国创造”。必须强调，创新是竞争力的灵魂，而自由是创新的灵魂。

“顶层设计”需慎重理解

新京报：中国经济遭遇增速放缓。你认为目前中国经济面临的最大挑战是什么？

聂辉华：最大的挑战是被制约了的经济体制改革，这已经成为了一切问题的源头。如果深化体制改革，就可以进一步释放制度的活力，中国经济再保持20年的高增长是没有问题的。

新京报：那在你看来，应该以一种什么样的方式来突破深层次的改革？

聂辉华：突破深层次改革是一个复杂的系统工程，需要对改革总体战略、改革本身的激励机制进行科学分析。

事实上，我觉得最近流行的“顶层设计”概念需要慎重理解。改革的目标需要在全社会进行大讨论，然后形成改革目标的共识，进而根据未来的目标和当前的发展阶段来确定改革的总体实施战略，而不是由少数精英来设计。

纵观中国历史，没有一次成功的改革是由少数精英设计的。因为没有人是完全理性的，我们必须避免“建构主义”的陷阱，即哈耶克所说的“致命的自负”。

中国改革的方式和结果充满了不确定性，无论是中央还是地方都不可能单方面完成改革，必须不断地进行改革试验。

新京报：你最近写了一篇文章，叫《西天取经的履约机制》，从组织经济学的角度重新解读了《西游记》中对唐僧师徒四人的角色设定。那在你看来，这一机制是否也适用于当下中国的治理？

聂辉华：《西游记》不仅是一部神话小说，也是围绕取经团队的创业过程展示人间、仙界和佛界的利益冲突的现实写真。西天取经的团队成员可以精心设计，但是中国改革是一个复杂的博弈过程，难以完全设计。改革的目标可以讨论，但实施过程和未来结果难以预测，具有很大的不确定性。

需出新机制弥补“孝道”缺失

新京报：你和李金波博士合写过一篇《儒家孝道、经济增长与文明分岔》。为什么会将“孝道”和“经济增长”这两个看似不相干的内容结合起来研究？

聂辉华：这篇文章着重从经济学的角度剖析“孝”的经济含义和实施机制，揭示孝道作为一种社会规范对经济增长的作用。

人们在幼年期需要依靠上一代的抚养，在成年期以赡养老人的方式偿还，同时也抚养自己的后辈，到自己年老时再将这些“投资”收回。这样就形成了一个个世代交叠的代际交换契约。我们发现，在缺乏金融市场的中国古代，孝道实际上是一种变相的储蓄机制，对于经济的可持续增长具有重要意义。

新京报：你在此文中得出的结论对于当代中国有什么现实意义？

聂辉华：经济学研究目前的趋势是注重数理工具，但是可能忽视了历史因素。最近普林斯顿大学荣誉教授邹至庄先生就提出，理解中国改革和民主必须结合中国历史。

例如，1978 年经济改革前后的经济发展规划有没有其历史渊源？和修筑长城、开凿大运河有没有联系？

作为一名制度经济学者，我和我的合作者试图从历史的角度来分析中国古代的一些制度如何影响了中国的经济发展和文明演化，这些历史制度对当今有什么影响，所谓“以史为鉴”。

至于“孝道”，目前在中国一些农村地区，由于大量青壮年劳动力外出打工，出现了老年人“老无所养”的现象。很多老年人不仅要从事艰苦的农田劳作，还要帮忙抚养孙子孙女。城市里也面临着相似的情况。

如今，“孝顺”与否不影响个人经济利益，作为一种非制度性的文化传承已经断裂了。

在这种情况下，如果政府作出“子女必须每年看望父母”的硬性规定，我觉得是没有任何作用的。不如设立新的激励机制，比如规定子女和父母同住者，将会获得政府一定数额的住房奖金，这样的制度安排会更有效。

定义“经济学家”

新京报：你曾经写过一篇文章，说近几年中国的“经济学家”名声不太好，是因为有些人在其中鱼目混珠。在你看来，什么样的人才能称为真正的“经济学家”？

聂辉华：真正的经济学家肯定是对经济学理论的发展作出了重要贡献的专业学者。但国际学术界对“经济学家”（economist）并没有一个严格的定义，它在英文中只表示从事经济学研究和应用的专业人士，是一个普通的职业称谓。但是中国是一个发展中国家，因此我们评价一个人是否成为经济学家，还应该看他对传播和普及经济学的贡献，或者是应用经济学理论解决中国实际问题的贡献。

❖ 问题问答

新京报：对于中国的诸多经济学人，你最为尊敬的是哪一位？

聂辉华：杨小凯。他对学术研究有所贡献，对公共事务有所参与，对开启民智有所作为。特别是敢于突破流行观点的迷雾，预见到未来中国发展的前景，例如提出“后发劣势”的概念。

新京报：2012 年的经济运行到现在，当前的状况，是否有让你很意外的地方？为什么？

聂辉华：没有意外。凭借“政府主导、投资驱动、集中力量办大事”的中国模式，再保持 5 年的高速经济增长应该没有问题。

新京报：近期在市场层面，你认为哪一项改革最值得期待？

聂辉华：打破行政垄断，鼓励民间资本进入，这是完善市场体系的关键环节。一个有行政垄断的经济不能称为彻底的市场经济。

新京报：未来 10 年，你认为哪一个行业具有投资前景？

聂辉华：养老院。中国已经进入了老龄化社会，培养看护人员，发展养老院，将是一个庞大的产业。

新京报记者　沈玮青

02 张茉楠

警惕经济学范式危机

核心观点

目前经济学出现了一种范式危机，即我们看待问题的思想论、方法论、模型论是有问题的。经济学建立在这样一个基础上，建得越高、模型越完美，得出的结论可能和事实真相相差越远。正是这样的错误导致了决策者在金融危机中集体性的误判。

图 / 周岗峰

张茉楠

1976年出生，管理科学与工程博士，经济学博士后。国家信息中心副研究员，中国国际问题研究基金会研究员，北京师范大学中国社会管理研究院兼职教授。

近几年先后独立承担并参与国家社会科学基金、自然科学基金、博士后基金、国务院研究室、国家发改委、财政部、商务部、科技部等课题近30项。

经济学理论不再适用当前环境

新京报：在后金融危机时代，你对经济学理论和研究有什么样的反思？

张茉楠：为什么全球这么多著名的经济学家在对金融危机的判断上集体失语？我认为很重要的一个原因就是方法论出了问题。

近十年来，世界经济运行出现了许多超预期的新变化、新趋势和新规律，这不仅让传统经济学理论和模型失去了应有的解释力，也让各国决策者在应对一系列复杂问题以及危机治理方面表现得十分乏力。

可以说，目前经济学出现了一种范式危机。即我们看待问题的思想论、方法论、模型论是有问题的。经济学建立在这样一个基础上，建得越高、模型越完美，得出的结论可能和事实真相相差越远。正是这样的错误导致了决策者在金融危机中集体性的误判。我认为在后金融危机时代，我们应该重新审视经济学，这无论对于经济学者还是政策制定者来说都是最重要的问题，它比决策本身更重要，也就是“元决策”（对决策的决策）的问题。

新京报：“范式危机”是指什么？为什么会出现这种危机？

张茉楠：从马歇尔、瓦尔拉斯到后来的凯恩斯，新古典经济学经历了不同的范式革命。

新古典经济学最大的特点是建立在牛顿经典力学基础上。其经济学假设是把整个经济系统当做均衡的、一般静态的系统，而且把系统中的人当做理性的决策人。在大部分经济模型中，人的因素都不在考虑范围内，而是变成了抽象的符号，甚至是忽略不计。但人的心理、认知、情绪、决策能力、博弈能力等，恰恰是影响决策的重要因素，离开了这些变量和因素的分析就无法预测经济行为的复杂性和决策的复杂性。

新古典经济学以完全理性、一般均衡和比较静态分析，构筑了一个看似精美的公理化体系。但其三大前提假设都存在致命的错误：一是上面说到的人的完全理性；二是均衡解，即能够找到货币市场和实体经济一个均衡的点，而且能够通过市场出清达到自动的均衡；三是静态，现有的经济学模型都没有描绘经济的演变过程，而是在静态的假设下研究问题。

当前，全球经济正面临大调整、大变革，但我们还是延续原有的研究理论、模型，包括统计口径等，已经难以呈现出经济世界的真实面貌。

微观意愿与宏观决策的背离

新京报：“人”的因素如何影响经济？

张茉楠：很多决策者总是把微观和宏观完全割裂，以为微观主体的简单相加就能得出宏观的变化趋势，这跟现实情况是完全不符合的。

个人的理性未必代表集体理性，甚至产生合成性谬误。比如在金融危机中，华尔街的金融机构设计的那些金融产品是为了达到自身利益最大化，但他们没有预料到消费者是如此不理性，购买了大量的信用违约掉期（CDS）产品，导致资产不断膨胀，结果带来了一场灾难。

凯恩斯曾提出过一个著名的“选美理论”：在选美比赛中，如果猜中了谁能够得冠军，你就可以得到大奖。应该选谁呢？答案是选择那个你认为大家都会选的美女，而不是你认为最漂亮的那个，这样得奖的概率才最大。

金融市场上的买卖也是如此。但事实是，如果你跟风买卖股票，最后往往导致超买超卖，反而无法达成交易。这一结果跟原先的设想是相反的。

此外，当人的预期非常强烈时，就会产生预期的“自我实现”。

比如，以房地产市场为例，6 月份 70 个大中城市超三成房价环比上涨，其实就是在政策调控初露松动信号，而很多百姓又对政府调控并不信任的情况下，一些“刚需”恐慌性蜂拥入市造成的，这就跟原先的宏观决策完全相背离。

美国的房地产市场和中国恰好相反，大家都认为它三五年内都无法走出低谷，预期使得美国房地产市场成交量依旧十分低迷。

新京报：有什么办法能够避免这种宏观决策和微观意愿的背离？

张茉楠：这很复杂，因为每个个体都是不一样的。经济说到底是“人”的经济，经济问题之所以复杂，其根源就在于人的行为的“复杂”。

从宏观到微观的复杂性要求我们在政策制定过程中，对政策要进行评估、论证，包括听证制度，都是非常重要的。听证不是走形式、走过场，而是为了保证政策的科学有效性，把政策的效果最大化，符合大多数人的利益，同时使其执行成本及副作用最小化。

目前，我们很多政策的出台都缺少政策评估，很多都是“拍脑袋式”的决策，这会使很多决策缺少科学性，更缺少理性。比如一些产业鼓励政策是一股脑出来的，没想到政策之间的掣肘。那些一刀切、不考虑个体预期的政策，都是失败的。

此外，理论、决策本身也会随着时间的推进而不断演化，也是所谓的“演化的复杂性”。

事实上，作为一个富有生命力和发展前景的新领域，演化经济学正在进入人们的视野。

演化经济学的思想源于达尔文的生物进化论思想。马克思、凡勃伦，以及熊彼特其实都算是这一学派的“鼻祖”。在演化经济学的框架里，认为经济危机是经济系统平衡的“负反馈”机制，是一种“自我纠正”。当风险积累到一定程度时，就会以“危机”这一极端的方式爆发、崩溃进而达到一种新的平衡，这是经济系统自我修复、演变和发展的自然过程。

政策干预加剧经济波动

新京报：金融危机发生后，各国都加强了国家对市场的干预。你怎么看？

张茉楠：金融危机后，全球不但没有深化市场经济，反而走向宏观调控的极端。人们也许没有意识到在“市场失灵”的同时，也会有“政府失灵”，在“市场非理性”的同时，也会有“政府非理性”。

一般而言，宏观调控的作用是“削峰填谷”，在经济低迷时，不断刺激经济、加大财政投入、货币投放；经济过热时又不断地大力度地收紧政策。这样宏观调控非但没有达到削峰填谷的作用，反而加大了经济周期，使波动幅度加剧。

在全球经济低迷之时，各国政府集体发力，试图通过政策加码改变经济运行的节奏和规律，使得经济表现没有预期的那么糟糕。但问题是，风险不会消失，只会转移和推迟，把经济强行拉动起来，风险并没有随之消减，反而会加大并延后，到时候积累的风险会总爆发。

新京报：中国该怎么做？

张茉楠：具体到中国，就是要决策下放、权力下放，让政策“接地气”。在制定政策时要不断地去做调研，多倾听民众的声音。

比如，为什么每个月公布的 CPI 数据和老百姓的实际感受不同？这是因为统计口径、权重需要调整了。

随着消费升级的变化，原先的统计方式已经无法反映现实情况，例如猪肉在人们的消费权重中比例已经大大下降；电子商务取代商场成为新的消费渠道，这些并未在 CPI 统计中及时地呈现出来。

又比如一些“稳增长”的措施，短期内确实起到了作用，但经济刺激过后也会出现一些问题。这就要求政策制定者要着眼于调结构，关注经济体自我修复的能力，要通过产业革命、消费升级来不断激发经济的内在活力。

❖ 同题问答

新京报：对于中国的诸多经济学人，你最尊敬哪位？

张茉楠：相比国内的经济学家，我更加认可国外一些思辨性、哲学批判性比较强的学者，比如索罗斯。我们都知道索罗斯是一个大投资家，但是我们不知道他同时也是一个哲学家，他对很多问题的认识是非常深刻的。在理论界我比较认可的是斯蒂格利茨，他是从历史学的角度考虑问题，不武断。

新京报：2012 年的经济运行到现在，当前的状况，是否有让你很意外的地方？

张茉楠：没有意外。中国经济目前整体还是在可控范围之内的。

新京报：近期在市场层面，你认为哪一项改革最值得期待？

张茉楠：收入分配和减税。在经济下滑期，政府需要给企业和消费者减负，这样才会让消费者敢花钱、企业敢去投资，让微观更有活力，宏观经济才能良性循环。政府一定要还富于民。

新京报：未来 10 年，你认为哪一个行业具有投资前景？

张茉楠：未来中国必须从“中国制造”，向“中国创造”升级，服务业，特别是高端服务业，包括咨询、创意产业、环保、金融等都会有很广阔的发展前景。

新京报记者　沈玮青

03 何帆

要调动民间投资必须让利

核心观点

我们现在更关心民生问题，这样在制度方面就要作一些调整，大概的调整方向是更加注重经济结构调整，把民生的指标放在更靠前的位置。

政府考核指标要有所调整，弱化 GDP 在考核中的比重，在考核机制中更多地引入民生指标，比如就业率、节能减排和生产安全等。

图 / CFP

何 帆

1971 年出生于河南省荥阳县。1996 年和 2000 年毕业于中国社会科学院研究生院，分别获得经济学硕士和博士学位。现任中国社会科学院世界经济与政治研究所副所长，研究员，博士生导师。

何帆出版的专著包括《为市场经济立宪：当代中国财政问题报告》、《经济全球化时代的对外政策：寻找新的理论视角》、《出门散步的经济学》等，并有多部译著。在国内重要经济学期刊发表论文 30 多篇。

不会重蹈经济刺激覆辙

新京报：你对今年下半年的中国经济走势有何判断？

何帆：上半年经济数据出来后大家都比较悲观，但我相对乐观些。

中国是一个靠需求拉动的经济体，经济增长主要靠净出口、消费和投资三驾马车。此前大家预计净出口对中国经济的拉低作用会非常明显，但现在看来并不像想象中那么坏。

消费可能也比预期的要好一些。从数据来看，去年开始社会消费品零售总额连续几个月出现下滑。下滑速度最快的是日用品、文体用品和服装等。但现在很多年轻人不在商场买东西，而是网购。网购的增速很快，但没有反映在统计局的数据中。同时，农村消费有增长的趋势，比如对服务的消费等。

新京报：未来的经济发展主要靠什么？

何帆：决定今年中国经济走势的还是投资。今年投资有所下降，我认为主要是宏观调控的原因。

去年下半年基础设施投资开始下降，今年年初房地产投资开始下降，这两项投资都与宏观调控有关。从某种意义上讲，我们是自己折腾自己。

2008 年经济危机中的 4 万亿刺激政策太猛，出现各种问题后，政策又收得太猛，铁路停建，发改委停批新项目。

现在经济下滑，又慌了，开始放松政策，调控的节奏总是把握不准。

如果是调控的节奏没有把握好，我觉得无非就是把节奏调整一下。现在国家的财政状况良好，投资的机会也很多。比如铁路、水利工程以及科技、环保等“十二五”规划中列出的新兴战略型产业，这些都可以去投资。

新京报：很多人担心加大投资会重蹈过去 4 万亿刺激政策的覆辙。

何帆：2008 年刺激力度确实太大，这次要注意把握好力度和结构。如果再次加班加点审批项目，可能还出问题。大家的担心也是有道理的。

但现在跟 2008 年有所不同，有很多项目是早就决定要建的。比如铁路，虽然发生了事故和腐败事件，但在所有的陆地运输成本中，铁路运输的成本最低。中国这么大的国家，又以制造业为主，自然是要修铁路的。

修铁路应由中央财政出钱，或者发行铁路建设债券，然后由中央财政偿还。

投资基础设施短期内不会带来大量的产能过剩。基础设施至少在短期内风险是可控的，以后都会用到，不会变成不良资产。比如养老院，我们太缺了。

短期来看，中国经济只能靠投资来稳定，但长期就悲观了，不可能永远依靠基础设施投资。长期来看，消费的空间非常大。

减税比补贴更好

新京报：你认为一些投资比如修建铁路可由中央财政买单，但官方多次表态要调动和鼓励民间投资。

何帆：中央财政应该发挥更积极的作用，同时创造切实的条件让民营资本参与进来。

引导和调动民间投资要出台具体可行的措施。已经忽悠人家好几次了，民营资本进入煤炭领域，小煤窑收了；进入钢铁领域，就整合并关闭了部分钢铁厂。

要调动民间投资首先必须让利，把利润让出来，同时要保护民营企业产权。实际上，关键还是靠政府投资。每年那么多税收，拿出来用吧。

新京报：从去年开始减税的呼声很高，且不少人士认为财政支出的结构不合理，你认为在政府主导投资的情况下，还有减税的空间吗？

何帆：减税还是有一定空间的。结构性减税并不意味着税收收入的减少，在一定条件下采取减税措施，会激发企业活力，税收总收入有可能增加，当然中国不一定会出现这种情况。

我认为部分财政补贴可以改为减税，减税比补贴更好，补贴需要论证、执行，中间会涉及很多成本。比如农业补贴 10 元，最后有 3 元进入农民口袋就很不错了，但取消农业税效果就很明显，执行成本非常低，农民获益最大。

如果要减轻企业负担，不需要采用补贴，直接取消某项税收的效果最好，未来减税还是应该主要针对中小企业。

不能边量体温边吃药

新京报：你提到宏观调控的节奏总是把握不好。能解释一下吗？

何帆：对，老踩不准点。2008 年的那次金融危机，其实在 2007 年就已经看得很清楚了，如果在 2007 年推出刺激政策，就不用 4 万亿那么大的力度了。后来政策收的时候又收得太紧。

经济下行的趋势在去年下半年的时候就比较明显了，但去年下半年的政策还是紧缩的，例如，存款准备金率每月上调。

话说回来，因为没有提前加息，货币政策在当时也不得不那么做。如果能够早加息，把通货膨胀控制下来，在经济下行时，就不需要频繁上调存款准备金率了，甚至可以把存准降下来一点，投资提上去一些。一个错误带来了另一个错误。

通胀显现了，还在犹豫是否加息，等到加息的时候已经很晚了。

在没有发烧时开始预防，可能就不用吃药了，非得等温度计显示出高烧，才去吃药。

我们一只手拿药，一只手拿温度计，吃药后立即测温度，没有降下去就再吃点，不达目的誓不罢休，忘了药效的发挥需要一个过程。

新京报： 有人认为宏观调控是人为制造经济周期，你怎么看？

何帆： 这倒不是，经济周期受外界因素影响，也有经济本身的原因。在经济全球化背景下，本轮经济周期主要受全球金融危机的影响。在应对危机的过程中，政策总的方向基本是正确的，但节奏把握得不是很准。

要提高决策水平，在统计方面需要有所改善，统计质量总体来说还不行，这会影响到决策。

新京报： 目前的统计数字不够准确？

何帆： 还不完全是不准确的问题。统计数字确实不够准确，除此之外，目前的统计里面，很多重要的指标是没有的，比如就业的统计数字就没有国外完善。

决策最根本的指标就是看就业，从整个经济循环来看，有消费才能有生产，有收入才能有消费，所以就业是起点。因此，国外的统计往往很看重就业这个指标，而我们在这方面就比较弱。

另外对风险的预警，我们准备不够。比如，要看金融危机的影响程度有多大，我们现在更多的是依赖做调研等方式，做调研也是有必要的，但出了问题才去做调研，已经晚了。

市场经济不代表都能自由买卖

新京报： 很多人担忧政策放松会带来房地产市场的反弹。

何帆： 我们以前是把房地产当成支柱产业，希望以此拉动经济增长，实行所谓的市场化原则，现在发现这样做并不正确。

市场经济也不是所有的东西都能当成商品自由买卖，比如劳动力、土地和房子。

现在的思路是对的，住房先是一个社会政策，然后才是产业政策，所以开始建保障性住房。

新京报： 从长期发展来看，中国经济主要会面临哪些问题？

何帆： 长期来看问题很多，人口老龄化日益严重、劳动力成本不断上涨，以及服务业落后可能带来的就业形势严峻等问题。

目前中国整个社会的情绪和偏好跟之前有所不同。上世纪80年代，公众关心的是公共问题，没人考虑挣钱；但从90年代开始，大家都在考虑赚钱。现在以及未来大家关注更多的可能不是经济问题，而是社会公正和收入分配公平等问题。

现有制度已难适应社会经济环境

新京报： 你在《出门散步的经济学》里面提到经济增长与制度安排的关系，目前的制度适合现在社会经济环境吗？

何帆： 我那时候的研究兴趣主要是制度经济学。从过去30年的发展趋势来看，中国的制度非常适合经济增长。如果单纯追求经济增长，现在的体制仍然非常适合，因为中国从上到下都追求更高的GDP。

但是现在我们的目标已经不单纯是经济增长了，所以制度就不是非常合适了。我们现在更关心民生问题，这样在制度方面就要作一些调整，大概的调整方向是更加注重经济结构调整，把民生的指标放在更靠前的位置。

政府考核指标要有所调整，弱化GDP在考核中的比重，在考核机制中更多地引入民生指标，比如就业率、节能减排和生产安全等。

新京报： 对目前的国际经济形势及其未来的走向如何看待？

何帆： 总体来看，美国经济和日本经济的表现比去年要好一些。

美国主要是消费的增长速度比较快，今年一季度消费占美国GDP的比重已经达到71%，是历史最高水平。

但这并不意味着美国经济出现趋势性复苏，这只是一个反弹，可能还会降下来。尤其是今年年底和明年年初，从小布什时代开始的减税政策今年会自动作废。同时，美国国会曾经讨论过债务上限，如果没有共识，支出就要自动削减。

减税自动结束，支出又要削减，就是很严厉的紧缩财政政策。但下届美国政府不管是奥巴马还是罗姆尼上台，可能都会把减税的政策再往后推迟。

日本经济今年增长势头比较好，主要是因为与去年同期进行对比，去年在经历了地震、海啸、核泄漏和日元升值后，其基数比较低，但日本的问题也很多。

❖ 人物

“我研究的领域是中国宏观经济和国际经济形势，人民币汇率和资本账户开放等问题，我希望我们的采访能够只围绕我研究的领域”。在接受采访前何帆会直接向记者提出建议。他说，他目前的研究兴趣正在转向国际金融史和地缘政治。

在武侠故事中获得领悟

何帆，1971 年出生于河南省荥阳县。1996 年和 2000 年毕业于中国社会科学院研究生院，分别获得经济学硕士和博士学位。现任中国社会科学院世界经济与政治研究所副所长，研究员，博士生导师。

他同时在多家社会机构和政府部门兼职，如中国人民银行汇率专家组成员、财政部国际司顾问、北京大学兼职教授等。

刚过不惑之年的何帆在其领域内成果丰硕，有《为市场经济立宪：当代中国财政问题报告》等三本著作，同时著有《出门散步的经济学》、《不确定的年代》等个人文集，而 2006 年出版的一本个人文集被他命名为《胸中无剑》，这也是何帆博客的名字。

这个名字来自于金庸的武侠小说《倚天屠龙记》中的一个故事，在这个故事里，张三丰向张无忌传授太极剑时，同时传递了“忘记”的感悟。

何帆说他很喜欢金庸的小说，在金庸的小说中能够寻找人生的真理，胸中无剑就是当时的感悟。

“做学问如果太在意就会变成一个书呆子，太想赚钱就会变成守财奴。但如果能够放松些，不把它当成一个目标，而是觉得做这种事情挺好玩儿，反而可能做得更好。人生有很多东西，忘记是更好的。”何帆说。

在余永定身上学到“信心”

在接受采访的一个小时里，何帆始终面带微笑，认真回答着每个问题，保持着适度的音量和缓慢的节奏。

在何帆过去的研究中，最看重的是关于人民币汇率改革及相关问题的研究。他说，因为这是一个团队的研究，通过这个题目的跟踪研究，所里的一批年轻学者如姚枝仲、张斌、张明、徐奇渊等，都脱颖而出。“他们都曾和我合作过，我为他们的成长感到非常骄傲”。

何帆坦言对自己影响最大的经济学家是社科院世经政所前所长余永定教授。“从他身上，我学到的不仅是宏观经济学，还有一种信心。他让我知道不管社会堕落到何种程度，你仍然可以坚持自己的道德水准，不降低要求”。

何帆说，并不把自己当做一个在理论方面有高深造诣的学者，他只是一个关注现实问题的政策研究者，同时是一个科普作者。而以后会把更多的时间用来做个人感兴趣的问题的学习和研究。

❖ 问题问答

新京报：对于中国的诸多经济学人，你最为尊敬的是哪一位?

何帆：我最尊敬的经济学人是我们所前任所长余永定教授。他是很老派的知识分子，保持着中国传统知识分子的美德。他的欲望很少，对物质基本没什么要求，学问就是他的生命，这么纯粹的知识分子现在越来越少了。

新京报：2012 年的经济运行到现在，当前的状况，是否有让你很意外的地方？为什么?

何帆：今年的经济运行状况跟我们年初的判断大体一致。但我们年初有一点没有想到，就是外贸方面的变化。

我们之前对外贸的估计比较悲观，现在来看外贸的状况还可以。之前预测下半年油价可能会下跌，但没想到下跌的速度这么快，这对改善中国的对外贸易也有帮助。

新京报：近期在市场层面，你认为哪一项改革最值得期待?

何帆：我个人比较关注推出石油期货这项改革。一直以来，中国石油进口量很大，但没有定价权，是否有可能通过推出石油期货赢得一部分定价权，这是我比较关心的。另外在技术层面上还涉及账户开放问题，比如是美元定价还是人民币定价，这与我的研究方向有关。

新京报：未来 10 年，你认为哪一个行业具有投资前景?

何帆：从资产种类来看，全球范围内股票和公司债最有投资前景。现在股票和公司债还有可能下跌，大家认为有风险；但从长远看，股票和公司债是有投资前景的，中国未来 10 年还会有比较强劲的经济增长。

新京报记者　李　蕾　杨万国

04 鲁政委

由危机倒逼改革，这不是好状态

核心观点

我们总是习惯于看到改革的风险而忽视原地踏步的代价，由此导致的结果就是：没有危机就不改革，越重大的改革就必须要深重的危机来倒逼。正确的思路是：看到改革可能出现的风险，更重要的是要找到风险点和控制风险的办法，坚定地把改革推向前进。

图 / 东方 IC

鲁政委

经济学博士，兴业银行首席经济学家、市场研究总监。1993 年 9 月 —1997 年 7 月，陕西财经学院工业经济系（后更名为工商管理系）企业管理国际企业管理方向学士。2010 年被上海市金融工委确定为“上海金融领军人才”、“首届沪上十大金融创新人物”、2010 年度和 2011 年度连续两届“第一财经金融价值榜”最佳中国分析师。

银行存款定价能力缺失

新京报：6月份开启本轮利率市场化改革关键一步，从数据上看，六大行的存款占比没有变化。你如何评价这次改革的作用？

鲁政委：单就这么两次调整影响是有限的，这次调整的最大意义在于打响了利率市场化“堡垒攻坚战”的第一枪。

从现在各家银行的反应来看，目前在贷款方面情况比较好。虽然央行将贷款利率的下浮空间扩大到0.7倍，但对银行的定价影响不大，银行并没有因为下限扩大了就一调到底，这体现了银行在贷款价格方面的定价能力。可以说，在贷款上并没有出现恶性竞争。

但是在存款方面暴露了一些问题。目前出现三大梯队，工、农、中、建、交、邮储六大国有银行形成了第一梯队，短期的定期存款上浮1.08倍。第二梯队是以招行、中信、华夏等为代表的股份制商业银行，短期存款上浮到顶。第三梯队的城市商业银行除了将短期定存利率上浮到顶外，中长期定存利率也调整至上限。

央行之所以推出浮动区间措施而非继续先前的统一的基准利率，应该是希望不同机构能够根据自身情况选择差异化的策略，就是希望出现百花齐放，这才是市场化真正的含义，但结果这种表现并不突出。所有机构行为的高度一致，暗示了此次政策调整未能完全达到预期效果，也反映出在银行存款的定价环境和能力上还存在一些突出问题。

新京报：银行在存款定价上存在问题的原因何在？是否是调整不到位？

鲁政委：最现实的问题是贷存比约束。为什么有钱的银行要抢存款，没钱的银行也抢存款，存款为什么这么重要？

因为根据目前的监管规则，银行的贷存比必须保持在75%以内。也就是说，在分业监管的情况下，银行的业务基本上就只是放贷款；规定存贷比不得高于75%，要放贷款，就必须先抓“存款”。所以，“存款立行”成了中国银行业的特色。

其实，如果没有我国目前相当保守的贷存比指标管理，银行开展贷款原本不是非得有“存款”的，只要有足够的资金来源，只要能够确保期限错配和流动性安全，就可以稳健开展贷款业务。

第二个原因是，存款利率如何确定没有参照。银行在贷款定价方面可以看企业发行的债券利率。但存款利率怎么定，银行不知道，在市场上没有哪个可以给存款利率作参照的。

我建议推出CD——大额可转让存单。大额可转让存单的持有人到期可向银行提取本息；在未到期时，如需现金，可以在市场上转让。

寻找利率之锚

新京报：利率市场化改革意味着目前的存贷款基准利率将逐渐失去风向标的作用，市场化的基准利率应该如何培育？

鲁政委：从成熟的市场经济国家来看，货币当局一般都选择了两周以内的利率作为政策目标利率。根据我国市场的现状，隔夜或一周可以考虑成为央行选择的指标利率期限。

我注意到，最近中国央行似乎在有意识地做一些培育市场基准利率的尝试，但操作行为仍不稳定、意图还不清晰。从7月初开始每周都有逆回购，而在过去逆回购是罕见的事情。

但目前存在的问题是，目前主打的7天逆回购的利率波动还较大，从3.95%一度下调到3.30%，然后又升到3.35%，进而3.40%，在“加大微调力度”的宏观政策总基调下，这有些让人费解。因为政策指标利率的特点是，除非货币当局对经济形势的看法发生改变，否则不应该变动利率，如果这样，那么逆回购利率为何会出现上升呢？

新京报：目前市场上哪个品种的利率具备成为市场利率的潜力呢？

鲁政委：新选择的政策指标利率，最好能够满足以下几个特点：首先，期限不能太长，一般来说两周以内的利率更为合适，对于我国可能是七天或者隔夜更合适；其次，避免同时控制多个期限的利率，多个期限使得央行很难保持行为的逻辑一致性，从而会增加政策噪声和市场理解的困难；第三，央行应避免非公开因定向操作所带来的金融机构道德风险，同时应注意平衡货币市场上的寡头垄断力量，避免寡头垄断行为对政策传导信号的阻滞。

利率市场化不能让银行没饭吃

新京报：在其他国家利率市场化进程中都出现了银行批量倒闭的情况，这一幕是否也会在中国上演？

鲁政委：我们总是习惯于看到改革的风险而忽视原地踏步的代价，由此导致的结果就是：没有危机就不改革，越重大的改革就必须要深重的危机来倒逼。这显然不是一种好的状态。

因此，正确的思路是：看到改革可能出现的风险，更重要的是要找到风险点和控制风险的办法，坚定地把改革推向前进。

从先行经济体的经验来看，在利率市场化的第一阶段，几乎各个经济体的银行业的净息差都是收窄的。

这个道理很容易理解，严格的分业监管，就意味着银行只有利差“一碗饭”可以吃，利率市场化，就是要把这仅有的“一碗饭”也让人抢走。所以，在目前分业监管的格局下推进利率市场化，银行业整个行业都会有灭顶之灾，会出现系统性风险。

怎么办？很简单，市场竞争就是大家可以互相抢饭吃。如果让银行也可以去抢别人的饭吃（就是综合化经营），那么，最后它就饿不死了，有饿死的也是懒惰的或缺乏竞争力的，但不会整个行业遭遇灭顶之灾。

利率市场化适合我国国情？

新京报：国内主流的观点认为存款保险制度是利率市场化改革的关键性条件，而且现在监管层的态度也是如此。

鲁政委：的确，放眼全球，存款保险制度已成为成熟金融市场中普遍存在的制度安排。从逻辑上说，利率市场化带来的最重要变化，就是银行利差会被显著压缩，由此将使得银行倒闭可能更为常见。银行倒闭了，普通储户的存款应得到保全，否则，大量民众将会失去基本生活保障，影响社会稳定。所以，中国在利率市场化过程中应该优先考虑建立存款保险制度似乎就是顺理成章了。

然而，一个被人们普遍忽略了的极端重要的背景因素就是：我国目前实际上是存在着国家对所有存款全额隐含担保的安排的。此前，我国出现过存款机构倒闭（比如海南发展银行和一些地方农信社），但存款人的全部存款都没有任何损失。

但是，一旦推出存款保险制度，就意味着“国家对存款隐含全额担保”的安排退出了。

考虑到作为金融监管部门领导与四大国有银行领导之间存在的互调机制，国家代理人的汇金公司持有大量五大国有银行和邮储股份给老百姓造成的国家隐含担保意味，以及“大而不会倒”的朴素认识，单个账户金额在存款保险额度以上的资金就会迅速向五大国有银行和邮储富集。刚刚设立的村镇银行、城市商业银行将会难以为继。由此，一个本来是为了降低金融机构倒闭后遗症的制度，却直接人为诱发了金融机构的更快倒闭。

因此，如果眼下要推出存款保险制度，就必须让老百姓意识到所有机构的“权利都是平等的”。

新京报： 你认为中国的利率市场化过程大概需要多久？

鲁政委： 从宣布放开利率管制到经历利差收窄洗礼后，整个市场重归平稳运行，如果照这个标准看，3—5 年肯定不行，10 年之内能走完已算不错。

而且，我不得不提的是，利率市场化马到关前，我们真的想清楚了这个问题吗？利率市场化到底是目标还是手段？

现在我国正推进的金融市场化改革，实际上是自觉不自觉地以美国充分竞争的市场模式为蓝本进行的改革，而存款性金融机构提供的服务是具有显著外部性的。

经济学原理告诉我们，对于具有显著外部性的产品，并不适合由完全竞争的市场来提供，适度竞争可能更为合适。

由此，一个以充分竞争为导向的利率市场化，是不是适合我国金融业改革的模式？对中国金融市场而言，充分竞争还是适度竞争更加合适，值得我们反思。

作为美国的近邻，加拿大监管当局也一直认为美国式的金融体系是不稳健的，并不值得效法。

❖ 人物

“作为学者，很多时候需要一些前瞻性的思考和声音，如果总是说人们都认识到马上要做的事情，那价值就很小了，政策也就永远不会具有前瞻性”。

鲁政委，兴业银行首席经济学家，有人将他称之为交易室里走出的经济学家。

货币政策“预测帝”

鲁政委为业界所知是因为多次的准确预测。2007 年 1 月，在整个市场基本上认为全年准备金率最多只会上调 4 次的情况下，鲁政委大胆预言，全年存款准备金将最多上调 7 次、很快将达到 15%、极限水平将在 23% 左右。实际情况是，央行在那一年10次上调存款准备金率，2008年1月达到15%，2011年6月抵达最高水平21.5%，这离其四年前预测的极限水平仅差1.5个百分点。

2010年10月—2011年11月，鲁政委更是创造了连续14次精确预测央行政策出台窗口的惊人纪录。那时恰逢世界杯过后“预测帝”章鱼保罗红极一时，鲁政委便被冠以“预测帝”、“章鱼哥”的称号。

是什么让鲁政委屡次言中？他说出两个字：“拼图”。成功的预测，来自于将貌似风马牛不相及的信息放在一起做“拼图”。如果直觉够好，拼出来就会和实际要发生的相差无几。当问到这个“直觉”怎么才会有时，鲁政委说：“成功的企业家，是天生的还是培养出来的？管理学研究的结果是，具有创新精神的企业家是天生的，能够被训练出来的往往只是职业经理人。经济学家也是如此。”

由于很多政策判断并非简单的二选一，鲁政委认为如果一个分析师判断的准确率能够有50%，已经是相当优秀的了。对准确率的过分强调可能会迫使分析师尽量少做预测，这样会扼杀一个分析师的灵光闪现和前瞻性研判的价值。

热爱远超过责任感

在外界看来，鲁政委在圈子里有些“张扬”。

鲁政委是媒体的常客，他的高“产出”让人印象深刻，有时候记者一天可以收到他4封报告邮件，而这些报告都是他亲力亲为。一旦准确预言到，他也往往会掩饰不住地“炫耀”一番。

“炫耀其实是对自己过去预言的验证，是对自己的一种约束和鞭策”鲁政委说。

在同事眼里，鲁政委是一位良师。“他很耐心，愿意不厌其烦地教别人，还没有架子。”鲁政委的前同事这样评价。

让人印象深刻的还有鲁政委对工作的狂热。一个星期没几天在办公室里，经常出差参加一些专家座谈会和各类培训会、同业交流会。“就是喜欢研究，只有热爱才是最好的老师，它远远地超过责任感”。对于自己的高产和精力旺盛，鲁政委如是说。在他看来，一个人从心底里喜欢研究并不以为苦，是确保高水准研究成果的最佳质量控制体系。

❖ 同题问答

新京报：对于中国的诸多经济学人，你最为尊敬的是哪一位？

鲁政委：顾准。

新京报：2012年的经济运行到现在，当前的状况，是否有让你很意外的地方？为什么？

鲁政委：不太意外。20世纪90年代以来的经济发展经历早已表明：每当外贸疲软和投资低迷同时发生时，中国经济都会出现不可控的下跌。

新京报：近期在市场层面，你认为哪一项改革最值得期待？

鲁政委：人民币汇率形成机制改革。

新京报：未来10年，你认为哪一个行业具有投资前景？

鲁政委：医疗保健和环境保护。

新京报记者　苏曼丽

05 管清友

中国不缺“保尔”缺“比尔”

核心观点

无论是从改革开放30年的长周期还是2008年金融危机中“4万亿”出台后的短周期看，我们目前都面临新的发展思路和模式的转变。应该承认，刺激政策有其合理性，但这个度很难把握。

图 / 孙纯霞

管清友

1977 年生，中国社会科学院研究生院经济学博士，现任民生证券研究院副院长。

主要从事宏观经济、能源经济和国际政治经济学方面的研究。曾在清华大学公共管理学院管理科学与工程博士后流动站从事博士后研究，担任过中海油总公司能源经济研究院宏观处处长、调研处处长。

管清友个人出版及参与的作品有《石油的逻辑——国际油价波动机制与中国能源安全》、《后天有多远？——通货危机、石油泡沫和气候变化》、《刀锋上起舞——直面危机的中国经济》等。

改革是国家放松管制的过程

新京报：《财经》杂志日前发表了与经济学家吴敬琏的对话，吴先生提出当前社会存在种种问题，从根本上说源于经济改革没有完全到位、行政权力压制和干预民间正当经济活动，当务之急是重启改革议程。你怎么看？

管清友：吴老师一直是中国改革的一面大旗，让人钦佩。现在不是没有改革共识，问题是怎么改、从哪里改。改革基本上还是要有个指导思想和原则，这个原则基本上就是市场化、国际化、放松管制。

现在改革有回潮，中国的问题不是市场化过度而是不足，在教育等领域所谓的过度其实是政府的缺位。未来的改革将是市场化与国家放松管制的博弈。

当前，中国宏观经济的特征呈现出中低速增长、非制度性增长、产能过剩、大而不强、土地财政等特点，要解决这个问题其实就是四个大字：改革开放。

全球金融危机以后，主要经济体都在调整内部经济结构，对外经济政策趋于保守，经济全球化的趋势发生逆转，其深度和广度已远不及此前，加入WTO所带来的“外贸红利”已经消耗殆尽，推动中国经济继续快速发展的动力将主要来自于国内改革。

如果仅仅是全球化的外部环境逆转，我们还可以通过国内的改革来弥补；如果在这一背景下，中国的市场化改革也发生逆转，国内改革转向逆市场化的方向，那么两个逆转的叠加将把中国经济推向万劫不复的深渊。

新京报：你现在是否看到哪些领域有改革的迹象？对改革有什么预期？

管清友：当前，推动中国经济发展的内在驱动力和经济社会变革的制度红利基本释放完毕，中国现在缺的是改革的动力，或者说形成改革动力的力量。

我们可以说，中国当下具备改革共识，每个社会阶层都在强调改革，也都认识到改革是中国未来发展的真正出路。但是，各个阶层的共识是不一致的。

我们也可以说，中国当下缺乏改革共识，因为一些强势阶层没有改革动力，并对一些领域的改革设置障碍。现在改革确实到了深水区，容易改的都改了，剩下的都很复杂，这就要求在经济改革时必须有基本的价值取向，从经济学上说，凡是有利于市场化和放松管制都要坚持。

我们要从原来改革开放时以增量改革为主的时期，转化到以存量改革为主的阶段。原来是做大蛋糕，现在是在想如何分配好蛋糕，而且分配好蛋糕是有利于激发做大蛋糕的。现在收入分配中很明显的偏向于政府、企业，这也是消费不振的重要原因。

未来改革的着力点可能还是城镇化，以城镇化带动经济发展。

国企改革不能彻底私有化

新京报： 现在很多舆论指出国有企业占据了很多廉价的资源造成了社会的不公平。你怎么看国企这些年的发展以及未来改革方向？

管清友： 国企的改革和发展既要正视历史又要尊重经济规律。从计划经济到改革开放，国企改革一直没有停下来，经历了几个阶段。1997、1998 年国企改革造成大量下岗失业问题，社会成本比较高，但这些企业基本是按照现代企业制度设立起来的，发展非常快。

但我个人感觉，上一轮改革的制度红利已经基本消化完了，国企发展需要继续深化改革。

目前中国国有企业基本实现了公司治理现代企业制度，基本实现了企业内部的市场化、专业化，但是市场化还不够。

现在不少企业内部实行了纵向专业市场化，甲乙方分开，效率大幅提高。比如石油行业，上中下游都是相对独立的。但国际上通行的规律是横向专业化，石油公司就是石油公司，服务和工程就由别的企业来做。

另外就是要实现股权多元化，现在上市公司基本上还有中小股东，国资委代表国家行使出资人权利，但国有股是否有必要占 100%？是否可以出让一部分股权给别的战略投资者或者别人？只要引入别的中小股东，治理结构就不一样了。

新京报： 近年来围绕国企讨论比较多的还有其定位问题。国企现在挣了很多钱，但究竟有多少回馈了社会，引起了大家的讨论。

管清友： 我们现在的国企叫半企业制度，是一个经济组织，又不是一个纯粹的经济组织。用国企内部的话说，国企要承担经济、社会、政治三大责任。

法国、加拿大也有很多国有企业，但是这些国家的国企定位很清楚，略微盈利，大部分利润上缴，钱用到哪里去怎么花的非常清楚。

现在国企上缴的不仅是红利，也有很多税、费，但同样还是被骂。我们现在的问题可能很多不是企业的问题，而是制度设计的问题。

国企改革，是个国有资产管理问题，也可能是个社会保障问题，也可能是收入分配问题，甚至还涉及经济体制问题。国企改革，涉及很多领域。但有一点需要明确，国企改革不能学苏联搞彻底私有化，一人分一点股票，那样最后就成了寡头垄断。但现阶段要让国企变成公益性的，也不现实。

需要重新积聚改革的动力

新京报：有人说民间投资空间受挤压，找不到出路。你赞同这种说法吗？

管清友：是，有的人说温州的人没有投资渠道，比如说想投资石油，但是进不去，可以说现在对民间资本还有很多投资限制，其实根本就是要放松政府管制。

美国是一个监管型政府，中国现在还是一个发展型政府和一个投资型政府，在改革过程中，政府本身也是一个改革对象，政府职能要重新定位。

金融危机之后，大家看得很清楚，中国出口导向型经济战略需要调整，中国的政府主导型市场经济体制需要“蜕变”。

中国需要重新积聚改革的动力，打破利益集团的阻碍和干扰，转向美国经济学家奥尔森所说的“强化市场型”政府模式。政府不再强力干预经济，而是为市场运行创造更好的环境，为公众提供更好的公共产品和公共服务。

从目前来看，财税体制是个切入点。财税既涉及经济又涉及政府职能。1994 年我们搞分税制，当时的背景就是中央财政收入比重下滑。现在反对的声音非常大，主要就是地方财权和事权不匹配。这个问题到现在也没解决，现在的土地财政、强制拆迁等都与财税体制有关。地方政府觉得委屈，有很多事要做但没有钱，没有钱就要搞土地财政，为基础设施建设融资。

新京报：投资型政府的特点现在仍然存在，最近发改委就对外披露批准了近万亿的项目。

管清友：其实无论是从改革开放 30 年的长周期还是 2008 年金融危机“4 万亿”出台后的短周期看，我们目前都面临新的发展思路和模式的转变。应该承认，刺激政策有其合理性，但这个度很难把握。

今年经济下滑很明显是就是由于房地产投资下滑导致的，房地产投资在固定资产投资占很大比重，保障房又不是按市场化建设，地方政府没有很大动力，投资就不去。

现在的房地产调控仅从控制需求下手，导致开发商拿地谨慎，土地供应减少紧接着就是价格的反弹。这样的调控不可持续。

中国的房地产市场存在两种泡沫，一是表现在一线城市的价格泡沫上，二是体现在三四线城市的规模泡沫上。三四线城市如果城市化率不足，收入水平增长不快，规模泡沫的风险更大。

新京报：那么要如何实现新模式增长？

管清友：未来国内劳动力、土地、商务成本将上升，外部基础原材料也会上升，现有的投资拉动模式将不可持续。

即使是在基础设施领域，也有很多值得做的领域，例如农村医疗、养老、卫生系统的改善，空间很大。

在城市建设和管理上也可以更加细腻，改进城市的绿地，做好公共设施服务。东京就再造了一个地下东京。我们不能再走产能过剩、土地财政的老路。

基于创新的技术密集型产业和新的商业模式，将是新的经济增长点。关键是要有一个鼓励创新的环境。中国不缺保尔（柯察金），但是缺比尔（盖茨）。创新需要良好的产权保护制度、自由竞争的市场制度，但目前我们还不完全具备。

中国迟早要从一个“追随者”、“追赶者”的角色演变为一个“领导者”的角色。如果没有类似工业革命的技术革新或者是重大的制度变革，中国的经济奇迹将难以为继。

❖ 人物

管清友，民生证券研究院副院长，出生于1977年。与上一代经济学人身处中国从计划经济走向改革开放的特有大时代背景不同，这批年轻的中生代成长在改革开放后，接受了系统的经济学教育，大多数都取得了博士学位，也具有更清晰的专业领域。但时代也在他们身上打上了烙印，他们也面临与上一代经济学家不同的选择以及在遭遇现实时的彷徨无奈。

他向记者说：我们既有清高的理想抱负，也有现实的压力；既想以自己所学改变些什么，又时常感到无力改变；我们有时候很洒脱，有时候很纠结，有时候很彷徨，有时候很无奈。

这也为他赢得不少知音，年轻一代经济学家生存状态也是他在微博上与粉丝讨论的话题之一。

现在中国人民银行上海总部从事研究工作的傅勇是管清友的好友，在他眼中，管清友有着“中国传统知识分子的家国情怀”。他说，“清友研究领域广泛，在宏观经济、国际金融、财税制度、能源格局等领域都有深入研究。他不仅关注短期趋势，更关注大的历史进程”。

8月的一天，管清友在微博上拍得了一幅书法作品。这是一次公益拍卖。8月23日，管清友在微博上贴出汇款单，4500元，收款人是一位贫困学生的账号。

这笔资助款出自《刀锋上起舞——直面危机的中国经济》一书的第一笔稿费，作者正是管清友与他的三位友人，同样也是青年经济学者的傅勇、程实和张明。“我们计划将一半的稿费拿出来资助困难学生或做别的公益。今后再出书也计划继续这么做。”管清友说。

管清友信奉自由市场经济，也喜欢读史。在该书的前言，他写道：“中国历史上凡是打着富国强民旗号所推行的改革，无论是商鞅变法、桑弘羊理财，还是王安石变法、洋务运动等，其短期效果往往立竿见影，而长期的经济后果则往往是负面影响多于正面影响。”

在新作《刀锋上起舞——直面危机的中国经济》中，最后一章“一万年谁著史”由管清友执笔，他写道“从一个历史长周期的视角来重新审视中国经济的变迁，并展望未来”，“希望我们能从历史中寻找到某些问题的答案”。他喜欢跟朋友说，在现实中寻找问题，到历史中寻找答案。

谈及“现实的问题”，他说，中国的政府主导型市场经济体制需要“蜕变”。

❖ 问题问答

新京报：对于中国的诸多经济学人，你最为尊敬的是哪一位？

管清友：每一代经济学家都有特定的历史背景，特定的责任，每一代人中都有可尊敬的学者，他们的共同特点是有见解，有责任，有担当。

新京报：2012年的经济运行到现在，当前的状况，是否有让你很意外的地方？为什么？

管清友：意外。没想到经济会差到这种程度，尤其是去地方政府和企业看，中小企业特别困难，产能过剩的情况和需求下滑也没想到这么严重，低估了形势的严峻性。

新京报：近期在市场层面，你认为哪一项改革最值得期待？

管清友：生产要素价格改革是实现结构调整的重要举措，财税体制改革是实现经济转型的重要切入点。

新京报：未来10年，你认为哪一个行业具有投资前景？

管清友：传统行业是房地产，中心城市的城市中心。新产业的一个特点是基于技术进步和商业模式的创新。而随着人口结构的变化，养老、医疗等产业发展空间很大。

新京报记者　钟晶晶

06 宋宇

中国对世界经济的影响力超乎想象

核心观点

经济下滑是政策主动调整的结果，并不意味着没有调整过度的风险，就如同一个过胖的人主动减肥也可能减成一个过瘦的人。

图 / 孙纯霞

宋 宇

已过而立之年，高盛高华中国宏观经济学家。持有牛津大学硕士学位及爱丁堡大学学士学位，于 2004 年加入高盛亚洲经济研究部，负责中国宏观经济研究。在加入高盛之前，他曾在美国联邦储备委员会、经济合作与发展组织、欧洲议会等机构实习工作。

下半年经济将小幅回升

新京报：上周五刚刚公布了二季度GDP，数据创三年来新低。如何判断今年下半年的中国经济走势？

宋宇：年内应该会看到经济开始一定程度的恢复。目前中国经济增长明显偏慢，这一方面反映了潜在增长水平的下降，一方面是偏紧的政策导致的。

6月份CPI数据显示，不但没有通胀，反而还出现了通缩的压力。当月CPI同比涨幅2.2%，但经过季节调整的环比增幅为负值，PPI经季节调整后已经连续两个月为-5.0%。

在这个意义上说，即使不考虑实体经济增长的情况，单从维持价格水平稳定的角度来讲，也应该有一个政策调整。

需要注意的是，经济下滑是政策主动调整的结果，并不意味着没有调整过度的风险，就如同一个过胖的人主动减肥也可能减成一个过瘦的人。

根据我们的分析，如果未来国内政策保持5、6月份的力度，外部需求也有所恢复，下半年经济会有比较温和的恢复，但不会重现2008至2009年时的大幅恢复，因为政策空间比当时小很多。

新京报：是否能实现“软着陆”？

宋宇：在很大程度上，今年经济已经着陆了，基本算是一个“软着陆”，但也不算特别的“软”，因为经济下降的实际幅度还是比较大的。

“软”或“硬”只是人为界定，经济下滑过程中会有一个量的变化，而不是非黑即白的区别。

目前最担心的问题就是如何把握外需和通货膨胀的变化，从而保持经济的稳定。

至于外需方面，要特别考虑到外国政策的变化和我国自身的政策变化对于全球经济的影响。

对于中国对世界经济的影响大家经常估计不足，一个原因是大家看我国经济的总量还比美欧小得多。但是一个国家的影响不但要看它的绝对量的大小，还要看它的开放程度和波动幅度。中国对世界经济的影响比它看上去更大。特别是中国的政策可预见性相对发达国家较低，造成短期波动对世界经济影响更大。

现在外国经济基本面差，中国经济的边际影响可能更大。就像一个半大小子感冒，他打个喷嚏，旁边的老爷子可能就会得上肺炎一样。所以中国的政策制定必须更多地考虑自身政策变化，通过对外需影响对自身经济的二次以及多次影响。

“稳增长”和“调结构”不矛盾

新京报：据你观察，中国目前经济转型进展如何？

宋宇：有进展，但进展有限。值得一提的是，政策对于宏观经济短期调整的水平在过去几年有了明显改善，灵敏程度显著提高，避免了出现经济长期持续过热或过冷的问题。

不过，目前深层次改革相对比较有限，下一步如果还想维持长期的经济增长，政府应该在保持经济基本稳定的同时，更积极主动地开始推进一些比较难的改革，加大改革力度。

最近开放对民间资本的准入是一个积极变化，但是垄断企业在现有体制下，各方面资源优势明显，政府还应该更主动地去打破垄断企业，而不仅仅是准许其他企业进入垄断行业。

新京报：有人担心，明确的放松倾向带来“稳增长”的同时，会忽视“调结构”，你怎么看待这个问题？

宋宇：从客观上来讲，可能会发生重“稳增长”轻“调结构”的情况。但从政府的主观意愿来说，决不应该顾此失彼。

事实上二者并不矛盾。政府如果想要保持经济的长期稳定，就要积极主动地推行深层次的改革。就好比消防部门既要救火，也要排查其他房子的火灾隐患。

还要注意的是，政府不要既想当运动员，又当裁判员，还要当观众。政府该做的事一定要做好，不该做的事一定不要去干涉。这对保持长期增长的活力是至关重要的。

所谓的“国进民退”，不一定是国有部门的生产份额提高了，也可以是政府在资源配置中的作用提高了。例如，哪个企业成功更多地要看它和政府的关系怎么样。这种“奖励机制”，可能会导致国外的企业在把精力放在创新的时候，我们的企业把精力放在比拼政策关系上。而这对经济的竞争力和政府本身的工作都会是相当不利的。

房地产调控政策由“堵”变“疏”

新京报： 你怎么看今年以来国家对房地产市场调控政策的效果？

宋宇： 我觉得基本上起到了作用，房价避免了持续大幅上升和跳崖式的跌落。下一步，政府继续严格执行现有调控政策是大概率事件。

今年以来，房地产调控政策有了一个积极的变化，那就是更多地强调供给方面的因素。以前对土地供应、房地产开发贷款都有严格的控制，这对长期房价的控制是非常不利的。现在，政府对于住宅用地的供应以及普通商品住宅的开发贷都给予保证，倾向于由“堵”变为“疏”。

新京报： 摩根士丹利大中华区首席经济学家乔虹日前表示，房价两年后可能会报复性反弹，对此你怎么看？

宋宇： 如果供给政策能够继续目前的调整，进一步改善供给，且每年需求的增长总体保持稳定，不一定会出现报复性反弹。

当然，房价确实有反弹的风险，但政策思路的调整对房价的长期稳定有积极的作用。

我希望调控能达到的目标是让房价不要出现暴涨暴跌的现象。长期来看，限购措施的有效性和合理性都有待商榷，可能需要其他一些工具替代。

养老金制度应提高透明度

新京报： 对于目前热议的“养老金”问题，你怎么看？

宋宇： 为什么养老金一定要通过政府把钱从居民手里收上来，若干年后再返还给居民？这是一个有争议的话题。

我倾向于给大家更多的机会投资和提高未来预期财富，让个人自己通过市场机制选择留多少养老金。

政府可以从人道主义的角度设立低保制度，帮助弱势群体，但是这个低保制度和养老制度的出发点不完全相同。在政府主导的范畴内需要加强和完善各方面监督，提高透明度，以保证资金使用的合理性。如果老百姓的大量财富通过一种不透明的方式被管理，将会面临很大的风险。

新京报： 人口的老龄化将对未来中国经济产生怎样的影响？

宋宇： 老龄化对经济的影响已经显现了，现在中国的人口结构、经济增长能力已有所下降。

人类历史上可能第一次出现独生子的独生子成为人口主力，这个人口结构是非常可怕的，等到那时，再调整人口政策就来不及了。

中国的人口政策应该尽快转向。很多人总担心资源不能支撑更多的人口，如19世纪的一些著名经济学家就非常担心土地不足以支撑人口增长，所以会发生大饥荒。事实上，人口增长迅速后的大饥荒的发生，主要是由于偶然人为因素，而不是资源的枯竭导致的。这反映了人类资源利用的潜力。

❖ 人物

和宋宇约定的采访时间是7月某个周一晴朗的早晨。他走进会议室时，衬衣的袖子挽起，语速极快，表情丰富，还加上时不时大幅度的手势，完全打破了传说中一板一眼、西装革履的“投行男”形象。有媒体这样形容宋宇：“像个大男孩”。

宋宇的简历很简单，在获得英国爱丁堡大学学士学位和牛津大学硕士学位后，于2004年加入高盛亚洲经济研究部，负责中国宏观经济研究至今。

他很低调，不愿多谈自己的个人情况，而且他的研究工作也凸显了团队而非“个人”的成果。在采访中，他大部分时间都会说“我们认为”，“我们预测”。

宋宇的工作要和大量的数据打交道，事实证明他也十分擅长于此。在采访中，各种宏观经济数据信手拈来，而且绝不会记错。他用最简单的例子解释复杂的经济现象，也拿自己的亲身经历以小见大直指国家政策的缺失。

对于中国未来的经济走势，宋宇持谨慎乐观态度。他认为政府对于宏观经济短期调整的水平在过去几年有了明显改善，灵敏程度显著提高，避免了出现经济长期持续过热或过冷的问题。不过，他也提了个醒，认为当下“稳增长”和“调结构”并不矛盾，从政策制定者的主观意愿来说，绝不应该顾此失彼。他还表示，政府不能既想当运动员，又当裁判员，还要当观众。“该做的事一定要做好，不该做的事一定不要去干涉”。

❖ 同题问答

新京报：对于中国的诸多经济学人，你最为尊敬的是哪一位？

宋宇：宋国青老师。

新京报： 2012年的经济运行到现在，当前的状况，是否有让你很意外的地方？为什么？

宋宇： 有两点比较意外。第一是通货膨胀。今年前几个月下降的幅度和速度比我们预想的慢一些，黏性比较大，5、6月份下降的幅度和速度跟上来了。我们原先预测的是前几个月下降比较快，后面比较稳定的趋势。

第二个比较意外的是出口。今年5、6月份出口出现了两位数的增长，这和高盛的全球领先指数所呈现的今年以来一直环比下滑的趋势有所不同。

我们对此的解释是，出口在一定程度上反映了国内外需求的强弱。如果内需非常差，国内生产商可能要大幅减价才能卖出商品；而如果他们把商品卖到国外，可能以一个相对较小的折扣就能够卖出。

从外需来看，出口未来进一步下降是大概率事件。至于今年是否能完成进出口增长10%的既定目标，我认为很不确定。

新京报： 近期在市场层面，你认为哪一项改革最值得期待？

宋宇： 财税方面的改革。现在常说的都是结构性减税，我更期待带有结构性的整体减税。

如果整体宏观税负不变，某个领域的结构性减税等于某些领域的非结构性加税。

目前对整体税负的降低有非常明显的必要性。

新京报： 未来10年，你认为哪一个行业具有投资前景？

宋宇： 作为宏观经济研究者，我不评论这个问题。

新京报记者　沈玮青

07 牛犁

收入分配改革方案年内见分晓

核心观点

国家层面的结构调整主要是三个层次：一是需求角度，原来我们更多靠投资和出口拉动，现在要慢慢转为消费、投资、出口三个协调拉动，或者说把消费补足，加大消费的比重。

二是产业结构的调整。我们长期以来依赖工业或者说二产，现在要一、二、三产协调拉动，尤其是三产长期偏低的情况要调整。

三是要素结构方面变化，原来我们发展依靠投钱、投人，现在要更多加大技术研发。

图 / 杨奉焓

牛 犁

1972 年生，现任国家信息中心经济预测部宏观经济研究室主任，副研究员，主要从事国内外宏观经济、能源战略以及国际油价等领域研究工作。自 2000 年中国人民大学经济学院研究生毕业后进入国家信息中心工作至今。

自 2001 年起，牛犁负责编审国家发改委《世经调研与动态》，2007 年以来 参与国家能源战略研究和编制工作。曾参加中财办、全国人大财经委、国家发改委、国家能源局、商务部、财政部、北京市委等单位有关“十二五”发展规划、“国家能源战略”，以及“投资消费关系”等研究课题 30 多项。

调结构做起来比较难

新京报：7、8月份的经济数据显示，中国经济持续下滑的态势并未遏制，除了有外部经济环境不好之外，内在的原因是什么？

牛犁：整体的宏观经济面还在减速，所以政府微调的力度还在加大，例如近期披露的轨道交通项目等。

内因主要是重工业增速慢、企业经营困难，库存大，企业面临中长期去产能化的艰巨任务，结构性问题是根本性的问题。

2003—2008年经济扩张期积累了大量的产能。按说危机时期应该去消化这些产能，但是全球经济危机后，当时为了防止经济跌入谷底，我们又实施了4万亿的经济刺激计划、十大产业振兴规划等，把本来该淘汰的部分产能延续下来了，积累了更多的产能压力，调整起来更难。

这背后深层次的原因是人口红利开始下降，同时伴随着居民的储蓄率可能会下降，资本的积累、资本存量也要接近峰值的位置。从全要素贡献率看，技术研发进步缓慢，企业经营困难，亏损加大，很难拿出钱再去加大研发、科技创新。

因此，中国潜在增长水平是在下降的。另外，全球经济格局也在发生深刻变化，中低端的需求在减少，中国的比较优势在丧失。所以现在我们迫切需要结构调整，技术升级换代，创造新的经济增长点和盈利点。

新京报：你是否看到目前有结构调整的迹象？

牛犁：结构调整我们一直在全力推进，只是进展较慢。国家层面的调整和微观层面的实施确实有不同，做起来是比较难的。

国家层面的结构调整主要是三个层次：一是需求角度，原来我们更多靠投资和出口拉动，现在要慢慢转为消费、投资、出口三个协调拉动，或者说把消费补足，加大消费的比重。这些年，我们的投资率一直不断上升，消费率一直下滑，要根本改善有赖于收入分配制度改革，增加老百姓的收入。

二是产业结构的调整。我们长期以来依赖工业或者说二产，现在要一、二、三产协调拉动，尤其是三产长期偏低的情况要调整。以前出台的政策很多都是支持工业发展的，很少是支持服务业的，哪怕是有些高科技研发企业拿到了优惠政策，但是拿到了之后，还是去搞房地产，因为房地产比研发来钱更快。

三是要素结构方面变化，原来我们发展依靠投钱、投人，现在要更多加大技术研发。现在企业经营困难，但谁结构调整得好，能找到新的技术突破口，谁就先走出危机。国家要加大科技研发的整体投入，加大民生基础设施建设，不要再推动高耗能和产能过剩行业的生产建设。

一直以来我们科技研发经费占 GDP 的投入都是有目标的，但是基本上都没有实现过，包括“十一五”设定的指标也没有完成。财政性教育经费占 GDP 比重多少年来始终没有达到目标。

收入分配改革要缩小“三个差距”

新京报： 收入分配制度的改革提出了很多年但一直没有出台整体方案。今后的改革会怎么样?

牛犁： 过去十多年来国民收入的大蛋糕快速增加，但是其中政府税收的比例越来越多，企业占比略有上升，只有居民收入的比例越来越低。所以收入分配改革要从大方向上扭转老百姓收入占比下降或是消费率持续下降的局面。

收入分配改革方案论证研究过很多轮，只是最后没有达成共识没有推出来，今年年内肯定要出台，这是政府的工作目标。

虽然现在整体方案还没有出，但是“限高、扩中、提低”是主要思路之一，因为我们要解决收入差距过大的问题，要防止基尼系数明显超过警戒线，以及由此会引发的社会问题。

新京报： 你期待收入分配制度怎么改?

牛犁： 希望这个方案对三个问题有比较系统的规划，即个人收入差距、城乡收入差距和地区收入差距问题。

个人收入差距方面，有的人在垄断行业的或者是掌握其他资源的收入太高，这方面的差距太大要扭转。在城乡收入方面，要进一步加大工业反哺农业、城市支持农村的力度。现在这点政府一直在做，例如有的西部县财政收入只有几千万，但是支出达十亿，这就要靠中央财政转移支付来支持。地区收入差距方面，中低端制造业正在向中西部转移，今年区域之间的调整表现最突出，东部经济总量等各项指标都在降低，GDP、投资、消费、出口等增速中西部都高于东部地区。中西部跟自身比改善已经很多，但与东部发达地区绝对水平相比差距还是非常大，差距要进一步缩小。

今年 GDP 增长预计 7.8%

新京报： 有的经济学家指出现在改革似乎有停滞。今后改革会有什么新动向？

牛犁：改革已经进入到了深水区，涉及的利益关系调整更为复杂，改起来也更难了。这两年政府也做了很多工作，财税体制改革、金融体制改革，这些方面都是未来几年可能有较大突破的。

新京报：你所在的机构一个重要的工作是总结分析经济形势，并对今后的经济形势作出预期。你对今年全年经济形势判断以及明年趋势如何判断？

牛犁：今年以来经济走势是一再低于预期，但总的来说全年实现7.5%政府预期调控目标问题不大。虽然经济暂时还没看到明显企稳的特征，但随着稳增长政策效果的体现，加上最近的微调政策，包括轨道交通等项目、高铁的基础设施的投资回升以及房价回暖的趋势，都有可能使经济企稳回升的力量增多，今年全年经济增长大概在7.8%左右。

从目前看，经济企稳回升的时间点会往后拖，对应的物价出现反弹的时间点有可能往前提。

因为美国等主要粮食出口国大旱，使得主要农产品价格飙涨，饲料、油料（中国80%大豆依靠进口），食用油可能会涨价，玉米涨价后猪肉价格上涨要提前了，食品又是影响CPI最重要的因素。

现在是几乎所有的行业利润都在负增长，但是给实体经济提供服务的金融行业居然利润快速增长，这就是体制、机制上有问题。这还不是单纯的利差的问题，利差才只有3个百分点，而是其他各种收费太高，导致整个融资成本过高。

明年我们预期，世界经济可能会略好于今年的状态，外部环境稍微有所改善，寄希望于强劲复苏不太现实。同时国内政策环境空间比较大，我们的赤字率年底可能降到1.5%左右，赤字率较低，我们可以进一步加大财政刺激力度，稍微放大一点赤字率就可以解决很多问题。

结构性减税，给企业减负也有空间。货币政策方面，法定存款准备金率高达20%，比过去十多年平均水平高出8个百分点，尤其是现在融资成本高达20%左右，有很大的改善空间。

另外，明年的政治周期有利于保障经济保持一个稳定增长的态势。十八大即将召开，明年3月政府换届，一般政府换届后，新一届政府都有新的发展思路和新气象，会激发各地改革开放和加快发展的热情。回顾中国几十年的政治周期，每次政府换届之后的年景，都是经济增长比较好的年景。明年也是“十二五”中期评估年，2013年要开始检查“十二五”的项目进展怎么样，有助于推动各地加快推进“十二五”项目。

❖ 人物

“我们不需要出名，只要通过正常的渠道发声就可以了。”国家信息中心经济预测部宏观经济研究室主任牛犁说。相比大学里的经济学者，他们更加低调，更了解“实际情况”。

国家信息中心的上级主管单位是国家发改委，也是政府部门下属的重要研究机构。这些机构的主要职能定位即是政府的智囊参谋，对经济形势重大热点问题进行分析研判、并提出相关政策建议。

因为身在智囊机构，牛犁的工作也与政府部门非常紧密。例如经常要去参加国家发改委、财政部、商务部、国家能源局等部门的形势研讨会，以及全国人大财经委、中央政策研究室、国务院研究室等单位的会议等。他所在的经济预测部的一项重要工作就是定期向政府部门提交经济形势的回顾分析以及预测，为政府制定中长期发展战略提供宏观决策支持。

牛犁说，与大学里经济学者更注重理论以及研究方法不同，智囊机构往往对经济运行的实际情况更为熟悉。

他举例说明：“金融危机的时候，国际油价跌至每桶40美元以下，有人就说国际油价跌了那么多，中石油、中石化为什么不多进点油，多存点油？但现实的情况是什么呢？是因为我们的经济不行了，导致油价下跌。中国占世界石油增量的30%—40%，中国经济增速下滑了，油价就下来了。在中国需求不旺时，中石油、中石化的库存压力很大，再多进油也没有库容了。但如果不了解情况，就可能指责央企‘买涨不买落’、维护垄断。其实这是对实际经济运行的真实情况了解不深入的反应。”

一位经济学界同行评价牛犁：“他是一个谦和低调而务实的研究者，对现实问题有着深刻地把握。”他确实很低调，截至目前，他还没有微博账号。牛犁告诉记者，此前很多门户网站都曾来游说，希望他开通微博，但都被他婉拒。

因为工作与政府部门联系紧密，智囊机构的人有时也难免被人误解，被认为是与政府部门一个鼻孔出气。

采访中，牛犁强调，“我们不是政府行政部门，不需要为政策辩护，我们的意见建议相对客观独立，只是给政府出主意，但并不决策。”

❖ 同题问答

新京报：对于中国的诸多经济学人，你最为尊敬的是哪一位？

牛犁：没有具体的人选。因为有的人前后期也不一样。总体而言，我敬佩那些讲真话，对中国经济发展作出贡献的人。

新京报：2012 年的经济运行到现在，当前的状况，是否有让你很意外的地方？为什么？

牛犁：经济运行始终低于预期，比预期的要差。微观企业的情况比原先预期的也要差得多。

新京报：近期在市场层面，你认为哪一项改革最值得期待？

牛犁：最期待收入分配体制改革，因为这是解决增长动力的根本之所在。但是改革方案的落实往往会比较曲折复杂，各项重大改革举措迫切需要加快推进。

新京报：未来 10 年，你认为哪一个行业具有投资前景？

牛犁：新能源、环保领域、制造业数字化、智能化等领域，将来发展会比较快。

新京报记者　沈玮青

08 张 斌

充实养老金可用外汇储备资产

核心观点

原则上说，外汇储备既然是政府用税收买来的资产，是政府替民众存的钱，可以把一部分外汇资产分给民众。一个很靠谱的办法是政府将一半的外汇储备剥离出来，设立一家专注于海外投资的主权养老基金。

张　斌

1975 年出生，中国社会科学院世界经济与政治研究所全球宏观经济研究室主任，世界经济预测与政策模拟实验室首席专家。

研究领域是开放宏观经济学，近年来主要关注人民币汇率、人民币国际化、外汇储备管理、中国经济结构失衡以及全球宏观经济等领域的研究。

外汇管理机构是“超人”公司

新京报：近期你写了一篇关于外汇储备的文章。目前中国的外汇储备超过3万亿美元，这些资产是如何管理的？

张斌：中国的外汇储备管理机构是外汇储备管理局储备司，现在叫外汇储备管理局中央外汇业务中心。这个中心不得了，是一家“超人”公司。编制也就二三百人，管理着价值3万亿美元的外汇资产，平均每个人管理一百多亿美元，平均每个人管的钱就相当华尔街上一家响当当的外汇投资基金。

新京报：为什么说是“超人”公司？

张斌：两三百人管理3万亿美元的外汇资产，而且还对所投的资产有高级别的安全性和流动性要求，投资的主要对象只能是寥寥几种固定收益类产品了，主体是美国和欧元区的国债和机构债。管理当局在过去很多年不断地在做各种分散投资、提高投资收益的尝试，但是难以改变大的格局。

很显然，即便不对中央外汇业务中心提出安全性和流动性的要求，以二三百人的人力，就算是各个都超人一样地工作，也不可能对目前的投资结构带来实质性的改变，除非是展开大规模的多元化委托理财。

新京报：3万亿美元外汇储备目前的投资收益如何？

张斌：目前3万亿美元外汇资产的投资收益，基本上是靠天吃饭。主要看美联储和国际金融市场大环境的脸色。

靠天吃饭总不是个事。眼前的问题是美国国债和欧元区的国债能不能保值。美国和欧元区现在的国债都很成问题，欧元区的国债就不说了，美国国债的收益也很成问题。目前，美国和欧洲央行不断地推行数量宽松的货币政策，这些政策的后果就是这些货币背后的购买力贬值，或者是通过货币贬值的方式丧失购买力，或者是以通货膨胀的方式让这些货币丧失购买力。总之，中国的外汇储备资产的真实购买力价值面临着非常严峻的挑战。

问题大家都看到了，学术界和官员都不断地表示担心。推进外汇储备管理投资多元化已经成为共识，但是在具体操作的方式上，一直以来争议不断。产生这么多争议，主要原因是外汇储备是谁的钱，该谁管，怎么多元化有争议。

外汇储备取之于民

新京报：你认为外汇储备是谁的钱？

张斌：3 万亿美元的外汇储备都是货币当局用人民币在外汇市场上“买”来的。货币当局发出来的人民币，学名叫铸币税，是一种变相的税收。货币当局每多发一块钱的人民币，我们手里原来持有人民币的购买力就会缩水，因此货币当局发钞票是变相的、隐蔽的税收。外汇储备的来源，可以理解为政府征税，然后用征税的钱买来的资产。

现实的情况比上面说的更复杂一些，但问题的实质没有变化。央行通过发行人民币购买外汇储备的钱实在太多，多到超出了维持物价稳定的货币发行需要。因此货币当局在发行货币的同时，还通过发行央票的方式回收了一部分货币。也就是说，货币当局没有发行那么多的货币买外汇，而是在既定的货币发行之余，还通过举债的方式购买外汇。央行偿还债务的途径不外两个，一是今后发行的货币，是未来的铸币税；二是财政资金，最终的来源也是税。

国外的情况与中国稍有不同，但实质也是一样。多数国家是财政部用发国债和税收的钱买外汇，央行买财政部发行的国债。与中国相比，国外的操作多一个国债的环节，但多了这个环节以后，央行身上的担子轻了，外汇储备的归属和管理更清楚了。

新京报：*对于这笔3万亿美元的庞大资产，在生活中似乎体会不到，你怎么看?*

张斌：生活中体会不到主要是由于几个原因：第一，铸币税很隐蔽，是通过通货膨胀的方式收走了寻常百姓手里的财富，不像是税务局直接扣税那么直接；第二，货币当局收来的铸币税没有上缴财政，而是买了外汇，这意味着财政当局减少了相应的收入和支出，我们往往对政府少往自己身上花钱觉察不到；第三，与央票对应的那部分债务，是透支了未来的铸币税，还是觉察不到。

总之一句话，外汇储备是政府用过去、现在和今后的税收买来的国外资产，由政府保管，但最终是取之于民。也可以简单地理解，外汇储备是政府替民众存的钱。

外汇储备管理应受公众监督

新京报：*在你看来，外汇储备怎么用才合理?*

张斌：外汇储备取之于民，自然也应该用之于民。投资从来都是有赚有赔，外汇储备管理机构不能担保一定赚钱。外汇储备管理者至少要明确几个问题：

首先，外汇储备是公共资产，外汇储备投资需以公共利益最大化为目标。这个目标可能是未来对进口商品和服务的购买力最大化，也可能是保护中国未来的贸易条件。

外汇储备管理者需要综合考虑未来中国人口年龄结构变化、经济基本面变化以及外部环境的变化，制定符合公众利益的中长期投资目标。外汇储备管理目标不同于一般商业投资机构的投资目标，也不适用于商业机构投资的评价标准，这是外汇储备管理者最迫切、最重要的研究工作。

其次，外汇储备资产管理部门是一个代管部门，该部门需将外汇储备投资策略和投资收益详细向公众交代清楚，接受公众监督。

新京报：公众怎样监督？

张斌：有观点认为公众代表未必有足够的专业知识，不能帮助形成更好的投资决策。但是，公众代表可以通过成立专家委员会和召开专家听证会的方式弥补专业知识缺陷。

更重要的是，公众代表监督提高了外汇储备管理部门的合法性，有了合法性，即便出现了损失也能交代，管理者才能放开手脚做投资。公众代表监督还有助于防止外汇储备资产服务于部门利益。

用外汇储备资产充实养老金

新京报：你对外汇储备的投资管理有什么建议？

张斌：外汇储备管理机构和投资工具的多元化，都应该服务于外汇储备用之于民的目标。技术性的问题是究竟什么样的多元化才能更好地实现目标。是财政部管、央行代管，还是中投公司这样的机构代管？从近些年的经验看，投资能源和贵金属很有吸引力，但是20年以后中国是不是还需要进口这么多能源和金属，这些投资20年后的价值是不是一定比投资在印度孟买的地产或者是美国纳斯达克高技术公司的股票更好？

这些问题都很难回答，虽然没有准确答案，但还是有一些原则。

其一，外汇储备最高管理机构不宜分散。外汇储备管理需要有个大管家，大管家的任务是研究什么样的投资战略更符合未来中国公众利益的最大化，这需要一个统筹的认识。在这个认识下，大管家把外汇资产分配给子基金和孙子基金，实现统一的投资目标。毫无疑问，竞争机制非常重要，是效率的根本保障，但竞争机制主要是在子基金和孙子基金层面上，而不是最高管理者层面。

最高管理者应该是一个研究型部门，主要考虑什么才是符合未来公众利益的投资目标，如何根据环境变化调整目标，以及资金在不同大的板块上的分配，不负责具体投资项目。就目前中国情况而言，应该专门成立一个传统外汇储备资产职能以外的外汇投资基金，一个理想的对象是成立一家专注于外汇储备投资的养老基金，基金的投资目标很明确，就是未来中国人的养老金。

其二，尽可能借助私人金融机构力量，加速投资主体和投资品种多元化。需要这个原则的原因很简单，以公共部门力量运营如此庞大的外汇资金，不可能实现投资品种多元化，而难以多元化的投资品种正是中国外汇储备保值增值面临的最大威胁。

新京报：外汇储备取之于民，如何用之于民？

张斌：原则上说，外汇储备既然是政府用税收买来的资产，是政府替民众存的钱，可以把一部分外汇资产分给民众。过去曾经有过把外汇储备分给民众的提议。但是这个提议在操作中有困难。

因为外汇储备分了之后，货币当局为了保持汇率目标，还会通过干预外汇市场的方式把相当大一部分分出去的外汇收回来，分出去的外汇又回到货币当局手里变成了外汇储备，最终结果是货币当局给大家发人民币，外汇储备还是没有分出去。虽然有这个问题，但还是有变通的方式把外汇储备分给民众。

新京报：你刚刚提到外汇储备投资充实养老金，可否具体谈下如何操作？

张斌：一个很靠谱的办法是政府将一半的外汇储备剥离出来，设立一家专注于海外投资的主权养老基金。同时法律明确规定，这只主权养老基金接受社会公众的监督，未来的投资收益将通过充实养老金账户的方式最终分配给每个公民。这事实上也是把外汇储备分配给社会公众。

❖ 人物

从大的方面看，经济学研究有两方面主要内容。一种是发现经济运行规律，属于理论导向型的；另一种是在既有理论基础上，把理论运用于政策实践，属于政策导向型的。

张斌就属于政策导向型的经济研究者。

2005年，张斌曾在联合国贸发会议全球化与发展战略部担任经济事务官员，并于此后在哈佛大学国际发展中心任访问学者。

但他似乎对中国的经济研究情有独钟。

“中国很特别，在经济理论和政策研究方面有很多需要创新的地方，在中国作经济政策研究很幸运。”张斌认为，政策导向型的工作很有挑战性。

2003年张斌所在的团队开始研究人民币汇率问题。张斌曾建议人民币升值10%，彼时这种观点是绝对的少数派。而张斌的建议也曾遭遇众多网友质疑。

但在随后的近十年时间里，赞同这种观点的声音越来越多，共识也越来越多。

张斌说，并不是经济学家自认为好的政策建议都能被采用。被多数人不理解也很正常。但是相信科学、理性的经济政策建议如涓涓细流，当这些建议越来越多的时候，就会对决策产生影响。

他目前从事的工作，主要目的是提供好的政策建议，但是好的建议离不开理论的支持，因此需要在理论和政策两个方面作结合。

“当研究有新的发现，而且你知道这些发现对于理解中国经济问题能作出新的贡献的时候，是最让人兴奋的事情。”张斌说。

张斌说，工作中最大的乐趣是创造新的、有价值的东西。平常生活中也是一样。生活中的张斌喜欢烹饪和打太极，他说，烹饪是个人能独立完成而且有很大发挥余地的创造工作，做得好，家人都会肯定。而打太极，能让人安静下来。“创造需要用心思考，需要安静，表面上安静，其实脑子不平静”。

❖ 同题问答

新京报：对于中国的诸多经济学人，你最为尊敬的是哪一位？

张斌：余永定教授，接触很多，很了解，越来越敬佩。

新京报：2012 年的经济运行到现在，当前的状况，是否有让你很意外的地方？为什么？

张斌：没有太意外的地方。2009 年曾经写过一篇宏观经济三部曲的文章，背景是全球金融危机和 4 万亿计划出台。当时的观点是中国经济结构在危机前面临很大挑战，危机后采取过度的刺激方案会进一步加剧国内经济结构失衡、恶化财富分配，金融部门会面临越来越大的困难，经济增长面临更大的压力。回头来看，大的判断基本符合现实。

新京报：近期在市场层面，你认为哪一项改革最值得期待？

张斌：让私人部门能够在医疗、教育、金融、能源、交通、通讯等服务业部门与国有企业公平竞争。

新京报：未来 10 年，你认为哪一个行业具有投资前景？

张斌：中国还有很多机会。制造业当中的中高端机械设备制造会很有发展潜力，这是现阶段中国经济最容易取得生产率进步的行业。

新京报记者　李　蕾

09 陶然

不改革就没有“下半场”

核心观点

现在征地成本越来越高，而商住用地因为房地产已经泡沫化，增长潜力有限，加上中央严厉调控，土地财政的收益开始下降。这个模式已经难以为继了。在这种情况下，不如放开土地市场，政府只要征税就行了。

图 / 孙纯霞

陶　然

1973 年生，中国人民大学经济学院教授，清华—布鲁金斯公共政策研究中心、布鲁金斯学会外交政策项目非常驻资深研究员以及长策智库高级研究员。

2002 年毕业于美国芝加哥大学经济系并获得博士学位，2003—2007 年在英国牛津大学进行博士后研究工作。

近年来的研究集中在中国经济转型中高增长的政治经济学、中国城市化过程中的土地和户籍制度改革、农村发展，地方治理及公共财政等领域。

经济增速下滑是由全民埋单

新京报：在美国和欧洲，2% 以上的 GDP 增速就是很客观的增速了，但在中国 GDP 增速降到 7% 附近，虽然绝对数依然很高，但我们的感受就很差了。这是为什么？

陶然：因为现在这个发展模式里面，老百姓实际获得的，尤其是占人口多数的底层劳动力获得的经济增长收益比较少，大部分收益被企业和公共部门拿走了。

只有维持一个很高的增长率，才能够保证老百姓的收入有所增长，如果经济增长速度降下来，老百姓收入增加的份额就更少了。

这种发展模式下，一般百姓的收入份额较低，而且超发货币带来的通货和资产价格膨胀、地方政府和国企不当投资造成的银行坏账最终都是由老百姓来埋单的。当经济增速下滑，坏账增多的时候，最终只能通过财政补贴、通货膨胀等方式来解决问题，实际上是全民埋单。

土地制度改革是突破口

新京报：你之前提到过，在诸多纷繁复杂的问题中，土地制度的改革可能是突破口，这背后的逻辑是怎样的？

陶然：应该是通过土地制度改革，配合财税、户籍制度改革推进健康城市化，这是比较好改的切入口。而改革方案的基本点，是充分利用市场机制，增加城市住房用地供给。在化解当前中央房地产调控两难局面、有效推动经济增长的同时，逐渐消除城市房地产泡沫，并为地方政府创造稳定的税基。

新京报：具体要怎么改？

陶然：首先，改革目前的征地制度。政府除公益事业继续征地外，对经营性用地不再征用。由开发商与作为原土地权利人的农村集体、农户直接进行谈判并完成市场化交易。

其次，鼓励"城中村"、"城郊村"村集体与村民自主开发为城市流动人口与低收入阶层建设出租房。可以考虑借鉴国际"区段征收"和"市地重划"经验，根据统一规划，政府无偿征收一定比例的城中村土地，部分可作为城中村基础设施建设用地，剩余拍卖获取出让金作为基础设施改造来源。征收比例视城中村实际情况（人口、密度、地价等）大致确定在 30%—50% 之间。

同时，灵活运用城市规划手段适当提高剩余地段开发容积率，确保村集体和村民留用地段的有效增值。

对于既有存量小产权房，在补交一定标准出让金，并通过改造达到一定基础设施和规划标准后，符合条件的可转为大产权。地方政府对一定面积或套数以上住房抽取房产税或出租屋收入所得税。

另一个保增长、调结构的关键措施，是逐步打破国有部门在一些制造业上游和高端服务业部门的垄断，比如石油、石化、电信、交通、航空、矿产，以及一些教育和医疗部门。

土地市场需要放开

新京报：一般人容易理解的，可能是你说的关于小产权房、城中村、城郊村的改革方式。

陶然：现在经济增长速度下来了，但房地产泡沫没有下来，政府就不得不采取限价、限购、限贷措施，但这些措施本身对经济有很大杀伤力，却还是解决不了居民的住房问题。

所以现在要做的，是给土地制度开一个口子，让城中村、城市郊区的农民，在缴纳一部分公共事业用地的前提下，能够留用一部分土地，在留用土地也转为国有的情况下，获得相应的土地开发权利。

在这个过程中，政府可能要放弃一点土地出让金，但经济增长带来的其他税收会有增长。

新京报：放弃部分土地出让金这一点，似乎对地方政府的激励不足。

陶然：现在征地成本越来越高，而商住用地因为房地产已经泡沫化，增长潜力有限，加上中央严厉调控，土地财政的收益开始下降。这个模式已经难以为继了。

在这种情况下，不如放开土地市场，政府只要征税就行了。特别需要指出，现在城市里的住宅用地是政府垄断供应的，垄断必然少供。中国每年城市新增土地中只有 30%—40% 用于住宅建设，而一般国家城市化过程中 60%—70% 的新增土地供应都是住宅用地。在中国，40%—50% 的土地用于工业建设，其他国家一般也就 10%—20%，这是一个非常不合理的结构。这个局面如果不打破，一切都无从谈起。

“财政幻觉”堆砌经济泡沫

新京报：2008年曾被认为是改革的一个好时机，随后推出了很多刺激性的经济措施，现在你怎么评价这些政策？

陶然：这些刺激政策的主要影响是使我们的固有发展模式得到了强化，在一定程度上造成了今天的经济增长困局，包括房地产进一步泡沫化，制造业产能进一步过剩。

在当时外需已经下降的情况下，通过大规模的财政信贷刺激，主要造成了两个效果：一个是地方政府进一步大规模建设开发区，搞城市基础设施建设，而且主要是为生产服务的基础设施建设。2009年、2010年和2011年，工业用地出让分别达到14.1万、15.4万和19.3万公顷，不仅较金融危机之前的工业用地规模有迅速增加，同时大幅超过商住用地的出让规模。

另一方面，信贷刺激也使得房地产泡沫从一线城市扩散到二线、三线、四线城市，导致后来我国不得不进行严厉的房价调控。

新京报：泡沫的积累如何使得经济下滑？

陶然：房地产泡沫给一些地方政府造成了财政幻觉。他们之所以敢借钱大搞开发区和基础设施建设，是因为万一还不起，国家也不可能让国有银行破产，肯定会救助。还有一个原因是房地产泡沫给了地方政府一个错误的信号：房价可以一直高企甚至上涨，土地财政收入还可以进一步增加。所以一些地方政府借钱大搞基础设施和开发区，以后可以用商住用地出让金还掉。

这样一来，使得本应该有所收缩的钢铁、能源、原材料，甚至包括一些消费品行业继续累积产能。一旦政府投资下降，外需持续不振，房地产泡沫不得不打压的时候，就会出现产能全面过剩。这个循环造成了目前经济下滑的局面。

“调结构”需要实质性的改革

新京报：你认为经济下滑会持续多久？

陶然：目前的问题不是经济下滑会持续多久，而是如果还不尽快推动改革，经济可能会持续下滑。如果没有处理好改革和增长的关系，没有通过改革造就新的经济增长点的话，经济发展就没有“下半场”，甚至可能面临更糟糕的局面。

新京报：现在的“调结构”不是在改变这种局面吗？

陶然：当然需要调结构，但这个口号从“十五”计划就开始提出了，现在也没有调过来。要实现结构调整，必须通过一些实际的改革，比如土地、财税体制的改革，才能够让现在这种扭曲地方政府行为的激励，以及地方政府搞开发区和依托房地产泡沫来支持土地财政的循环得到改变。只有实现激励和约束条件的改革，调结构才能调下来，这不是喊口号能够改变的。

“招商引资”使土地利用结构失衡

新京报：你多次提到地产泡沫和土地财政的循环，能具体解释一下这种模式吗？

陶然：这涉及到中国过去经济发展的一个重要推动因素。真正将“中国模式”和传统“东亚模式”区别开的，是在中国地方政府层面展现出来的强大动力。

1992 年邓小平“南方讲话”之后，社会对私营企业的歧视减少，资本、劳动力、原材料和产品逐渐开始在全国范围内比较自由地流动。这时以地方国企和乡镇企业为主的制造业产能过剩，开始亏损。

与国企和乡镇企业不同，私企有更大的流动性，这就导致地方政府开始进行非常激烈的招商引资竞争来扩大税基。

1994 年分税制改革后，地方政府虽然从制造业发展中拿到的分成比例小了，但制造业的税率提高，所以地方从制造业获得的实际税率并没有下降。

与此同时，服务业和房地产业的发展可以给地方政府带来营业税和土地出让金，而制造业对服务业，尤其是房地产业发展存在溢出效应。因此地方政府进行制造业的招商引资，可以带动本地服务业和房地产业发展，并给地方带来预算外和预算内收入。所以，地方政府通过大规模投资于工业开发区，并利用各种优惠条件来进行工业招商引资的积极性并没有下降。

新京报：由此引发了什么问题？

陶然：这种发展方式下，中国城市的土地利用结构出现失衡：一方面，廉价的制造业用地导致各类工业开发区用地不集约，浪费了宝贵的耕地资源；但另一方面，地方政府为了最大化商、住用地出让金收入而必然会进行垄断、控制性供给，流动性过剩与住宅用地供应不足导致房价在过去 10 年以来迅速增长乃至泡沫化。

中国发展不能走美国模式

新京报：关于刘易斯拐点的研究，你提出如果户籍和土地制度改革，中国会释放更多的劳动力？

陶然：举个例子，目前在城市里面的农民工，特别是女性如果到了30多岁，很多就回去了，因为城市里面房子买不起，而小孩在城市里面没法上学，她就回去照顾小孩了。男的到了40多岁可能也回去了。

但在一个正常的城市化进程里面，房价没有泡沫化，孩子上学没有问题，这些人应该都在城市里面定居下来。一般城市化过程中，农村迁移人口到四五十岁继续在城市工作是非常常见的，但在中国，到了这个年纪之后都回去了。如果能通过土地、教育改革让流动人口定居下来，就会释放很多劳动力，而不会像现在这样，劳动力因为制度因素而无法充分释放。

新京报：但从目前的现状看，户口只提供三种公共产品，其中包括住房保障，因此土地制度与户籍也是紧密联系的？

陶然：最困难是住房。现在户口对应的公共产品是保障性住房，但土地制度改革之后，政府可能不需要提供多少保障性住房。由本地农民提供，由市场来提供就好了。而一旦土地制度改革后，政府还可以抽取更多税收，其中一部分用于农民工子女教育，户籍改革也就完成了。

新京报：有一个时兴的问题，与你之前的研究领域也有些相关。展望未来，有人说中国人不可能有一个“美国梦”，即住大房子、开大汽车、高消费等。你怎么看？

陶然：每个国家的资源禀赋不一样，不是只有“美国梦”才是发达国家的表现。现在韩国、日本都是发达国家，这些国家也不都是大房子、大汽车。

中国的发展不需要美国的模式，只要达到日本、韩国这样的经济发展水平，每个人都有比较体面的居住环境，正常的出行环境，能享受基本的清洁空气，有稳定的收入和社会保障，就已经很好了。而这些通过改革是完全可以做到的。

❖ 人物

中国既类似又区别于其他东亚国家的发展模式，如何延续30年的高增长？对此经济学者陶然有自己的看法。

陶然认为，中国经济在过去的发展有赖于一个重要因素：地方政府对于财政收入的追逐。

而这种被称为“竞次型”的发展在微观层面如何实现？他说，从1994年分税制改革之后的时间段内看，地方政府对土地等要素价格的扭曲，来实现招商引资发展制造业，带动服务业和房地产的发展维系着这一模式；而在更近的时间内，房地产尤其是土地出让金的收入是维持这一循环的重要因素。

此前，无论是“中国特色的保护市场型财政联邦主义”理论，还是“官员晋升锦标赛”理论，都只局部或者片面地解释中国转轨高增长中的现象和出现的问题。

作为立足本土又有全球视野的观察者，陶然是解答这一问题的众多经济学家中最敏锐的人之一。

2009年开始，陶然在中国人民大学经济学院任职，但他对中国经济发展模式、城市化与土地制度的看法在更早的时间已经形成。

在2005年陶然发表的一篇《城市化、农地制度与迁移人口社会保障》论文中，他对土地、户籍、城市化之间的看法已经明晰，这篇文章后来也被大量引用。

他认为，从打破政府供地垄断开始，配套户籍和财税改革，是解决中国经济放缓、资产价格泡沫、社会以及环境冲突的一剂良方。

这一看法在最近亦有新的现实意义。2009年政府刺激经济的负效用在近期显现，但去年以来地方政府上项目采取刺激政策的劲头似乎有甚于2009年，这一现象也在陶然的理论中能得到解释：地方政府仍寄望于扭曲工业用地等要素价格发展制造业，带动房地产和其他服务业的策略能够奏效。

在对土地、户籍、财税等转轨和发展经济学问题的研究中，陶然也有自己独特的看法，比如人口红利与刘易斯拐点问题，他认为，如果户籍改革和城市化能推进，将会释放更多劳动力。

又譬如他认为创新不能成为近期中国经济可借助的主要推动力，而破除垄断带来的红利更容易实现。

10月份，新京报记者在中国人民大学明德楼的狭小办公室内见到了陶然教授，其时他刚结束繁忙的学术论文写作。他说，最近将帮助一些地方政府开展土地制度方面的改革。

陶然很少在公共场合发声，对于拍照有些不情愿。他更愿意通过数据和模型对实际问题进行研究，也乐于对通过实地实验来检验其结论，推动变革。

❖ 问题问答

新京报：对于中国的诸多经济学人，你最为尊敬的是哪一位?

陶然：林毅夫。

新京报：2012 年的经济运行到现在，当前的状况，是否让你感到意外?

陶然：去年我已提出经济可能会出现比较大的下滑，而且后面的问题会很麻烦。应该说目前的下滑没有出乎意料的地方。

新京报：近期在市场层面，你认为哪一项改革最值得期待?

陶然：我认为土地制度改革应该是一个突破口，但目前没有看到公共部门有推动这个改革的意愿。

新京报：未来 10 年，你认为哪一个行业具有投资前景?

陶然：这取决于改革的进度。如果放开了一些垄断行业，那么这些垄断性的行业应该都有比较好的前景。包括放开土地垄断以后，房地产也会有很好的前景。不放开的话，没有什么行业有好前景。目前几乎所有已经开放的行业，都存在较为严重的产能过剩。

新京报记者　吴　敏

10 柴 瑜

拉美是中国的一面镜子

核心观点

中国比拉美的情况更复杂。想要避免陷入“中等收入陷阱”，最重要的还是要找到新的经济增长点。

一是提高劳动收入在初次分配中的比重，国家必须鼓励价值增值高的劳动，加强技术工人的培养；二是加大对教育、科研、创新的投入，重视文化体系和价值体系建设，建设学习型、创新型国家，提高劳动者素质、提高其参与社会分配的能力，从要素、投入驱动向创新驱动转变。

图 / 秦　斌

柴　瑜

生于 1968 年，西北大学经济管理学院经济学学士、硕士，南开大学国际经济研究所博士，中国社科院世界经济与政治所博士后。2009 年从社科院亚太研究所调入拉丁美洲研究所，现任该所所长助理、经济室主任，研究方向为国际贸易与外国直接投资、区域经济一体化及拉丁美洲经济。

近10年是拉美经济最好的时期

新京报：我们平常对拉美的情况知之甚少，能简单介绍一下吗？

柴瑜：拉美是个地广人稀、物产丰富的大陆，研究拉美经济是出于我国的战略性考虑。一方面，我国对其能源和资源的需求较大，另一方面，拉美国家有5亿到6亿人口的庞大市场，人均收入水平高，消费能力强，也是中国产品巨大的出口市场和投资地。比如哥斯达黎加（人均GDP）现在是7000多美元，墨西哥9000美元左右，巴西将近1万美元了。

新京报：该地区经济发展目前呈现什么样的特点？

柴瑜：过去相当长的一段时间内，拉美都是进口替代型的发展模式，从20世纪80年代中后期开始，向中国和其他亚洲国家学习开放市场。这10年是拉美经济发展最好的时期之一，我觉得很大程度上是因为中国的经济发展为拉美经济注入了很强的活力。

拉美经济的主要特点，一是近年来经济增长普遍较为稳定，虽然有金融危机的影响，但政局较为稳定，政治上逐渐趋于成熟。拉美各国财政状况普遍好转，经常项目赤字有所缓解甚至出现外贸盈余，资本项下债务控制也比较好，“外债危机”的阴影基本消散，内需在经济增长中起到了重要的拉动作用。这说明拉美经济弹性在增强，对抗外界因素干扰的能力提高了很多。

二是经济开放程度有所提高，但是保护主义依然严重，在对中国产品发起“双反”起诉的案件中，有很多来自拉美国家，比如阿根廷、巴西等。

三是经济多元化发展趋向明显，如强调出口市场多元化、投资来源多元化、合作伙伴多元化、产业发展多元化等。

四是与亚洲的合作进一步加强。

新京报：为什么中国因素能为拉美经济注入活力？不是美国的作用应该更大吗？

柴瑜：在国际大宗商品市场上，中国是个大买家，对拉美的产品有大量需求，很多国家都是由于与中国的密切合作而使经济有了快速发展。此外，拉美国家政府大都实行谨慎的财政和金融政策，通胀控制得当，因此其经济能够长期保持稳定。

美国很长一段时间内都是拉美的主要盟友。虽然欧美市场仍然是拉美地区产品出口最大的目的地，但最近几年中国已成为某些拉美国家最大的出口地，对美国的份额有一些影响，这是不可避免的。美国现在也自身难保，很难在短时间内给予拉美大量的支持，所以发展与亚太地区的合作已成为拉美未来的主要发展战略。

当然，在拉美内部也有分化，中美洲主要是墨西哥，与美国关系比较紧密，所以受金融危机影响非常大；南美洲各国与中国的联系更紧密一些，所以危机冲击较小。不过今年以来，中国的进口出现较大幅度的下降，秘鲁、智利等国的出口受到了一些影响。

拉美不知“中等收入陷阱”一说

新京报：我们都在讲拉美目前陷入了“中等收入陷阱”。事实是否如此？

柴瑜：“中等收入陷阱”是中国学者对拉美经济发展现状的一种认识。拉美本身对此关注并不多。前一段时间，我们和拉美相关机构谈话的时候，他们觉得这是个很好的概念，因为可以通过这个找到自身经济结构的一些问题。但他们自己没研究过，还要跟我们所里社会保障的专家进行合作呢（笑）。

但不能否认的是，拉美的经济结构确有问题。当一个国家人均 GDP 达到 4000 美元以上时，社会结构就会发生变化，由此带来经济结构的变化。收入分配直接影响到内部需求市场的规模与活力。当各种制度性的、结构性的矛盾、问题纠结在一起，没有一个“解套”机制，就出现了所谓的“中等收入陷阱”。

新京报：拉美国家经济发展目前面临的最大挑战在哪里？

柴瑜：最大的挑战有五个方面。

一是政府治理。拉美的法制很健全，但体制较为松散，政策执行力有待提高。

二是利益集团。这是一个历史问题，拉美有很多国有企业，面临着如何提高企业效率、打破垄断，给更多社会资本发展空间的挑战。

三是收入分配问题。拉美资源丰富，一些国家医疗、教育基本由国家保障，尽管贫困现象在城市和乡村还大量存在，但大多数人民生活水平普遍还可以。统治阶层就不愿进一步推行改革，宁愿维持“小富即安”的现状。但如果这样，国家内部贫富差距拉大、收入分配不均的现实就无法改变，制约了进一步发展的动力。

四是产业发展。由于历史原因和社会结构的变化，拉美一直没有建立起很好的产业体系。中国过去在计划经济体制下，人们可以为了理想去最偏远的地方做最艰苦的工作，但在目前的市场经济中，拉美国家要花更大的成本完成同样的事情。中国可以自给自足，而拉美国家很多东西还是要靠进口。

五是基础设施。由于在过去相当长的时间内财政收入不理想，通货膨胀严重，造成基础设施欠账很多，成为经济发展的主要瓶颈之一。

中国比拉美更复杂

新京报：这与中国目前面临的问题是一样的。拉美各国是怎么解决这些问题的？有没有中国值得借鉴的地方？

柴瑜：有啊，比如实施针对贫穷家庭的小额贷款项目在拉美就很有成效。巴西有一个助学金计划，将儿童的教育和家庭福利挂钩，如果小孩不上学就不发给补贴。又比如在可持续发展方面，哥斯达黎加人均寿命达到了79岁，和发达国家水平相当。这得益于该国的教育和医疗水平的提高。

新京报：那么在你看来，中国应从拉美的发展中借鉴什么？

柴瑜：中国比拉美的情况更复杂。想要避免陷入“中等收入陷阱”，最重要的还是要找到新的经济增长点。

一是提高劳动收入在初次分配中的比重，国家必须鼓励价值增值高的劳动，加强技术工人的培养；二是加大对教育、科研、创新的投入，重视文化体系和价值体系建设，建设学习型、创新型国家，提高劳动者素质、提高其参与社会分配的能力，从要素、投入驱动向创新驱动转变。

我国现在进入了一个快速发展之后新的经济调整期，要从“一部分人先富起来”转变成实现社会的全面发展。在这个过程中，我们不光要追求物质上的富有，还要建立精神上的“富有”。

此外，要鼓励民营企业、中小微企业发展，为自主创业创造良好环境。政府得鼓励自主创业、创新，让这些企业勇于尝试，哪怕会失败，不试你怎么知道呢？

中国改革大方向没错

新京报：现在中小企业普遍反映的是，连“试”的机会都没有。“玻璃门”还在。

柴瑜：问题就在这。所以国家需要出台一些政策，鼓励大企业将一些业务外包给中小企业，不要都背在自己身上，不要成为一个封闭的、全能型的企业。

中国经济发展的大方向是没错的，只是由于情况比较复杂，在发展中难免出现一些问题、阻力。这是一个不断学习和进步的过程。从克服、改正、纠偏中学习正确的路径，但保持大方向不变，这才是最重要的。

新京报：对改革的进程是否应该多一些认识和理解？

柴瑜：改革是逐渐深化的过程，容易改革的我们以前都改革了。大家现在看到的问题确实比较棘手，可能是旧的矛盾出现了新的表现形式，也可能是改革过程中出现的新问题。需要更多的智慧去解决。

新京报：你认为目前最急需改革的领域是在哪里呢？

柴瑜：从我的研究领域角度，是如何能在国际上给中国企业更多的市场空间。企业的发展是国家经济发展的根本。目前中国出口企业面临国际市场萎缩、需求下降，下一步希望能够在出口退税政策及出口融资方面提供更多的支持。事实上国家也正在这么做，前不久国务院就出台了“稳外贸八条”的措施。

不必太担心 FDI 波动

新京报：近期我国实际使用外资金额（FDI）连续数月同比负增长，有人说出现了资本外逃的迹象。你怎么看？

柴瑜：中国依然是全球投资环境最好的国家之一，投资者对中国的信心没有变，这是一个基本的判断。近期出现的 FDI 下降主要是与美欧的经济大环境有关，是外部的原因。

应该看到虽然欧洲整体对华 FDI 下降，但德国、法国、荷兰等受债务危机影响较小的欧洲国家对华投资不降反升。同时，我国目前需要的不是普通的外资，而是需要那些符合产业发展规划的、战略性新兴产业的投资，因此自身也有很大的选择性。所以我们对外资稍有波动的情况不用太过担心。

新京报：目前全球主要经济体近期频出宽松政策，我国资本流动是否会有转向？是否需要担心热钱的流入？

柴瑜：流动性放松是各国的一种策略，如果刺激经济比较有力的话，对我国的 FDI 增长是比较有利的。目前我国资本账户尚未完全开放，再加上对房地产的政策调控，热钱进入中国获利空间较小，预计不会出现热钱大量流入的情况。

特别指出的是，资本市场的发展需要个过程，资本账户的开放一定要与实体经济的发展阶段相匹配，不能太过超前，否则在实体经济还没发展成熟的情况下完全放开资本账户，就可能像拉美国家那样引发“外债危机”。

❖ 人物

社科院拉丁美洲研究所位于段祺瑞执政府旧址内，一进大门一股历史的凝重感扑面而来。巴洛克式建筑与中式红柱绿门呼应，大片大片的绿意点缀其间，将外界的繁华完全隔绝。在这里，社科院拉丁美洲研究所所长助理柴瑜接受了记者的采访。

如果只看简历，你可能以为柴瑜是一个埋首于学术中的典型“女博士”，可事实完全相反。在采访中，我们的谈话数次被笑声打断，她快人快语，幽默风趣，寥寥数语将遥远的拉美和中国的现实瞬间拉近。谈到兴起时，她会讲很多她在拉美的有趣见闻，等意识到“跑题”后又笑着赶紧把话题拉回来。

“我们平常对拉美的情况知之甚少，中国人印象中的拉美都是什么毒枭啊，贩毒啊，又贫穷又落后的。但事实并不完全是这样，我建议大家都去那里看一下，”柴瑜说，“拉丁美洲是一个神奇的地方，很多经济现象其实是很有意思的。目前有几个国家的人均 GDP 已经超过中国了，福利制度有可借鉴之处，医疗和教育在许多国家基本都是由国家保障的。咱们之前对拉美的了解太少了。可以说，目前 10 年是拉美经济发展最好的时期之一”。

柴瑜研究拉美经济算是“半路出家”。她的博士论文是关于东亚和拉美的外国直接投资对于中国经济发展的影响比较，那时她对拉美就开始有了兴趣。2009 年，因工作调动需要，她的研究方向从亚太经济一体化研究拓展到了拉美经济研究。

在她看来，拉美经济目前面临的很多问题恰恰也是中国需要面对的，但由于历史、制度、人口、政治环境等方面的差异，中国的问题比拉美复杂得多。“拉美没有这么多人口，也没有那么大的压力和竞争。政府补贴鼓励把小孩送进学校接受教育，但中国的小孩为了获得竞争力，都要求进名校，学得更好，这就又遇到了资源分配的问题”。

她说，拉美的发展历程对于中国来说更像一面镜子，教训可以避免，但出路还是要有“中国特色”。

最近，柴瑜和她的团队正在作中国和哥伦比亚自贸区的官方联合可行性研究。她告诉记者，目前中国已经成为拉美国家重要的贸易伙伴，中国的经济发展为拉美经济注入了很强的活力。哥伦比亚已与欧美签署了多项自贸区协定，这就意味着中国企业在哥伦比亚生产的商品，出口到美欧都是可以免税的。而哥伦比亚对发展与中国及亚太其他国家的经济和政治关系也非常重视，如果中哥自贸区协定签署，这对两国来说将是双赢。

❖ 问题问答

新京报：对于中国的诸多经济学人，你最为尊敬的是哪一位？

柴瑜：很难回答。学术是传承的，博采众长以求创新。对老一辈的学者都很尊敬。是他们的贡献和努力才有今天中国的经济发展。

新京报：2012 年的经济运行到现在，当前的状况，是否有让你很意外的地方？为什么？

柴瑜：我主要关注外资外贸，在这一领域没太多意外。从 2008 年至今，外部环境一直不见起色，美国经济仍复苏乏力，所以我们还是得做好中期准备。

新京报：近期在市场层面，你认为哪一项改革最值得期待？

柴瑜：鼓励民间资本发展的落实。

新京报：未来 10 年，你认为哪一个行业具有投资前景？

柴瑜：这个问题也很难回答，我想了半天，最简单的，绿色农业吧（笑）。按照联合国粮农组织的研究，未来 10 年世界粮食供给有限，而需求依然旺盛，同时目前食品安全问题这么严重，中国的市场又这么大，如果能发展好了绿色农业，那前景应该是非常好的。

新京报记者　沈玮青

11 陆铭

劳动力流动越自由，经济发展越均衡

核心观点

户籍制度所导致消费的损失大约占 GDP 的 1.8%，而我们每年经济增长率只有 10%，也就是说这 1.8% 相当于我们每年经济增长部分的 1/5。

户籍制度改革不可能一蹴而就，主要矛盾在大城市和特大城市，但我们现在避重就轻，中小城镇放开户籍，这起不到多大作用。

陆 铭

生于1973年，复旦大学经济学博士、经济学院教授，现任复旦大学产业发展研究中心主任；曾任世界银行和亚洲开发银行咨询专家、北京大学林肯研究院兼职研究员，主要研究方向为劳动经济学、城市和区域经济学，主持国家级和省部级课题多项，并多次获省部级科研奖励。

每年有1/5经济增长在“流失”

新京报：城市内部的社会分割会对经济发展产生影响，具体到政策层面上，最相关的就是户籍和土地制度。户籍制度对市场经济发展有什么影响？

陆铭：当前中国存在一个非常重要的问题，或者政策上要解决的难题，就是我们现在对生产要素的流动还是有限制的。劳动力就是一大生产要素。经济学里面讲，劳动力流动可以带来地区间的均等化。而实际上，我们现在的户籍制度限制了劳动力流动，特别是限制了劳动力进入大城市和特大城市。

一个很简单的道理，在四川工作的人，看到在北京和上海工作的收入高，可能会到北京和上海去工作，这就是劳动力流动。这种情况到什么时候会停下来呢？当到北京去挣的钱，扣掉在北京的生活成本，和四川一样就不会去了。劳动力越是自由流动，地区间的经济从人均意义上收入越是均衡。如果我们说管住不让劳动力自由流动，目前造成的结果就是高技能、高收入的人群是管不住的，比如硕士毕业、博士毕业的人，留户口总是能留的，户口问题主要限制了低收入者。

低收入者被限制住，高收入者都到北京、上海去。从数据上看，中国大城市经济增长的速度要比人口增长速度快，当算人均收入的时候，大城市人均收入增长比小城市的更快了，实际上这反而不利于收入差距缩小，也制约了那些低技能劳动者的就业机会和收入增长的机会。

新京报：户籍壁垒到底会给社会、经济带来怎样的影响？

陆铭：从社会发展角度来讲，户籍制度实际上已经在城市里形成新二元结构，就是有当地户籍的人和没有当地户籍的人。在这两类人群之间存在几个问题：我们研究发现，在一个地方，没有当地户籍的人比有当地户籍的人，对政府、社会的信任程度更低。我们还发现，外来人口的幸福感也是更低的。在大城市里已经出现了外来人口的聚居现象，这对城市的和谐来讲影响是非常大的。

从经济方面来讲，我们今天总是讲中国内需不足。之前，我们研究比较了所谓的“外地人”和“本地人”消费的情况。如果这些人在年龄、性别、收入这方面都一样，唯一的差别就是有没有当地户籍，我们发现，一个“外地人”的平均消费要比“本地人”低30%。

新京报：户籍问题为什么会影响到人们的消费？

陆铭：有几大原因：第一，没有本地城镇户籍的人流动性很强，一些耐用消费品就不买了，或者就是租也不会买。第二，没有当地户籍的人社会保障覆盖率是很低的，低于10%，他就比本地人更加需要存钱去养老和医疗。尽管中国社会保障覆盖面在扩大，这个扩大是指城里人，并没有覆盖到流动人口。第三个原因，一般来讲，人们的收入应该是越来越高的。当收入越来越高的时候，人们可能会借钱消费，未来再还掉，这是人们通常的行为。但对于外地人来说，如果不能在城市定居的话，就必须要回老家。回老家以后，他们的收入可能会比现在在城市里打工大大下降，所以他们会存钱，以防止未来收入的下降。

据我们测算，户籍制度所导致消费的损失大约占GDP的1.8%，而我们每年经济增长率只有10%，也就是说这1.8%相当于我们每年经济增长部分的1/5。

应加强劳动力市场公平竞争

新京报：你为什么会想到研究人的幸福感呢？幸福感与经济发展有联系吗？

陆铭：研究这个问题，是因为收入或者人均GDP水平提高了，我们是不是变得更快乐了？西方国家的研究结果是没有，回到中国来说，有些人发现收入水平在不断地提高，但是幸福感甚至在下降。这里面就要问为什么？

现在有一个普遍的解释，就是认为跟收入差距有关系。中国在变得更富的时候，收入差距也变大了，前者让我更加高兴，后者让我更不高兴，总的来讲就是两个效应给抵消掉了。

新京报：存在收入差距是绝对不好吗？

陆铭：要看收入差距是不是跟你的身份有关系，如果是跟人的身份没关系的收入差距，其实对社会来讲是好事，它会激励我努力工作，获取更高的生活水平。但是当社会当中有一种收入是你能得，而我不能得，你又变得比我更加富了，不公平的因素存在了，我就不高兴了，这个在中国最重要的体现就是户籍。

新京报：户籍问题是否也影响到收入分配？

陆铭：如果涉及行业收入差距，我们要研究很多变量，不只是户籍一个方面。第一，户籍会阻碍你进入高收入行业；第二，就是社会关系，我们会发现社会关系比较丰富的人，比较容易进入高收入行业；第三，政治身份也很重要。

一些人现在对收入差距的不满，并不是对差距本身不满，而是对由不公平因素导致的差距感到不满。我们研究发现，收入差距不只是因为教育差别导致的，同时也是一些不公平竞争因素导致的，所以应该加强劳动力市场公平竞争。

新京报：你认为应该如何改革？

陆铭：户籍制度改革要加快速度、降低门槛。因为户籍问题，上海人才流失，很多高端人才都留不下来，这不利于上海的经济发展。北京也是一样的。所以，我们要加快速度，也要降低门槛。核心是要不要设立技能标准。

上海给户籍打分的时候，必须要具有技能职称，或者技能的证书。我经常举例子，在餐馆里面的服务员，或者捏脚店捏脚的工人，送牛奶的，有什么技能的证书？但是你反过来想，这些人你需要吗？肯定也是需要的。

如果说我们不需要了，从宏观来讲，经济增长会受影响；从微观来讲，城市人的生活会受影响，当你把这些人赶走的时候，剩下人的服务价格会提高，会影响到我们的实际购买力。

市场调节可防止城市“爆炸”

新京报：关于户籍改革，有关部门也提出了一些改革举措，你怎么看？

陆铭：当“外地人”和“本地人”之间收入差距扩大的时候，外来人口就变得不高兴，其实我同时也发现了，有当地户籍的本地人也变得不高兴。

“本地人”有两个效应，第一，他是强势的，他比别人越好的时候他越高兴。第二，与此同时，社会矛盾激化的时候，甚至犯罪率上升，强势的人也不高兴。户籍制度所形成的对收入差距的影响，既没效率，也不公平，也不和谐。

户籍制度改革不可能一蹴而就，主要矛盾在大城市和特大城市，但我们现在避重就轻，中小城镇放开户籍，这起不到多大作用。中小城镇创造就业和收入的能力比不上大城市，人们为什么要去？

新京报：有人认为户籍制度一旦放开，城市会爆炸。

陆铭：不会的。这里面有市场机制的调节作用。

当户籍制度慢慢放开的时候，因为土地有限，地价、房价慢慢往上涨，涨到有人觉得这么高的房价，在这里生活已经不如回老家了，这个就是由市场机制所决定的城市规模。

当一个城市放开以后，土地价格和房价的上涨，会连带使得生活成本上涨。如果生活成本上涨，抵不过一个人到这个城市里面所获得收入的时候，就不来了。

新京报：生活成本上涨，会不会影响到城市发展？

陆铭：从国际上来看，西方国家反过来补贴低收入者，通过补贴这部分人增加城市服务业的劳动供给，把城市的活力和生活质量提升了，而在这个城市，活力和生活质量反过来有利于高收入者。

说通俗点，高收入者雇得起保姆，下得了饭馆。这时，一方面经济增长上去了，一方面也解放了他的生产力，他可以多点时间去看书工作，提高生产率，同时，也享受生活。表面上，政府在补贴低收入者，实际上间接也让高收入者受益，最后城市发展起来了。

均衡发展不应阻碍生产要素流动

新京报：我们现有的土地制度是在鼓励中小城镇的发展，你为什么认为应该重点发展大城市？

陆铭：我的研究表明，越大的城市，越能够提高就业的概率。当一个城市平均受教育水平提高的时候，居民个人的收入也会随之提高，这在经济学里面叫做人力资本外部性或者教育的社会回报。

新京报：城市间经济的发展难道不是应该尽量均衡吗？

陆铭：当经济资源被行政干预从大城市到了中小城市，从沿海延伸到内陆的时候，整个经济的效率就下来了。

我们常说要均衡发展。但是实际上，反而没有均衡。因为在人均意义上讲，越是阻碍生产要素的流动越是没平衡。只有生产要素（特别是劳动力）自由流动，让城市去发展，它才是更加有效率，而且是更加平衡的。

❖ 人物

当下，中国的某些方面就像一个还未成年的孩子，却像成年人那样，在积累财富的跑道上疯狂地奔跑。我们是不是可以沾沾自喜了？有很多问题值得思考。在陆铭看来，中国正处在一个攸关未来的十字路口。

10月的上海天气无常，下雨后的傍晚，秋意盎然。陆铭在这个经济繁华的大都市教书、生活。见到记者的时候，他头戴一顶鸭舌帽，看起来很时尚。

“如何不影响居民的既得利益，如何利用土地增值造出一块利益，以解决农民工进城没钱的问题。通过户籍和土地制度的联动改革，并配套以地方官员考核评价体系的改革，才是化解中国当前很多困境，尤其是城市化困境和经济增长模式困境的治本之药。”采访过程中，陆铭会时不时地抛出有关社会问题的观点。

陆铭平常大量的讲座都是在讲当代中国经济的问题，但他的研究本身多与社会学和政治学有着交叉。

“经济学本身也在发生变化，跟社会学、政治学、心理学、地理学结合得越来越广。”陆铭说，他很感兴趣，这些领域都在用经济学作为主线。“社会学是讲如何分蛋糕的，而经济学要考虑先做大蛋糕再分蛋糕，很多社会问题可以用经济学求解”。

陆铭认为，中国经济30多年市场化改革以后，我们距离成为一个真正的市场经济国家，还有距离。“中国限制劳动力流动，这样既无公平也无效率。效率是跟经济的持续增长挂钩在一起的，公平是跟社会和谐挂钩在一起的。而经济增长和社会和谐不是相悖的，是可以携手并进的。在这两个关系当中，最重要的核心政策就是生产要素的流动，而核心的核心就是户籍制度。但是，户籍制度已经把人分成两类，一类人比另一类人更多享受经济发展成果”。

“人人拥有公平机会，这样的市场经济才是好的市场经济。”陆铭说。

最近，陆铭把他在搜狐财经的博客大标题改成了“为了公共利益”六个字。而且走到哪他都要提，利用讲座、文章，一切场合。以前，他对过于频繁的公开演讲是蛮排斥的。

“我在想，我们很多问题为什么难以解决，难以推动，因为我们每个人都是站在自己的角度去考虑问题，考虑自己的利益。”他说，中国这么大一个国家，现在面临公平和分配问题。如果走不出这个圈子，最后实际上是大家一起受损。

“我可能很难改变今天的一些政府官员的做法，我知道挺难的，难也要讲，”他说，“哪怕今天讲的改变不了，至少可以改变我的听众。我听众里的年轻人可能就是明天的政府官员。也许我可以改变未来”。

他说在相当长的一段时间里，他博客的名字不会改了，之前老变。“为了公共利益”这六个字，要贯穿他自己的学术研究，也要贯穿他提的政策主张。

❖ 问题问答

新京报：中国诸多经济学家里，你最尊敬的是哪一位？

陆铭：北京大学的姚洋老师。他对经济学、政治学知识融会贯通，同时也对中国很多现实问题有很深入的理解。

新京报：2012年经济运行到现在，有没有让你觉得意外的地方，为什么？

陆铭：唯一的意外就是中国经济下行的速度，有一点点超出我的预期。我也预期到，今年会很差。但今年差的程度，让我觉得有一点意外，对实体经济抑制的作用要超过我的预期。

新京报：在市场层面，你认为最近哪一项改革比较值得期待？

陆铭：户籍改革，这是毫无疑问的。据说土地法也会有点修改，具体现在还不知道是什么。

新京报：未来10年你认为哪一个行业具有投资前景？

陆铭：我觉得围绕城市发展的投资，包括基础设施、公共服务设施和文化设施等还是值得投资的。

新京报记者　杨万国　范旭光

12 陈道富

破垄断或是改革突破口

核心观点

中国经济需要转制。转制的过程涉及原来的体系要破坏掉，形成新的体系。新的体系的形成一方面需要新的土壤，让新的体制有机会产生，另外一方面在新的体系还没有形成之前，不能将旧体制完全破坏掉，需要保持整个系统的相对稳定。

图／秦 斌

陈道富

1976 年出生，毕业于中国人民银行研究生部。国务院发展研究中心金融研究所综合研究室主任。主要研究方向：货币政策、金融改革。参加中财办、全国政协、全国人大、国务院政策研究室、国务院发展研究中心等组织的多项课题。著有《我国外汇市场改革过程中应注意的若干问题》、《我国资本市场的风险现状与产生原因》、《正确看待中美贸易差额》、《中国金融战略 2020》等。

经济下行会触发结构调整加速

新京报：经济数据显示，三季度我国经济企稳，这轮经济调整和2008年有何不一样？

陈道富：2008年主要是受到外部的猛烈冲击，这次则是国内外双重因素的共同作用。首先，外部需求因为欧债危机持续反复，本以为新兴市场国家会保持相对独立对出口影响有限，但事实是出口下滑速度比大家想想得都要大。

其次，2008年危机时中国经济尚处于较为活跃的阶段，2008年上半年还在紧缩调控，而这一轮调整中我国经济则处在下行阶段。

事实上，经过三四年的传导，2008年危机后出台的一系列刺激政策的积极效果在减弱，一些负面效果开始显现。与此同时，房地产的宏观调控对投资、消费、财政收入的影响开始显现，政策的后遗症慢慢显现。

新京报：实质性的调整是指哪些？

陈道富：目前为止中国经济仅仅是一个流量上的调整。这具体表现为，实业投资的吸引力持续下降，企业较难找到新的投资机会，部分产能闲置。但尚未看见企业破产，也没看见大量企业资金链断裂，经济上的去产能和金融上的去杠杆还未充分展开。

近期经济指标间分歧加大，虽然在政府各种政策以及市场观望情绪中，出现一定的阶段底部特征，但经济增长的基础相当脆弱，市场信心严重不足。经济的持续下行或预期的变动，都可能进一步触发经济自我加速结构调整。

打“强心针”时还需配套其他改革

新京报：近期关于政府再出刺激政策的呼声渐起，你认为是否有必要？这种刺激政策是否会进一步加大杠杆？

陈道富：关键是中国需要什么？在当前情况下，大规模的政策刺激肯定能发挥作用，但是刺激政策的负面效果越来越大。

首先，过度需求政策不利于增长方式转变和结构调整所需要的存量调整，反而会进一步加剧产能过剩，恶化原有结构失衡，产生挤出、通胀等不良后果。

其次，刺激政策也不足以真正激发社会主体的信心。刺激政策出台，短期内老百姓和企业可能感受到经济的改善，但是老百姓和企业对未来的预期非常有限。大家都在期待一种制度的变化，期待调整完之后经济的新一轮起飞。

如果是此时采取一些有效需求的激进改革，可能会发生周期性的调整，但是在没有结构性调整的背景下，反弹也会非常微弱。

新京报：刺激计划就是一剂强心针？

陈道富：简单的打强心针的政策是不够的，与此同时还需要配套其他的改革。

中国经济需要转制。转制的过程涉及原来的体系要破坏掉，形成新的体系。新的体系的形成一方面需要新的土壤，让新的体系有机会产生，另外一方面在新的体系还没有形成之前，不能将旧体系完全破坏掉，需要保持整个系统的相对稳定。

垄断行业改革是转制突破口

新京报：转制改革已成为市场共识，你也多次提到中国经济需要转制，你有什么具体的建议和方案？

陈道富：由于中国经济起步晚，有后发优势，在过去的30年里，中国经济一直是"集中资源办大事"的跑马圈地扩张模式，包括政府金融机构、财税体制等，迅速把各个要素整合在一起做事，但是并不太兼顾效率。

这种高投入高产出的增长模式到今天负面效果逐渐累积。比如现在超发的货币导致的高房价，由此带来的房租上涨、商务成本和生活成本逐步上涨。如果按照这样的轨迹继续发展的话，难度会越来越大，成本也越来越高。

未来的增长机会在哪？需要更加精细化、提高效率、提高产业的集中度来加大分工、降低成本。提高劳动力的技能和工资、提升流程和管理、把不擅长的工种分配出去，分工合作之间的协调越来越多。中国经济需要进入成本节约、效率提升、分工深化的精细化发展新阶段。

结构调整的背后是发展机制的转变。转型往往伴随着动荡，是创造性破坏的过程，有"破"才能有"立"，有"立"才能真正"破"。

新京报：怎么"破"，又如何"立"？

陈道富：很多，这些改革千丝万缕，垄断行业的改革可能是破局的突破口。

对中国现在来说首先要做三件事。

一是，重新树立社会的信任度，特别是政府的公信力。纵观世界各国，政府的支出在整个国民支出的占比越来越大，但是政府支出的效率取决于公众的信任度。建立一个相互信任的体系，交易成本就降下来了。

二是，中国经济要经过充分的调整，只要有过两三年的调整，中国可能是最有潜力的经济体。美国还能更好吗？很难了。而中国依然可以通过变革创造无限潜力。

三是，通过某一件事统一实现这两个目标。打破行业垄断是可行的，打破垄断，特别是部分行政垄断，真正放开民间资本的不公平准入约束，正是启动市场化改革的突破口。让大家觉得正在沿正确的方向做事，可以更好地凝聚人心，推动市场化的过程。

但并不是最根本的，最终的依然是制度的转变。

新京报： 打破垄断就意味着破坏很多既得利益集团的利益分配。

陈道富： 一开始还做不到打破所有的垄断部门，而且很多垄断行业确实是自然垄断，比如资源型的、通讯、电网。

但可以从局部破坏，选取其中的一个领域，比如三网融合，比如铁路交通领域，抓住一个部门引入竞争因素，充分发挥市场作用。

从哪里破坏、怎么破坏，这需要政府来设计和思考。破坏后新的体系成长后，就会产生新旧体制的不协调，这就需要政府引导。

政府应该发挥恰当的作用，其实大家都希望政府能发挥更大的作用，但并不希望政府替代市场，特别是做既不该市场做也不该政府做的事，比如设租、寻租的事。

我国具备快速、稳健复苏的条件

新京报： 改革必然有阵痛，由此可能引发经济下行，为了追求短期的目标很可能改革就进行不下去。

陈道富： 调整过程中，社会对经济的容忍度确实会出现下降，因此需要一个缓冲机制，让人们相信不会出现加速性的调整，而中国具备这个条件。

国际上其他国家由于掌握资源不多，在面临这种情况时都用了货币的方法，最后导致对内恶性通胀，对外货币贬值，债务上升，比如拉美。

中国除了有货币外，还有高储蓄，一方面可以转换为投资，另一方面还有外汇储备和中国的国有资本，这两个是实实在在的资源。

具体做法上，一方面可以通过减持国有资本等方式，构建有效的公共服务体系和社会保障，这是短时间内不引发较高通胀、提高社会结构承受经济下滑能力的方法之一。另一方面，通过外汇储备的运用，鼓励企业走出去，支持国际新兴市场国家加速工业化进程，客观上增加对我国的需求，主动构建适合我国需要的全球经济发展格局，平缓我国去产能和去杠杆的速度。

新京报：中国未来20年还能保持8%的GPD增速吗？

陈道富：中国经济有乐观的因素：一是中国仍是发展中国家，原来结构性力量还在，全球化、工业化、市场化、城镇化都还有动力。

二是中国的收入水平还可以激发消费市场，具备形成消费社会、特别是服务消费社会的初步条件。

三是与世界一起处于新周期启动前的孕育期。未来3—5年，中国经济的潜在增速可能在7%—8%左右。

悲观的方面，多年的高速发展后，中国的社会结构适应了粗放式的发展模式，对经济低速增长的容忍度不高，特别是随着收入分配的恶化和社会矛盾的积累，整个社会对经济下行的承受能力下降。

另一方面，中国的潜力都需要通过一些机制的转化激发出来，靠原来的机制方法无法实现。

只有经历过充分的去产能化和去杠杆化调整，我国具备条件在世界中最先、最稳健复苏。但如果始终通过短期的需求政策，拒绝去产能化和去杠杆化的调整，经济的脆弱性将增加，经济滑向滞涨的可能性加大。

社会、政府和市场需统一看待

新京报：不少学者都提出，政府角色的转变是改革的关键点，你怎么看改革中的政府作用？

陈道富：未来需要将社会、政府和市场三者统一起来看，不能割裂地看问题了。

我认同市场化，市场化是大方向。要让市场发挥基础性的作用，但同时要培育政府和社会的作用，因为市场解决不了所有问题。

追求经济效率的市场引发了不安定的社会，需要社会政策适应并弥补。社会需要为这种经济运行提供一个心灵的港湾。比如社保制度、医疗制度。

未来市场仍将是资源配置和社会运行的主体。但这种市场既需要政府为市场提供规则保护，又需要政府为市场失败者、弱势群体提供必要保护，转型期还需要政府为转型提供推力和动力。当前，我国是“大婆婆、小政府”：政府管制、寻租、设租多，但合理规制、公共服务少。

此外，还需要充分发挥市场内在压力和动力、现有政府集中资源的能力，正确发挥政府职能，顺应并引导经济、社会转型，并在此过程中完成政府职能转变，提高执政效率是重中之重。这是“为别人做嫁衣”、“功成身退”的过程，既需要勇气和魄力，需要强烈的历史责任感，更需要驾驭转型大局的能力。

❖ 人物

师从国务院参事夏斌和央行行长周小川两位名师，但陈道富内敛、谦虚。

“虽然在经济领域从事了10年的研究工作，但我仍然觉得自己还未完全构架起自己的体系。”陈道富说。

1999年，厦门大学本科毕业之后，陈道富北上求学，归于著名经济学家夏斌门下。

科班出身的陈道富拿着在学校学习的理论套用在中国经济身上，但经常被老师“打击”。学校学习的理论都是归纳西方经济的运行规律，思想是可以的，但是结论没法套用到中国的实际中。跟着夏斌，陈道富学着把在学校学习的框框都打掉，重新建立自己的逻辑体系。

硕士毕业之后，陈道富前往中国人民银行总行研究生部攻读博士学位，他的导师是央行行长周小川。虽然一个学期只能听到周小川的两三堂课，但是站在实践最前沿的经验为陈道富打开了更广阔的思考空间。

对10年的研究生涯，陈道富总结道：对中国经济的研究者来说两点很重要，一是了解中国是怎么样的，二是学会用西方的方法来分析中国的东西。

在不断否定和重建的过程中，陈道富不再从概念到概念考虑中国经济问题，而是直接思考现实问题，去了解内在逻辑，在这个过程中慢慢形成自己的框架。但这个过程很难也很漫长，只能用现实来验证自己的框架是否正确，只能错了就改。

陈道富一直坚持到各地调查，因为他相信只有调查才有发言权。近日，新京报记者在国务院发展研究中心的狭小办公室内采访了陈道富，此时他刚结束调研回京。

他认为，现在，中国经济又到了一个关键的转折期。大家都期待“莫干山精神”，因为那是一次创业的过程，是打破计划经济、打破大一统的过程。在经历了30年高速发展后，中国经济期待着二次创业。

❖ 同题问答

新京报：对于中国的诸多经济学人，你最为尊敬的是哪一位？

陈道富：不同阶段有不同的想法。在学生时代认同对西方经济学有见地的学者。到实际工作后，是要解决问题的，谁能把这个问题看透彻，谁能真正解决问题，就敬佩谁。现在越来越认同直接面对问题，有内在逻辑的学者。

新京报：2012年的经济运行到现在，当前的状况，是否有让你很意外的地方？为什么？

陈道富：出口市场的低迷。预计到今年出口会比较差，但下滑的速度比想象中快。

新京报：近期在市场层面，你认为哪一项改革最值得期待？

陈道富：收入分配改革。收入分配改革不应该只是简单的二次分配改革，要结合整个中国的产业结构调整。解决收入分配的一个突破口就是创业，增加财产性收入。你有创业的能力，我给你足够的空间和支持配套措施，使得阶层能上下流动，收入分配才能在这个循环过程中得到优化。

不少劫富济贫的改革方法，表面效果很快，但负面效果也很大。大家有意见都不是你富有，而是你怎么富有。如果大家机会平等，你能力比我强，你比我多赚10倍我也认。

新京报：未来10年，你认为哪一个行业具有投资前景？

陈道富：健康医疗。现在大家生活都太焦心了，会更注重生活。

新京报记者　苏曼丽

13 范剑勇

土地城市化模式有待改变

核心观点

近十多年来的中国经济快速增长，虽然得益于土地城市化模式，但更多地产生了收入分配不公平、社会不稳定与环境代价大等弊端。这是一种饮鸩止渴式的增长模式。

范剑勇

复旦大学经济学院教授、博士生导师，现任复旦大学产业与区域经济研究中心主任。出生于1971年，主要研究方向为新经济地理学、区域经济学与产业经济学，主持国家级课题多项，2011年度国家社科基金重大项目首席专家，曾被评为教育部“新世纪优秀人才”。

发展方式转变困难有制度背景

新京报：这些年我们一直在讲，要加快转变经济增长方式，调整产业结构。经济发展方式转变，为什么这么难？

范剑勇：经济发展方式粗放、不可持续已经是公认的事实，收入分配矛盾尖锐、内需不足，也普遍达成共识。这里面最核心的是收入分配问题，我想从城市化的视角进行说明。

中国经济近30年发展得非常快，根本原因是什么？不是市场化改革取代了计划经济，而是城市化、工业化使得经济发展的分工水平不断加深、并得以发挥规模经济的优势，最终使经济蛋糕越做越大。

比如说，生产100个杯子，平均下来一个杯子可能需要50块钱；生产1万个，平均下来需要10块钱；生产10万个，平均下来可能需要5块钱。也就是说随着需求规模扩大和分工细化，成本不断降低。

农村劳动力持续流向城市，其实也是城市化、工业化过程中分工不断细化、规模经济逐渐体现的过程。

经济发展方式转变困难背后有其深刻的制度背景，已有的改革措施如果没有触及这一制度背景，对于经济发展方式转变无异于隔靴搔痒。我认为，只有转变现有土地城市化模式，才能逐渐推动经济发展方式的转变。

新京报：经济蛋糕做大以后就要分割，为何会出现分配不公？我们忽视了谁的利益？

范剑勇：经济蛋糕切割的份额大小取决于生产要素的稀缺性。在中国，劳动力是最不稀缺的。当前，最主要的矛盾是土地的稀缺性。随着经济蛋糕做大，对稀缺的土地要素会产生较大的需求，地理位置决定的经济发达地区土地价格会越来越高。

农民工流向城市里面，就住房而言，本应在经济蛋糕做大后产生的土地增值中分得一杯羹，也就是说，至少政府应该替他们解决基本住房需求，况且经济蛋糕做大本身是由农民工贡献了很大一部分。

现实情况是，由于没有住房，相当一部分流动人口以蜗居、群租、居住在城中村等方式来解决住房需求。在这种情况下，收入分配不公的矛盾容易集中爆发。

土地城市化抬高房价

新京报：农民工为什么得不到应有利益？

范剑勇：土地城市化模式是在现有体制下所产生的必然的结果。比如，地方政府要千方百计地把GDP搞上去，这时面临一个矛盾：有限的财政或者向银行贷款的钱，究竟是用来提高地方GDP的增长，还是用于民生工程建设？现实情况是，各地方政府为GDP考核而展开激烈的地区间竞争，而对本辖区内居民的公共产品提供并不是其最优先考虑的目标。

一方面，招商引资可以把GDP做大；另一方面，进行城市基础设施建设，也可以带来很大的GDP贡献。后者与土地城市化关系密切。政府从农民那里低价征地，然后把这块征地分割，拿出20%—30%土地进行拍卖、并由开发商进行商品房开发，用40%—50%搞工业园区，工业用地面积大，住宅用地面积小。

由此可以看出，土地城市化维持的超额投资对地方GDP的贡献是非常大的。要维持地方GDP短期而又“持续”的增长，只有不断进行新一轮的征地、新一轮拍卖、新一轮的土地融资进行城市化建设，土地价格抬了上去，住宅价格也跟着抬上去了。

新京报：房价什么时候能够真正降下来？农民工住房问题怎样能够解决？

范剑勇：之前房价上涨这么快，我认为是体制性原因，只要体制不改变，房价没办法真正降下来。同时，现在的房价不可能再涨了，因为高企的房价已经变成了政治问题，涉及整个社会的稳定。从理论上来讲，土地的稀缺是地方政府垄断供给造成的。

新京报：你认为地方政府应该扮演怎样的角色？

范剑勇：地方政府应退出土地市场。从国际经验看，地方政府是不参与土地市场的。而我们的情况是，地方政府先把地征去，再高价卖给你，中间大量的钱用来搞基础设施。也就是说，近十多年来的中国经济快速增长，虽然得益于土地城市化模式，但更多地产生了收入分配不公平、社会不稳定与环境代价大等弊端。这是一种饮鸩止渴式的增长模式。

不可急推土地城乡一体化

新京报：农民工问题和我们当前面临的产业结构低端化有关系吗？

范剑勇：我自己有一项研究，在中国从事加工贸易或国内市场销售的企业，其生产效率是不高的，而这类企业雇佣的劳动力，大部分是农民工。

同时，从农村劳动力的年龄结构与就业结构来看，处于20岁到40岁之间的年轻劳动力往往外出打工，50岁—70岁之间往往在老家从事家庭农业经营。

年轻一代在外地打工，年老的在家里务农，这两部分收入各占一半，共同构成了目前的农村家庭收入，维持着“小康以下，温饱以上”的生活水平，这就是中国的一个现实。

现在的问题是，打工的年轻一代从事的是低端化的制造业生产，他们的收入不足以构成整个家庭的支出。举一个不太恰当的例子，在西方国家，环卫工人的劳动力有可能在城镇上养活一家人，因为他们有很好的社会福利。而我们的农民工在城镇上的基本住房需求都难以得到保障。

现在有人提出来要用土地私有化来解决这个问题。我想说，不要以为市场经济能解决所有问题，简单把农村耕地卖掉或者把宅基地卖掉迁入城市中来，由于产业结构的低端化与社会保障不健全，很可能会造成社会动荡或贫民窟的产生。

新京报：大多数农民工生活艰难，但据说在大城市，也有农民买法拉利跑车的例子？

范剑勇：值钱的土地往往位于沿海地区，或者是大城市的郊区。北京有些地方的土地补偿几千万甚至上亿元，农民一下子有钱买法拉利，甚至出现将法拉利当作出租车使用的情况。沿海地区、大城市郊区的农民受益，中西部地区的大部分农民不受益，使本来已经尖锐的收入分配形势更加恶化与不公平。

新京报：我们该如何解决这些问题？

范剑勇：目前学界与社会有一种普遍的误解，既然地方政府扭曲了土地要素的市场化配置、并占用土地出让的绝大部分收益。那么，为了彻底扭转这一状况，索性将土地出让的所有收益彻底让渡于农民，使地方政府彻底干净地退出土地市场。我认为，这是一种过于简单的思维方法与逻辑推断。

在城市就业机会不充足、产业结构低端化造成的低工资收入等情况下，这种急速的土地市场一体化完全可能打破目前稳定的农村生活、农业生产局面。只有在城市廉租房已经大量建成并对流动人口开放的情况下，家庭成员的非农收入能维持其在城市中基本的生活需求，资本下乡的前提条件才是成立的。因此，不可以急速地推进土地市场上的城乡一体化。

从一定意义上讲，目前的城市化实际上是不完全城市化或者伪城市化。

总结起来看，经济发展方式转变是一个体制性的问题，虽然有顶层设计等措施被提出来，并试图解决体制性问题。但是，我认为，如果没有抓住土地城市化这一主要矛盾，在边边角角作文章、回避主要矛盾，是不可能解决实际问题的。

❖ 人物

作为复旦大学经济学院的一名教授，范剑勇长期以来一直专注于空间经济学理论在中国区域间的应用研究，也就是用中国经济发展的事实去验证新经济地理学若干假说。这种学术研究与贡献更多地体现在学术圈内。大约从去年开始，他转变过来，着重研究中国经济发展过程中面临的若干重大理论与现实问题。

“农民工”是这次采访的关键词之一。“农民工对城市经济作出很大贡献，但是他们享受不到经济增长果实”。范剑勇说，我们已经把经济蛋糕做大，但是并没有把蛋糕切好，这容易爆发由利益分配不均导致的社会动荡。范剑勇认为，收入分配当中最急于解决的问题是农民工流动人口住房问题，然后是其他社会保障问题。

采访过程中，范剑勇几次谈到深层的机制问题，“地方政府主导把经济蛋糕做大，但没有踏踏实实把经济发展的基础夯实，急功近利的情绪体现得非常明显”。说到关键的时候，范剑勇还用 PPT 展示，用图表来阐述。

“地方政府以法律的名义来拆你的房子占你的地，土地收益被拿去投资基础设施，这种在要素市场上‘既当裁判又当运动员’的做法扰乱了市场经济秩序”。他说，如果“体制不改变，房价是没办法降下来的，农民工住房问题在短期内也是无法解决的”。

在范剑勇看来，从表面上城市化发展很快，城市化率达到 50% 以上，而真正的城市化率水平，去掉没有享受公共产品的农民工后，中国城市化率仅 30% 出头。“从一定意义上讲，中国目前实际上只是伪城市化。”而最让他担心的，“不是农民引发的社会动荡，而是农民工引发的社会动荡”。

他说，经济发展方式转变困难背后有深刻的制度背景，已有的改革措施如果没有触及这一制度背景，对于经济发展方式转变无异于隔靴搔痒。他希望，切实解决农民工公共服务不均等问题，进而夯实经济发展的内需基础，推动经济社会的可持续发展。

❖ 问题问答

新京报：中国诸多经济学家里，你最尊敬的是哪一位？

范剑勇：茅于轼、华生、张维迎，谁敢于讲真话我就尊敬谁。茅于轼老先生以前是学机械的，在接近正常的退休年龄时才开始研究经济学，现在都80多岁的高龄，还非常关心国家的经济、关注民生，这点我很佩服。

新京报：2012年经济运行到现在，有没有让你觉得有意外的地方，为什么？

范剑勇：我没有太多意外的地方，中国经济下滑是必然趋势。之前，中国被称为世界经济第二大经济体，以至于国外非常关注中国。但是，做大了的经济蛋糕隐藏着潜在的危机，要切实解决和消除这类潜在危机，才能使经济增长可持续。

新京报：在市场层面，你认为最近哪一项改革比较值得期待？

范剑勇：国有企业改革和城市化问题。在接下来一两年里，中国经济改革的突破也许就在这两方面。

新京报：未来10年你认为哪一个行业具有投资前景？

范剑勇：没有。中国所说的投资前景，不是由需求决定的，而是由于制度不完善而产生的，市场不完善才有机会。股市还没有完善的时候，很多人从里面赚了钱，早年买房子的人，现在也发了，这种不叫投资前景。

新京报记者　范旭光

14 刘胜军

收入分配改革应保证“富不过三代”

核心观点

解决收入分配失衡的问题要保证两点：第一是机会公平，第二个，要保证“富不过三代”。这里所说的“富不过三代”是指这个社会结构不会固化，这样才有奋斗的动力。怎么做到富不过三代，就是遗产税。

刘胜军

生于1974年，经济学博士，现任中欧陆家嘴国际金融研究院执行副院长。曾任职于深圳证券交易所等机构，著有《谁伤了你的幸福：变革时代的纠结、迷惘与不公》、《管理的力量：中国挑战的制度求解》等著作，主要研究领域包括经济转型、宏观经济、中国金融、国际金融、收购兼并，以及中国企业的国际化问题。

一分为二看“刺激”

新京报：有种说法是宏观调控带来了一个新型的“经济周期”，你怎么看？

刘胜军：过去历史经验表明，比如说西方唱衰中国的时候，中国总能够绝地反击把经济再救活，我想中国还是有这个能力。

但是对调控的负作用确实要重视。以2008年的4万亿经济刺激计划为例，你不能对它要求完美。从当时的情况来看，4万亿计划确实有它的合理性，但是为什么4万亿计划会引起这么大的争议？很多主流经济学家持反对或者批评的意见。其实是大家没有把这个问题区分开看。区分开就是讲在作一个决策的时候，不仅要考虑要实现的效果，还要考虑到决策会引起的连锁反应。

新京报：经济刺激会引起什么样的连锁反应？

刘胜军：最大的连锁反应就是地方政府推出差不多有10万亿的刺激计划。

我们知道在中国经济体制改革过程中，最难解决的问题是体制性的问题——“一管就死，一放就乱”。为什么会出现这个问题呢？就是因为社会上有很多不是真正意义的上市场经济主体，比如说地方政府、国有企业，包括我们原来在20世纪90年代的银行也不是真正意义的商业银行。这种情况下它做事情往往不需要考虑后果，就会导致我们经济过冷或者过热，这是我们经济周期起伏的一个体制性的根源。

原本以为通过这么多年的改革，已经解决了这个体制性的问题，但是到今天各地接二连三的万亿级别的投资计划告诉我们，这个体制性的隐患还是存在的。地方债的问题从根子上讲还是银行的配合，因为地方政府是没有钱的，这些钱都是银行的信贷。在这一轮扩张中，你看银行信贷的增量图，2009年、2010年突然爆发。再看这两年外资银行的信贷情况，贷款规模不仅没有增长，有的还在收缩，和中资银行形成了鲜明对比。

“花钱”常伴随着寻租

新京报：外资银行的信贷投放能说明什么问题？

刘胜军：外资银行是以风险为导向，知道在这样大的刺激过程中，可能会有很多低质量项目出来。中资银行考虑问题不一样，中资银行做事情保证这件事情是“政治上正确”的，其他事情并不重要。

每一次经济刺激计划，对于一些地方政府、国企、银行而言，就是一次花钱的机会。花钱的机会意味着什么？意味着腐败的机会。每一次花钱的过程，特别是地方政府和国企掌握这个资源，投资的效率和体制损耗非常大，这里面寻租空间是巨大的。这是我们目前经济面临挑战的根源。

新京报： 当前经济增长放缓与经济刺激存在因果关系吗？

刘胜军：“花钱”失控的后果是什么？后果就是通货膨胀上来了，地方政府债务失控，房价再度飙升。在这种情况下，又倒逼决策层采取急刹车，例如一些高铁项目暂停，银监会开始整顿地方融资平台债务、房地产调控……这一轮组合拳下去，通货膨胀是下去了，但是经济也下来了。

为什么经济会下来？这就回到我们的中长期问题，中国经济是高度依赖投资的。中国投资率在 2010 年达到 49%，也就是投资占 GDP 的比重。这么高的水平在全球世界经济史上都非常罕见。因为这么高投资率，加上这一轮急刹车又是在打击投资，所以我们经济开始下滑。

在政府投资中，需要注意两个问题：第一，经济资源总是稀缺的，经济学研究的就是稀缺资源的配置问题，假设政府有 10 万亿，在短期内应该怎么去花这个钱。不是说修地铁、高铁应不应该，而是说有没有更应该花的项目，如教育、医疗、养老。

第二，任何一个事情都要考虑它的成本。例如高铁项目，如果以市场方式去做，成本会不会更低一些？当然，我只是假设，因为没有办法去验证。但是这是我们必须思考的问题。

经济转型需先打好基础

新京报： 我们常说“经济转型”，你认为要如何转？

刘胜军： 其实国务院发展研究中心和世界银行发布的报告《中国经济 2030》，对中国经济作了非常深入和全面的诊断，提出了非常可行的药方。

经济转型意味着什么？简单而言，就是两句话，从投资到消费；从制造到创新。

我们先看看从制造到创新。企业家为什么不去创新？政府手上掌握资源太多了，政府能够控制项目的审批、控制 IPO、控制很多产业的补贴、控制大量土地资源。在这种情况下，企业家更多是关系导向、资源导向或者机会导向，而不是管理和创新导向的企业家。这个问题不能怪企业家，要怪我们的市场环境出了问题。

还有一个问题是生产要素价格的扭曲。主要体现在土地、资金、劳动力、环境，这些价格都被扭曲了，都被压低了。

比如说资金，尼古拉斯·拉迪作过一个计算，从2004年到2010年中国一年期银行存款的利率减去通货膨胀率是负的。这意味着谁贷款谁占便宜，所以企业就去拼命借钱投资。此外，环境污染的成本很低，劳动力价格或者说劳动力保护的成本也被忽略了。这意味着中国企业享有扭曲成本优势。

很多企业诉苦说汇率升值了，国外形势也不好，日子很难过。在我看来，这些日子难过的企业，十年前就应该被淘汰。因为它没什么技术含量，有的就是通过污染环境来降低成本。转型意味着优胜劣汰，这些靠污染环境、扭曲成本优势生存的企业不应该存在。

经济转型的第二个问题就是从投资到消费。要解决这个问题需要先解决“分蛋糕”的问题。我们的蛋糕越来越大，但是留给老百姓的份额是在逐年下降的，这个就是扩消费面临的一个核心挑战，一方面要鼓励老百姓消费，一方面把钱都拿走了，老百姓怎么去消费。所以说收入分配改革是在未来10年经济转型中所必须面对的一个重大课题。

推出遗产税刻不容缓

新京报：收入分配改革是当前的一个热点，你怎么看？

刘胜军：收入分配失衡要解决的关键就是房价问题。现在白领基本上出现贫困化的趋势。一个社会要想稳定靠什么呢？要靠中产阶级。但是我们现在的趋势就是中产阶级的赤贫化或者白领的贫困化，很多中产阶级在大城市，买不起房、结不起婚、养不起孩子、看不起病。为什么会有这个问题？其实很重要就是房地产的问题。

此外，解决收入分配失衡的问题要保证两点：第一是机会公平，第二，要保证“富不过三代”。这里所说的“富不过三代”是指这个社会结构不会固化，这样才有奋斗的动力。如果永远奋斗都不能成为有钱人，那还奋斗干嘛？怎么做到富不过三代？就是遗产税。

美国的遗产税率是45%，这样遗传三次，到后代那里已经剩不下多少了。政府拿到这个钱又可以帮助穷人，还可以提高大家创业的积极性。我们看到美国很多企业家主动把钱捐出去，因为他知道我不捐也要被收走，还不如把它捐掉。看一下我们的企业家，他们都把财产给自己子女，股份都已经转移了。这个财富是非常惊人的，这些财富如果都逃掉45%税的话，意味着什么？我们失去了非常好的纠正社会收入分配失衡的机制。所以说出台遗产税已经是刻不容缓的事情。

行政手段难抑房价

新京报：刚才讲到房地产的问题，能深入谈一下吗？

刘胜军：中国房地产的问题怎么产生的？第一个原因是货币政策。中国M2的增长速度是惊人的，中国M2占GDP的比重远远超过其他国家。在2008年到2011年全球新增M2当中，中国就占了50%，你可以想象这么多钱砸下去意味着什么？意味着要么通货膨胀，要么资产膨胀。如果把通货膨胀压住了，这个钱去哪里，钱要去炒楼市和股票，因为它没地方去。一方面到处撒钱，一方面又说这里不能涨价，那里不能涨价，这是不符合货币经济学的常识的。

第二个问题，房地产的问题是一个收入分配失衡的问题。这就意味着通过行政性的打压措施是解决不了问题的。我们目前的措施导致大家陷入观望，带来的后果是房地产市场冻结，结果是没有人去建房子了。这样一个政策只能是临时性的，因为它不可持续。然而政策一松动，需求又回来了，因为钱没有走，只是在观望，但是你房子没了，因为这两年没有新的项目。接下来房价会再次拔高，没有办法，因为钱没有地方去。我们目前解决问题都是靠硬性去压，而不是去疏导，不是从根本上解决问题。

从根本上解决问题只有两个办法，一个办法是要管住货币，另外一个办法就是要实现社会分配相对合理。一方面是拼命地盖房子，另一方面，我们盖的房子被一些官员藏到自己怀里去了，这个房价能打下去吗？

改革动力来自民众进步

新京报：你的微博名称中有“改革”两个字，你期待下一轮经济改革怎么改？

刘胜军：政府体制本身的改革是下一轮改革的核心，看起来是央企改革，但是央企，我们知道它不是企业，它本身就是政府的一部分，所以说很多下一轮经济改革的核心，都是一个政府自身的改革。

其实改革就是利益的重组，就是如何切蛋糕，但谁也不愿意成为利益受损，所以这样改革体制的设计就会非常复杂。

从另外一个方面来讲，我们也有积极的一面，改革到今天为止，我们主要的障碍已经不是意识形态的障碍。在今天，中国民众的思想已经有了非常大的进步，特别是说我们在这样一个信息化充分开放的互联网时代，这些因素都是社会改革或者前进的积极动力。

❖ 人物

对于媒体和社会大众而言，中欧陆家嘴国际金融研究院执行副院长刘胜军并不陌生。

刘胜军是“微博控”，几乎每天能发几十条微博。他在新浪微博的名字叫做“刘胜军改革”。他对自己的定义是“公共知识分子”。在他的微博简介里这样写道：“其实，改革不是‘能不能’的问题，而是‘愿不愿意’的问题。正所谓，孟子云：王之不王，非不能也，乃不为也。”他说，“中国社会改革到今天为止，我们主要的障碍已经不是意识形态的障碍，而是利益的障碍”。

在中国诸多经济学家里，刘胜军最尊敬吴敬琏，因为他认为吴敬琏是中国经济的良心，能够抛开个人的利益，从对国家经济负责的角度去思考问题，并且把这些话说出来。“以吴敬琏为代表的这些可敬的老人，仍为改革呼吁奔走，代表了一代人‘历史深处的忧虑’，我们不能让他们失望。”刘胜军说。

今年8月，刘胜军发表博文《致郭树清主席的公开信》，呼吁证监会应下决心来一场“灵魂深处的革命”，进行制度性救市。

十八大召开之前，记者在上海中欧国际工商学院见到了刘胜军。

“如果说，过去十年是“聚精会神搞增长”的十年，下一个十年则必须是“重启改革的十年”。他说，改革就是利益格局的重组，意味着巨大的阻力。而中国改革出现困局的一个原因在于，目前政府自身的改革已经成为核心问题，要政府自我改革、放弃过大的权力，这也是一场“灵魂深处的革命”。

刘胜军表示，当前正在面临经济增长的转折点，传统经济增长方式是不可持续的，要重视GDP增长与保护环境的平衡。改革至今，一些过去的提法已经变得不再合适，甚至是误导。但是如今如果只有口号但缺乏行动，或者打着改革的旗号扩权，是最危险的倾向。

十八大之后，刘胜军发微博阐述了“我的未来10年十大心愿”，迅速被广泛传播。这十大心愿包括：不用再到海外买婴儿奶粉；能在大超市买到安全的食品；白领不再沦为房奴；环境污染不再恶化；贫富差距不再扩大；企业家不再忙着移民；裸官不再增多；股市从圈钱机器变成价值创造场所；不再“拼爹”，机会公平；对公权力的约束取得显著进展。

在他看来，这“十大心愿”都是需要切实改革、改变的实际落脚点。

❖ 同题问答

新京报：中国诸多经济学家里，你最尊敬的是哪一位？

刘胜军：吴敬琏。我想很多人可能都会选择他。因为吴敬琏是中国经济的良心，他能够抛开个人的利益，从对国家经济负责的角度去思考问题，并且把这些话说出来。

新京报：2012年经济运行到现在，有没有让你觉得有意外的地方，为什么？

刘胜军：经济的持续下行。

新京报：在市场层面，你认为最近哪一项改革比较值得期待？

刘胜军：我觉得政府应该做的马上就可以做的就是减税。我们说每年年底财政突击花钱就超过1万亿，与其浪费，不如把钱花给老百姓，让老百姓去消费。另外一个，就是打破垄断。

新京报：未来10年你认为哪一个行业具有投资前景？

刘胜军：很难说到具体每个行业，从大的角度来讲，医疗产业的前景会非常大。

15 朱彤

能源行业改革不缺智慧缺勇气

核心观点

在没有打破垄断格局的条件下，任何理论上好的“市场化”改革，最终都会成为垄断企业实现自身利益的工具。当前能源改革不缺乏智慧，而是迫切需要打破僵局、推进改革的勇气和决心。

图 / 侯少卿

朱 彤

1970 年生，中国社科院工业经济研究所副研究员，能源经济研究室主任。兼任中国经济体制改革研究会和天则公用事业研究中心特约研究员。主要研究领域为能源经济理论与政策、产业组织与政府管制，曾主持过中国社科院重点课题“我国能源管理体制改革研究”等。

民营油企被“卡了脖子”

新京报：根据你的观察研究，我国现在能源行业存在哪些问题？其中你最担心什么？

朱彤：我国已经是第二大经济体，也是第二大能源消费国，我国石油对外依存度高达56%。对外依存度过高、能源消费结构不合理、能源利用效率低，这些都被人们反复提到了。但我认为，这些与其说是问题，还不如说是现阶段的特点。

实际上，最需要担心的是，到目前为止，我国还没有形成一个能有效兼顾能源安全与能源效率的体制环境与产业基础，没有一个良性开放的市场与公平竞争的环境。

新京报：能具体说明一下吗？

朱彤：比如在石油石化行业，看起来我国有占全国20%产能的地方炼油厂，拥有成品油批发资质的企业中66.8%是地方国企和民营企业，有近一半的加油站是非央企石油企业加油站，但这些企业均不具备竞争能力。因为进口原油与批发成品油的权力被少数油企掌握。因此，无论是地方炼油厂，成品油批发企业，还是民营加油站，其实都是被“卡了脖子”或“捆了双脚”的企业，这很不公平，而且会带来很多问题。

新京报：会带来什么样的问题？

朱彤：问题很多。一个是原油垄断阻碍了石化产业结构调整和节能减排。企业自由采购原料是实现资源优化配置的基本前提。但在这种环境下，石化企业连加工化工原料的原油都不能自主采购，还谈什么产品结构优化，产业技术升级。

另外，在我国石油和天然气短缺现实条件下，本来更应通过国际市场充分利用国际油气资源。但现在的政策不仅降低了国内油气资源的配置效率，而且剥夺了石化企业利用国际油气资源的权力，抬高了我们利用国际石油资源的成本。

新京报：为什么会形成这样一个格局？

朱彤：石油行业目前的市场格局是1998年石油产业重组确立的；电力行业

五大发电公司、两大电网格局则是2002年电力体制改革形成的。比如上述规定原油进口限制就来自于1999年出台、现在依然有效的《关于清理整顿小炼油厂和规范原油成品油流通秩序的意见》，这些政策构筑了几大油企在原油进口、加工和批发各个环节的行政壁垒。

所以前一段时间闹油荒，民营加油站断油时，居然有大型油企说它们没有义务给民营加油站供油，这简直是没道理。在政策保护下，你把持了原油，把持了成品油批发，不找你找谁？

成品油价格涨幅远超原油

新京报：我们在现实生活中感受到的油价涨多跌少、电价一听证就涨，也与这样的格局有关吗？

朱彤：垄断者有推动价格上涨的能力和动力。价格受政府管制的情况下，垄断者可以通过机会主义行为，即制造“油荒”来逼迫政府涨价。

目前的成品油定价机制是在2009年发改委发布的《石油价格管理条例（试行)》中确定的，即国内成品油价格由国际原油价格加上对应不同原油价格的炼油利润率决定，其中成品油价格调整条件是“国际市场原油连续22个工作日移动平均价格变化超过4%”。由于国际油价波动的特点是缓涨急跌，22个工作日过长，会过滤掉一些下跌的波动，因为可能大的跌幅在接近22天的时候又涨回来一部分。这样的调价规则让几年调价机制运行下来，成品油价格涨幅远远大于原油价格涨幅，三桶油赚得盆满钵满。

在一个有竞争的市场，原料价格上涨本来应该由整个产业链上不同经济主体，即炼油企业、批发企业、加油站、消费者分别承担，这样才会倒逼企业改进生产服务，降低成本。现在则是基本都直接转嫁给了消费者。现在动不动就提出什么价格联动机制，我其实比较反感这个提法，垄断条件下，联动的结果就是消费者叫苦连天。

新京报：为什么能如此轻易地转嫁给消费者？

朱彤：垄断者转嫁成本的能力本来就很强，而现有的定价规则给了它们转嫁的合法性。

在现在的格局下，我们根本不知道垄断企业的成本价格，它们说是多少就是多少。因为它们不是竞争成本，没有其他企业来参照比较，所以跟它们谈成本根本没有意义，它们可以把任何东西变成成本。

能源改革不能绕开市场开放

新京报：最近几年来，能源行业的改革也不断被提及，在你看来改革进度如何？

朱彤：实话说进展不大。石油领域在打破垄断方面没有任何进展，成品油价格机制改革绕开了市场开放问题。电力领域的改革从 2002 年就确定了“厂网分离、主辅分离、输配分离、竞价上网”的思路，直到去年才走到第二步。10 年过去了，输配分离和竞价上网依然还是一个梦。

新京报：那现推的成品油和电力方面的价格改革，目标路径等是否都已清晰？

朱彤：其实目标和路径是很清楚的。成品油价格改革的目标是“市场形成价格”，电价改革的目标是确立独立的上网电价，输、配电价和销售电价，管住中间的输配，放开两头的上网和销售。不过，目前两方面的改革都回避了打破垄断、放开市场，而在这种情况下的改革最终都会沦为垄断企业的利益保护机制，变成了它们的“价格计算公式”改革，所谓市场定价还是垄断者定价。

新京报：这样归结起来，能源行业改革的药方就是破除垄断？

朱彤：对，而且势在必行，迫在眉睫。

因为打破原油进口和成品油批发上的垄断是成品油价格机制改革的前提，现在价改路径根本不可能培育出成品油价格的“市场形成机制”。而推进输配分离改革则是实现上网电价和销售电价竞争形成的前提，也是有效管住中间（输、配价格）的前提。动作大一点的话，可以把电力调度与电网分离，使电网成为单纯的物理传输网络，这样一来政府也很好管，只不过遭遇的反弹力量会更大。

垄断不能保证能源安全

新京报：但似乎能源行业有些特殊，按照通常说法就是关系国家经济命脉与安全，能源行业真的可以放开竞争吗？

朱彤：有人说垄断的好处就是安全，能源掌握在央企手上，万一国际上出现什么问题也好从容应对。但是为什么我们要因为这万分之一的风险，而放弃掉九千九百九十九的好处呢。

即便是从安全的角度，鸡蛋放在一个篮子里安全还是分摊到许多篮子里安全？况且，事实证明，垄断不但不能保证能源安全，还会制造安全问题。

实际上，国外已有这样打破垄断的先例。巴西的石油行业就从国家垄断通过改革逐步过渡到了市场竞争，此后巴西居然从一个石油净进口国，变成了出口国，所以说不是不能改革和竞争的。

新京报：怎样才能推动改革深化下去?

朱彤：之前容易改的已经改得差不多了，现在基本上都是难啃的硬骨头。所以说今后改革的关键不是需要多大智慧，而是需要决心和勇气，就看你敢不敢动这一块儿了？之前的每往前一小步，都是政府在推动，现在也依然需要政府更强力的推动。没有高层的推动，没有破除现在垄断格局的政策法规，改革确实难行。

新京报：近期有人提到需要组建一个能源部来强力推行改革，你认为有必要吗?

朱彤：有没有能源部不是改革的关键，因为当前的状况下，能源产业重构和打破垄断的事情，能源部也做不了。

新能源发展不适用“大规模”

新京报：今年，新能源产业如光伏、风电企业遭遇寒冬，你怎么看待目前新能源的发展状况?

朱彤：今年新能源产业，特别是光伏企业的日子的确很困难，其中有外部市场的原因，也有政策的原因，比如加大财政补贴力度刺激国内需求等。

不过，从长远看，更需要注意的是新能源利用模式的转变。风电和光伏发电都有间歇性和不稳定特点，目前的模式是大规模建设光伏、风电基地，远距离输送，现在看来很不经济。今后要向小规模、分布式、就近接入上网的模式转变。比如屋顶光伏发电，自发自用，余电上网。

新京报：有消息称，我国明年可能要改变成品油消费税征收环节，民众反应很大，你怎么看?

朱彤：这实际上只是征收环节的变化，是价内税变成了价外税，消费者的税负没有变化。但价格的下降也给了石油垄断企业更大的操作空间，比如抬高价格，会导致税基上升，而导致消费者双重负担。因此，我还是重复前面的观点：垄断不破除，能源行业的改革就是一句空话，因为任何理论上可行的“市场化”改革最终都只会让垄断企业得利。

❖ 人物

如果从简历上看，朱彤绝对是个经历丰富、涉猎广泛的研究学者。

1992 年，朱彤大学快毕业时，当时天津大邱庄作为乡镇企业致富典型而备受关注，朱彤就写信给当时的大邱庄党支部书记禹作敏，去那里待了三个月。但他感觉这里并不像宣传的那样理想，甚至当地“一言堂”的氛围让他有点反感，心灰意冷之下他大学毕业后便回老家的贵州大学经济系当了助教。

之后，他在广东佛山一家中港合资的制衣公司和中国国际期货珠海分公司工作过一段时间。

但是企业中琐碎的重复性工作让朱彤意识到，自己真正感兴趣的还是做应用经济方面的研究，于是他回到人大攻读硕士、博士生。

虽然学的是西方经济学，有意思的是，他的硕士论文研究的是产业组织理论，博士论文则着眼于当时方兴未艾的互联网行业。凭借博士论文，他来到社科院工业经济研究所。

2007 年工业经济研究所组建能源经济研究室，朱彤又主动提出进入这个全新领域，而这个领域的复杂性也吸引他的全部的目光和精力。

朱彤在这个时候开始着手建立自己对能源问题的观察角度和分析框架。“我喜欢在一个整体框架下关注细节，分析细节与全局的关联，所以一般我会把要研究的对象纳入到能源总体战略框架中考虑，看看它应该处于什么地位、如何实现这一地位、它与其他部分关系如何?”朱彤说。

他认为，任何新事物的发展壮大，其实都需要权衡与妥协，否则迟早会拧巴到一起。“能源行业整个产业链上都在抱怨、叫苦，这不是非常拧巴吗?”朱彤反问道。

在访谈时，朱彤自称是一个比较不会打交道、性格内敛的人。不过，当他站在楼梯口接受摄影记者拍照时，面对路过同事好奇的目光，他会开玩笑地说“哥在摆 pose 呢”。在采访中讲到兴起时，他挥动手臂拍拍记者的肩，而讲到一些不合理现象时更会愤愤不平，颇有些书生恣意之态。

❖ 问题问答

新京报：中国诸多经济学家里，你最尊敬的是哪一位?

朱彤：樊纲，本科时我就读过他的《现代三大经济理论体系的比较与综合》，后来又读过《公有制宏观经济理论大纲》，很是佩服他的理论功底，对中国现实问题的分析也非常透彻和严密。

新京报：2012年经济运行到现在，有没有让你觉得有意外的地方，为什么？

朱彤：没有太多意外的地方，如果政策没有大的变化，经济状况不会快速回升，但也不会差到哪里去了。

新京报：在市场层面，你认为最近哪一项改革比较值得期待？

朱彤：温总理前一段时间讲的取消一些行政审批、推进行政审批制度改革的话让我眼前一亮，我对这个抱有期待，但要改革需要有强力推动，加上制度和组织保障。

新京报：未来10年你认为哪一个行业具有投资前景？

朱彤：整个工业领域的节能减排技术与服务都有着很好的前景。这个领域符合未来10年的产业政策导向，相对来说政府比较支持，市场空间也非常大。

新京报记者　黄　锐

16 陆　磊

改革≠过度“市场化”

核心观点

我们该市场化的都已经市场化了，问题在于——不应该被市场化的也被市场化了。有一些行政权力，通过寻租方式将权力市场化了，这就是泛市场化。

图 / CFP

陆 磊

1971年生，经济学博士。先后就学于北京大学经济学院，光华管理学院、澳大利亚国立大学国家发展研究中心以及中国人民银行金融研究所。目前任广东金融学院院长。2005年，与时任汇金总经理谢平合著的《中国金融腐败：从定性到定量》获第十一届孙冶方经济科学奖。

“泛市场化”才是主要问题

新京报：目前市场的共识是，不改革没出路，但改革的路径和突破口观点不一，在你看来，当前中国经济改革的主要矛盾是什么？

陆磊：经过这么多年的改革，中国已经解决了市场的问题，现在不是市场的问题，而是泛市场的问题。不是有没有市场机制的问题，是很多应该靠另外一种约束机制来管理的东西，都按照市场游戏规则进行交易了。很多学者认为，中国的问题在于不够市场化，在于行政管制太多，我认为错了，我个人以为中国的问题是行政权力都能被交易的问题，这就是所谓的“泛市场化”。

新京报：你这个观点跟目前主流的观点不太一样，是不是说该市场的没市场化？

陆磊：恰恰相反，我们该市场化的都已经市场化了，问题在于——不应该市场化的也被市场化了。有一些行政权力，通过寻租方式将权力市场化了，这就是泛市场化。泛市场化问题是现在不能不考量的问题，未来的改革方向也基于此。所以我不认为，继续推动市场化是我们的改革方向，虽然这种观点往往占据着道德高地。

过去30年的经验证明，我们面临的问题不是市场化不足，而是过度市场化。很多权力是必然要有的，但不能为市场所左右，比如，工商管理、食品监督、扶贫开发、城市规划等等。这些都是行政权力，任何一个国家都有，但绝不可以市场化。我们的问题就在于这些行政权力都可以市场化。

从权力的运行范围看，行政权应该被限定在预算范围内。从经济学角度看，就是公众（委托人）把收入的一部分切割出来作为行政部门（受托人）的预算支出，行政部门所做的一切只能在预算支出范围内操作，绝不可以再进行任何市场交易，再获得任何额外收益。

一些行政机构由于拥有某种审批权，其门口往往门庭若市，那么我们应该问——审批权是不是在某种程度上被市场化了？

行政权不能被交易

新京报：如果说市场化过度了，怎么去理解目前在金融、能源等诸多领域的设限？

陆磊：这是在市场过程当中自发形成的由完全竞争向垄断演进的过程；而另外一些则带有由原有体制带来的继承性垄断。如某些超级企业，一般由原来的部委脱胎而来，它们在市场当中是寡头，是大机构，它们挤占中小机构获得垄断利润，然后被老百姓诟病。所以问题的本质仍然不是让它们进一步市场化——在经济学意义上，这称之为市场失灵，是不能通过进一步市场化来完成的；相反，此时应该引进政府机制解决问题。

新京报：你赞成在某些领域的垄断吗？

陆磊：不是赞成不赞成的问题，而是一种客观存在。

在现实中，这种天然的垄断主要集中在三个领域，与教科书有一定差别。第一种是通过更为垄断的行政权来反垄断。比如政府有必要对银行实施监管，而不能出现市场化的"监管俘获"，即谁出钱多为谁服务；否则就是泛市场化了。

第二种是公共产品的提供。比如自来水、电力、绿化等，这些不可能通过竞争来完成。我们的确发现，某些地方政府和政府部门在公共产品和服务领域欠账过多，对介入广场建设和房地产开发乐此不疲，是否也是泛市场化了？

第三种是对市场可能造成的伤害要实施行政管理。如重金属污染、对稀土和露天煤矿的过度开采、地沟油、有毒奶、血汗工厂等貌似纯市场、来自竞争性市场主体的行为，必须进行来自唯一权威主体（即政府）的管理。

新京报：虽然你的说法不一样，但是你跟提倡继续市场化的观点是殊途同归的。

陆磊：当然也可以这么理解。理解的角度不一样。总结一下，我的主要观点是：第一，市场是一种天然力量，自发会形成并渗透到它该去和不该去的所有地方；第二，行政权客观存在，即使自古至今都不乏无政府主义的乌托邦，但人类文明史还没有解决行政权力的替代者问题；第三，既然行政权是存在的，那么不是不切实际地限制其发挥作用，而是限制其被过度市场化——它不能被交易。

商业体系与行政体系必须隔离

新京报：从计划经济向市场经济转换的过程中，行政权力逐步放松，就容易形成灰色交易地带，形成泛市场化，这是必然的过程吧？

陆磊：一定程度上可以这么说，但不完全是，这跟计划经济或市场经济的关联度并不是非常大。准确地说是从传统社会向现代社会发展过程中会出现的。

在其他资本主义、市场经济国家和地区在发展中都面临过这样的问题，比如香港的廉政公署如何成立的？就是因为当时香港警察、公务员问题突出，跟现在内地一模一样。

泛市场化的现状导致了中国政府公信力的下降，触发了很多政府与社会的矛盾。

我们看看几乎每个贪官的忏悔史都是一开始想做个清正廉明的官员，再过几年没有加强思想观的改造就误入歧途，一开始很胆小，后来胆子越来越大。

为什么我们这些很有理想的官员逐渐变成这样？因为他置身于市场当中，置身于商业体系当中，而不是简单的行政体系当中。

所以商业体系和行政体系必须隔离，就这么简单。

新京报：通过什么办法隔离？

陆磊：首先要立法。我们到了该立法的时候了。慢慢的通过建立游戏规则，让大家知道文明社会的道德底线。

通过社会立法遏制某些市场不应该在某些领域出现，同时减少审批事项。当然，我并不是激进地认为现在就要禁止各种行为，但这是个渐进的过程，需要慢慢通过体制机制的梳理，让大家明白某些行为将带来某些损失，之后要让大家明白这么做不仅会带来损失，而且不这么做能获得近期收益或者远期收益。

我坚持认为要严肃立法。政府官员就是官员，就应该享受一些“特权”，比如公务用车公务接待。由于在现在这个体制下，他可能一方面没有办法得到自己该得到的，另外一方面又付出了太多不该付出的，所以产生扭曲，利用权力寻租。严肃立法是关键，他们应该得到社会的尊重。

收入分配改革是突破口

新京报：你也讲到通过立法设立游戏规则是个渐进的过程，是长期的制度考虑，近期有没有可行的突破点？

陆磊：收入分配体制改革就是个突破口。

很多人认为收入分配就是加工资，其实不是，所谓分配体制改革并不是大家收入都提高，而是能不能按照社会贡献率、按照边际生产率对各个生产要素进行定价。

新京报：通过什么方式和制度能够达到各个要素按照产出效率进行分配呢？

陆磊：具体而言，首先是税制改革。从营业税增值税到所得税，税率能不能降低。

第二，财政支出体制改革。为什么要有这么大的财政支出和基建投资？基建投资本来是可以由市场经营，市场不经营，政府就代市场去经营，这是不对的。市场为什么不经营，因为没有回报，或者回报很少，在商业上是不合算的。

看看泛市场化带来怎样的市场混乱。如塌桥事件，这中间可能就有泛市场化的因素，承包商修建的桥塌了，谁干的？当初的合同怎么签的？法律上应该承担怎样的责任就怎样处理。现在反过来政府部门要替承包商遮掩，有泛市场化的因素，公共部门就不够硬气。

公共部门即政府应该投资公共产品，但政府的公共产品投资是分层次的，应该在教育、养老、医疗这些公共事务层面投入更多。

通过这个改革，乡村和城市地区的民营企业成为创新主体，而非政府，老百姓获得的收入就能够按照边际贡献原则，多贡献多拿，少贡献少拿。这个社会还会有普遍意义上的抱怨吗？

新京报：按照边际贡献原则进行收入分配能否解决贫富差距过大的问题？

陆磊：关于收入方面，我坚定不移地认为，合适的城镇化是下一步改革的基本方向，不是城市化。

城镇化是农民集约到小城镇中去，但地还是他们的，慢慢把这些地改造成高品质的农业用地，不要搞房地产。通过城镇化改变老百姓的粗放式收入方式。

农民可以离土不离乡，离开土地从事其他行业，但不离开这个乡镇，这才是未来城镇化的方向。如果按照现有路径农民集体涌向城市继续城市化，会加大社会矛盾和整体国家经营成本。

新京报：收入分配改革不仅是个经济改革的范畴，还涉及社会改革层面？

陆磊：是的。收入分配改革通过减税等手段向非国有部门倾斜，如果能够顺利完成，那么我们未来的改革可能就不再是经济体制改革为主，应该是经济社会综合改革为主，回归到基础性的所有制改革。

比如目前老百姓最关心的土地所有制问题。目前在农村地区是集体所有制，能不能从集体所有制变成股份合作制，不再征地？一旦征地，这代人拿到了一大笔钱。下一代人呢？就不知道吃什么了。于是在未来中国社会会发生分层，会出现一大群的城市贫民。

我们可以采取租地的方式，不是一次性补偿给他，而是通过与CPI挂钩的租金给他补偿，这样每一代人都有持久的收入。孟子说有恒产者有恒心，社会也就稳定收入分配改革提出增加居民财产性收入，财产性收入指什么？不是股票债券，更关键的是土地的归属权。地不会消失，人不会消失，但这两者的结合可能是我们可预见未来的民族伟大复兴必须考虑的。

❖ 人物

陆磊，生于1970年，广东金融学院院长，是目前广东省高校最年轻的校长。

"高校校长给人感觉是仙风道骨、鹤发童颜，但我不是。"陆磊说。

语速快、爱反问，言语间透露着犀利。

北京大学求学7年，央行政策研究室工作10年，陆磊在北京开启了他学术生涯，并认识了夏斌、谢平等中国经济界的名人。

2003年，陆磊南下就职招商银行，尝试两年后，他坚持走作研究的道路，前往中山大学管理学院任教。但综合性大学的中山大学在金融学科有些薄弱，在学术上有些寂寞的陆磊转战到了当时央行下属的广东金融学院。从研究中心主任到研究所所长到院长助理到副院长再到代院长、院长，陆磊用3年时间完成了这些升迁。从正处到正厅级，让他自己都觉得这太快了。

"为什么这么快？很大部分是因为运气"，陆磊笑称。毕竟在广东和他所处的学校都缺少学科代言人，金融学的学科中心还是在北京、上海。

尽管陆磊已经成为校长，但他仍然坚持站在三尺讲台。

陆磊反对高校校长走下讲台，成为专职管理者的职业化做法。在他看来，放弃了教学和科研，势必得不到足够的尊重，可能在别人眼里就是一个"外行领导内行"的没有思想的管理者。

陆磊是目前国内经济学界为数不多没有"身价"的学者。"因为媒体露面的事情都是应急的事情，我决不参加任何商业性论坛，给钱的决不参加，我只给政府部门谈观点，给高校的讲坛讲课，"陆磊说，"讲多了就受到诱惑，诱惑多了心就收不回来了。"

"人可以没有建树，可以对这个问题没有看法，但是不能为了钱去瞎说。我有点极端。但是我只要还在高校干老师一天，我就会保持这种风格"，陆磊说。

❖ 同题问答

新京报：对于中国的诸多经济学人，你最为尊敬的是哪一位？

陆磊：老一辈经济学家最令人钦佩的是薛暮桥。一个多年流传的故事是，他了解物价必须拎着菜篮子上街。近期的经济学者在论坛见得多，西装革履、与投行打交道的多，深入田间地头的少。例如，大家都说刘易斯拐点，有多少人去看过大学生就业签约和新生代外来工的生存状态？好像文学家比经济学者知道的都多一些。

中青年经济学者中最让我神往的是樊纲，至今我仍然对他那种敏锐、担当和勇气钦佩不已、向往不已。

新京报：2012 年的经济运行到现在，当前的状况，是否有让你很意外的地方？为什么？

陆磊：没有。去年 11 月，我就讲 2012 年最大的确定性就是欧债危机。去年还说今年中国的通胀一定会下来。

新京报：近期在市场层面，你认为哪一项改革最值得期待？

陆磊：收入分配改革。

新京报：未来 10 年，你认为哪一个行业具有投资前景？

陆磊：面对民生的行业，如养老、医疗、食品药品、教育。

新京报记者　苏曼丽

17 徐建国

增值税税率可以降一点

核心观点

凡税收都是有扭曲效应的，应当尽量降低这种扭曲效应，社会财富才会增加。财产税的扭曲效应相对最小，增值税等流转税的扭曲效应较大，这种结构要改变。从渐进改革的思路出发，增值税税率可以适当降低一点。

图 / 侯少卿

徐建国

1975 年出生，现任北京大学国家发展研究院中国经济研究中心副教授，研究领域为宏观经济学、金融经济学。北京大学经济学硕士、杜克大学经济学博士，并曾先后担任香港大学和加拿大麦吉尔大学金融学助理教授。

已出版学术专著有《中国经济增长的效率与结构问题研究》，并在多家国内外媒体和刊物上发表经济评论 20 余篇。曾参与北京大学国家发展研究院主导的中小企业和服务业融资问题研究、城乡统筹改革试点研究、财政部咨询课题等多项研究项目。先后获得香港特别行政区政府、加拿大政府的研究奖，并于 2010 年获得北京大学优秀青年人才基金。

宏观调控滞后于经济形势

新京报：你在一篇文章中提到从2010年开始的经济下行与1997年亚洲金融危机的情况类似，哪些方面类似？

徐建国：改革以来的经济有个基本循环，至今没完全走出去，就是“一放就活，一活就乱，一乱就收，一收就死”，2010年和1997年这两次下行在很多方面都很相似。1997年的通货紧缩，可以回溯到1992年邓小平“南方讲话”刺激经济扩张，其后的大规模投资和高通胀，接下来的宏观紧缩，紧缩过度收手不及时，终于在1997开始发生通货紧缩。通缩一旦开始，就会自我加强，耗时5年才彻底走出来。

同样，本轮的经济收缩，也可以回溯到2008年底的大规模财政刺激开始的经济扩张，其后的大规模投资和通胀压力，同样导致了2010年开始的宏观调控。现在，调控效果的“充分显现”，不仅表现在通胀压力的下行，经济增速显著下滑，更重要的还表现在经济已经开始有“自主收缩”的迹象，一些企业已经不愿意贷款了。

两个时期的基本特征比较吻合，都是加大投资后经济快速增长，随后出现通货膨胀等各种问题，政府开始调控，所谓调控，重要的就是压投资，经济随之变冷。宏观调控总是有点滞后，政府动作落后于经济形势的变化。

但两个时期也有不一样的地方，这次不如1997年那一次环境恶劣，那时银行惜贷，企业也不借贷了，农民工都开始回家了，这次实际利率没有当时那么高，经济也没冷到那种程度。

新京报：宏观调控总是有点滞后，原因是什么？

徐建国：这方面已经比以前进步很多了。以前各方的经济专业知识都不够，大家都不太懂是怎么回事儿，现在随着专业知识的普及，这种状况已经有了很大改善，至少专业人员是懂经济的。当然，懂也还有一个深度、广度的问题，这个没有止境的。另外就是政策决策的因素很多，只有专业理解还远远不够，需要协同各方面的意见和利益。不过随着知识的进步，各方达成一致意见方面也会有所改善。

新京报：经济出现“自主收缩”迹象的原因和表现是什么？

徐建国：企业的经营活动根本上是追逐利润的。一旦利润变薄，企业贷款、投资、扩大再生产的意愿就会下降，需求下降导致经济活动不景气，所谓的自主收缩说的是这个意思。利润变薄的主要原因还是利率。最近一段时间，贷款的实际利率已经比较高了。以一年期贷款计算，名义基准利率虽然只有6%，实际上还要稍低一些，但是10月份PPI只有-2.8%，这样实际利率大概有8%左右，已经不算低了。其中大企业低一些，小企业要更高一些，这样的利率水平，对企业，尤其是对小企业而言，影响还是很显著的。

财政政策重在基建投资

新京报：目前应当采取怎样的政策措施提振经济，应对“自主收缩”？

徐建国：在货币政策和财政政策上都可以再逐步放松一点。货币政策可以考虑降低存款准备金率；财政政策方面重点还是基建投资。

目前消费比较平稳，增速也不慢，拉动需求主要依靠房地产、出口和基础设施建设这三大块。房地产现在很难放松调控，出口形势短期难以显著好转，所以副作用最小、正作用最大的就是基建投资。

新京报：基建投资的副作用最小？

徐建国：基建投资从理论上讲没有太多的争议，国家的基建搞好了，提高了居民的生活便利程度，同时也会提高生产率。而且我们国家的基建现在确实差得太远，比如铁路、公路密度以及农田水利建设等，无论跟发达国家相比，还跟本国当前经济需求相比都还差得远，十一假期的大堵车就很说明问题。

但基础设施建设的融资是个大问题，以前都是找企业和银行，以后应当让政府财政多承担一点。从各国经验来看，基建基本上也都是政府主导。

新京报：有很多人担心增加投资会继续恶化经济结构。

徐建国：这种担心一直存在，也很有道理，但是一来结构调整和经济周期要分开来看，二来在投资中面临房地产、出口、基建这种“三难”选择，可能要用“三害相权取其轻”的思路来理解。实际上，加码房地产、出口的副作用很大，而增加基建基本上是好处多，所以应该说是“两害加一利”的格局。

财税体制改革是关键

新京报：你认为中国经济应当进行哪些方面的改革？

徐建国：财税体制改革应该是十八大后改革的关键部分。整个税制结构要改变，提高财产税等直接税比重，降低流转税比重，这是改革的大方向。

凡税收都是有扭曲效应的，应当尽量降低这种扭曲效应，社会财富才会增加。财产税的扭曲效应相对最小，增值税等流转税的扭曲效应较大，这种结构要改变。从渐进改革的思路出发，增值税税率可以适当降低一点。

另外，中央与地方的财政收入比例应适当平衡，目前中央财政富余，地方财政特别是基层财政困难，中央与地方的分成比例可以适当调一下。财政税收问题跟很多事情都联系在一起，是改革的一个核心。

第二个需要改革的领域是汇率，关键是改革汇率形成机制。目前汇率改革已经有很大的进步，扭曲效应降低很多，但仍需要进一步改革。我的想法是汇率的浮动幅度可以再逐步放宽一点，慢慢进行探索。

新京报：不对称调息被认为是走出了利率市场化的一步，你怎么看？

徐建国：第三个需要进行改革的就是利率。我国目前存贷差较高，存贷差高等于企业和居民补贴银行系统，居民收入占比本来就在下降，再让居民补贴银行怎么行？

不过利率还是要慢慢放开，基本思路是慢慢扩大利率的波动范围，看市场究竟能走多远。

央行此前宣布银行存款利率较基准利率可上浮10%后，很多商业银行迅速调整至上浮10%，说明市场中有这种推动力量。

未来可以慢慢扩大利率浮动范围，促使利率市场化渐渐向前走。

私企比重增加将提高生产效率

新京报：1997年亚洲金融危机时，国企改革对中国经济有较大的正面作用，一段时间以来，再次进行国企改革的呼声很高，此项改革时机是否成熟？

徐建国：我觉得短期之内看不到国企大幅改革的希望。1997年亚洲金融危机时国企改革是被逼的。当时国企的负担非常重，甚至工资都发不出来，当时国企面临巨大困难，在这种情况下才进行改革。我们国家所有改革都是倒逼的，现在国企利润状况这么好，主动改革估计很难。

大方向上我当然支持国企改革。与私有制企业比起来国企的效率低下，在全世界都一样，英国的撒切尔革命的重要方面就是企业私有化。如果国企比重降低，私企比重增加，整个社会的生产效率就会提高，社会财富就会增加。

退一步而言，或许个别的关键行业可以采用国企，但现在国企确实太多了。不过改革需要契机，短期之内我还看不到国企改革的契机。

城市化是未来增长动力

新京报：你认为在增长中消化和解决问题是中国经济改革的基本经验之一。未来这个规律是否仍将发挥作用？

徐建国：这个经验教训是很深刻的。从国际上来看，20 世纪五六十年代拉美国家发展态势非常好，但经历了国家债务危机后，社会经济发展一停 20 年。大的波动可能会使改革倒退，对长期经济增长不利。

富裕发达的国家总是呈现比较稳定的上升状态，比如美国 200 年多来基本没有巨大的波动，所有大萧条不过是一个较为严重的经济周期而已，并没有大的战乱，长期的停滞。

反过来讲，美国倘若走不出大萧条，世界版图就要变了，稳定、持续发展的重要性由此也可见一斑。

新京报：未来 10 年是否还能保持 8% 的经济增速？

徐建国：未来 10 年保持 8% 的增速应该不难。现在中国人均年收入约 5000 美元，在 8% 的增速下 10 年收入翻一番多一点达到 10000 美元，还是很低的，跟其他东亚国家相比来看，这是可以做到的。但是具体速度还是看经济运行情况。比如说 2012 年前三季度 7.7%，不到 8%，但是普遍觉得经济比较冷，那说明合适的速度应该高一些。

新京报：为什么这样认为？

徐建国：最关键的是未来的增长动力来自何方。从需求和供给两方面看，我认为未来中国增长动力都是城市化。城市化本身会带来很大的需求。从投资方面看，建设更高效合理、容量更大的城市会拉动很多投资；同时，城市人口比农村人口消费能力强，在城市化的过程中越来越多的农村人口转变为城市人口带动大量消费。

城市化对供给方面的影响更关键。长期增长要看供给，目前供给最大的问题是人力资本没有得到充分利用。在城市化的过程中，农村人口变为城市人口后收入提高，收入提高本身就代表生产力的提高，供给方面会翻好几倍。

所以应当在户籍、土地制度等方面要进行改革，把这一代农民工彻底变成城里人，留守儿童的问题也要解决，人是最重要的资源，目前城市化进程中的这些问题对于整个国家的竞争力来说是巨大的伤害。现在农村人跟城里人竞争处于劣势，应该给他们提供更多便利条件。帮助农村人进城后，他们的贡献会慢慢反馈到这个城市，使得城市更大更强。

新京报：高房价是城市化的障碍吗？

徐建国：如果一个城市因为人口自然聚集得多导致房价高，不存在价格扭曲，那没有问题。但现在的高房价主要是由于要素价格扭曲造成的，由投资和投机推动的，房价这么高就不合理了，已经阻碍到了人口的进一步聚集，阻碍城市化的进一步发展。从这个角度来看，房地产确实要调控，但调控的方式可以讨论。

我认为限购属于调控的下策，会造成很多问题，效率也很低。实际利率低是高房价的重要推动力，居民的钱不愿存银行只好投资房子，导致房价扭曲。所以推动利率市场化改革，使实际存款利率向上调整一点，对控制房价是有帮助的。

❖ 人物

“我是一个书生，我觉得普及知识是一项非常重要的工作。”徐建国笑称，自己讲课时学生能够觉得有道理，写评论文章能给读者提供新的角度看待经济问题，就感到很不错了。

1994 年北京大学中国经济研究中心成立，1996 年招收第一届研究生。次年徐建国从北京大学数学系本科毕业，原本打算报考法律系研究生，得知北京大学中国经济研究中心有林毅夫、周其仁、宋国青等一批学者后，决定报考那里的研究生。他说，这三位经济学家对他的影响很大。

徐建国 2009 年又回到北京大学中国经济研究中心担任研究员，在此之前，他先后担任过香港大学和加拿大麦吉尔大学金融学助理教授，而更早之前他是杜克大学的一名博士生。

“从小学读到博士再到教书全在书斋里。”徐建国说，自己在经济理论方面更强些，调查方面相对弱些，所以回国后跑得多，去做经济调查。

徐建国认为经济学中的理论和实际反复交错，实际的观察会帮助学者更加深入地理解理论。在调查过程中，对经济现象理解的深度也在慢慢变化。“现在大家都在书斋里作文章，实际调查研究很少，教科书中的经济分析只是一小部分，真正作建议要观察很多，这一点我觉得有点担心，年轻的经济学者实际调查可能稍微薄弱了些”。

1984 年，“莫干山会议”在中国改革开放早期首次集结了当时国家最优秀的一批青年经济学者。这些青年经济学人在改革的关键时刻，提供了诸多卓有价值的思路，并引起了决策层重视。在徐建国看来，这批年轻人对决策层产生了影响，对改革起了推动作用，但这种机会是可遇不可求的。

对他来说，作为经济学者普及知识是非常重要的一项工作。“对已有知识的消化对很多人来说就是一个很艰巨的任务，消化了又能说给大家听懂，这已经是很重要的工作了”。

“经济学很复杂，建言政策不见得都是对的，有时十个经济学家会有十种观点。”徐建国认为经济学者有三种境界，最基础的写评论性文章、作政策建议和作宏观预测。建言献策必须把各个方面都想全，要有非常深的思考并对经济原理有深刻的理解，而且需要团队讨论集思广益。

❖ 问题问答

新京报：对于中国的诸多经济学人，你最为尊敬的是哪一位？

徐建国：我是北大经济中心培养的学生，中心老师们对我求学做人都有深远的影响，对我影响最大的是我的导师宋国青先生。很多经济学的学生都会经历过一个怀疑经济学的阶段，宋老师总是能够用简单、穿透力很强的语言展示经济分析的美妙之处。

新京报：2012年的经济运行到现在，当前的状况，是否有让你很意外的地方？为什么？

徐建国：没有太意外的地方。2009年我曾经写过一篇文章，观点是中国经济结构在危机前面临很大挑战，采取过度刺激方案会进一步加剧国内经济结构失衡，恶化收入分配，金融部门面临越来越大的困难，经济增长面临更大的压力，现在来看判断基本符合现实。

有一点比较意外的是去年年底经济就已经比较冷了，但政策一直到今年年中才开始逐步小幅放松，放松比预想要晚很多。

新京报：近期在市场层面，你认为哪一项改革最值得期待？

徐建国：近期来看，财税体制改革的共识比较大。另外，房产税改革的可行性其实很高。

新京报：未来10年，你认为哪一个行业具有投资前景？

徐建国：未来的行业发展会比较分散，不像以前那样集中在少数支柱行业。大致看来，基础设施、房地产还有蛮大空间；从消费领域来看，我国人口结构中老龄化日益严重，未来养老是个大问题，与养老相关行业很有潜力，比如医疗、老年服务等。

新京报记者 李 蕾

18 王 筝

经济增长要靠“啃硬骨头”

核心观点

要想为经济增长提供更长期支撑，恐怕还是要啃硬骨头，比如收入分配改革、财税体制改革、政府职能转变等，这些改革直接影响着社会资源的配置效率、企业生产的积极性，民众的消费能力，甚至社会的和谐稳定。

图 / 周岗峰

王　军

1970年出生，中央财经大学经济学博士，中国社会科学院金融学博士后。曾供职于中共中央政策研究室，现任中国国际经济交流中心咨询研究部副部长，主要从事经济理论与政策研究、政府决策与企业经营咨询工作。

回暖信号传递到企业要有一个时滞

新京报：你曾撰文指出，从数据上来看中国经济目前已经基本软着陆。但从企业反馈的信息来看依然面临较大经营压力，与宏观数据有一定出入，这是什么原因？

王军：宏观经济企稳或回升，通常是通过一些先行指标来让我们感觉到的，所谓“春江水暖鸭先知”。宏观数据大都是总量指标，和微观个体的表现在时间上会有滞后。

而且，不同的企业往往不是同步回暖，主要反映大中型企业的官方 PMI 指数比更多地反映小企业的汇丰 PMI 指数回暖要快，是因为一些国有企业最先受益于政策刺激、最先得益于“十二五”重大建设项目的实施。

新京报：能否说目前经济已经完全向好？

王军：本轮经济反弹本质上还是靠政策刺激，不完全是经济体自主的、内生的增长。所以现在还不能说经济已经完全好转。

不必将投资“妖魔化”

新京报：这种投资冲动是否是“万能药”？投资拉动经济的模式可持续吗？

王军：近几年经济刺激着眼于投资，特别是政府投资，这是由我国国有经济部门占主导的基本国情决定的。

投资分为制造业投资、基础设施建设投资、房地产投资及其他。我们需要谨慎的是继续扩张制造业投资，进一步加剧产能过剩。房地产投资应该保持一个适当的投资规模和速度，来满足城镇化进程中的刚性需求和改善性需求，这两种需求都是合理合法的，应当被尊重，而现在市场还不能很好地满足这两种需求。

基础设施建设投资则仍处于发展阶段，特别是随着城镇化发展，未来五到十年基础设施建设仍将保持快速增长，民众对于教育、医疗、卫生、市政等公共服务需求非常大，这方面的投资仍有很大空间。

新京报：所以说投资拉动增长并不一定是件坏事？

王军：是的，没必要把投资妖魔化。我们需要注意的是提高投资质量和效率、优化投资结构，现在很多人批评政府的投资政策，是因为这些项目大多由国有企业主导，不可避免地存在投资效率偏低、内幕交易盛行和腐败难以杜绝等问题。所以应该呼吁政府引入竞争机制，继续引导民间资本进入，这样可以优化投资结构，既满足全社会需要，又使民间资本找到合适的投资渠道，得到一个符合市场平均水平的回报率。

今年改革进程缓慢

新京报：你曾提出今年有四项改革是需要着手做的，包括财税制度改革、推动金融体制改革、尽快出台收入分配改革方案和推动资源和要素产品价格改革。你如何评价今年改革的进展？

王军：2012 年是个特殊年份，恰逢小平同志“南方”讲话发表 20 周年，又产生了新一届中央领导集体，所以大家讨论改革比较多。但今年改革进程还是比较缓慢，相对而言，金融改革还是有一些亮点的，比如今年 7 月，央行在降息的同时，开启了利率市场化的进程；浙江温州、丽水、深圳前海等地也不同程度地进行了金融改革的试点，取得了一定突破。

新京报：其他三项改革都没有实质性推进，阻力在哪里？

王军：财税制度改革，今年主要是“营改增”的扩围，但涉及的税种、税源比较有限，实际上还是小修小补，财政预算管理体制、中央地方事权财力分配关系、税制调整都没有动，比较遗憾。财税改革涉及中央和地方，政府、企业和居民的利益，需要周密设计部署和全社会的配合，短期内难以真正铺开，可能未来五到十年才能有框架性的突破。

资源性产品价格改革也没有明显进展，特别是成品油价格形成机制改革，刚刚开始破题。收入分配改革仍是千呼万唤难出来，这里面主要是各个部门认识不一致，利益上也有分歧。

今年改革比较艰难，主客观原因都有。未来需在内外部环境比较平稳，在增长、就业、物价等问题相对不是特别突出之时，才有可能推进大的改革，不能心急。我对未来的改革进程抱有很大的希望。

新京报：明年您认为最有可能有所突破的是哪项改革？

王军：资源性产品价格改革。明年物价温和可控，在这样的环境下启动价格改革比较合适，全社会也能够接受资源性产品市场化定价，所以以此为突破口比较容易一些。但要想为经济增长提供更长期支撑，恐怕还是要啃硬骨头，比如收入分配改革、财税体制改革、政府职能转变等，这些改革直接影响着社会资源的配置效率、企业生产的积极性、民众的消费能力，甚至社会的和谐稳定。

金融改革应上下结合

新京报： 近期浙江省政府出台的温州金融综合改革实施细则被指“缩水”，放宽金融准入门槛、探索地方金融监管等领域皆被淡化。对此你怎么看？

王军： 金融改革和其他改革不同，很难划出一个行政区域，想怎么试点就怎么试点。因为资金具有流动性，你在一个地方试点，比如温州如果放开利率管制，这里就成为资金的聚集地，全国的资金都流到这里来了，风险也集聚了。所以，金融改革试点要寻找最符合地方特点的模式来推进，不太可能一夜之间遍地开花，需要一步步来。

此外，温州金改还有道德风险。当初为什么试点？是因为温州出现了高利贷崩盘，现在反而被给予了诸多优惠政策，就好像闯了祸的坏孩子还有糖吃，是否公平还存有争议。越是综合性的改革，最后一定是一个妥协的产物。大家有失望，主要是因为希望太高。

新京报： 有人认为如果全局性经济体制和政策方面未见根本改变，温州改革很难获得突破性进展。你赞同这样的观点吗？

王军： 恐怕是这样的。一个地区的改革试点还是要取决于国家大的体制框架，各个地方也要有改革的意愿，“剃头挑子一头热”是不行的，自上而下和自下而上需要很好地结合起来。

一些大企业有“利益代表”

新京报： 你的意思，改革需要契机？

王军： 只是从上而下，没有下面支持没用，只是从下而上，上面不支持也没用。一些改革，谁都能说两句，但可能都说不到点子上，显得高深莫测。领导人想不清楚，所以他们宁愿放一放，看一看。这就是为什么很多事情十年八年都推行不了。

新京报： 是否有利益博弈的原因？

王军： 比如金融市场化的问题，其实金融机构愿意改革。人们说它垄断也好，暴利也好，其实也不是它自己想去垄断。价格是最有利的武器。价格一出，谁与争锋。但国家控制着价格。

如果金融市场化，谁受损最大？一定是国有企业。如果说有人反对或者政策难以推行，和国有企业作为庞大、独立的利益群体有很大话语权，有很大力量有关。一些大企业有各种利益代表。如果改革使得这些既得利益受损，它们有各种帮其说话的力量。

经济复杂，不能轻易定是非

新京报： 你过去在体制内的核心智囊部门，现在在一个比较民间身份的机构工作。在“说话”方面，有差别吗？

王军： 过去在中共中央政策研究室比较单一，现在在中国国际经济交流中心，渠道较广。

过去主要通过内参，会议文件、全会的方式表达。你提的建议很好，切合实际，领导人很重视，就会批示相关部门，努力去解决，也可能把你叫到办公室，当面聊聊。

我们国家的决策过程比较复杂，通过建言献策的方式，参议、提供咨询的方式。任何一个重大决策的出台，任何一个重要的表述，都不可能由一个人提出。

新京报： 比如中央经济工作会议召开，你们怎么参与？

王军： 不同会议由不同部门负责。中央经济工作会议由中财办（中央经济工作领导小组办公室）牵头，发改委、中研室、商务部、中央人民银行也都会参与。从每个单位抽几个人，讨论，再由领导人修改。任何一个讲话、文件都是通过上上下下的努力，官员、学者、企业家的调研，通过反反复复上下合作的过程完成。像十八大报告这样大的政治文件，就要经过很多起草，复杂的决策过程，经过很多环节，历经一两年的实践，很多人参与完成。

新京报： 你在中共中央政策研究室时哪方面政策建议做得比较多？

王军： 我学经济，但在中研室的政治研究机构工作，主要给总书记的政治报告中涉及经济的问题提建议。

经济很复杂，不能轻易定是非，比如人民币国际化是应该加快还是稳步推进，对这种问题的批阅领导就会谨慎。我们作了报告，送到领导案头。有些是研究报告形式的，有些是工作汇报，领导会画圈、指示。他们一定会看，但看后回应就各不相同。

新京报： 花很多时间写文章，最后没有得到批示，会灰心吗？

王军：很正常，有些人写了一辈子，都没多少批示。

新京报：现在在中国国际经济交流中心这样一个半官半民的智库工作、作研究时，独立性更强一些？

王军：现在我们是NGO，是在民政部注册的社团，在财务上独立。当时我主动到NGO。在智库作用发挥好了，不比在政府研究部门差。在民间机构，学者比较放得开，因为讲对讲错完全是个人意见。

❖ 人物

王军并不是一个书斋里的学者。用他自己的话说，他是一个“不安分”的人，喜欢挑战自己，愿意尝试。大学毕业后，王军在企业待过，也曾被派到国外做驻外代表，后来重新回到学校读书，博士毕业后去了中共中央政策研究室。现在他所在的中国国际经济交流中心，是一家半官方的智库机构。

王军给自己的定位是“走出旋转门的人”。所谓“旋转门”，是指美国政府每次换届选举后卸任的官员很多会到民间智库从事政策研究，而智库的研究者则很多到政府担任要职。

“中国国际经济交流中心的设立初衷也是希望仿照美国的‘旋转门’制度，而我是第一个主动把自己旋转出来的人，”王军笑称。在他看来，以前在政府研究部门任职，作为关键的少数，研究人员责任使命重大。但他更想和外界多接触，和企业、其他学者、媒体多打交道，和国外同类智库机构多交流，中国国际经济交流中心恰好提供了这样的一个平台。

“民间智库的作用发挥好了，不比在政府研究部门小，”他说。他的职业选择和时下不少年轻人争相报考公务员、争抢体制内“铁饭碗”的热潮背道而驰。王军认为，这种现象背后反映的是国进民退，政府对经济的干预越来越大，这不符合现代市场经济的规律。“政府的职责是提供公共服务的，是仆人。为什么大家都争先恐后去做仆人呢？”

而对于今年各方热议并期待的各项改革进程，王军坦言并不满意，一些关键领域的改革仍是小修小补，“硬骨头”仍难以撼动。这其中主客观原因都有，不过一些涉及面较广、影响深远的改革适当延后反而比匆忙推出更有利。他还表示，未来新一届领导人需在内外部环境比较平稳，在增长、就业、物价等问题相对不是特别突出之时，才有可能推进大的改革，不能心急。“我对未来的改革进程抱有很大的希望，”他说。

❖ 问题问答

新京报：对于中国的诸多经济学人，你最尊敬的是哪一位？

王军：吴敬琏、林毅夫、张维迎、许小年都是我比较尊敬的经济学人。他们敢于讲真话，能够脚踏实地地做学问。

新京报：2012 年的经济运行到现在，当前的状况，是否有让你很意外的地方？为什么？

王军：股市。这个市场完全无视中国经济良性、高速发展的现实，而成为了社会财富的毁灭器、中产阶层的绞肉机和权贵阶层的提款机。

新京报：近期在市场层面，你认为哪一项改革最值得期待？

王军：收入分配改革。

新京报：未来 10 年，你认为哪一个行业具有投资前景？

王军：我个人没有资格作这样的判断，而且我认为政府恐怕也没有必要做这样的规划。政府需要做的是维护市场公平竞争秩序、提供优质和均等化的公共服务，而无需人为地制定哪些行业有投资前景。

新京报记者　杨万国　沈玮青

19 朱信凯

我们必须重新认识农业

核心观点

谁在未来10年能够在中国的农村市场构筑起纵横交错、流通顺畅、四通八达的市场化渠道，谁就将是未来世界上最强大的企业。

美国人讲“谁控制了石油，谁就控制了所有的国家；谁控制了食物，谁就控制了全人类”。

图 / 王政显

朱信凯

1976 年生，中国人民大学农业与农村发展学院副院长，教授，2009 年 11 月破格晋升为博士生导师，美国康奈尔大学访问学者，中国人民大学粮食产业研究中心副主任，农业部青年联合会副主席。

他同时兼任联合国粮农组织（FAO）贸易政策国家顾问，中国农业经济学会常务理事兼副秘书长，中国进出境动植物检疫风险分析委员会委员，中国农产品市场监测预警专家委员会委员等多个社会职务。2011 年获“北京优秀青年知识分子”，2012 年获“北京青年五四奖章”。

主要研究领域为农业经济理论与政策。近年来以独立或第一作者在《经济研究》、《管理世界》、《新华文摘》等学术期刊发表（含转载）学术论文 70 余篇；出版学术专著 4 部，商务印书馆经典文库译著 1 部，代表作为《中国农户消费函数研究》。

农产品比核武器重要

新京报： 你最近有个观点，美国打击全世界的武器根本不是核武器，而是农产品。怎么理解？

朱信凯： 核武器只是一种威慑，但美国靠一个种子公司——孟山都，就能干掉很多国家。阿根廷就是一个例子。一开始转基因的种子通过走私的途径进入阿根廷，当阿根廷种植转基因大豆和玉米播种面积到了99%的时候，美国声称要收取种子的专利费，以至于阿根廷农业部不得不成立一个补偿基金，举全国之力来偿还。

但农业的威力远不止于此，孟山都不仅卖种子，还卖农药。它的逻辑是你买我的种子就得买我的农药，因为种子和杂草一起长出来，长到一定程度，农民就要喷孟山都的农药除草，孟山都的转基因大豆能够抵抗这种除草剂。可是因为下雨，孟山都的除草剂随着地表径流，把阿根廷其他的农作物也当做杂草除掉了。生态灾难已经在这个国家的某些地区表现出来了。

所以农业不仅仅是一个种地和养猪的问题，更不是一个短期视野就可以把握的问题，实际上是一个比核武器还重要的重大战略产业。需要引起国家战略层面的高度重视。

新京报： 我们应该怎样重新认识农业？

朱信凯： 农业是一个集技术、经济、政治和国家安全于一体，与整个人类的进化史相并存，并随社会发展与进步越来越表现为多功能性的永恒的魅力产业。

2004年中国几乎在一夜之间丢掉了大豆产业，这是一个最经典的案例，也是最惨痛的教训。我们无意怀疑别人的阴谋和操控，但至少我们要警醒，农业涉及国家安全，既包括人的发展权和生存权层面的安全，也包括宏观经济层面的安全。

我们对农业的认识往往只是停留于“农业是国民经济的基础”，现在已经是工业化时代，甚至于已经进入后工业化时代，农业自然而然也就不那么重要了。但美国人是如何认识农业的呢？美国人讲“谁控制了石油，谁就控制了所有的国家；谁控制了食物，谁就控制了全人类”。

新京报： 大豆产业丢失对中国意味着什么？玉米会不会成为第二个大豆

产业?

朱信凯: 大豆是关系国计民生的产业,它一方面做食用油,同时豆粕还做饲料,饲料影响畜产品。国际资本很容易通过国际游资的炒作来实现它们不可告人的目的。

华尔街游资的各种肆意行为,很容易造成我国大豆价格的非正常波动,而大豆的下游产品又在 CPI 中占有相当比重,对于我们这样一个到目前还没有发布核心 CPI 的国家来讲,宏观经济安全受到影响就是必然的事情了。关于玉米会不会成为第二个大豆产业,关键要看玉米产业的主动权在谁手上。

2004 年我们之所以在一夜之间就丢掉了大豆产业,那是因为我们首先丢失了大豆产业的主动权。在大豆压榨企业普遍面临困境的时候,国际的产业资本和金融资本在我们几乎不设防的情况下将它们收购或兼并,而当国际资本控制大豆产业主动权之后,使用什么原料当然也就是人家说了算。因此,尽早完善与国际资本相关的法律法规体系是当前我们必须要做的头等大事。

中国农业投资效率低下

新京报: 从 2002 年开始我们国家加大对农民补贴的力度,10 年来累计安排了 7631 亿元。这么多资金投入,为什么农业问题还这么突出?

朱信凯: 美国最大的部,除了五角大楼国防部就是农业部。而中国,农业部几乎是最小的部,中国农业行业的大部分职能都没有在农业部,行业职能不在行业部委,这是当前我们行政管理体制最大的问题。

当前我们是“重视农业政策,轻视农业部门;重视支农资金,轻视投资效率”。我们每年拿出这么多钱来支持农业,效果怎么样呢?“十五”和“十一五”前两年中央和地方财政农业投资效率仅为 52.7%,也就是说中国投 100 块钱,只发挥了 50 块钱的作用。另外 50 块钱呢?全部给损耗掉了。这个数字也明显低于发达国家 83% 的效率水平。

新京报: 为什么会这样?

朱信凯: 农业是一个行业和专业性很强的产业,但农业的很多职能都不在农业的行业主管部门。比如农业的投资功能一部分在发改委,还有一部分在财政部,财政部本来是分配资金的,却专门成立一个农业综合开发办公室,管控着比农业部还要多的支农投资。这种相对混乱的行政管理体制必然导致低下的投资效率。

新京报：美国农业部是怎么做的？

朱信凯：美国的经验可以借鉴，当前美国农业人口的比重下降到2%，但作为管理农业的核心机构，农业部却日益庞大。美国农业部正式编制职员多达10万人，大部分职员都分散在各州，做着最基层的农业推广和信息服务工作。美国农业行政管理体制最大的特点在于它的综合性，它将农业、农产品以及有关的管理服务都容纳到这个大一统的管理机构中，避免了互相推诿、扯皮和工作领域的分割，打破地区封锁、行政垄断和部门分割，有利于明确责任和提高效率。

新京报：跟美国比较，能得出什么结论？

朱信凯：相比之下，我国现行的农业行政管理体制，部门分割，各自为政，任务不明确，管理手段分散，有事大家一起干，出了问题谁都可以不负责任。部门利益还渗透在政策和法律的制定中，使政策法律出台扯皮多、时间长，出台后没有一个具体部门督促实施，达不到应有的效果。

新京报：能举个例子吗？

朱信凯：还以投资为例，中国当前的投资体制是1995年分税制改革以后逐步形成的。分税制改革以后，中央财政实力不断增强，为了加强管理实行了以发改委为主的投资管理体制。

这一体制在刚开始实行的几年，在规范投资行为、实现大的投资布局等方面确实发挥了重要的作用。但随着社会经济的不断发展和进步，忽视行业主管部门的行业投资所导致的投资效率低下的问题就越来越突出了。不仅是农业部存在这样的问题，其他的部委也是一样的。

新京报：所以你认为，我国的农业管理体制需要改变？

朱信凯：我们组织的课题组在国内主要农业投资大省的调研表明，体制不完善所造成的部门矛盾与冲突已经严重影响了农业投资的使用效果和效率；而所有省份调研的结果都显示，中央财政农业投资效率低下最主要的原因在于中央层面政策的非协调性。

因此，我认为，从根本上彻底改革现行农业投资管理体制已经成为迫在眉睫的突出问题。

新京报：怎么改变？

朱信凯：“十七大”之前我就呼吁农业的大部制改革，重构农业投资管理体制。

首先，行政管理体制改革应当从中央与地方的范围和关系的调整入手，逐步建立新型、高效的中央与地方的关系模式。

其次，在中央和地方的农业投资事权和财权划分上，应当强调投资主体的职能和执行力，即要逐步形成垂直管理的农业行政管理体制。

第三，要逐步推进农业“大部制”改革，重构农业投资管理体制。这个“大部制”并不是简单的合并，而是将职能相近、业务雷同的部门整合在一起。它的实质是按照决策、执行、监督这三者相互协调、相互制约的原则来构建政府的组织结构。

研究中国问题，思想比方法重要

新京报：中国问题应该怎么研究?

朱信凯：美国的经济学研究方法世界第一，因为美国有 5 万个经济学家，但是美国没有多少经济问题值得研究，它每个小问题都被无数人研究了无数遍。所以在欧美发达国家，它的经济学要想做得优秀，就要看谁的方法论用得艰深。但是，当代中国值得研究的问题太多了，我认为，中国如果有人拿诺贝尔经济学奖，第一个一定是研究中国农业经济与农村发展问题的，因为这是中国最大的国情，也是世界最重要的问题之一。理解中国经济绝对不能简单等同于任何西方的理论建构或经验，理解中国经济需要对历史的理性剖析、对文化传统的深入解读以及用脚做学问的调研精神。

新京报：其实最近两年，农业已经受到重视，越来越多的企业愿意投资农业，例如网易、联想。

朱信凯：这是个好的兆头，但我感觉应该加快步伐。因为外资在大量做这个事情，大家才开始意识到。我一直认为，谁在未来 10 年能够在中国的农村市场构筑起纵横交错、流通顺畅、四通八达的市场化渠道，谁就将是未来世界上最强大的企业。

城镇化是农村和城镇的重新布局

新京报：最近有学者提出，保障房建设跟不上，城镇化就是空谈。你怎么看?

朱信凯：这个问题很重要，中国能不能尽快把保障房和市场房分开是关键。

就是说保障房这一部分要把价格压得低低的，可以市场化的部分就让它交由市场调控。但是现在的问题是保障房这一块没有做起来。可能主要还是个利益和利润的问题。更新观念，加快与之相适应的制度与政策调整是当务之急。

新京报：你认为城镇化应该是什么样？

朱信凯：刚刚召开的中央经济工作会议提出，要积极稳妥推进城镇化，着力提高城镇化质量，把有序推进农业转移人口市民化作为重要任务，把生态文明理念全面融入城镇化全过程，走集约、智能、绿色和低碳的新型城镇化道路。这一表述，是继1982年家庭联产承包责任制、1992年社会主义市场经济体制之后的又一次制度创新，国家的经济结构、增长方式和生产力布局必然因此发生积极而重大的变化。

我理解的真正的城镇化应该不仅仅是城市数量和城市规模的扩张，不仅仅是城镇人口的增多，而是进城农民生产方式、生活方式和价值观念的现代化。城镇化应该是农村和城镇的重新布局，重新布局不仅是一个地理的概念，更是一个人的概念。

❖ 人物

朱信凯从事农业经济研究纯属偶然。

当年考上农业经济专业时，他甚至还有点沮丧，因为跟计算机软件等“热门专业”相比，农业并不受社会的重视。朱信凯说，现在他建议年轻人都应该读一读农业经济学，培养自己对中国本土化问题的敏感度。因为中国的农业经济学就是中国的国情学，只有了解中国农村，才算真的了解中国，以后不管做哪方面的工作，都会比别人出色。

2003年，朱信凯在华中农业大学获得博士学位后到人大任教。他曾多次将研究报告和科研成果呈送国务院相关决策部门。

2010年12月，朱信凯署名研究报告《我国应尽快调整现行CPI结构》得到了国务院主要领导温家宝、李克强、回良玉的批示，批示要求国家统计局会同有关部门认真研究。此报告直接推动了2011年1月份国家统计局调整并发布新的CPI权重结构。

2012年6月30日，朱信凯应邀列席十一届全国人大常委会第27次全会，并作了题为“现代农业发展视野下的国家粮食安全战略”的专题讲座。

他的办公室里挂着两张地图，一张是中国地图，一张是美国地图。采访中，他多次以美国跟中国做比，“中国农业农村的问题太多了，而且都非常严峻，当然，问题并不完全是坏事情，往往蕴含无限机会”。

“我们必须重新认识农业”是朱信凯最近几年最为关注的问题。新生代农民工问题、城镇化问题、农业投资管理体制的问题、食品安全的问题……朱信凯说，这些要么关系着中国社会的稳定，要么涉及整个中国社会的重新布局，其他的任何问题和这个相比，都是很小的问题。

中国经济在过去的发展有赖于一个重要因素，就是地方政府对土地资源资本化的过度依赖与追逐。朱信凯认为，行政管理资源配置失衡与官员教条主义的目标模式是产生中国农业农村问题的重要因素。“在现行的政治体制和行政提拔体制下，对地方政府业绩的考核主要采用经济增长速度等指标。由于农业比较利益偏低，地方政府偏好于将财政资源投向非农产业，强调招商引资，而不愿意提供农业技术推广等软性公共产品，既在相当大程度上破坏了生态，又造成了土地资源的极大浪费”。

朱信凯认为，中央对地方官员的考核应区别对待，对于前一百位的产粮大县，中央应以粮食产量和生态为考核标准，不应鼓励其招商引资。对于产粮大县，中央应当改“奖励”政策为“给予”政策，通过转移支付给足给够，而不是杯水车薪的奖励。这是2012年暑假朱信凯带领他的研究团队奔赴全国20几个县调研后得出的结论。

❖ 问题问答

新京报：对于中国的诸多经济学人，你最为尊敬的是哪一位？

朱信凯：林毅夫。我们需要对中国经济增长充满信心。

新京报：2012年的经济运行到现在，当前的状况，是否让你感到意外？

朱信凯：当然不意外，我对中国经济的增长潜力充满信心，因为在过去的30年，中国从已经崩溃的国民经济边缘走了出来，并以发展中国家三倍的速度高速增长，创造了人类历史的奇迹。

新京报：近期在市场层面，你认为哪一项改革最值得期待？

朱信凯：最期待的就是中国要尽快出台社会经济体制改革与城镇化发展的路线图，我最期待城镇化怎么发展。现在的道路是肯定不行。

新京报：未来10年，你认为哪一个行业最具有投资前景？

朱信凯：农业与农村，再说得深入一点就是农产品市场与农村消费市场，这是未来最有潜力的。假设我们到2049年新中国成立100周年时达到70%的城镇化率，那个时候15亿人，我们还要有4.5亿农民。因此，农村消费市场是巨大的，而15亿人的吃穿、生态等问题仍然要在很大程度上依靠农业来解决。因此，我经常讲，农业是一个永恒的魅力产业。

新京报记者　林其玲

20 陈建奇

改革不能总依赖倒逼机制

核心观点

公平和效率是矛盾的，在不伤害市场经济发展的同时，也要平衡利害关系，让老百姓享受经济发展的成果。所以说什么“市场派”也好，“政府派”也好，经济学家不能走极端，不能过分强调效率也不能过分强调公平。

在二次分配中调节收入差距，最有效的实现方式是加大房产税的征收力度。

陈建奇

1976 年出生，经济学博士。现为中央党校国际战略所世界经济室副主任，北京大学国家发展研究院中国宏观经济研究中心特约研究员。

先后在福建省财政厅、交通银行总行、北京大学从事业务和教研工作；担任中国财政部、地方政府、亚洲开放银行地方国库现金管理专家，中国财政部国际司国际财经问题顾问。

收入分配改革需搞清财富在哪

新京报：在当下经济改革议题中，你个人最关心的是哪一项改革？

陈建奇：我最关心的是收入分配方面的改革。十八大提出了2020年全面建成小康社会，经济总量和人均收入翻一番。这透露的是积极信号：未来政府会更关注老百姓的收入增长水平。

但这次报告对于分配改革并没有非常量化。比如，把收入差距调到多少，怎么调？现在看来，我们改革开放这前30年中确实一部分人先富起来了，而且非常富。现在的问题是怎么带动后富？市场是不能自己解决这个问题了，需要政府扮演更重要的角色。

新京报：收入分配改革应该从哪方面入手？

陈建奇：我主张政府在二次分配中对高收入群体进行征税，对低收入群体进行补贴或进行其他形式的社会保障。

收入分配改革最重要的前提是你要弄清楚社会财富集中在哪些家庭里。到底谁有钱、谁没钱。这个东西没闹清楚，说调节收入分配是空话。比如一个工薪阶层的人，月收入一万多，他可能也买不起房子，调节收入不能误伤这部分群体的利益。

怎么分辨谁有钱，谁没钱呢？我认为房产税应当成为最核心的手段。因为现在最大的财富是什么？房产。怎么识别有钱人？其他的都不好说，但房子是藏不住的。

房价不涨收入涨就可“降房价”

新京报：房产税不是一个新话题了。

陈建奇：对，房产税谈了很多年，到现在都没有大的执行，我认为有两个原因：首先，房产税推出后有可能造成房价大跌，房地产市场泡沫破裂，这个影响是不可控的。政府为保证经济稳定，在房产税的问题上不选择大幅迈进；其次，我觉得跟利益集团有关。也就是说，制定房产税或者说影响房产税政策的人，自身拥有大量房产。

新京报：你认为拥有大量房产的人，掌握着房产税政策的话语权。按照这种推测，房产税政策是起不到实质效果的。应该怎么办？

陈建奇：利益集团要保护自身利益，即便开征了房产税，税率0.1%，能有什么效果？我个人有一个想法，要真正实现房产税对房地产调控和对收入分配改革起到作用，应该规定：参加房产税政策制定的人，不管是一把手，还是下面的人员，个人不能超过两套房子。只有在这样的约束下出来的制度，我才能相信你没有站在自己的利益角度去考虑问题。

比如成立城乡住房建设部，我们可以从所有公务员里面选人，多于两套房的就不要进来了，要进来，你把多的房子卖掉再来。就定这个规则。这听起来好像是abc一样的简单话题，但这个非常重要，这个没做好，你谈什么房产税改革，都是瞎扯。

我跟中纪委也是这样说的，不要等他暴露出20套房子你才查，现在房产信息都是联网的，你查一下不就完了？超过10套、20套，理论上你都看得见。很多制度设计跟自身利益关系不大，只有房产税跟个人利益关系最大，所以相关利益集团不应成为房产税政策的制定者。

新京报：房地产市场现有的泡沫如何解决？

陈建奇：有一种方法，房价不下跌，政府通过搞通货膨胀大幅提高居民收入，这些年不都这么搞的？原来的钱发出来之后去哪了？到房地产市场了。现在房地产没有以前涨价那么凶了，这些钱又变成了物价的上涨。所以如果未来老百姓的收入能按照前几年的这个涨法，房价不上涨，我们的收入上涨，是能够把房价平衡掉的。

金融改革决定其他领域改革效率

新京报：中国在开放发展中获得的成就和遇到的问题是什么？

陈建奇：加入WTO之后，我们的开放取得了很多成绩，但大多集中在商品和服务方面。对金融市场来讲，虽然也实行了一系列改革，但仍然比较滞后。这里面最重要的问题：人民币不是可兑换货币，人民币汇率没有形成灵活汇率制度。

新京报：当前人民币汇率放开的必要性表现在哪里？

陈建奇：有人说，美国欧洲金融危机了，我们好像还没什么问题，为什么要放开人民币汇率呢？这里面有一个问题，人民币的开放是不是一定必要的？我们现在看到，我们的汇率机制不是由市场决定的汇率机制。从2000年以来，外汇储备急速上升，央行为维持稳定的汇率机制，投入了3.2万亿的外汇储备，这大约 25 万亿人民币，到市场里面是基础货币，形成了货币供应量，占 GDP 的 200%。我们整天在批评美联储搞宽松，但到底是谁在放水？美国货币供应量只占 GDP 的 60%。

新京报：这导致了哪些问题？

陈建奇：这个动作，跟近年来房价翻番、连续暴涨有关。肯定要有货币啊，从哪来的？中国经济这么大的经济总量，为了维持一个人民币汇率稳定，而被动投入这么多货币，被动采取对冲措施，极大放弃了央行货币政策的有效性，等于是被绑架了。在这个背景下，我们看到中国经济很多问题是跟金融相关的，在所有改革中，金融改革最为紧迫，金融没搞好，其他的改革不会有效率。

未来中国能不能有更主动的改革，不能总是依赖倒逼机制。以后你再靠地方去探索，没有那个基础了，现在的制度不像以前那样一片空白，很多政策不放开，下面是搞不成的。

新京报：但世界上不乏大国汇率机制调整后宏观经济发生显著波动的案例，如何看待汇率机制调整可能引起的宏观经济波动？

陈建奇：欧洲的债务危机，发达经济体的疲软不振对中国的外需造成了很大挑战，出口也承受较大压力，如果现在完全放开汇率机制，会不会出现人民币阶段性的升值？对当前宏观经济形势造成扰动？这些确实也值得斟酌。因而人民币汇率机制改革的时机选择至关重要，这也成为确立中国金融改革时机的时间窗口。

完全放开人民币汇率的前提是，放开之后能朝着可控的方向运作。否则我们谨慎一点是没错的，放开人民币汇率的大方向要不断推进，动作要肯定，但不是一天两天就要实现。

新京报：在当前人民币汇率尚不能立刻放开的现状下，汇率改革的最优策略是什么？

陈建奇：人民币的币值要更为稳定、更有吸引力，这个是核心变量。

要吸引别人持有人民币，需要人民币，前提是人民币本身的竞争力。不管怎么改革，最优策略先是做实人民币，不要再放水了。

金融问题制约结构调整

新京报：除了你认为最重要的汇率机制调整，金融改革中还要解决哪些问题？

陈建奇：还要推进金融市场的建设。大力发展股市、债市。

中国经济存在间接融资太高、直接融资过低的问题，这把风险都向商业银行转嫁了，不利于企业融资，所以商业银行业需要调整，商业银行主导的融资体系要逐步转变为证券市场主导的直接融资为主的体系。

这样商业银行就面临盈利模式的转变、管理方式的转变、业务发展方式的转变。你要能跟人家竞争，以往靠存贷利差，以后你靠什么？你要找到新的立足之本，不能说失去这一点之后你就没饭吃了，管国家要补贴。

可以看到，现在很多国有企业已经忽视主业了，开始搞房地产公司、财务公司。为什么？因为资金太宽松，大企业从银行拿资金，成本很低，转而贷给中小企业，不劳而获。在这种环境下，资金的低成本已经对转变经济发展方式和结构调整构成重要制约因素了。谁能获得廉价资金，谁就能暴富。

新京报：你对当前的金融改革步伐满意吗？

陈建奇：可以看到今年以来，金融改革速度是在加快的，包括汇率浮动机制改革、放宽利率浮动区间、资本项目路线图的公布以及两次下调基准利率和多次下调准备金率。可能仍比预想中保守了一些，但下一步的改革动作是可以期待的。

值得一提的是上海国际金融中心，这个定位非常好，但现在我们的中心跟别人不一样。在利率汇率市场化没有解决之前，大的制度环境是限制的，别人的金融中心能做的我们做不了，最后可能就只是一幢房子在那里。

改革应主动不再依赖倒逼

新京报：你如何看待改革中“自下而上”和“自上而下”路径之间的关系？

陈建奇：我认为中国的很多改革一贯的顺序都是先“自下而上”，再“自上而下”的。什么意思？就是在倒逼中前进的。比如说温州金融改革，再比如我们20世纪80年代以来的汇率改革，都是这样，民间的探索会影响上面的决策。先把孩子生下来，再报户口，中国的改革有这个特点。

但我的期待是，未来中国能不能有更主动的改革，不能总是依赖倒逼机制。以后你再靠地方去探索，没有那个基础了，现在的制度不像以前那样一片空白，很多政策不放开，下面是搞不成的。

中国经济发展到现在，应该有前瞻性的研究了，该顶层设计的提前设计，该推进改革的提前推进，不要等到下面闹到跑路了、跳楼了，你才去想办法。

❖ 人物

陈建奇说自己不喜欢“走极端”。因此跟他交谈，几乎无法得到对某一事物的绝对性论断，甚至连他说话的语速和音调都是适中平缓、几无起伏的。

他认为这也许跟自己的工作性质有关。

陈建奇现在是中央党校国际战略所世界经济室副主任。在这个位置上，面对的学生多是省部级、地厅级官员。令他感到挑战的是，这些学生并不好带。

陈建奇说，这些官员学生们常常会在课堂上提问一些很专业甚至犀利的问题，如果解答不严谨，会遭到当场反驳。“所以不能胡说，每句话都要言之有据，严谨才有说服力”。

正是基于这个治学理念，陈建奇对言论频繁见诸报端的“学术明星”不以为然：“很多人靠作预测走红了，在我看来，很多预测都是信口开河，放大炮。”

“市场喜欢你作预测，但经济学家不必逢迎市场。在自己的学科素养和理论架构建立起来之后，对自己的见解加以传播，对经济走势有一个客观严谨的判断，这是可以的。但我始终认为，我们的主要职责是解释经济现象，对过去和现在加以总结，给未来提供参考。就是说，经济学家要做解释者，不要整天做算命的”。

陈建奇也玩微博，内容多是对自身专业领域里一些问题的分析见解。不过他的微博既不加认证，也未上传个人照片，更像是一片自留地。与学术红人大V们相比，陈建奇的每条微博下面评论留言者可谓寥寥。不过，这完全没影响到他对自由表达的兴趣，依旧笔耕不辍。

陈建奇并不认为自己是书斋型学者，他曾在很多场合提出关于收入分配改革的大胆建议，并希望自己的呼声能够上达。

“经济学家分两种，有的天天坐在政府旁边，告诉政府应该干什么；有的什么都不管不问，十几年趴在那里写一本书。我个人觉得，经济学本身就有其政策含义，跟时代联系紧密，解决的是当下的实际问题。所以，提供政策建议是分内之事，但不应该萌生什么个人英雄主义。”

❖ 问题问答

新京报：对于中国的诸多经济学人，你最尊敬的是哪一位？

陈建奇：宋国青老师。我对经济学者有两个判断依据：一个是他对经济的看法是不是有独到之处，是不是有创新；其次，他每一次说的话、作的报告，前后逻辑是不是自洽的。按照这两个标准来筛选，国内很多经济学家立马就筛掉了。而宋老师做到了这两点。

新京报：能否给我们推荐一本你正在读的书？

陈建奇：《凯恩斯传》，我读博士的时候就一直看这本书，现在还放在床头。

新京报：去年的经济运行到现在，当前的状况，是否有让你很意外的地方？为什么？

陈建奇：我之前判断认为2012年二季度经济会见底，但是结果出乎了意料。应该说不仅仅是我感到意外，之前很多人都对2012年的经济走势有误判。这其中重要的一点是，中国经济正处在转型期，到了这个时间点，经济发展已经不同以往，当前的重要转变没有相似的时期可以借鉴评估。另外一点是对政策的估计不足。

新京报：对今年经济形势的预期？

陈建奇：2012年到目前为止，已经确定了四季度经济是回升的，这可能会为2013年的经济发展奠定信心。我预测假设今年外部形势没有继续恶化的话，中国的经济形势应该比去年好，经济增速达到8%左右应该没有问题。除此之外，今年作为新政府的执政元年，可能会有些关于改革的细化的顶层设计出台。

新京报：未来10年，你认为哪一个行业具有投资前景？

陈建奇：未来经济结构调整是要由投资拉动经济逐步转为消费拉动，那么从需求角度来讲，与消费相关的新的产业是值得投资的。但具体是什么，现在还不好说。

新京报记者　张泉薇

21 苏亮瑜

经济结构调整好比吃中药

核心观点

经济结构的优化，国内利益和收入格局的调整必须同步进行。特别是需求结构从外需转向内需、从投资转向消费，都离不开居民收入的提高。

结构性改革不是要让政府做急先锋，而是更加依靠市场力量，让民营经济进入更多的领域中去。对经济发展来讲这相当于吃中药，很慢，但对于治病治根很有用。

苏亮瑜

生于1972年，获中山大学岭南学院经济学博士学位，高级经济师。现任广州越秀金融投资集团有限公司副总经理。曾任职于中国人民银行分行和总行的多个职能部门，并先后在欧美地区学习工作，在国内核心期刊发表论文20多篇。在北京、纽约工作期间，负责和参与撰写的多篇专项报告曾上报国务院，主要有《我国存款保险制度实施方案总体设计》、《越南是亚洲金融危机的第一块多米诺骨牌吗？》、《美国财政部半年度汇率报告分析》等。

金融危机传导频率加快

新京报： 2009年你在美国进行经济分析，当时有什么感受？

苏亮瑜： 过去20年里，全球或区域性经济金融危机的爆发频率明显上升，危机的传染性和危害性加大。1992年英镑危机、1996年日本房地产泡沫破裂、1998年东南亚金融危机、2000年网络科技泡沫破裂、2001年拉丁美洲主权债务危机、2008年美国金融危机以及欧元区主权债务危机的接连发生，全球经济环境的稳定性和均衡性在削弱，危机的自实现机制和自加强效应强化。

新京报： 你怎么评价美国应对危机的救市措施？

苏亮瑜： 总体而言，我感觉美国政府和联储应对危机的策略是成功和有效的。一些救助方式比以前有了明显的突破。比如在美国市场原教旨主义者的声音历来很大，他们强烈反对政府干预市场。但在这次危机中，竟然是一贯主张“大市场、小政府”的共和党政府首先启动了大规模的救市措施，采用注资等方式来帮助问题解决。

新京报： 有观点认为量化宽松的救助措施是饮鸩止渴。

苏亮瑜： 对于量化宽松措施，还不能用“饮鸩止渴”这个词来形容。因为在联邦基金利率接近零水平的情况下，常规的货币政策措施无法继续推动利率下行，而通过大量收购资产的方式注入流动性，将直接压低长期利率，这有利于扩大企业的中长期投资，促进经济活动的回升和复苏。当然，随着量化宽松措施的不断推出，政策边际效应确实在下降，但如果不推出量化宽松措施，情况可能会更差。

收入分配改革是调结构前提

新京报： 中国一直在调结构努力摆脱对外需的依赖，至今效果不明显，你认为是什么原因？

苏亮瑜： 这其实是外贸依存度较高的国家普遍面临的问题。如果发生全球性的经济危机，即使根源不在本国，但外需快速大幅下降仍会使本币汇率承压。从各国内部情况看，当经济受到冲击或需求不足时，采取以邻为壑的低汇率政策对外转移矛盾，往往比在国内实施改革容易得多。因此各国政府每次应对危机时“政策惯性”明显，路径依赖问题比较突出。

过去30年中国经济、外贸快速发展，已经成为世界工厂，但在国际分工和全球产业链中的地位还不尽如人意，对外贸易中低技术含量、低附加值的产品比例仍然较高，因此在未来全球经济结构再调整、总需求再平衡的过程中，面临非常艰巨的任务。

经济结构的优化，国内利益和收入格局的调整必须同步进行。特别是需求结构从外需转向内需、从投资转向消费，都离不开居民收入的提高。我国居民最终消费占GDP比例原来超过50%，现在是35%左右，而美国消费占比为70%。要把消费比例提上去，达到比现在高得多的水平，才能切实保障和推动经济结构朝“十二五”规划提出的方向发展。

新京报： 就是说经济结构的调整首先还得做好收入分配改革?

苏亮瑜： 是的，需要对收入分配体制进行改革，让老百姓有更多的收入，这一点至少要和结构调整同步进行，我认为这很难，主要难在打破政府和居民、中央和地方、垄断行业与非垄断行业现有的利益分配格局。我对改革很期待，但不乐观。

要提高居民收入水平，分配关系的调整最为关键但困难重重，因为这直接影响到了国内各个阶层的利益划分。比如把政府税收压下来，让民众获得更高的收入，财政的困难就会加大，尤其是分税制改革后，中央在整个财政税收中的地位比较主动，而地方政府的财政状况则较为紧张。在这种情况下，地方就缺乏让利于民的改革动力。

监管者不应限制产品定价

新京报： 如果你设计一套可行的收入分配改革路线，你会从哪里入手?

苏亮瑜： 如果说需要设定一条路线，我建议从打破电力、电信、石油、银行业等行业垄断入手，同时逐步推进税收体制的改革。市场管制并非不能有，但必须明确定义是什么以及相关的尺度是什么。

新京报： 尺度是什么?

苏亮瑜： 首先，市场准入管理必须清晰界定门槛是什么。对于外部性比较明显的行业，可以设置严格的准入条件，但如果申请者达到了这些条件，管理当局必须放行。比如民间资本进入银行业，可以设置门槛，但不能没有门。

其次，要加快市场自由化进程，放开不必要的约束。比如监管者不能指定一辆汽车只能卖多少钱。对于银行来说，利率就是金融产品的价格，其定价需要结合系统流动性状况、金融机构资产负债表、客户资信状况等多种因素综合考虑。如果不让它去定价，就限制了市场的灵活性和奖优罚劣的竞争机制，影响整个经济体系的活力。

今年上半年16家上市银行的盈利占2400多家上市公司盈利的53%。这种状况是银行业竞争太多还是竞争不足？是利益分配格局很合理还是必须要进行改革？

新京报：具体从领域看，你觉得哪些是需要保留的？

苏亮瑜：在市场准入领域，我不知道什么是要保留的，我只知道美国核心的军工产品都是由民营企业生产的。

投资拉动经济像打青霉素

新京报：结构调整过程中，触动各方既得利益，现有考核体制下，地方政府的意愿也不大。

苏亮瑜：这当然更多地涉及政绩考核标准的问题。连中央的规划都围绕GDP这个增长指标展开，那么各地方政府就会一步步分解，去年增长多少，今年要增长多少，这个省是多少，那个市是多少。从这个意义上讲，政绩考核标准的调整有利于推动政府管理职能和管理模式的转型，有利于增强改革的动力。

新京报：经济结构调整其实是一个市场行为，怎么看在经济结构调整中政府的作用？

苏亮瑜：强调政府在市场经济中发挥“计划作用”，初衷是为弥补市场机制的缺陷，提高资源配置的有效性，防止重复和低水平建设。但效果如何，大家有目共睹。

未来的经济结构调整，应该用市场力量和民间资本去替代政府在经济发展中的牵头和主导作用，用市场机制来保证建设项目的针对性和有效性，使资金投入和民生需求实现点对点的匹配。

过去几年政府把钱大量投资到高速公路，可很多高速公路建成后并没有几辆车在上面跑。铁道部将巨额资金投入高铁建设，有没有进行科学的外部论证？有没有拿到人大讨论审批？如果没有，这些项目建成投产之后能不能贴近国民经济需求，都要打个问号。

新京报：现在经济的回稳依然是通过投资拉动，结构调整并不那么容易。

苏亮瑜：是的。比如发改委集中放行大量投资项目，去年6月份以来各省市陆续发布经济刺激计划，总规模高达20万亿元，远超2008年的水平。这既弱化经济结构调整的动力，也挤占改革发展的空间。

当前需要认识和明确的，第一仍然应该是结构性调整，不是靠大投资来拉动增长，第二是结构性改革不是要让政府做急先锋，而是更加依靠市场力量，让民营经济进入更多的领域中去。对经济发展来讲这相当于吃中药，很慢，但对于治病治根很有用。现在又去走投资这条路，就像打青霉素，让他快点好，打多了效果会弱化，还会有副作用。

中国劳动力仍具优势

新京报：对于中国经济是否具有发展潜力，最近引发了一场大讨论，你是否认同8%增速还能保持20年？中国经济的增长潜力有多大？

苏亮瑜：简单地设定一个增长率和维持该增速的时期，对于当下的中国并无太多实际意义，以“涸泽而渔、焚林而猎”的方式一味地追求增长，即使成功，留给后人的又将是什么？但要问中国经济有没有增长潜力，我认为是有的，拆掉制度的篱笆，中国还能保证相当长时间的高速增长。

2010年美国四口之家的贫困线大约是2.3万美元，如果按照美国的这条贫困线来衡量，全球有四分之一的人口生活在美国的贫困线以上。去年我国将纳税起征点上调到3500元时，官方数据显示只有2400万人有纳税资格，仅占全部劳动力的3%，占全国人口的1.7%，也就是说中国只有2400万人年收入在4.2万元水平。

在全球经济化的环境下，资金、技术都可以流动，土地和大批量的劳动力是不能流动的，这依然是中国在全球竞争中最具压倒性优势的因素。

新京报：从现实来看，中国的劳动力成本正在不断上涨，不少跨国企业都计划将制造中心从中国迁至其他劳动力成本更低的国家。

苏亮瑜：前段时间广东有部分企业将生产基地搬到成本更低的越南等国，但是搬过去之后企业面临很多问题。比如在越南，工人的工作态度并不像中国工人那么积极，到了下班时间就准点走人，给多少钱也不加班。企业家会喜欢这样的劳工环境吗？

其次，中国本身就是一个很大的消费市场，在这里生产，相当部分产品可以就近组织销售，不需要在运输上花更多的成本。

❖ 人物

2009年至2011年，苏亮瑜赴纽约担任中国人民银行美洲代表处副代表，负责北美经济金融形势分析工作。

正是这三年对美国政治经济文化的跟踪和了解，让苏亮瑜深刻地体会到，中美两国的根本利益大于彼此的矛盾和纷争，两国合作博弈存在广泛的空间。回国之后，苏亮瑜选择了市场化的发展方向，加盟广州越秀金融集团。

苏亮瑜本科毕业于船舶与海洋工程专业，这段学习经历给他日后的职业生涯打下了深刻的烙印。特别是那句影响了几代船海人的训言——“在设计图纸上偏差一毫米，船厂就可能浪费一吨钢板”，常被他引以为戒。苏亮瑜把这种刻板认真的态度带到了经济研究领域，使其研究既烙有理想底色，又兼具现实理性。

苏亮瑜说，个别学者甚至热衷于以无所不知无所不能的面目示人，可是换个方式想想看，即使是医学界里出类拔萃的脑科专家，能去做心脏手术吗？对于学术问题严肃的讨论，苏亮瑜更愿意采用实证的研究方式，尽量多用数据说话。

今年，苏亮瑜正好迈入不惑之年，但他说其实自己还“惑得很”，经常学习和充电，大学时的书籍和课堂笔记还都放在他办公室的书柜里。

在广东金融学院院长陆磊眼里，苏亮瑜是个理想主义者。苏亮瑜也说，作研究需要用理想来探究经济金融的应然境况，但又需结合现实探寻应然基于现实逻辑的实然结果，可以说自己是理性的理想主义者。

❖ 同题问答

新京报：对于中国的诸多经济学人，你最尊敬的是哪一位？

苏亮瑜：在国内经济学家中，我比较尊敬厉以宁教授。他严谨的治学和处世态度很值得后辈学习。

新京报：2012年的经济运行状况，是否有让你很意外的地方？为什么？

苏亮瑜：基本上没有太意外的情况。长期来看，未来全球经济增长将在再平衡过程中放缓。短期看，当前全球经济处于后危机时期的恢复过程中，经济复苏势头并不强劲。

新京报：近期在市场层面，你认为哪一项改革最值得期待？

苏亮瑜：从区域角度看，我对广州南沙新区的开发规划最为期待。从市场层面看，我比较关注人民币跨境流动的问题。在IMF规定的资本项目可兑换内容中，我国有1/3的项目是实现有限试点、额度管制和完全管制的。香港作为人民币离岸中心的建设发展，以及国家赋予前海等新区的优惠政策，为进一步扩大人民币跨境流动创造了条件。

新京报：未来10年，你认为哪一个行业具有投资前景？

苏亮瑜：如果产业扶持政策到位，生物制药、信息技术、新能源都具有较好的投资前景。我个人更偏好新能源，包括页岩气的开采和应用。目前我国的天然气消耗量仅占到一次能源消费量的4%，而我国的页岩气技术可采资源量为36万亿立方米，排名世界第一，高于第二位美国7个百分点。

新京报记者　苏曼丽

22 余方

利率管制过死，滋生钱的“黑市”

核心观点

在某种意义上来说，银行利率也可以理解为钱的价格被管制。

市场不能准确反映钱的实际价格。人为地把利率浮动限制住，市场对钱的供需就会被扭曲。所以，影子银行、高利贷等，这都是利率被控制的结果。

余　方

1975 年生，2005 年获得芝加哥大学金融学博士学位。现任中欧国际工商学院金融学助理教授。在加盟中欧之前，他曾于 2005 年至 2007 年期间在明尼苏达大学商学院任教。并于 2007 年至 2009 年担任巴克莱全球投资管理公司研究员，为国际股票基金开发投资策略。

余方的主要研究领域集中在实证公司金融学和行为金融学，他的论文发表于《金融经济期刊》、《金融与量化分析期刊》、《消费者研究杂志》与《行为决策杂志》等国际学术刊物。

高利贷等都是利率被控制的结果

新京报：去年央行连续两次调整银行存贷款利率，你认为原因何在？

余方：利率市场化与计划经济时代的双轨制类似。二三十年前，我国的商品实行双轨制，比如，猪肉有一个官价，也有一个黑市价格。国家规定在收购猪肉的时候，有一个固定的收购价，比如，2 块钱/斤。而投放到市场的时候，有一个市场价，比如 5 块钱/斤。而 3 块钱的差价就被控制猪肉的部门赚取了。

这个价格是国家限制的，往往跟市场供需关系不大。当猪很少的时候，还是 2 块钱/斤收上来，5 块钱/斤卖出去。这个时候，对猪肉的需求可能会产生紧缺。如果有人出 5 块钱/斤收购生猪，且能以更高的价格卖出，那么，老百姓肯定会把猪卖给他。此时就出现了黑市价格。

在某种意义上来说，银行利率也可以理解为钱的价格被管制。例如，国家规定老百姓的银行存款利率为 3%—4%，而国家贷款利率为 6%—7%，中间这个息差部分被银行控制和赚取了。而需要融资的企业，以 5%—6% 的利率筹款，且可以实现回报，老百姓会把钱借给他使用。这是钱的“黑市”价格。

新京报：那这样的利率“双轨制”有哪些问题？

余方：其实，双轨制的问题在于：在猪肉的例子里，谁控制了猪肉的买卖过程，谁就有很大的盈利空间。而在银行的例子里，谁有控制利率的权利，谁就赚取了息差利润。

长此以往，市场不能准确反映钱的实际价格。当市场上钱少的时候，（存款）利率不能往上走，很多的时候反而是往下。人为地把利率浮动限制住，市场对钱的供需就会被扭曲。所以，影子银行、高利贷等，这都是利率被控制的结果。所以，国家现在也意识到这一点，正在逐步放开利率。

平稳的经济环境有助于利率开放

新京报：具体会给中国银行业带来哪些动荡？

余方：毫无疑问，存贷利率的调整，尤其是当前存款利率上浮，贷款利率下浮，缩小了利差，占银行利润大多数的息差部分会减少。同时，银行间的竞争加剧，会加速银行业的优胜劣汰。

新京报：这是为什么呢？

余方：当初利率管制的一个出发点是为了避免银行间的过度竞争。尤其是20年前，国家的大银行（国有五大行）很弱，有很多坏账问题，完全不能够竞争。如果当时的银行业为了揽储，或者增加贷款，把利率压得太低或太高，那么会对银行的发展有不利影响。

自2003年国有商业银行完成股份制改革以来，强壮了很多，盈利水平提高很多。现在的中国银行业可以接受一定程度的竞争了，包括在利率上进行竞争。

新京报：在息差进一步缩小的情况下，中国银行业该如何应对？如何创新服务？

余方：我想我国银行业未来的发展应该多元化，打破以利差为主要盈利点的局面，比如说，可以做一些信用卡业务、个人贷款业务等。长期来看，靠利差来维持银行的发展，效果是有限的。在发达国家的银行里面，银行的利差只是利润的一小部分，还有很多别的业务来做。

新京报：你刚才说我国的银行业目前可以接受一定程度的竞争，那么，二级跳的改革窗口期大概在什么时候开启呢？而完全放开利率，又会是在什么时候呢？

余方：具体的时间表很难预测，只能说看第一步放开之后，市场的反应如何，国内外的形势有没有不利的因素等。一个相对平稳的经济环境，有助于利率不断地开放。如果没有的话，就会继续走下去。但是，如果今后两年出现大的问题，（利率市场化改革）进程就会慢下来。

百姓购买理财产品只因存款利率低

新京报：去年底一些银行出现了代售第三方理财产品风波，银监会随后加大风险排查，该如何管控这种风险？

余方：目前国内理财产品很多，还有不少信托公司在发行理财产品。其实，这源于国家对钱（利率）的管制。一旦国家把买卖价格控制死了之后，必然会形成“黑市”。而在某种意义上来说，理财产品是中小型公司、企业需要钱做项目，但从银行贷不到钱，就通过信托等理财产品作为一种桥梁来筹款。

只要利率市场不开放，理财产品问题还会盛行，监管也很困难。但是，对投资者来说，加强风险教育很重要。很多投资者得到的消息都是这款产品从来都不会出事，其实任何产品都是有风险的。

新京报：该如何进行投资者教育？

余方：要投资者明白任何理财产品都是有风险的，银行也要明确风险提示。现在理财产品的风险提示做得还不够，不少理财产品合同上会写“本金不保”等，但这只是很小的字体，投资者很难找到这样的风险提示。即便很多投资者购买时看到了，也不知道看到了什么。

新京报：除了加强投资者教育外，还需要相关的政策出台吗？

余方：银监会一直没闲着，开始在管这些事情了。但是，这事儿根源在于利率的控制。随着利率市场化的改革与逐步放开，理财产品的问题将逐步解决。也就是说，利率市场化改革会帮助这个问题慢慢消除。

新京报：利率市场化改革怎么能帮助这个问题慢慢消除呢？

余方：现在老百姓购买理财产品，是因为银行的存款利率很低，比如2%年利率。而如果银行能提高存款利率，接近市场化利率，比如5%，那么，很多理财产品就不一定有市场了。老百姓购买理财产品的动力小了，那些中小企业发售理财产品的动力也会变小，也将有更多的机会从银行获得贷款。

这是供需两方面决定的，老百姓希望自己的钱有更高回报的需求，这是供的方面；需的方面是谁需要这些钱，如这些中小企业需要钱，但是从银行得不到贷款，便会给一个高回报率的融资需求。

新京报：这算是影子银行吗？

余方：算是，它的产生还是由于我国的银行利率被管制，我国现有的银行体制导致影子银行的产生。影子银行在国外的定义是，一些非银行的金融机构从事放款、抵押等金融工具的操作。这与我们国内的定义不太一样，国内的定义主要是指地下钱庄等灰色银行系统。

新京报：这对商业银行有什么冲击吗？

余方：会有一定程度的冲击。还是猪肉的例子，如果国家收购价是2块钱/斤，而有人出价5块钱/斤，而且这个人可以以更高的价格卖出去，这就形成了“黑市”。“黑市”猪肉就是现在的影子银行。当前，银行利率被控制，贷款额度也被控制，这些需要贷款的企业却拿不到款。如果银行系统是一个市场化的，那么，大家会愿意到更正规的银行里去贷款，满足借贷需求。

新京报：如果按照国外的定义，那中国会不会像国外那样，银行帮企业发售理财产品融资？

余方：中国已经有一些券商、投行等帮企业融资的服务，这应该是一个挺有活力的市场。

利率市场化改革目前尚无质变

新京报：去年的温州金改一度是金融改革中的热点，你怎么评价其目前进展和成绩？

余方：去年温州金改进展比较慢。虽然当时大家抱有很大希望，但是，最后并没有什么实质性的突破。很多当时想做的事情并没有取得成效，而且，所有的金改方案里并没有利率市场化的方案。其实，做不出很多的事情来。

新京报：你认为主要阻力有哪些？

余方：温州金改主要的阻力在于它需要很多层面上的博弈。从中央到省里再到地方，每一个环节都有既得利益部门在博弈，需要平衡利益。温州金改会是一个漫长的过程，会需要很多年的努力。如果期待温州金改一下子取得很大变化，可能会失望。

新京报：现在利率市场化改革正在推动，那么，二者结合起来，会不会加速进程？

余方：目前的利率市场化改革还停留在第一跳，仅仅提高了存款利率降低了贷款利率，那么，接下来要看“第二跳”、“第三跳”什么时候会发生。如果到了“第二跳”和“第三跳”的时候，可能会有大的变化。

现在利率市场化改革并没有质的变化，只是从原来的一个限制到了另外一个限制。希望有更大的变革，完成第二跳和第三跳。这样的话，对于地方的金融改革会有更大的促进作用。

新京报：下一步民间金融改革的突破口在哪儿？

余方：这是一个自上而下的过程。像利率就是钱的价格，如果这个能够市场化，那么后面很多事情便会迎刃而解了。如果这环卡住了，很多事情非常难操作。

利率改革要从银行本身突破

新京报：这一环该如何突破？

余方：还是在于银行本身，比如一个人习惯了吃某种东西，突然不给他吃，他就不高兴。银行每年都很容易获得息差，而且占据了利润的大多数，这就是政策利差造成的。如果一下子停掉，那么，银行非常不愿意。但是，所有的利率市场化改革都需要银行的配合。

新京报：银行吃息差具有惯性，那么，这会不会成为民间金融改革的阻力呢？

余方：这不大好直接说。但是，任何的改革主要的阻力就是既得利益者。因为很难让所有人的利益都在改革后改善，更大的可能是有些人的利益受到损失，有些人的利益得到改善。从最上层的宏观调控来看，只要总的利益在提高（大多数人的利益在提高），就可以改革。但是，在操作的时候，这些利益受到损害的既得利益者，他会使出很大的劲儿不让你做这件事儿。

新京报：面临民间金融的崛起，国有商业银行存在哪些危机？

余方：在上下都有压力的情况下，第一点，商业银行要拓展自己的业务，像建行开始涉足电商，做善融，这其实是一个挺好的变化。银行本身要把自己的业务多元化，要到原来不愿做的领域去，服务到更多的层面上。

第二点，由于银行利差在不断地缩小，银行需要把风险管理做得更好更完善。国外的银行风险控制部门是一个很大的部门，有很复杂很先进的风险管理技术，这应该是我国商业银行需要跟上的。

❖ 人物

在采访余方之前，他的同事曾告诉记者，他或许是中欧商学院最年轻的老师，人非常聪明，学术扎实，求学之路基本靠保送。

2009年，余方加盟中欧国际工商学院，担任金融学助理教授。而在此之前，他已经于2005年获得芝加哥大学金融学博士学位，并在美国明尼苏达大学商学院任教。2007年至2009年，余方转至巴克莱全球投资管理公司担任研究员，为国际股票基金开发投资策略。

正是这些海外学习工作经历，让原本在上海交通大学念经济学的他更能洞悉全球经济形势，并能把每一个金融领域的变革谈得深入浅出。

在接受采访时，他不愿把自己的学识强加给人，不时地说“咱们共同探讨”。

余方告诉记者，好的经济学家要能不从众，要有所不为，才能有所为。

他说，经济学家不是做记者的事情，不是电视主持人，也不是娱乐者。经常在电视里看到的“经济学家”已经不再是真正意义上的经济学家了，一个真正的好的负责的经济学家，最基本的任务是能够从事严谨的研究，能够创造知识，静下心来作独立的基础的研究；能够仔细地分析数据，仔细地想问题，而不是从众；最后，他能够生产出好的严肃的研究，同时把研究的知识传授给学生，如果可能的话，给予更多的大众。

谈及“不从众”时，余方讲起了他在美国的老师——《魔鬼经济学》一书的作者史蒂芬·列维特。史蒂芬·列维特曾告诉他：“好的经济学者要做到两点，第一点：Be open-minded（愿意接受新事物），要能接受各种各样的观点，哪怕再奇怪再没有名气的人说的观点；第二点：Be critical（批判性），无论再权威再主流的人说的观点，你也要独立思考，数据是否真实，观点是否行得通。只有将这两者结合在一起，才是好的经济学家应该有的特质。”

❖ 问题问答

新京报：对于中国的诸多经济学人，你最尊敬的是哪一位？

余方：我尊敬的不是一位，而是一类。尊敬那些真心做学问，能够在纷纷扰扰的环境中静下心来，写一些深刻又能帮助普通人理解的知识。我系里面有不少同事很值得我尊敬，比如，中欧经济系前系主任朱天。前几天，他在《金融时报》一篇主要的文章上讨论了关于中国老百姓消费到底是不是低了。当前流行的说法是：虽然中国改革开放30多年，但是中国老百姓消费偏低。但是，到底是不是这样呢？朱天花了很多时间研究中国的消费数据，最后写出一篇有很多数据支持的文章来，对我认识中国的消费有很大的帮助。

新京报：近期在市场层面，你认为哪一项改革最值得期待？

余方：利率市场化改革最值得期待，因为我的主要研究方向是金融学，所以，最关注这项改革，但是，并不代表别的改革不重要。

新京报：未来10年，你认为哪一个行业具有投资前景？

余方：不便说哪个行业好，因为一个好的行业不等于好的投资目标。比如，公司很好，不一定是好的投资对象，原因在于这个公司的价格可能变得很高了。必须要看到别人看不到的一些因素，才有投资优势。

新京报记者　金　彧　杨万国

23 万萌

应用制度确保社会层级流动

核心观点

既得利益者往往无法作出创新性的贡献，就像乔布斯说的那句话，“Stay hungry”（保持饥饿感），如果你没有饥饿感，就没有办法带来摧毁性的创新，一个世袭的社会很难出现这种“饥饿感”。在目前的中国，应开始考虑采用法律办法确保社会层级的流动。

图 / 杨奉焓

芮　萌

1968 年，中欧国际工商学院金融与会计学教授。加入中欧国际工商学院之前，芮萌博士在香港中文大学以及香港理工大学教授研究生和本科课程。

他于 1990 年获得北京国际关系学院国际经济学士学位；1993 年获得美国俄克拉何马州立大学经济学硕士学位；1995 年及 1997 年他在美国休斯敦大学分别获得工商管理硕士学位及财务金融博士学位。芮萌博士的教学与研究领域主要集中在金融学方面，在国际知名的期刊上发表了 50 多篇文章。

期限错配是“影子银行”的最大风险

新京报：你长期在财务和金融领域从事研究，对于目前中国金融行业中的“影子银行”问题，你怎么看？

芮萌：2008 年影子银行（资产证券化）诱发了金融危机，随后 FBS（全球金融稳定委员会）和 IMF（国际货币基金组织）对影子银行都有一个定义，两者的定义大同小异。FBS 将影子银行定义为“由部分（或完全）正规银行体系之外的实体及业务活动所构成的信用中介”；IMF 将影子银行定义为“在受到监管的银行体系外的金融中介活动”。

按照这样的定义，银行理财产品、信托，私募股权基金、典当行、小额贷款、第三方支付等等都应该算在影子银行体系之内。

影子银行的总规模央行也没有具体的公开数据。有数据的是，银行理财产品的存量是 6.8 万亿元，信托资产 6.5 万亿元，保险资产 7 万亿元，公募基金也有 2.5 万亿元，可统计的加在一起差不多 24 万亿元，总量相当于去年 GDP 的 50%。

新京报：在国内，大家更关注银行理财、信托等存在的风险，你怎么看？

芮萌：我个人认为，在国内影子银行最大的风险是期限错配。比如银行发行理财产品的期限很短，比如 7 天、30 天、60 天，但这些资金的投资周期是很长的，比如放贷的期限可能是 3 年、5 年，资金的募集和使用期限是不一致的，如果未来资金周转出现问题资金链断裂，期限错配就会导致很大的风险。

新京报：目前市场关注的是信托产品的风险问题，从目前国内资产价格水平看，影子银行中的这一部分会不会出现风险集中爆发的情况？

芮萌：从目前来说大部分应该还是比较安全的。我看到的大部分信托产品设计，都有抵押物，或者有第三方担保，有的还有个人财产担保。不会出现系统性的兑付风险。

从目前的资产价格水平看，由于之前设计的很多项目抵押度都是折价抵押，大部分砍半抵押，只要不是在设计之初就在抵押物方面存在欺诈，一般不会出现兑付问题。

证券市场核准制只能是过渡安排

新京报：你怎么看 A 股市场的审批或者核准的特点？

芮萌：全球范围看资本市场只有三种IPO的形式，审批、注册和介于两者之间的。中国现在采用的审核或者核准，还是一种具有很强的行政化色彩的措施。

实行核准的市场，往往对定价、交易有行政干预的行为，干扰市场的价值发现。比如上市和再融资有一些硬性指标，要通过审核就需要满足这些指标，为了通过审核，上市公司就有人为地包装自己，粉饰业绩。此外这个市场对发行的时间点也有控制，我们看到从去年下半年以来已经几乎没有公司IPO了。

我个人认为，市场的事情应该交由市场来做，注册制最大的好处在于把发行风险交给了主承销商，把合规要求的实现交给了中介机构，把信披真实性的实现交给了发行人。现在中国资本市场不能完全市场化，还因为这个市场中投资者以散户为主，需要有一个政府担保、保护的设计，起到一个过渡的作用。

新京报：但这种保护起到的作用似乎有限，违规成本过低是不是市场效率低下的主要原因？还是因为做空等制度不健全？

芮萌：对。很多事情就是这样，政府不应该管的事情管了。在资本市场上各种指引很多，但没有很严格地执行，如果交由市场来办，可能会很好处理。

比如发行人和保荐人造假，以后就不会有投资者再买你推介的项目，久而久之“坏苹果”就会从这个市场上消失。

新京报：怎么看待新三板和创业板对于民营企业的作用，你会建议处于何种阶段的企业进入这样的市场？

芮萌：企业成长有不同的阶段，比如可以分成初创、成长、成熟等阶段。

新三板适合那些处于初创期的企业，打个比方来看，新三板可以看做是资本市场的少年队，创业板是青年队，主板是国家队。

新三板对于民营企业来说是一个好事情，能在一定程度改善企业的资金来源。对于改善中小企业发展的金融环境，增强资本市场对实体经济的服务能力必将产生积极和深远的影响。很多国内企业创立初期在经营、财税、管理上都存在一定的漏洞。企业在新三板挂牌，也要有一些治理方面的改进。

新京报：中国企业在会计方面的随意性似乎还是很大，除了一些全面造假之外，还存在随意调整计提、调整折旧年限等情况，收入确认也不怎么严谨，在这方面中国企业和海外市场有哪些差距？它影响市场效率吗？

芮萌：全球都有这样的情况，在会计准则允许的范围内，这样的自主调整是允许的，因为任何这样的调整最终只能影响短期盈利表现，长期表现仍然会回归。

但在中国这样的调整为什么格外突出，因为目前这个市场仍然是政府主导的，比如在IPO、再融资方面有一些硬性的指标要求，比如再融资，有6%的净资产收益率要求，企业可能因为这个原因调整一些盈利。如果在美国市场上，再融资没有这方面的指标要求，自然也没有调整的必要。

粉饰是源于硬性指标，使得企业对财报短期化妆。很多企业盈利忽高忽低，也有这方面的原因，为了迎合监管指标。

民营企业获取政治资源成本很高

新京报：对于民营企业或者家族企业来说，在公司治理方面最突出的问题是什么？

芮萌：中国的民营企业很多具有家族企业的特点，这和中国社会的结构是相关的。中国社会是一种关系型社会，做事情经常靠关系；而西方是一种契约型社会，在市场上通过合同、交易可以完成大部分事情。

在中国这种关系型社会中，最稳固的关系就是家庭。但中国这些企业发展到如今，有一些问题值得关注。比如民营企业由一个人的公司变成公众公司，引入公众投资者后，需要转变理念。比如雷士照明的例子就体现出了这种冲突。公司引入投资者变成公众公司后，创始人仍然将企业看成是自己的孩子。

心态上有问题，治理结构上也会出现各种各样的问题，比如将亲属任命到关键职位上，董事会不能很好地运作等。

新京报：此外，对于民营企业来说，企业基业长青与积累政治资源之间是否存在冲突？

芮萌：中国的民营企业面临多方面的压力。中国的中小民营企业没有核心竞争力，没有核心产品、核心技术，其实最开始的发展就是来料加工等形式。而近些年随着原材料和人力成本上升，其生存空间也越来越窄。

另一方面是民营企业面临来自于国有企业的压力，双方受到的待遇是不一样的。民营企业要想获得税收、环保方面的支持，就需要向政府靠拢。比如补贴这样的资源都掌握在政府手中，这中间民营企业家可能采取各种手段，也可能中间有贿赂官员这样的手段。

我也见过很多民营企业家，主要时间都用来活动，联络关系，没有时间认真经营企业。除此之外，还要考虑是不是站错了队。

就一般的情况而言，政治资源也是非常不稳定的，一任官员在任上五年，换了人之后还需要重新打理，成本非常之高。

当然，当企业很大，大到成为政府、国家利益的一部分时，则是另一种情况。

新京报：还有人说，在制度上，中国应该保证包括民营企业家在内的新富阶层，确保“富不过三代”，你觉得呢？

芮萌：我赞同这个观点。

西方成功的人士都很有个人魅力，但成功很少被后代复制。有人说决定智商的X染色体来自于母亲，但成功人士总会娶一个不怎么聪明的漂亮妻子，所以成功很少被复制。

当然这是个笑话，其实主要在于西方社会都有很高的遗产税。

在经济学中有一个术语叫“摧毁性创新”，社会的发展来自于这些摧毁性创新，比如google、亚马逊、苹果的出现，比如中国淘宝的出现。

在社会组织中也一样，如果一个社会组织是世袭的，它保护既得利益，普通人没有向上走的机会或者通道，这个社会就会走向没落。既得利益者往往无法作出创新性的贡献，就像乔布斯说的那句话，“Stay hungry”（保持饥饿感），如果你没有饥饿感，就没有办法带来摧毁性的创新，一个世袭的社会很难出现这种“饥饿感”。摧毁性创新：是指将产品或服务透过科技性的创新，并以低价特色针对特殊目标消费族群，突破现有市场所能预期的消费改变。

因此在目前的中国，应开始考虑采用法律办法确保社会层级的流动。

腐败影响收入分配

新京报：你早先有文章提到腐败和收入分配的关系，能否详述其中的逻辑？

芮萌：这是我们所作的一个实证研究，首先从监察年鉴中收集各省每年贪污、受贿和渎职的案件数量，用这个数量和地区人口的比值来衡量腐败程度，然后考虑腐败和收入不平等主要是基尼悉数的关系。

如果把所有地方放到一起看不出什么关系。但如果分开来看，数据显示在制度相对不完善的非东部地区，腐败和收入不平等之间呈现倒U形关系。这个数据说明腐败会加剧收入不平等。

如果分析原因，简单地描述有两个原因，如果当地很腐败，地方政府掌握和分配的公共资源，可能没有流向那些需要的人，比如教育、医疗，比如学历水平对收入的影响就很大，这些公共资源的分配决定了收入水平，而腐败会扭曲公共资源的分配；另外一点是，腐败会使得企业来投资的情况减少，企业不投资，居民收入也会比较低。

而在制度相对完善的东部地区，市场机制发挥作用的空间也相对更大。

不过，收入不平等是经济发展中的一个内生现象，只有在发展中解决。通过逐步推进城市化进程，使经济发展水平和城市化水平不断提高，收入不平等的程度也会逐渐下降。

新京报：怎样看待要素价格与污染、粗放增长、收入不均等一系列问题的关系？

芮萌：现在中国人面临着生活水平提高了，但个人幸福感下降的情况，经济、社会正经历阵痛。

过去自然资源价格低廉，劳动力价格低廉的情况现在已经出现了变化，过去二三十年的经验已经不适用于现在。这是中国经济往上走一定会遇到的问题。

西方社会的发展可以为我们提供借鉴，西方经历了类似的过程，大家都有阵痛的阶段。从西方的经验看，将经济活动中的外部性，也就是很多的其他成本，比如环境等计入经济活动中，让扭曲的要素价格得到还原，通过市场的手段，使经济转型。

但中国面临的问题是人口基数很大，比如停掉一个不环保的行业，可能就业、社会和谐就会受到影响，这种局面的改变不可能一蹴而就，只会是渐进式的转变。

❖ 人物

与芮萌谈话，你会惊叹他对于逻辑清晰以及对于数据的运用。在学术研究中，即使是很热点、很人性化的议题，芮萌教授也习惯于用严谨的经济学框架和方法来分析。

在加入中欧商学院之前，芮萌曾在香港中文大学等多所大学执教，更早之前，他在美国休斯敦大学获得了财务金融博士学位。目前除在中欧工商学院任教外，他还是香港金融工程师协会的副会长、上交所高级金融专家、美国会计学会会员等，同时也担任一些企业的独立董事。

中欧商学院的同事说，芮萌为人谦和，做事严谨细致。比如采访前，他会事先将访问提纲打印下来，一笔一笔勾画。

在过往的学术研究中，芮萌在内幕交易、资本市场效率、公司治理与公司财务等方面多有研究，这些文章大部分以英文刊发在各类专门刊物上。早期被引用较多的包括探讨中国市场股权结构、公司治理、欺诈行为的论文、拉美股市的关联性的研究等。

此外，他还仔细研究过一些外界看来十分有意思的问题，比如政治资本如何影响企业行为、腐败如何影响收入差距等。

在香港时，芮萌还研究过收入分配不平等对刑事犯罪的影响、官员下海的税收优惠差异等一些看起来大众都愿意参与的问题。

纵观芮萌的研究，无论是哪种研究，其分析都以扎实的数据和严密的分析框架为基础。比如在对于政治资源对于企业经营的影响问题上，他的回答并非“非此即彼”，而是以实证分析来说明中国社会经济中中小企业的困局。

在严谨的研究功底下，低调谦和的芮萌也有强烈的社会责任感，他说自己最推崇的在世经济学家中，是广受尊敬的吴敬琏教授。在这种责任感推动下，芮萌也乐于分享。以往记者采访他，他都乐于将自己的ppt等底稿分享给记者，这在圈内亦少见。

❖ 同题问答

新京报：对于中国的诸多经济学人，你最尊敬的是哪一位？

芮萌：吴敬琏老师。

新京报：2012年的经济是否有让你很意外的地方？为什么？

芮萌：房价还没有调下来。为什么？过去一年你问十个老百姓房价，八个会说太高了；你问十个官员，九个会说太高了；但在这样的情况下，政府调控仍然没有调控下来。之前中国政府想完成的目标都能完成，因此房地产价格没有调下去，出乎意料。

新京报：近期在市场层面，你认为哪一项改革最值得期待？

芮萌：在金融领域，应该是利率改革和B股市场的改革。

新京报：未来10年，你认为哪一个行业具有投资前景？

芮萌：应该是与“幸福中国”相关的一些概念，比如与城镇化有关的行业，与老百姓生活有关的消费，中高端消费。

新京报记者　吴　敏

24 李晓阳

金融改革应尊重市场意愿

核心观点

从整体来说，国家不要怕少数银行因此破产。做得不好的金融机构退出市场，由优势银行收购，这是一种良性的现象。作为商业银行，不能认为存贷差能长久吃下去了，要积极发展增值业务，发挥“中间人”的作用。

图／翟　超

李晓阳

1982年出生，现为长江商学院金融学与经济学助理教授。2011年获密歇根大学博士学位，曾担任世界银行发展研究部和美国国民统计局研究顾问。专注于收购与兼并、公司治理、公司金融、产业组织等研究领域。也为MBA学生讲授高级公司金融和收购与兼并课程。

中间业务是商业银行转型方向

新京报：当下中国诸多改革议题中，你个人最关注的是哪一项？为什么？

李晓阳：利率市场化改革。中国要建设真正的市场经济，利率市场化改革是必由之路。因为利率决定了资金的价格，价格必须由市场调节，才能促使要素的自由流动，让资金流往最需要的地方。此项改革关系到整个宏观经济发展和稳定，牵涉到整个经济改革的成败。我认为利率市场化改革是人民币汇率改革的前提，必须在人民币国际化之前完成。

新京报：利率市场化改革的紧迫性在哪里？

李晓阳：首先，利率市场化改革有利于解决中小企业的“钱荒”，其次有助于培养商业银行的竞争力。比如一直备受争议的商业银行存贷差。中国商业银行80%的收入都来自存贷差，但这是央行决定的，这个政策对培育商业银行的竞争力毫无益处。我认为，占银行收入来源10%的中间业务，才是商业银行未来的转型方向，比如作咨询、担保，以及其他增值业务。通过利率市场化，结束银行吃存贷差的历史，逼商业银行实现转型，培育其真正走向市场，服务于市场的金融机构。

新京报：去年央行放开了存贷款利率浮动区间，这被认为是利率市场化改革的重要标志，你对下一步的改革动作有何预测？

李晓阳：我推测下一步会放开幅度，比如以前是上浮10%，但这是国家说了算，真正的“市场化”应该是银行说，我想浮动多少，或者我根据市场需求和条件自行决定。央行有很多政策工具来调节资金市场，但是直接决定利率是不科学的，不能一刀切地规定10%或者20%。

未来三年，利率市场化改革一定会有一个大的动作。从现在的趋势分析，这项改革一直在推进，各方面的呼声也已经很高了。另外，人民币汇率改革已经进行了六七年，人民币成为国际货币的需求渐涨。与此同时，其他产品如国债市场、企业债市场，都已经是完全受市场调节和控制的。各方面条件都已经成熟。如今我国的人口红利已经快没了，改革红利一定要来。预计2013年就会有进一步的乐观政策出现。

利率市场化可先试点再放开

新京报：你认为利率市场化改革的最优路径是什么？

李晓阳：我个人的观点是，可以通过试点观察效果，再视情况逐步放开。现在大方向上，央行已经有了政策，比如，放松中长期和大额存款的利率管制，由市场决定大额存款的长期利率，这是利率市场化改革的积极信号。但是除此之外，中大额存款的短期利率问题也是亟待解决的问题。在现有的政策基础上，浮动空间和自由度应该更大一些。

还是那句话，政府应该相信市场的力量，相信市场有自我调节的功能，在商业银行中选择一些经营还不错，能经受市场考验的银行做试点，让它们拿出方案，看能否成功。而试点银行则可以通过选择行业来尝试，比如针对某个行业扩大利率浮动。

新京报：也有观点认为，利率市场化改革需要“全国一盘棋”的统一规划，而不应该搞试点。

李晓阳：我们应该尊重自下而上的市场意愿。在中国，央行目前的角色定位是很模糊的，缺乏自主制定价格水平权，这又涉及政策层面，涉及政治改革，不是短期内可以解决的问题。这些问题解决之前，没有人能预测到利率市场化改革什么时候是最成熟的、最有利的时机，也没有人知道所有的配套、统一规划和顶层设计什么时候能全部做好。所以在这种情况下，通过试点，渐进式改革，摸着石头过河应该是一个最佳方式。

新京报：如何看待利率市场化改革可能给商业银行带来的影响？

李晓阳：很多中小银行都担忧，赖以生存的利差没有了，会有被淘汰的风险。这种风险确实是不可避免的。从整体来说，我认为国家不要怕少数银行因此破产。做得不好的金融机构退出市场，由优势银行收购，这是一种良性的现象。作为商业银行，不能认为存贷差能长久吃下去了，要积极发展增值业务，发挥“中间人”的作用。

但是在政策配套上，政府也应该为中小银行的改革提供信心。比如美国有一种存款保险制度，规定银行存款如果在10万美元以下，破产将由联邦存款保险公司买单。我们国家缺乏这种保障机制，老百姓一般也不需要选择银行，因为国家不会让银行破产。这方面我们是不是可以借鉴美国的做法，引进存款保险制度。

并购重组要由市场主导

新京报：企业并购重组对于中国经济改革和发展的影响有哪些？

李晓阳：这又回到投资过剩引起产能过剩的问题。产能过剩会引起生产效率下降，这个过程必然淘汰一部分中小企业和落后的国企。但是很多时候，被淘汰的企业只是在经营状况上出现了问题，企业本身还有一定的基础，有厂房，有工人。这个时候并购重组就对优化资源配置起到了作用。

❖ 人物

出生于1982年的李晓阳刚逾而立之年。在长江商学院网站上，李晓阳“个人主页”中的照片与其他十位“经济学教授”相比，尤显年轻。

所以即使身着全套正装，谈论严谨的经济学话题，李晓阳也仍然保持着一个普通80后青年的样子，不拖泥带水也没有长篇大论。除了是长江商学院金融学与经济学助理教授，李晓阳还曾兼职美国国家统计局调查员擅长基于数据的调查和分析。

李晓阳给自己定位为“应用型经济学家”，热衷于谈论实战和案例，说到自己专业领域的具体话题，他语速飞快，几乎难以打断。但是，对于宏大问题，李晓阳自认为不擅解读，也不愿解读。

“我觉得经济学家的底线是知之为知之，不知为不知，”李晓阳说，“在美国，经济学家通常都是专注于某个很小的领域。微观经济学家不去妄言宏观的事，也不会频繁出书卖给一般读者。但是在中国，很多知识分子是什么都敢说，显得什么都知道。这是我不认同的。”

基于这种“不妄言”的自我约束，李晓阳的言谈始终就事论事，按李晓阳的话说，这是“不随意越界”。但他又认为，“不越界”并不意味着放弃经济学家的担当。“经济学家一个主要的功能就是研究实际的经济问题，比如我自己，研究的问题都跟现实息息相关，而不是躲在一个地方做理论，建模型。”

❖ 同题问答

新京报：对于中国的诸多经济学人，你最为尊敬的是哪一位？

李晓阳：林毅夫先生，他有学者的严谨，有“知之为知之，不知为不知”的治学精神。

新京报：对2013年中国经济形势如何判断？

李晓阳：我的判断是“谨慎乐观”。从2009到2012年，国家一直在投放货币，多数企业扩大了产能，地方政府平台借的很多钱也到了该还的时候。这一轮刺激手段在某种程度上达到了效果，但似乎用药过猛。从国际方面来讲，未来我国的出口将会继续不乐观，未来几年通过搞基建仍然可以拉高表面的经济增速，但如何消化过剩的产能，提高经济整体的质量，地方政府如何偿还贷款等等，这些方面都有疑问。从整体增速来说，我预测“保7”没问题，“保8”有难度。

新京报：未来10年，你认为哪一个行业具有投资前景？

李晓阳：财富管理。未来10年中国人均收入会提高，中产阶层的人数会有飞速上升，他们的财富如何管理？所以这方面的需求会很大；其次，财富管理是知识密集型的行业，未来海外人才的不断充实也会让这个行业有较大的发展。

新京报记者　张泉薇

25 薛兆丰

收入分配应由市场决定

核心观点

造成不平的一个原因需要重点关注，就是不公。我们要把注意力转向不公，采取措施反对不公，具体就是减少政府在经济事务中的话语权，减少企业的垄断，降低价格双轨制之间的差价，这样也就减少了寻租的权力，就没什么机会去贪污了。

薛兆丰

1968 年出生，北京大学国家发展研究院与法学院合聘研究员、北京大学法律经济学研究中心联席主任。

深圳大学理学士，主修数学及经济，先后从事程序设计、投资管理和翻译著述工作。

2008 年获美国乔治 · 梅森大学经济学博士学位。2008 年到 2010 年，在美国西北大学法学院担任博士后研究员。

高速路免费会带来不公平

新京报：前段时间你发表高速公路节日免费实际上是“劫贫济富”的观点引起了争议。有人认为，既然政府向我们收费收税，公众没有能力去减少它，那政府在一些地方能免一点是一点，总比用作三公消费挥霍掉要好。你怎么看这些观点？

薛兆丰：我在文章里也谈到，给民众“免费午餐”的高速公路，不一定就是政府的，也有私人的、地方政府的。给免费午餐的动机是好的，但这会带来一系列后果。

第一，拥堵。第二，对投资信心有很大打击，因为它带来了不确定性，一纸公文，政府说要请客，你就要买单，这将会是什么样的后果？

你说的政府给民众社会福利，总好过拿去当三公消费挥霍掉好，实际上政府收到的钱分明钱和暗钱，高速公路收费存在管理流程，整个过程就像火车票收费机制一样，是明钱。是明钱好管还是暗钱好管？我当然认为政府收的费用中会有浪费，但不能用公路免费制度去纠正这个错误，两错相加不等于一个对。

新京报：有很多人甚至希望高速公路彻底免费。

薛兆丰：一条高速公路不能只给一个人走，要多个人同时走才能发挥它的价值，但也总有一个点，超过一个点，人拥堵到一定程度，它就成了低速公路，就发挥不出它的价值，这就是经济学里面讲的“公地悲剧”，在价值上它等于没有路，甚至是负的价值。

事实上，免费只会产生事与愿违的结果，造成了许多不该产生的不公平。比如，真正贫穷而乘坐大巴的旅客，不仅得不到票价的优惠，而且被迫堵在了路上，还失去了他们已经付了钱要购买的便捷服务；货车也得不到优惠，这导致购物和投寄快件的公民也受损了。为什么只让自驾的公民得益，而让其他公民受损？

新京报：看来你的出发点也很注意维护“穷人”的利益。但你的火车票涨价论引来不少骂声。

薛兆丰：关于火车票涨价的问题，我在班里作过调查，黄牛票价并没有高到天价，一般都是在高于火车票面价值的50%上下浮动，这就是市场价。有个同学说从40元卖到200元，这是完全不合理的。同学又解释说40元是实行实名制以后的价格，200 元是负责带进去的价格，这说明实行实名制以后，乘客支付了更高的灰色成本，这又是一个错上加错的问题。

新京报： 那么是不是说，把火车票价提高到一定程度，就能避免黄牛票价了呢？

薛兆丰： 飞机票市场有没有黄牛？飞机票价有没有高到不可思议？并没有。飞机票价会有特别漂亮的波动。比如中秋节，中秋节晚上过后准时调价，年初一的票价是腊月二十八的一半，最有钱的人就是腊月二十八回家，那些没多少钱的人就等到跌价时乘坐飞机。我这些年为了省钱，就是等着跌价或者提前几天回家。

对出租车涨价不能盲目反对

新京报： 出租车涨价也是目前很热的一个话题，对此你怎么看？

薛兆丰： 这和之前的问题也是一个道理。人们普遍认为，出租车牌照是有政府总量限制的，所以不应该涨价，这也是错误的想法。北京现在有 6.6 万辆出租车，它的价格如果不到位的话，也会影响出租车供应，因为司机可以选择高峰期不出来工作，这样就造成浪费。

新京报： 许多人认为，出租车挑客和拒载是因为车牌数量管制和份子钱过高，只有通过放开数量管制才能解决问题。

薛兆丰： 这种混淆集中表现在“供给不自由，价格无意义”的说法上。然而，挑客和停运不是数量管制造成的，而是价格管制造成的。若没有价格管制，哪怕北京只有 6 张出租车牌照，司机也会日夜兼程地出车；而在价格管制之下，北京即使已经发放了 6.6 万张牌照，但找不到司机开出租车，以及司机故意在供需紧张时停运的现象，也仍然比比皆是。事实是，不论供给是否自由，价格都总有意义！

新京报： 如何解决打车难的问题？

薛兆丰： 简单的经济学原理，让我们看得分明：数量管制形成了专营权的垄断租金，使司机不得不缴纳较高的份子钱，乘客不得不缴纳较高的车资；而价格管制则导致了短缺，使即使租用了牌照的出租车司机，也不愿意在高峰期投入营运。

这是两套独立的错误政策，分别导致两种糟糕的结果。问题是，政策有问题，市场有反应。黑车群体蓬勃发展，愈禁愈烈，原因就在于黑车司机既绕过了数量管制，又绕过了价格管制，对市场需求提供了次优满足。

解决之道很清楚：既放开数量管制，又放开价格管制。

贫富差距要看“不公”而非“不平”

新京报：收入分配改革是这一两年的热点话题。其中比较受关注的一条说政府要健全工会制度，提高劳动者集体议价能力。劳动者的收入能通过这种办法提高吗？怎么才能提高劳动者收入？

薛兆丰：调查显示去年收入增长最快的是月嫂、快递员，可是月嫂有工会吗？快递员有工会吗？市场自会决定它的平衡。什么是议价能力？就是你在别的地方工作的机会，你在别的地方没有机会，就只能待在这里。

用人为的手段来提高工资标准，规定最低工资标准等，它的直接后果是伤害了穷人，是那些真正需要工作的刚刚从农村出来的人，他们唯一的、能和同等劳动力价值水平相较量的武器，是要低一点的工资，和自身劳动能力相平衡的恰好的价格。如果法律限定了最低工资标准，那么这些人就失去了机会。所以最低工资标准定得越高，伤害的人越多。法国的例子也是很有意思的，他们也有最低工资标准，但是残疾人不适用，因为如果残疾人适用，他们连工作机会都没有了。

新京报：你怎么看中国贫富差距越来越大的问题？

薛兆丰：贫富差距大是由基尼系数来反映的，但是我们关键要区分两个概念：不平和不公。不能只看收入不平，因为带来不平的原因有很多，性别、年龄、行业等等。

但造成不平的其中一个原因需要重点关注，就是不公。我们要把注意力转向不公，采取措施反对不公，具体就是减少政府在经济事务中的话语权，减少企业的垄断，降低价格双轨制之间的差价，这样也就减少了寻租的权力，就没什么机会去贪污了。虽然不能避免但要尽量减少这些机会。

“如实反映问题”是学者责任

新京报：你在美国学习生活过几年时间。美国人可能享受到更多市场的好处，他们的国民对经济学的常识掌握程度比中国公众高吗？

薛兆丰：不比中国高。都一样。

新京报：市场经济中的常识并不容易普及。经济学家应该怎么去普及这些东西呢？

薛兆丰：人们买一些伪劣的东西，是会受到损害的，但人脑子里错误的东西，是不会轻易受损害的。人们信一些错误的观念，比如太阳绕着地球转动，照样会活到一百岁。说到普及，其实也没什么策略，所谓最好的战术，就是没有战术，只需要把自己信的东西、把对的观念说出来。

新京报：你认为理想的政府治理状态是什么样的？

薛兆丰：政府不要在行业入口设置障碍，不要阻碍自由竞争。要建立健全一套合理的制度来保护产权，这些都是目前还没有做好的事情。

新京报：那么你觉得我们改革的出路在哪里？

薛兆丰：在于更多的人能够理解，社会变革的规律跟自然规律是一样的，社会发展是有客观规律的，工资怎么定的，谁拿多少，需要更多的社会科学去研究，去普及市场经济中的常识。这是不容易的。

❖ 人物

3月30日，北大朗润园，当记者问薛兆丰，这些年不断被骂，为什么还要坚持传播他的经济学观点的时候，记者注意到，薛兆丰眼眶发红，他取下眼镜，抚了一下眼睛。

十多年来，薛兆丰的标签是新锐、逻辑、理性、冷静。热泪盈眶的薛兆丰，并不多见。

十多年来，薛兆丰坚持以简明又大众的语言去解释很多社会争议背后的经济学逻辑。但他得出的结论常常违背众意，从而背负骂名。

比如，民众对节假日高速免费一片叫好，薛兆丰却认为此理不通。民众把春运火车票一票难求的原因，归罪于黄牛党，薛兆丰认为，黄牛党是过低的票价“请”来的，所以应该给火车票涨价。

为传播观点，薛兆丰还自建“新制度主义”网站，把自己的文章分门别类，以便网民阅读。

传播越广，似乎骂名越多。

但事实上，薛兆丰的这些观点背后的逻辑，就是相信市场的力量。薛兆丰认为，作为经济学者，不应该把自己当做“国师”，而是要做一个独立的观察者，把自己学到的东西、看到的问题，如实地反映出来。

采访中，薛兆丰不断地关切“普通人的利益”、“穷人受损”这些话题。他不以精英主义者自居，坚定地反对特权。但骂他的人，或许恰恰就是他关切的人。

这大概是朗润园的下午，薛兆丰眼含泪光的原因。

❖ 问题问答

新京报：对于中国的诸多经济学人，你最为尊敬的是哪一位？

薛兆丰：做好本职的经济学家，不以爱国心和同情心来给自己的言论增加分量的经济学家，我都非常尊重。经济学是一门探险事业，前面是茫茫广漠，哪里有宝藏，是不知道的，有些人试着走这个方向，有些人走那个方向，有人成就大一点，有人小一点，我都尊重他们。

新京报：近期在市场层面，你认为哪一项改革最值得期待？

薛兆丰：将土地使用权落实到个人，然后允许土地使用权的自由流转。

新京报：未来10年，你认为哪一个行业最具有投资前景？

薛兆丰：很抱歉，不知道。

新京报记者　杨万国　林其玲　实习生　李娜娜

26 范文仲

面对危机需以史为鉴

核心观点

我并不认为保证所有的投资品都不会违约才是好的规则，其实，最重要的有两点：首先，应该建立市场准入规则，只有正常的、合理的金融产品才能进入金融市场；其次，应保证合适的产品销售给合适的投资者，尽管有些产品可能出现违约，但要使投资者的风险偏好和风险承担能力相对应。

图 / CFP

范文仲

1972 年出生，耶鲁大学经济学博士。他曾在国家财政部世界银行司、雷曼兄弟投资银行工作，此后任银监会研究局副局长，重庆市国资委副主任、发改委副主任。现为中国银监会国际部主任。

金融监管应结合国情

新京报：《商业银行资本管理办法（试行）》正式实行四个多月，目前各银行实施成效如何？

范文仲：各家银行都在有序地推进这项工作。出台《资本管理办法》最重要的目的是要让银行进一步强化资本约束的理念，而不仅仅是达到几个监管指标这么简单。

但是，我们也不能寄希望于只靠《资本管理办法》来解决所有问题。增强银行体系稳健性是一个多维度的问题，强化资本基础只是银行风险管理的一个方面，其他还包括拨备制度、公司治理等，而风险管理文化的建立才是最核心的。

新京报：在你看来，中国的金融监管应该更加注重与国际接轨，还是更偏向本地实际情况？

范文仲：中国和西方国家处在不同的历史阶段。中国的经济发展速度较快，最大的问题是如何满足有效需求；而西方已经形成成熟的经济体制，他们考虑的是如何增加有效需求。所以我们在制定新的金融监管体系时，既要考虑中国银行业如何能够稳健发展，还要满足实体经济发展目标，同时要符合国际基本要求。

如何使“防风险”和“促发展”二者平衡，这是一门艺术。很难说哪个更重要，这是一个事物的两个方面。中国未来发展是要国际化的，很多银行的目标是成为全球性的重要银行，所以要了解规则，还要适应规则，但是在执行和制定国际标准的同时，也要与中国的国情相结合。

并非被动实施“巴塞尔协议 III”

新京报：中国今年通过《资本管理办法》率先实施了“巴塞尔协议 III”中规定的一系列指标，而美国和欧盟都表示将推迟实施。对此你怎么看？

范文仲：可能大家对国际上的一些决定和考量不是特别清楚。从国际上来讲，宏观经济环境变化和欧债危机持续是影响美国和欧盟作上述决定一个因素，此外，还有法规、政策调整的程序性问题。

比如美国原先实施“巴塞尔 II”的范围仅限于国际活跃银行，但是这次实施“巴 III”后，其实施范围扩展到了全体银行，即包含了中小银行甚至社区银行。因此，在对新资本法规征求意见的过程中，收集的反馈意见数量和复杂度远远超过了预期的想象，研究并吸收采纳这些意见需要相当长的时间。

而在欧盟方面，由于成员国数量多，内部立法流程复杂，在欧盟各成员国中达成统一非常难。不过要注意的是，欧美推迟的只是开始实施的时间，而对于过渡期结束的时间和资本要求并没有降低。在最近举行的二十国集团财长和央行行长会议上，美国和欧盟也都表态要积极执行，他们也在做相应的准备工作。

新京报：有学者认为，中国太急于推进这些标准并不是一件好事。你同意这样的观点吗？

范文仲：中国实施“巴 III”，并不是被动的，不是因为欧美做我们才做，而是从自身的需要出发，是为了“以丰补歉，夯实基础”。

和欧美国家在金融危机后才加强监管相比，中国目前仍处在经济高速成长的时期，加强资本约束更是应该的。而且，从执行新监管标准的时机来看，我国银行业的盈利能力和资本水平都处在历史最好时期，因此，我们的时机比欧美更加有利。

我们希望通过《资本管理办法》转变中国银行业过去靠规模、数量扩张的商业模式，从而实现更加可持续的增长。从这个意义上讲，《资本管理办法》和中国经济改革、调整结构的思路是相同的。

人们容易忘记过去的错误

新京报：国际金融危机已进入第五个年头，但全球经济和金融体系风险还在积聚，危机还远没有结束。金融危机对于中国银行业最深刻的教训是什么？

范文仲：这是个很大的题目。如果真要总结的话，那就是人们非常容易忘记过去的错误。

我以前读书时曾做过 1870 年到 1936 年中国上海西商股票交易所的研究。当时发生的很多危机跟我们在 20 世纪末、21 世纪初看到的几乎如出一辙。而上个世纪美国经济“大萧条”期间，人们的一些行为方式，按照耶鲁大学经济系教授罗伯特·希勒的话说是“非理性繁荣”，和这一次金融危机从本质上也没有不同。“大萧条”之后，美国政府出台了格拉斯－斯蒂格尔法案等一些新的银行监管规则。但过了一段时间后，大家又忘记了，放松了。

其实危机在历史上都发生过，建议大家能够多看看金融和经济历史，以史为鉴，多吸取些教训。虽然不能完全避免危机的发生，但做好风险防范，可以推迟危机到来的时间，或减少对实体经济的伤害，即使发生危机，也能更快地从危机中恢复。

新京报：对于目前大家都比较关心的影子银行问题，算不算是银行业面临的“危机”？

范文仲：要看怎么来定义影子银行。影子银行带来的挑战不是中国独有，西方发达金融体系曾暴露过更严重的问题。

不是所有的非银、表外业务都是坏的，但具有信用中介性质的业务都应该有规则。我并不认为保证所有的投资品都不会违约才是好的规则，其实，最重要的有两点：首先，应该建立市场准入规则，只有正常的、合理的金融产品才能进入金融市场；其次，应保证合适的产品销售给合适的投资者，尽管有些产品可能出现违约，但要使投资者的风险偏好和风险承担能力相对应。

对于影子银行，我个人认为不是应不应该存在的问题，是怎么加强风险管理的问题。

体制内外应设交流平台

新京报：你之前从业经历丰富，既是一个学者，也有在投行工作的经历，现在又在国家部委工作。你从体制外到体制内，看待问题的角度、立场有没有发生变化？

范文仲：体制外的学者，更多地考虑理论创新、喜欢提出问题；而体制内的官员更关注实务，更注重解决问题。我认为应该建立一个平台，使政策制定者和理论研究者能更多地交流，了解对方的想法、做事的方式。

新京报：但我们现在更多地看到的是体制外的学者质疑政策，而体制内的专家竭力为政策辩护，你怎么看待这种现象？

范文仲：没有一项政策是完美的，作为政策制定者，要善于接受质疑，从工作角度进行反思、改进。而学者也不应单纯批评，最好能提出一些具有可操作性的解决途径。关键是要使政策制定者和理论研究者进行交流，力争做到“破”和“立”的平衡，既善于发现问题，也善于解决问题。

❖ 人物

在外界的印象中，范文仲一直是个内敛、低调的“学者型官员”。他平时很少出席公开活动，甚至婉拒了我们为此次采访拍照的提议。

范文仲此前有着丰富的从业经历，无论体制内外都游刃有余。他曾在财政部工作，参与规划和协调世界银行在华业务发展；获得耶鲁大学经济学博士学位后，他进入投行，在东京、香港等地任分析师、宏观经济学家；他还曾在重庆挂职锻炼，协管地方国有金融企业及统筹城乡工作；目前，他又回到银监会，执掌国际部事务。其重要职能之一，就是负责国际监管改革在国内的推动和实施。

今年1月1日，被称为中国版“巴塞尔协议III”（“巴III”）的《商业银行资本管理办法（试行）》（以下简称《资本管理办法》）开始实施。这是我国为执行国际新监管标准、并结合我国银行业实际而制定的银行资本监管新规。

范文仲表示，《资本管理办法》的出台就是要改变中国银行业过去靠规模、数量扩张的商业模式，从而实现更加可持续地增长。这与目前正在进行的调整经济结构、转变发展方式的改革思路是一致的。

相比欧美地区，中国是目前比较早开始推行“巴III”标准的国家之一。但范文仲并不认为中国此举是操之过急，而是“防患于未然”，且时机比欧美国家更为有利。“欧美加强资本约束是因为它们生了病，以前的泡沫造成危机，需要吃消炎药；而中国做这件事情，是为了长远稳健发展，吃的是温补药。虽然都是药，但目的是不一样的”。

在谈及金融危机的教训时，范文仲反复强调了“以史为鉴”的重要性。

在他看来，正是人们一次次对历史教训的健忘导致了“非理性繁荣”的一再上演，从而引发危机。他建议在中国的经济改革进程中，应多吸取他们的教训。即使不能完全避免危机的发生，但也能延缓下一次危机的发生时间，并且提高银行应对危机的稳健性，这是监管层的重要职责。

❖ 同题问答

新京报：对于中国的诸多经济学人，你最为尊敬的是哪一位？

范文仲：中国经济学者众多，在很多领域都有我尊敬的师长。我更尊重的是中国经济学研究者这个群体。虽然目前为止，还没有出现诺贝尔经济学奖获得者，但中国经济在改革开放30年来取得如此大的成就，他们是功不可没的。

新京报：近期在市场层面，你认为哪一项改革最值得期待?

范文仲：我觉得在经济层面是城乡统筹改革，在社会管理方面，我认为改革任务更为急迫，各地区管理者要从GDP、财税收入等传统经济目标转变为关注环境、交通、教育、医疗等民生指标，同时要加强反腐工作，维护社会公平。

新京报：未来10年，你认为哪一个行业具有投资前景?

范文仲：如果知道我就成富翁了（笑）。我不作具体投资，很难告诉你哪个行业。

说到底，投资的关键是了解大众对未来生活的新期盼，因此不论年龄大小，成功投资者必须保持与时俱进的生活方式。

新京报记者　沈玮青　实习生　李娜娜

27 梁琪

利差是被人为创造出来的

核心观点

国企贷款成本高于民企，这可能跟我们一般的认识不同。在IPO之前国有企业平均贷款息差是0.045，民营企业只有0.034。出现这个情况的原因，值得我们进一步探讨。

梁 琪

1972 年出生，目前任南开大学经济学院院长。1989 年进入南开大学，先后在南开大学经济学系、国际经济贸易系和金融系获得学士、硕士、博士学位。2001 年至今，先后任南开大学金融学系副教授、教授。曾主持国家自然科学基金项目——"我国商业银行综合经营与股票市场资源配置效率研究"、"天津市滨海新区科技型中小企业投融资体系构建研究"等多个项目。著有《商业银行信贷风险度量研究》一书。梁琪曾获第九届中国金融学年会优秀论文一等奖、Elsevier 经济学期刊 2004—2008 年度中国大陆学者论文最高被引用率奖。

国企贷款成本高于民企

新京报：近来，你提到最多的一个观点是“企业IPO与信贷成本之间的关系”，能否介绍下这个观点？

梁琪：这是一个纯粹的学术层面的研究，比较微观。从融资模式来讲，我们知道有两种融资模式，一种是直接融资，一种是间接融资。直接融资就是在资本市场上，有IPO的形式和发型债券等形式；间接融资，最基本是银行贷款。

以前的学术研究主要集中在这两个细分领域，要么是专门研究IPO，要么就是银行贷款，却很少有人把这两种结合起来研究。所以我们就决定从这个角度来切入。

在去年的金融学年会上，这篇研究论文获得了一等奖。

新京报：可否讲一下你们的研究过程？

梁琪：对这个研究，我们抓取的沪深股市上市公司样本量很大，其中包括手工搜集了很多企业的上市前和上市后的贷款信息。剔除了一些金融业和信息量不足的企业，对比了企业上市前后的贷款成本的变化，尤其是对比国有企业和民营企业后，我们发现了一个很有意思的现象，即国企贷款成本高于民企。

新京报：国企高于民企？这有点出乎意料。

梁琪：对，这可能跟我们一般的认识不同。我们一般认为国有企业从银行获得贷款成本比民营企业要低，但我们搜集到的数据却发现恰恰相反。在IPO之前国有企业平均贷款息差是0.045，民营企业只有0.034。出现这个情况的原因，值得我们进一步探讨。

新京报：总体而言，你认为企业IPO以后，能对其自身的银行贷款会带来何种影响？

梁琪：企业上市后，能够获得一定的声誉效应。相对于非上市公司，大部分人都会觉得上市公司会更为规范一些。比如上市公司股份制改造已完成，公司治理相对成熟，财务信息披露更为规范，人力资源聚集效应更为明显等。

这些效应会对企业的贷款银行产生积极的影响。面对一个上市公司和一个非上市公司，银行在贷款时，往往会倾向于上市公司。

新京报：这是不是也同时代表着主动提供贷款的银行也会增多？

梁琪： 通过 IPO 上市后，企业的财务信息就会披露出去。而了解、信任这家企业的银行数量就会增加，而企业未上市之前的主要贷款银行也就失去了以往的垄断信息租金。

银行之间的竞争会加剧，企业在谈判时的议价能力便会增加。这有助于降低企业的融资成本。

无风险利差促银行快速成长

新京报： 如何评价中国银行业近年来的发展状况？

梁琪： 记得中国刚加入 WTO 时，当时舆论都在说“狼来了”、“外资银行来了”。因为当时中资银行跟外资银行相比，在“资产质量、资本充足率、盈利能力、公司治理、金融创新”等方面存在着全方位的差异。

当时中资银行的资产质量很低，不良贷款率很高。在 2003 年时，国内几乎没有一家银行可以达到《巴塞尔协议》所规定的 8% 的资本充足率，很多银行的盈利能力很差，净资产收益率都是负值。

新京报： 你当时有没有切身地感受？

梁琪： 我记得最清楚的一个案例是“南京爱立信熊猫公司的移情别恋”。原本这家公司的主要贷款银行都是中资银行，后来却倒戈转向了外资银行。其主要原因就是中资银行无法向它提供一种叫做“无追索权的应收账款转让”的业务。

新京报： 那现在中国银行业的发展情况如何？

梁琪： 经过了还不到 10 年的时间，目前中资银行实力已经基本和国际一流银行不相上下：最差不良贷款率也在 1%—1.5% 之间，资本充足率都在 12% 以上，盈利能力都在 1%—2% 之间。

更直观的体现是，2004 年前后，还有不少中资银行处于技术性破产的边缘；但是 10 年不到，国内几大银行在世界上已经有“唯我独尊”的地位了。

新京报： 你认为中国银行业实现快速增长的原因是什么？

梁琪： 我认为，银行业的快速发展主要是基于几个原因。首先是搭了经济高速增长的顺风车。众所周知，银行是个顺周期的行业，就是它的发展跟整个经济形势是同向变化的。

过去 10 年间，中国的经济总量翻了两番，名义 GDP 从 2001 年加入 WTO

以后的10万亿增长到了去年的50万亿。搭了这班顺风车，银行业自然就能实现快速增长。

新京报：外界也在质疑说，银行业的高利润很大程度上在依赖利差。

梁琪：在很多人看来，中国银行业存贷款存在一个很大的利差。当然，这在学术界也有争议：有的专家认为利差也大，也有人认为利差其实也不算大。

我认为，利差大小并不是最主要的问题。问题在于，中国对银行业实施了一种产业倾斜政策。由于利率没有实行市场化，资本的提供者并没有获得他应得的报酬，利差是被人为创造出来的。

根据测算，目前中国的利差约为300个BP（即3%左右）。这些主要由金融政策所创造出来的利差，是没有不确定性的，也就是说是没有风险的。

有数据说，国内银行，大部分的收入都是来自利息收入。有些银行的净利息收入能占到总收入的90%多，即使情况好的，占比也在60%以上。

新京报：除此之外，还有其他原因吗？

梁琪：当然，我们也不能忽视银行业自身的努力。目前国内有5家国有控股商业银行，12家股份制银行，140多家城商行，200多家农商行，不计其数的村级银行，已形成了竞争的局面。这对促进银行业的快速发展起到了积极作用。

新京报：在三个原因中，你认为哪个作用最为明显？

梁琪：我认为最主要的还是前两个，即经济的高速发展和没有风险的利差。

中国银行业必须进行金融创新

新京报：你之前曾几次在演讲中呼吁“金融创新”，如何看待银行业金融创新的紧迫性？

梁琪：次贷危机后，我们环视周围经济和金融的环境，发现经济动辄两位数增长的时代已经一去不复返了。同时，去年6月，央行调息时，第一次允许存款利率可以上浮10%，同时贷款利率下限也可到80%。这就意味着利差正在收紧。

这样的环境，跟上世纪60年代西方银行业所面临的环境高度相似。

新京报：可否阐述下那是一种什么样的环境？

梁琪：上世纪60年代，利率和汇率的市场化，使西方的企业家们开始需求管理利率和汇率变化的产品，需求管控风险的金融产品。而银行业传统的储贷汇三项业务，也就无法满足企业家们的需要。

银行“三六三”模式，即3%的存款利率、6%的贷款利率、银行高管下午3点下班打高尔夫，就此被打破了。

西方银行的经营模式，就从传统的“资金媒介型”转变为“风险中介型”，从原来的“利润导向”变成了“成本收益比较分析”导向。

新京报：这样的变化，是否也会发生在中国银行的身上？

梁琪：当下的中国，利率已经开始市场化，汇率已经有了管理浮动，已经有了西方银行业转型时的外部环境的雏形。外部环境的变化和行业自身竞争压力，逼迫着中国银行业必须进行金融创新，以满足客户新的需求，为其提供其所需的金融产品。

新京报：你认为以后中国银行业在金融创新方面如何发力？

梁琪：银行业创新主要包括宏观、中观和微观三个层面。宏观层面上的创新主要是指制度上的创新；中观层面是指机构和组织创新；微观创新，主要是产品创新。

银行能做的就是在中观层面和微观层面上的创新，比如说在组织架构上，是采用总分行制还是扁平式的矩阵化管理；产品创新就是根据客户的需要，设计相应的产品。

对城商行扩张需谨慎看待

我不是很支持城商行跨省市设立分行。从层次上讲，城商行的定位应该是区域性的，服务好本区域的客户即可。

新京报：如何看待银监会今年2月时发表的“城商行跨省设立分行不应太过盲目”言论？

梁琪：坦率地讲，我也不是很支持城商行跨省市设立分行。

从层次上讲，国内目前建立了多层次的银行体系，有国际性的大银行、有股份制银行，也有城商行。城商行的定位应该是区域性的，服务好本区域的客户即可。

从实际情况来看，国内有几家城商行确实做得不错。但是有些城商行资产只有几十个亿，规模很小，风险管控能力不足。甚至有些内地城商行总行的风险管控能力，还不及设在北京、上海等地的分行。

对于这些规模较小的城商行而言，盲目跨省市设立分行，会拉长其管理距离，对管理效率和业绩产生负面影响。

新京报：今年两会期间，关于重启城商行 IPO 的呼声再起。你对此城商行 IPO 有何主张？

梁琪：城商行 IPO 一直没开闸，可能还是源于政策层面对城商行发展水平的担忧。假设城商行可以 IPO，但它拿到资金后，就会产生扩张的冲动。

中国体制下，任何企业都有做大的冲动。但是从信用社演变过来的城商行，底子薄、风险管控能力低，跟不上做大做强的要求。例如有些中西部银行还没形成电子系统和风险管控系统，硬件设施不完善，这要求投入巨大的成本。如果盲目做大，就容易出现问题。

❖ 人物

见到梁琪时，已是夜幕降临的晚上 7 点多。

那天是周六，这位 41 岁的院长是刚结束完一个会议后匆忙赶来的。

在这之前，梁琪一直在忙于研究生和博士生的复试。那些闯过这轮应试后的“幸运儿”们，他们的南开生涯，将由此开启。

“这是件大事”，教授和院长梁琪说。

20 多年前，梁琪走进南开大学读本科。他随后的硕士和博士生涯亦是在南开度过。再后来，他留校任教。2012 年起，这位长于南开的教授，担任起了这所北方名校经济学院的院长之职。

梁琪的院长做得比较低调。他的名字鲜见于公众媒体；而网络上仅有的几次报道里，他都是出现在校际之间的学术交流活动上，而非很多经济学家所热衷的论坛和商业活动。

看起来，梁琪非常严谨，无论是之于学术还是校务工作。在对话中，他一再谢绝有关他个人和他治下的南开大学经济学院的提问。他觉得，采访还是应该专注于学术本身。他表示，除了他深耕多年的金融学，其他一些涉及不深的领域，他不方便多谈。在他看来，去泛泛谈论那些不熟悉的事情，是欠严谨的。

于是，他剔除了采访提纲上诸如“通胀”、“金融改革”等问题。对话的范围被压缩在了信贷和银行方面。

提起信贷，梁琪介绍了他最新的学术成果，即通过大量数据比对，研究企业 IPO 对信贷市场中商业银行信贷决策行为的影响。

这篇研究论文，在去年拿到了第九届金融学年会唯一的优秀论文一等奖。

而谈及银行，梁琪说，当下中国银行业所面临的外部环境，比如利率市场化开始松动、汇率管理开始浮动等，都像极了上世纪六十年代前后西方银行谋变时的情形。

他敦促道，中国银行业的创新已是刻不容缓。在他出席的公开场合，呼吁金融创新是必不可少的部分。

❖ 同题问答

新京报：请推荐一本经济学书。

梁琪：《明朝那些事儿》给我的印象非常好，不过它是一本历史书，不是经济学的。如果说经济学，我推荐读《国富论》。这是经济学方面最学术的一本书。

新京报：目前经济运行状况是否有感到意外的状况？

梁琪：感觉我们的经济还是比较依赖于投资和出口，消费还没有真正地成为主力。但是面对去年以来的经济，国家并没有像2008年时作大规模的刺激，还是想通过调结构来促进经济发展。虽然调结构很艰难，但毕竟走出了第一步。

新京报：你觉得未来10年什么产业有投资前景？

梁琪：电商这块较有发展潜力。

新京报记者　尹　聪

28 吕冰洋

经济改革别指望一揽子方案

核心观点

以一个社区为例，如果社区管理者限制企业进入，只能由社区管理部门提供桶装水，由此会增加桶装水的生产、销售、管理人员，这样社区管理部门的规模自然随之扩大。由此可见，对市场的约束导致政府支出规模扩张。

图 / 王叔坤

吕冰洋

1973年生人，中国人民大学财政金融学院教授、博士生导师，财政系主任，中国人民大学财税研究所副所长。为清华大学管理学博士后，美国 George Mason 大学访问学者。1995 年从南京大学数学系本科毕业后，曾在山东省威海市地税局工作 11 年。研究领域为财税理论与政策以及经济增长。
主持过两项国家自然科学基金课题，在《中国社会科学》、《经济研究》、《世界经济》等杂志发表 40 多篇论文，出版《中国资本积累：路径、效率与制度供给》、《税收分权研究》等著作。

经济改革着力点在于放松对市场约束

新京报： 你曾发表文章阐述你对市场约束和政府支出关系的研究。为何选择这个点去作研究？

吕冰洋： 要研究政府，离不开财政，研究财政，离不开整个的宏观经济背景和改革。

"财"、"政"，财涉及经济，政是政治制度，财政实际上就是政治经济结合的重要关节点，政府每天从你那里收了很多税，又要把钱花出去干很多事，这可以说是一个天大的事儿。

你想想，如果不是政府，是别人，比如张三从你兜里每天掏出一点钱来，然后再给你买牛奶，买一堆东西。在这个过程中，张三掏的钱合不合理？有没有中饱私囊？即使他很廉洁，他有没有合理花钱？这不是天大的事吗？我关注的领域就是政府这种财政行为，以及这种行为对经济的影响。

新京报： 政府花钱越来越多，背后的原因是什么？

吕冰洋： 政府支出增长有好多种理论学说，最有解释力的学说有两个。

一个是工业化进程的推动。工业化进程需要大量的基础设施投资，这就会导致政府支出增长，这体现在基础设施投资增加；同时，工商管理、司法等公共服务的费用也随之增加。

另一个是经济发展阶段论。经济发展初期，需要政府大力增加公共基础设施；经济发展到中期后，私人资本跟上了，政府支出可以降下来；经济发展到高级阶段，人们就会增加对教育、医疗等福利支出的需求，政府的福利和民生支出会增加，所以政府支出会增长。

但是我认为，在中国主要是由于市场约束导致政府支出增长。

新京报： 能否简单阐述一下你的"市场约束学说"。

吕冰洋： 理论是很直观的，如果市场存在多种约束，就导致私人部门经济行为受到种种限制，从而经济发展就需要依赖政府支出规模扩张。也就是说，捆住了市场，那么只好政府"入场"。

我们以一个社区为例，社区居民每天需要喝桶装水，如果社区允许各种桶装水企业自由进入社区进行竞争，那么市场自然地会有效率地满足居民饮水需要。可是如果社区管理者限制企业进入，只能由社区管理部门提供桶装水，由此会增加桶装水的生产、销售、管理人员，这样社区管理部门的规模自然随之扩大。

在这个例子中，我们看到，政府支出规模必然与市场约束存在联系。

由此可见，对市场的约束导致政府支出规模扩张。

巧合的是，在老子的《道德经》中也有一句极为类似的话："民之难治，以其上之有为，是以难治。"经典含义有多种解读，用在本文可以理解为：经济难以管理，是因为政府针对经济的"有为"太多，所以经济问题丛生。

之所以出现如此悖论，是因为政府采取的一些措施为市场施加了很多约束，这抑制了市场经济活力，在私人部门对经济增长不能充分发挥作用时，就需要更多的政府支出来影响经济。

解决问题不能指望"一揽子方案"

新京报：市场约束有什么不好呢？

吕冰洋：首先，一个市场如果存在种种约束，私营部门的资源配置就达不到最优，生产率下降。在这种情况下，为了拉动经济增长，只好政府出手。

其次，在经济萧条期，本来市场能够对经济信号做出灵敏的反应，以调节经济周期，但由于市场约束的存在，使得这种作用发挥失灵，只好由政府来出手。

我们目前的财政政策叫积极的财政政策，为什么不叫积极的货币政策或其他政策呢？主要是因为其他政策很难发挥作用了。

利率、汇率变动等影响的是资源的流动，这些政策本来是应对危机很好的政策，但因为市场约束的存在，我们调整利率就不会像市场利率那么灵敏，这种情况下货币政策失灵，就只好由财政政策出手了。

近些年来，中国政府基础设施建设支出、各类民生支出、行政管理支出等普遍呈迅速上涨趋势，就每一项政府支出而言，它的增长总是能找到合理性解释。但是如果我们发现，放松市场约束不但会减轻政府支出压力，而且不会妨碍政策目标的实现，甚至更有利于政策目标的实现的话，那么，我们政策着力点就应该放在有选择、有步骤地放松市场约束上。

新京报：有观点认为政府搞市场约束，目的就是故意设置空间来寻租。是这样吗？

吕冰洋：我不否认有利用市场约束寻租的情况存在。但实际上市场约束的形成不是这么简单的，从古代到现代都有内在逻辑，制度的存在会有一个路径依赖特征。

新京报：应当如何缓解市场约束？

吕冰洋：改革需要顶层设计。市场约束的环节很多，不是局部能做到的，而是逐步实施的。我从来没有提出过“一揽子方案”式的主张，试图一下子把这问题解决，这是不可能的。冰冻三尺非一日之寒，不可能一下子把冰融化掉。

税收弹性征管应当逆周期操作

新京报：你曾长期在基层税务部门工作，有丰富的基层经验。怎么看待中国税收征管的弹性空间问题？

吕冰洋：税务局实际上是代理人，委托人是政府，政府收入依靠税收计划来调节。与很多国家一样，一般情况下，实际征收税率达不到法定税率，存在弹性空间。

严格来说，没有按税法征税都属于偷税漏税，这种情况也是普遍的。但管理上很难到位，打个比方，像小摊贩，政府收入不紧张的时候，这种芝麻大的税收不重要；一旦政府收入紧张了，这些税是会收的，这也是合理的，并不违法。

经济顺周期良性发展时，税源比较充足，就会放水养鱼，比如有些地方 10 月份就完成税收任务了，之后两个月就不征了，不然今年征得多，基数高了第二年不好操作。而经济不景气时，就会加强征管。

实际上，调整经济波动应当逆周期操作，我们现在是顺周期。顺周期调节的问题是，经济状况好时，放水养鱼会加剧经济泡沫化；经济不景气，企业越需要用钱的时候，税务局反而从严征税，加重了私人部门的负担。

新京报：我国目前的宏观税负大约是多少？

吕冰洋：实际上负担很难说清楚。2012 年税收收入占 GDP 的比重为 19.37%，另外还有政府性基金、国有资本预算收入、社会保障基金、土地出让金以及发行国债。总之，政府收入占 GDP 的比重是很高了，这是因为政府在整个宏观经济中起了非常重要的角色。

新京报：目前的财税体制存在什么问题？

吕冰洋：地方政府最看重 GDP 和财政收入增长，目前收入比较重要的税种是增值税分成收入和营业税。要想营业税保持高速增长，就要拉动房地产投资，让房价保持高位；要增加增值税分成收入，就要拉动工业项目建设，大规模的工业投资会带来增值税的增长。所以说，这种财税激励机制实际上对房地产投资过热和大工业粗放型经济增长方式的形成负有责任。

财税机制的调整是相当重要的。在某种意义上，中国经济结构的调整，就是调整地方政府行为。中国是一个大国，政府不可能通过大规模的转移支付来解决经济问题。中国这么大的国家，很多事情要交给地方政府来做。地方政府中非常重要的是县级政府，县级政府的财税机制调整不好，就会对它的行为产生很大影响。

基层政府欠缺主体税种

新京报： 财政收入与政府治理有何关系?

吕冰洋： 政府治理实际上就是我们现在的政绩考核机制，叫做政绩锦标赛模式。政绩考核就是指各级政府通过增加财政支出，做些事情出来，使得自己在政绩锦标赛中胜出。

实际上，基层政府现在非常困难，竞争非常激烈，要在竞争中胜出就需要有亮点，亮点主要体现在两方面，即 GDP 和财政收入的增长。

地方政府官员在现实生活中受到很大的约束，上级有很多考核指标，比如环境治理、计划生育等，但核心指标是 GDP 和财政收入。为什么财政收入重要?“手里没把米，叫鸡都不来”。有了财政收入才能去搞环境治理、教育卫生等。没有钱，怎么做事呢? 所以地方政府很看重财政收入，这就肯定会影响到其行为。

现在分税制改革，一个很大的问题就是地方政府缺乏一个稳定的税系，没有一个主体税种。基层政府欠缺主体税种，就会导致机会主义行为的出现，拆东墙补西墙，税收少了，想收费，乱收费卡住了，就想到土地出让，土地出让卡住了，就想到地方融资平台，再卡住了，又想到省级政府性基金收入，还有各种形形色色的会费收入等。我们局外人看起来好像是完全不合理的，但实际上不身处其中，不知道地方政府的难处。

新京报： 能把一些事情交由市场和民间资本来做吗?

吕冰洋： 可以交给市场来做，也可以交给上级政府来做。比如说社会保障等最好交由中央政府来做，医疗可以由省级政府来负担，那么地方政府就可以把这些包袱卸下来了。

也可以把民间资本引进来，比如教育方面，政府要做的是规范和管理，而不是卡住私营部门的脖子不让做。

开征销售税作为地方稳定税源

新京报： 你认为地方的主体税种应当是什么？

吕冰洋： 2011 年我在书中设想了一个税种，就是开征销售税。今年财政部长楼继伟在他的新书中也提到了这个观点。销售税不是现在的消费税，现在的消费税是有选择的，是对某些商品而言的。一个商品生产分很多环节，我所想的是对所有终端消费品征收销售税。

生产环节照旧开征增值税，但增值税税率要大幅度降低，建议由原先的 17% 降到 10%，成为中央税；在终端消费环节征收销售税，税率为 7%，归为地方税。加拿大目前正在采取这种方式。但每一种税制改革都会出现问题和阻力，在我们国家落实，也会遇到相应的困难。

新京报： 销售税怎么计算？

吕冰洋： 我测算了一下，销售税税率初步估计是 7%。用消费品总额乘以 7%。

新京报： 目前大家觉得负担已经比较重了，开征销售税是否会加重老百姓负担？

吕冰洋： 开征销售税的前提是降低增值税税率。这些可以在实践中调整，如果增加了低收入者负担，可以再调整税率，这是税率调整问题。

改革一定要保证各方利益不要受到大的冲击，就是国家总的财政收入保持不变，中央、地方分配比例保持不变，开征销售税的第一点好处就是各方利益得到保证，阻力降低。

设立销售税的优点是建立了一个完整的地方税系。更重要的是促使地方政府的执政观念由为生产者服务转化为消费者服务，可以促使地方政府转变职能。

转变地方政府职能，不是只喊口号就喊得出来的，它实际上是一项机制设计，原来的税制设计是鼓励为生产者服务；但对销售环节征税后，税收增不增长，要看当地人是否消费。这样地方政府肯定会注重消费设施的完善，注重服务和产品质量安全。这就是机制设计促进职能转变。

新京报： 这项改革何时进行较好呢？

吕冰洋： 我认为现在就可以进入改革的实施方案论证。中国很多事时不我待，时不等人。现在很多改革到时机了，不去改而是作论证，那可能论证来论证去，时机就错过了。古人说“筑舍道边，三年无成”，为什么在道边盖不成房子？因为来来往往的人都参与论证，七嘴八舌，盖房子的人反而无所适从。

改革要顺势而为

新京报：国务院日前取消和下放了133项行政审批权，这是不是也是政府开始放松市场约束的一个体现？

吕冰洋：对，实际上政府早就意识到这个问题了，新一届政府对这个问题也比较关注。李克强总理一直在强调调整政府和市场的关系。过去叫“政府机构改革”，现在叫“政府机构改革与职能转变”，这里面实际上包含了政府执政思路的重要转变。

新京报：我们了解到，取消和下放行政审批权实际上面临很多阻力的，因为“触动利益比触及灵魂还难”。放松市场约束这类改革是否能够坚持推进下去？

吕冰洋：这就要看改革的意志和魄力。从常理来看，每个人要让渡自己的利益，都不是那么情愿的。改革也是一种“成本—收益”核算，如果不改革带来的危害比改革带来的危害更大的话，就要考虑进行改革了。

经济发展到这个程度，已经产生这种改革需求，顺势而为，上下都高兴，即使有个别反对意见，那也很正常。

新京报：你强调改革要顺势而为，有人认为改革需要具有前瞻性，这有矛盾吗？

吕冰洋：顺势而为与前瞻性不矛盾。现在社会经济结构发展这么快，前瞻也前瞻不到哪去。现在也有很多事情是上面不改，下面就很难动了。

新京报：怎么看待知识分子对改革的责任？特别是经济学者。

吕冰洋：我是“买票不入场”，坐在观众席。

我们这个社会需要大家从多个角度发出理性的声音。再好的建议也需要有其他的意见一起来，你还要听得进其他的意见，各种各样的声音都要发出来，这样才能进一步寻找共识。

我不能说我的就是对的，硬要别人去听你的，别人一定要支持你。不是，我只是把我的声音发出来，提供一个角度，如果合理，对你有价值，那我觉得我做这个研究很值得。

假如说论证结果是我这个没有道理，那也很好，起码让我知道我这个是没有道理的，这条路走不通。大家都能来发声，从观众席发出独立的声音，这挺好的嘛！

v 吕冰洋位于中国人民大学明德楼的办公室不算宽敞，一个桌子、一张沙发、一面书橱，拥挤在这个房间里。书橱中除了经济方面的书外，多是哲学和文化方面的书籍。

1995 年吕冰洋从南京大学数学系计算数学专业毕业，此后的 11 年中，他在山东省威海市地税局任主任科员。在此期间，吕冰洋先后拿到了中国人民大学财政学专业的硕士和博士学位。

2006 年吕冰洋离开威海地税局，放弃公务员身份，开启了学者生涯。

“人生就是一场布朗运动，有很多不可知的因素；或许也是有一种力量推着走到现在。”吕冰洋说，自己喜欢研究思考问题，然后再去解决市场问题，那是一件快乐的事，所以本来的工作做得好好的就走到这儿了。

在实际业务部门工作过的经历使得吕冰洋在研究财政问题时，更加注重政府方面的研究。

对于政府近年来大规模的支出，吕冰洋认为，主要是对市场的约束导致政府支出规模扩张。即如果市场存在多种约束，就导致私人部门经济行为受到种种限制，从而经济发展就需要依赖政府支出规模扩张。

2011 年吕冰洋设想了一个税种，就是在降低增值税税率的前提上开征销售税，销售税作为地方的主体税种，今年财政部长楼继伟在他的新书中也提到了这个观点。

“现在社会上每次改革都会弄得沸沸扬扬，声音比较嘈杂，你说了不见得别人会往正确的方向上去理解你。我希望提供一种比较理性的声音。”吕冰洋说。

谈到知识分子对于改革的责任，吕冰洋的态度是“买票不入场”，即到观众席上发声而不是直接参与到改革进程中。

吕冰洋说，“我只是把我的声音发出来，提供一个角度，对别人有价值，那我觉得我作这个研究很值得。假如没有道理，那大家也知道这条路走不通”。

❖ 问题问答

新京报：对于中国的诸多经济学人，你最为尊敬的是哪一位？

吕冰洋：杨小凯。他在理论上有卓越的贡献，对现实也有很强的洞察力。

新京报：2013 年的经济运行到现在，当前的状况，是否有让你很意外的地方？

吕冰洋：没有意外的地方。

新京报：近期你认为哪一项改革最值得期待？

吕冰洋：分税制改革。

新京报：未来 10 年，你认为哪一个行业具有投资前景？

吕冰洋：这不是我的专长，我要知道我就赚钱去了（笑）。

新京报记者　李　蕾　杨万国　实习生　李娜娜

29 徐 高

经济转型的关键是企业所有权竞争

核心观点

中国经济失衡最重要的原因是因为缺乏一个最核心的市场，即资本市场。尽管我们也有股票市场、证券市场等资本市场，但是，这些市场在经济学意义上并没有发挥最应该发挥的功能，就是调节消费和投资。

徐　高

1977 年 9 月出生，2008 年获得北京大学中国经济研究中心经济学博士学位，现任光大证券首席宏观分析师，主要研究中国宏观经济。在 2011 年 5 月加入光大证券之前，曾任瑞银证券高级经济学家、世界银行经济学家、国际货币基金组织兼职经济学家及研究助理等职。他还曾经在美国马里兰大学做过访问学者，研究货币经济学。

消费才是最终需求

新京报：在你的文章中提到“中国经济的失衡”，具体是指什么？

徐高：中国经济的结构失衡表现在消费占 GDP 的比重太低。我国居民消费占 GDP 的比重只有大概 35%，远远低于 60% 左右的世界平均水平。即使跟日本、韩国、中国台湾等其他东亚经济体相比，中国的居民消费占比也比它们低了 20 多个百分点。经济中，消费才是最终需求，投资不是。

新京报：造成中国经济现在失衡的根本原因是什么？

徐高：中国经济失衡的最重要原因是我们缺乏一个调节消费和投资的市场，也就是企业所有权的竞争市场，也即真正意义上的资本市场。

这听起来很难理解，因为我们经济中早就有了股票市场、债券市场等资本市场。但在我看来，这些市场并没有真正发挥它们最本质的功能，也就是调节消费和投资的功能。其实在讲到失衡和转型的时候，有一个关键的问题必须首先回答：那就是一个经济里面消费和投资的占比到底应该是多少？说中国消费不足，那么多少的消费占比才算足够？说中国要转型，要扩大消费，那么需要把消费扩大到多少才合适？其实，这个比例谁也不知道，只有资本市场知道。

消费与投资的比重应由资本市场调节

新京报：理论上，资本市场如何调节消费和投资的比例呢？

徐高：从理论上来讲，消费和投资的比例，取决于投资回报率以及居民偏好。在资本市场中，这两个因素相互作用，共同决定了宏观层面消费和投资的比例。在经济中，居民部门负责消费，企业部门负责投资。这两大部门之间的一个重要联系就是资本市场。简单说起来，在成熟的市场经济中，作为资金提供方的居民会通过资本市场来筛选投资项目。如果某个投资回报率低于了居民的偏好，那么就无法在资本市场中获得融资。在筛选投资项目的过程中，资本市场就促成资本在企业部门和居民部门之间的双向流动，令合适的消费和投资比率得以形成。

新京报：这太抽象了，在现实中是怎样的？

徐高：这种抽象理论在现实中，就表现为企业的内外部融资人对企业管理层的制约，对应着现代的企业治理结构。在成熟市场经济国家，投资项目的回报率如果太低，就难以在资本市场上获得融资。就算企业要用内部资金来做项目，也会受到来自企业股东的约束。如果股东认为投资回报率太低，会通过董事会来干预管理层。另一方面，低回报率的投资项目也会压低企业股价，引来敌意购并者。这也会对企业管理层形成切实有效的约束。

新京报： 能否举例说明？

徐高： 比如苹果公司。乔布斯在世的时候，发展很好，投资回报率很高。因此苹果公司老不分红，股东也没有太大意见。但是，乔布斯去世之后，苹果公司的增长前景弱化，投资回报率下降，苹果公司的股东就不乐意了。这么低的投资回报率，再作投资就不划算了。所以，在股东的压力下，从 1995 年开始就一直不分红的苹果公司在去年宣布，将在这三年进行天量分红，把它本可以用来做投资的资金支付给股东。这就是资源从企业部门流向居民部门的一个实例，也是资本市场调节消费和投资的一种表现。

新京报： 中国不存在这种市场调节机制吗？

徐高： 中国不存在这个机制。因为在中国资本市场中，无论是外部融资还是内部融资，都没有起到应有的筛选投资项目的职能。我国的外部融资主要通过银行来完成。但直到现在，银行资金的配置还受到不少非市场因素的干预。很多银行贷款投向并不是按照贷款项目本身的好坏去投。这就失去了筛选项目的作用。

内部融资也有同样的问题。在中国的许多企业中，尤其是国企中，并没有形成一种股东依据企业投资项目好坏来评价企业管理层、约束企业管理层的机制。因此，当企业管理层在通过低效投资时，企业的股东第一很难判别，第二很难制约。这就是我们企业就算是投资回报率很低，也会继续投的原因。产能过剩因此而来。因此，中国经济转型的核心应该是构建这么一个调节消费和投资的市场化机制。

国企改革突破口是拆分

新京报： 中国有这么多的国企，怎么样建立这样一个市场化的机制？

徐高： 我认为根本一点是建立起企业所有权（包括国企）的竞争市场。将国企私有化当然可以做到这一点。但这涉及国企所有权的变革，应该会面临巨大的阻力。所以，我建议在不改变国企所有权性质的前提下，人为构造这么一个市场。而这需要以拆分国资委为突破口。

新京报：如何拆分？

徐高：我设想把国资委拆分为很多国有投资基金，让国有投资基金来竞争国企的所有权。对国有基金，则像考核一般投资者那样考核它们的投资业绩。

由于各个国有投资基金都是国有的，所以就绕开了企业私有化这个障碍。在业绩考核的压力之下，这些国有投资基金之间的竞争就会形成一个企业价值的合理估价。国有投资基金就会根据这个估价，对国企形成真正意义上的股东对管理层的约束。

另一方面，还需将这些国有基金的份额划入每个人的个人社保账户，让每个人可以看得见，摸得着。这样，国有投资基金的财富就会进入居民的资产负债表，影响到居民的投资和消费决策。国有企业的增值就可以通过财富效应的途径推动居民消费的增加。

新京报：国资委当前有哪些方面需要改进？

徐高：目前这种国资委单一直管各个国企的模式有一个最大的问题，就是国资委到底管得好还是不好，缺乏一个客观的参照标尺。企业管理层究竟怎样才算是最大化了企业价值，企业分红比例是多少对股东是最有利的，国资委其实并不知道。事实上，谁也不知道，而只有市场知道。

新京报：把国资委拆分为几个国有投资基金去竞争，怎么就建立起来了这个参照标尺？

徐高：我举个例子。假设有一个处在垄断行业的国企现在归国资委管，现在的利润率是 30%。由于所处的垄断地位，30% 利润率是不是已经做到最好了，包括国资委在内的外部人其实是很难知道的。但如果有多个国有投资基金在竞争这个国企的所有权，市场竞争就会把这个国企的最大利润率给发掘出来。

我们假设这个国企现在由 A 基金管理。而 B 基金通过分析，认为 A 基金管理不够好。如果让 B 基金来管理，可以实现 50% 的利润率。显然，30%、50% 的利润率对应的股价是不一样的，在 B 基金来看，A 基金管理的这个国企的股价就被低估了。B 基金就可以在这个价位上吃进，变成大股东，把这个国企接管过来，改变企业的经营思路，进而把 50% 的利润率做出来。在这个过程中，国企的利润率提升了，股价也上升了，会带给 B 基金丰厚的回报。

当然，B 基金的判断也有可能是错误的，最后发现它自己也实现不了 50% 的利润率。但这没有关系，在多个基金竞争试错的过程中，国企的经营就会在市场的压力之下做到最好。而要评判某个基金做的是不是好，只需要看它所管理的国企的股价即可。

新京报：这会不会带来国有资产的流失?

徐高：国有投资基金都是国有的，不管谁掌握企业，企业也都是国有的。而基金之间的竞争可以更好地做到国有资产的保值增值。

剥离国企非市场负担

新京报：国有投资基金与普通居民有什么关系吗?

徐高：这个方案里有很重要的一环，就是国有投资基金的份额要进入每个人的社保账户。就是要让大家都能直接地看到这笔钱，让它成为居民消费储蓄决策中的一个考虑因素。现在，我们的国企虽然名义上是全民所有，但它们跟我们居民个人资产负债表和预算约束并没有发生什么关系。

新京报：所以，这样的全民所有式国有基金就是要与普通的居民发生关系?

徐高：对。就是通过社保来实现。要能够我拿着社保的存折，每年都能看到这个基金为我挣了多少钱，这才真正算我拥有了这部分资产。我在作消费和储蓄决策的时候，才会把这笔钱纳入考虑。这样国企才算是真正意义上的全民所有。

新京报：实际上中国大型国有企业不仅仅有市场的作用，甚至掌握着国民经济命脉。

徐高：确实是这样。我们政府在国企身上施加了很多非市场的负担。这也可以叫做政策性负担。简而言之，当你给企业施加了政策性负担的时候，企业就会出现预算软约束，就不再是一个市场经济的主体了。因此，在构建国有企业所有权的竞争市场之前，首先要剥离这些非市场的负担。如果做不到这一点，市场经济就不可能在我国真正地建立起来。

下一个经济风险是“通缩”

新京报：你认为中国经济目前存在什么风险?

徐高：我觉得下一个大的风险就是“通缩”的风险。社会各界已经认识到了消费转型的必要性，这是对的。但有不少人把消费转型和短期刺激投资给对立起来，这就不对了。有些人甚至还认为，不刺激投资了，经济增长慢下来倒逼一下，经济结构就自己调整过来了。这种认识不仅错误，还很危险。结构的问题要靠结构的政策来解决。经济增速的降低并不必然带来结构的改善。但现在的社会舆论把刺激投资都看成很负面的东西。就连政府自己释放出来的信号都是不要再走老路，不要再通过政策刺激来稳增长，而是放任经济增长下行。但问题是，经济增长现在离底部还很远，放任下去，会带来很严重的后果。

新京报：什么时候是底？

徐高：底部就是大规模地去产能。所谓去产能，就是企业倒闭，工人失业。而这会引发更进一步的需求萎缩，以及更大规模的去产能压力。在这样的恶性循环中，经济增长会特别差，物价负增长，社会也会很不稳定。而且就算触底了，面临的也将是长时间的通缩。这我们是有过教训的。1998 年之后，我国去产能一去，通缩一缩就是好几年。这种局面在未来重演的概率不小。这是我认为的最大风险。

不可再刺激制造业投资

新京报：有分析说，经济增长的减速是重新洗牌，优胜劣汰，可以使经济在未来取得更高质量的发展。

徐高：这个逻辑是很多人在讲，但经不起推敲。我还是那句话，经济增长的减速并不必然带来结构的改善。由于我们并非完全意义上的市场经济，资源配置中还留有不少行政干预的影响。因此，经济低迷时，恐怕并不是优胜劣汰，反而是优汰劣胜，令结构进一步恶化。

另一方面，我们产能过剩的问题是长期积累下来的，指望它在短期内就被解决是不现实的。有人认为我们现在不应该再刺激投资，而要通过短痛来换取更健康的长期发展。但问题在于，如果不刺激投资来稳增长，换来的可能不是“短痛”，而是长期的剧痛。

新京报：持续刺激投资，算不算“一条路走到黑”？

徐高：刺激投资当然不能取代结构转型政策。但刺激投资可以为我们争取时间。

一来，就算政府切实地推进消费转型政策，经济结构的调整也需要时间来完成。在结构改革的效果没有明显体现出来时，需要通过刺激投资来稳住经济增长。二来，就算结构调整没有进展，也可以通过稳增长来等待美国经济的复苏。这几年中国经济的压力主要来自美国超前消费模式终结，以及随之而来的外需走弱。如果美国经济能够明显复苏，回到次贷危机之前那样的状态，那么我们经济减速的压力自然就会消解。不过，到时政府推动经济转型的动力也会小很多。

新京报：可是继续刺激投资不会让产能过剩更严重吗？

徐高：我国投资主要由基建投资、房地产投资和制造业投资三大块组成。其中基建和房地产投资可被视为“消费型”投资。而制造业投资则是“生产型”投资。在今后刺激投资稳增长的过程中，一定不能再刺激制造业投资了，只能将刺激重点放在基建投资和地产投资上。所以，刺激政策其实是没有太大选择余地的。

❖ 人物

记者第一次见到徐高是在北京国贸的一家咖啡馆。在见他之前，略有耳闻他在北大读经济学博士时的“学霸”事迹。2005 年他写的《高级宏观经济学导游图》一文，通过北大未名 BBS 一发出，便受到学子们的“膜拜”，至今仍在各个经济学论坛上广为流传。

北大毕业后，徐高进入金融业工作多年。现在已成为光大证券首席宏观分析师的他，仍坚持每周撰写一篇经济评论，内容涉及宏观政策、消费转型、金融改革等各个方面。在他看来，作研究时，脑海里经常有神龙见首不见尾的灵光闪现，只有把它写在纸上，变成文字，才会真正把这个事情想清楚。

“我可能属于一个例外，还是比较喜欢写文章”，徐高说，但他至今尚未开通个人的微博和博客，原因在于“微博也需要花时间，而把时间花在研究文章上，投入和产出会更高”。不过，“现在没有（微博），不代表以后没有，可能会找我的同事帮忙，及时把我的观点发出去”。

在他看来，现在大部分的研究者还停留在对西方经济学理论和模型的套用，而有些理论未必适合中国。唯有理论与现实两方面结合，才能形成对中国问题的独到见解。

“中国的经济是一个市场经济，但有很多非市场的因素干扰。”徐高称。所谓中国特色，“特”在这是一个市场运行机制高度受到计划经济残余影响的、扭曲的一种市场经济。要把中国经济的独特性考虑进来，再把西方的经济理论、分析方法放到中国的问题上，形成对中国问题的一些见解，“我觉得这个是中国的经济学人应该做的事情”。

如果经济学者的研究能把中国的特殊性与西方经济理论结合起来，并升华为理论，将对经济学作出贡献，也是在学术研究方面留下了自己的印记。

谈及经济学人对于改革的责任，徐高表示，经济学人最重要的还是要把经济学问题研究清楚。当下许多经济学者就改革措施争论不休，是因为很多经济学者根本上还没有把逻辑梳理清楚，没有拿出一个令人信服的逻辑来。其中很多争论还停留在低水平，稍微有一些经济学常识，争论就不会发生了。

❖ 问题问答

新京报：中国诸多的经济学家中，你最尊敬谁？

徐高：中国这么一个大国的转型，在全世界来看都是一个新事物。而在过去的几十年，经济学家们已经通过他们的努力加深了我们对中国经济、中国转型的认识。这些认识也变成了更加科学化的政策调控，提高了我们每个人的福利。在这个过程中做出了贡献的每一位经济学家都值得尊敬。

新京报：2013 年经济已过半，运行到现在有没有让你很意外的地方？

徐高：最大的意外是决策层对经济增长下滑的容忍程度超乎我的想象。我去年曾预期今年在政府换届之后会加大基建方面的投资，对政策有一些拉动，但现在看来，决策层有自己的考虑，不愿意在这方面动手，让经济增长的下滑态势，到现在还在持续。但正如我在前面分析的，持续放任增长下滑是危险的，其结果会超过决策者预期。因此，我还是相信稳增长的刺激投资政策会出台。这只是一个时间问题。

新京报：近期在市场层面的改革，哪一项比较期待？

徐高：近期市场层面的改革都只是局部性、浅层次的东西，并不具有太深层次的影响。目前金融市场所暴露出来的乱象，部分来自于我们实体经济中所存在的深层次扭曲，比如国企制度，还有部分来自于改革推进步骤的失当。未来市场层面的改革需要更高的智慧。需要把各种因素之间的逻辑关系想清楚之后，合理设计，方能取得期望的成效。

新京报：未来 10 年哪个行业会有投资前景？

徐高：未来 10 年的行业投资机会来自两句话。

第一，中国的出口竞争力仍然很强。我们还会继续进入很多以前没有进入过的细分市场，造就出新的世界第一；

第二，中国的消费升级将持续推进。随着居民总收入的不断增加，我相信与消费相关的行业前景光明；

最后，还要特别说明一下，房地产就是一个消费升级概念的体现。因此，虽然房价会持续上涨是地产调控的紧约束，但不妨碍从相关企业中发掘出投资机会。

新京报记者　金　彧　郑道森

30 刘 桓

政府应增强预算透明度

核心观点

改革开放30年来，每次重大改革，财税体制改革都是其核心部分。

我国宏观税负在国际上属于中等水平，但财政支出项目不够公开透明，政府应当增强预算透明度。

在中国目前的情况下，征收房产税的原则是不涉及基本住宅。

图 / 侯少卿

刘　桓

国务院参事，中央财经大学税务学院副院长，北京市政协经济委员会副主任，北京市政协财政预算民主监督小组组长。长期从事财政税收、金融证券理论及实务研究，曾在北京市地方税务局工作，先后任北京市西城区地税局副局长和北京市地税局局长助理等职。先后著有《中国税制》、《纳税检查》、《证券业经营管理》、《财政金融学》等多部著作。

中国宏观税负属中等水平

新京报：中国的宏观税负在国际上大概是怎样的水平？

刘桓：我国的宏观税负不是世界最高的，也不是最低的，属于中等水平。

新京报：既然是中等水平，老百姓为什么会感到税负痛苦？

刘桓：首先，老百姓认为自己负担税收的能力并没有达到西方国家那么高的水平。

当一个国家的国民收入没有达到一定的水平，即使国家税负水平不高，大家也会觉得税负很重。如果百姓收入比较富裕，满足基本所需的费用只占到收入的一部分，即使税负稍高一点儿也没有问题。

其次，老百姓对于国家财政收支的整体安排不满。北欧国家的税负要比中国重得多，但这些国家的老百姓却没有那么大的争议和反对声。这与老百姓对政府支出安排的满意度有关，这些国家的税收上来后，很多又返给老百姓了，用于高福利和社会保障，北欧的社会保障体系是“从摇篮到墓地”，老百姓交税后就没有后顾之忧。

中国的老百姓觉得自己交了税，结果返还的不多，所以难免有些怨气。不幸福并不是绝对生活水平下降，而是预期不好。我国的储蓄率在世界上是偏高的，百姓为什么储蓄？是因为他们的生活忧虑很多，比如子女的教育、医疗、养老等问题都让大家不敢花钱。

再次，我国的财政支出项目不够公开透明，有时会造成一部分贪腐和浪费。老百姓辛苦努力挣钱交税，尽了很大的公民义务，却不清楚政府把钱用到哪儿了。如果都用在百姓身上，税重一些也无所谓。

新京报：在财政支出方面，政府应该做哪些改进以缓解百姓的不满情绪？

刘桓：要让百姓真正对我国的税收有很好的了解。首先，政府要在一定程度上提高公民的基本福利水平，但是提高不代表盲目的增长，做一些不太恰当的承诺。

百姓合理的诉求要满足，比如上学难、看病难等，但是有些问题也要认真思考，比如北京的公交地铁票价太低。

其次，政府要增强预算透明度，加大公开财政收支预算的力度，除了国防安全这种支出可以适当模糊一些外，其他的还是要公开透明。这些问题解决后老百姓对税负的不满情绪会有所缓解。

财政支出结构应该偏向民生

新京报：目前我国的财政收入总量及收入增速是合理的吗?

刘桓：从财政收入来看，我认为首先要保证政府开支，税收多少并不是由自己决定的。有一个基本的原理，叫做瓦格纳法则，税收应该满足财政功能，政府要“以支定收”。有些国家议会吵架不吵收入而是吵支出，支出定下来以后，再说今年的收入要比去年增加还是减少。如果增5%够了那就不用增加6%。

我国也是这样，人大开会先讨论支出，总支出以及各分项支出是否合适，比如卫生支出、教育支出分别要达到怎样的目标，然后再定税收多少。所以讨论财政收入的总量，首先要保证政府的基本开支，包括行政经费、社会发展需要的经费、国防军费以及民生开支等。

我国还是发展中国家，很多事情政府还要做，所以税收总量还是要有所扩大，但是增量应该有多大，这是要讨论的问题。今后财政收入增速从两位数变成一位数，应该是大势所趋。

新京报：社会大众目前对我国的财政支出结构还是有诟病的，未来是否应当改善支出结构?

刘桓：在财政收入稳定的情况下，要改善支出结构，支出结构应该偏向民生，民生发展不是说给每人发多少钱，而是提高国民福祉，包括基础建设、卫生条件、环境改善等。在这种情况下，预算要透明，监督要到位。

普及税收知识很重要，公民对税收和预算知识了解太少。我在政协开会，有的政协委员都看不懂报表，这样监督就无从谈起了。

政府该收的税还是要收，修建公共设施的钱都要从税收里来，羊毛出在羊身上。百姓是处于矛盾之中的，收税就不高兴，不收税就高兴；福利涨了高兴，降了不高兴。个人这么想没问题，谁都向往美好的生活，希望生活成本降低，但是站在公民的角度就不能这么想，所以这就需要找到一个平衡点，大家都能接受。

税重了企业家就会离开

新京报：有观点认为，目前中国的流转税或间接税比重过高，所得税或直接税比重过低，你如何看待中国的税收结构?

刘桓：国际上的税收结构有三种不同模式：一种叫做英美模式，也叫萨克逊模式；一种是拉丁欧洲模式，以法国和意大利为代表；还有一种是日耳曼模式，主要是德国的模式。这三种结构很难说哪种更先进。我认为税制结构是与文化传承、民族习惯、历史以及征收水平有关系的。

日耳曼模式是双主体，既不偏重流转税也不偏重所得税，两种税不能相互替代。英美模式偏重所得税，拉丁欧洲模式偏重流转税。三者各有特点。

英国创造出个人所得税，这种税对个人收入的调控最直接，是比较公平的。多数人认为这是最好的一种税收方式，但是它也存在一个弱点，即在直接影响个人收入的同时，会影响到个人的投资。有钱人不会多消费，他们会省下每一分钱去作投资。所以，如果过度剥夺个人收入，虽然很公平，但效率低。

拉丁欧洲模式为什么会以流转税为主？关键是法国等国家找了一个好税种——增值税，增值税税负很公平，传递过程中很均匀，又能保证财政收入及时入库，所以这个税种被称为良税。法国 1954 年开始实施后风靡全世界。这两种模式在经济发展中各有各的优势。

但世界公认日耳曼模式相对比较好，就是流转税与非流转税相对均衡。

中国的税制结构改革，一开始强调学英美模式。但美国自己也表示，这种做法并不是很好。所以 1994 年税改就提出了双主体，但实行的结果是增值税为代表的流转税不断增长，到目前为止，增值税加上关税、营业税等形成的流转税占到税收收入比重的 70% 左右，所以中国还是一个以流转税为主体的国家。在进一步税改中更要强调双主体。

新京报：税制改革的具体做法是怎样的？

刘桓：“十二五”时期，强调结构性减税，也就是税收有增有减，但减税是总趋势，目前来看，减税的措施主要是营业税改增值税。增税有几个方面。

首先，资源环境方面的税收要增加。我们目前有资源税，但这项税种的税收几乎是零，这与整个经济社会的发展是相悖的。经济发展速度很快，但环境很差，大家都会不满意，所以现在一些地方在做试点，资源税要扩大范围。

其次是环境税，环境税相对复杂。一是技术领域不好解决，比如按照何种标准去征？二是担心开征环境税后会提升能源资源的价格。而资源能源价格提升是否会影响经济发展，带来通胀压力，这是目前正在测算的。所以既要对一些污染环境的资源能源提高税收，又要防止给经济发展带来通胀压力，这需要很高的掌控能力。所以环境税在我们下一步税制改革中不一定是最重要的，但是个难点。

此外，要增税的税种还有财产税。

新京报： 财产税在未来有操作空间的是哪几项？

刘桓： 财产税有两大税种，遗产税和房产税。遗产税这些年沉寂了很久，但今年2月份国务院出台了一个关于居民收入分配体制改革方案，其中突然提到，要在适当时机开征遗产税。据说消息传出后，中国的一些富豪开始提出移民申请。

我们算过一笔账，以劳动密集型企业为例，一个企业家投资1000万可以用工70人，投资1亿可以用工800人，如果这些人走了会使失业率提高几个百分点。

新京报： 但国际上很多国家都有遗产税，而且遗产税的税率还比较高。

刘桓： 从国际情况来看，从20世纪70年代开始到现在的40年中，遗产税是处于逐渐下降趋势的。

70年代遗产税很重，比如日本累进最高一级税率是72%，美国、中国台湾和香港地区都征遗产税，但现在都在下降。美国在2010年宣布停征遗产税，目前还没有完全恢复；香港2006年宣布取消遗产税。

各国要进行国际竞争，税是一个非常重要的条件，税重了，企业家就会离开，经济发展会受影响。这个税种对我们来说很纠结，不征收不合理，但征收伤及无辜或者影响富人投资，也是非常不好的。

在我看来，遗产税在中国一时半会儿还是征不起来。在这种情况下，财产税的核心就是房产税。

房产税不应涉及基本住宅

新京报： 你赞同尽快扩大房产税试点？

刘桓： 房产税现在征有些晚了，如果10年前开征，中国的房地产市场或许就不是现在这个局面了。我赞同尽快扩大征收房产税。

对于建设房地产市场健康发展的长效机制，我认为包括三条，第一条是卡住贷款和资金，第二条是税收调节，第三条是政府投资保障房。这三条如果能同时做到，就可以改变现在房地产市场这种被动的局面。

上述三条中，我认为最核心而且马上就能起到抑制投资效应的就是税收。以往针对房地产的税收为什么没有起到作用？因为它基本都是在交易环节进行调控，这样很容易转嫁到房价本身，致使房价上涨，所以效果不是很明显，大家都说“十年九调控，十年十涨价”。

新京报：自2011年重庆和上海试点房产税以来，两年的时间里，房产税试点并没有再推进，其中的阻力来自哪里？

刘桓：我认为阻力有两种来源。首先，存在技术问题，总体是税源控制。包括房产信息、房子权属划定以及税基评估。

目前商业房产是按照两个办法评估：原值和租金。但这两个都不适用于民宅。在国外和中国香港地区很简单，有评估房屋价值的中介机构，香港有个地价署，是政府出资组建的一个中介机构，由这个机构评估香港每套房子的价值。但目前我们没有这个机构，政府说多少钱百姓不同意，所以在评估方法上是很麻烦的。

其次，阻力的来源是既得利益者，他们不愿侵害自己的利益，制定政策的人本身是没有房子的人吗？

10年前我们就曾做过准备，最后还是没动，现在想想应该是失策了，如果当时先从一部分高端人群开始，也许现在就已经很成熟了。

新京报：房产税的改革很难推动？

刘桓：那倒也不是。改革的动力还是很足的。

新京报：那要通过怎样的路径推动？

刘桓：我觉得重庆的试点方案就很好。首先是卡住增量房，现在买房都要登记网签。今年政府宣布两个联网，即在2014年7月1日前将个人信息联网、不动产联网，联网成功后，在全国大面积普遍推行房产税试点的条件就比较成熟了。

另外，从存量房里的高端开始征收，不能清理全市的房产，清理别墅区总可以。普通百姓集中的看法也认为应该先让高端人群交税，这个做法是和百姓的一般意愿相吻合的。买得起别墅的人也不太在乎交房产税，一线城市的别墅价值上千万，交房产税对他们不构成太大的经济负担。

但这仅仅是个开始，因为投资炒房的人买别墅的少，还是主要集中在中小户型的民宅。所以对这样的房子要逐渐蔓延，从高端到中端再到低端，今后就可以达到理清所有房产的目标了。

新京报：不少老百姓担心开征房产税会加大自己的税收负担。

刘桓：中国目前征收房产税的原则是不会涉及基本住宅。中国人和美国人不同，房子对中国人来说是生活必需品。所以房产税应当对居民基本住宅免征。

对于基本住宅免征范围，我认为户均180平米以上比较合理。把百姓的基本住房稳住，剩下投资行为住房的交税，这样多数百姓是会理解的。

新京报：在目前的税种中，老百姓感受最直观的是个人所得税，个税需要作调整吗？

刘桓：个税需要调整。目前我国居民收入中，工资薪金占比下降到40%以下，这个比例在新中国成立初期是90%，改革开放初期是50%以上。而在税收上，每年5000多亿的个税中，工资薪金所缴纳的个税占到65%以上，这说明税收的落脚点是有问题的。

相对应的税收，应当其他来源的收入交税比重大，而工资薪金交税的比重轻，这是常理，但现在是逆向的，这个需要进行调整改正。

我国目前的资本所得税较轻，打个比方，你挣1万元工资，我拿1万元股息，按照个人所得税税率，1万元工资的税率是25%，1万元股息的税率是10%。工资薪金税重于非劳动所得税，这是一个很大的问题，是需要调整的。

新京报：调整的方向是分类与综合相结合的个税征税方式吗？

刘桓：这种计征方式是有条件的，目前个税总共分11类，并不是所有的类型都适合放在一起。个人劳动所得应该综合在一起，比如工资薪金、劳务费用和稿酬等；其他资本性收入另外综合。把劳动所得、非劳动所得和偶然所得分清楚，三种收入类型按照不同的方式征收。

所得税增税的余地不大

新京报：未来税制改革要进一步强调双主体，你认为流转税与非流转税的比重大概是多少？

刘桓：实际上，长期看还是以流转税为主，不管是从收入水平还是民族传统上看都会是这样，只不过我们会逐渐缩小流转税与非流转税的比例差距。

在美国买东西会实行价税分列，比如标明价格100元，税5元，这是美国人的习惯。中国人不习惯，中国人习惯直接说105元，不用说东西多少钱税多少钱，这和美国不一样。所以中国价税分离的局面会继续维持，流转税占比重大概是一个长期趋势。但我们会逐渐缩小流转税与非流转税之间的差距。

现在的问题在于，我们所得税增税的余地不大，企业所得税现在是25%，其他国家都降企业所得税，我们不降，这对我们招商引资明显不利。

我们去温州和东莞等地，好多企业并不是倒闭，而是都离开了。过去投资有优惠政策，现在已经结束没有了，所以很多企业都去了越南、柬埔寨等地区，这些地区的税收政策优惠幅度非常高。

一些企业在越南办厂，税法规定企业所得税是25%，但是15年内有优惠，前4年企业所得税为0，第5—13年是5%，第14—15年是10%，15年以后税才是25%。所以原来在大陆的外资企业，甚至是一些内资企业很多都跑去了那些地区。

我们一些税收减得也很多，比如对小微企业的减税，所以企业所得税方面减税的空间不大。

同时，个税大规模增加的空间也不大。

新京报：在中国实行价税分列比较难，所以如果降间接税增直接税的话，老百姓会直观感受到直接税增加了，而无法感觉到间接税下降？

刘桓：价税分列在我国接受起来比较难。

价税分离目前来看会有问题，比如说买个东西花了110元，价格是100元，税10元。如果税降到了5元，卖家还可以把价格变成105元，总价仍然是110元。这么做其实是把百姓给忽悠了。

因此政策上的调整和选择不能过分超前，中国朝着这个方向走没问题，但是需要一个过程。我认为这个过程三五年实现不了。我们探讨问题要立足当下，解决当下的核心问题，像总体税负问题、房产税问题和个税问题等，更加现实一些。

新京报：实现双主体的税制还有很长一段路要走？

刘桓：双主体并不意味着流转税和非流转税一定要平分，目前是不平衡，但是正在慢慢改。未来随着流转税的降低，在总量适当增加的情况下，所得税占的比例有所提高，但这不是所得税主动提上去的，而是因为流转税降低，在增量中所占的比重下降，导致结构发生变化，使所得税比例提高。

新京报：也就是说所得税的提高弥补不了流转税的下滑？

刘桓：是的，补不上。

我们放缓财政收入增长速度，具体说放缓的主要是流转税增速，所得税增速基本不变。比方说过去流转税和所得税的增速都是10%，现在所得税依旧保持10%不变，但流转税降到8%左右，总体税收增速就从10%变成了9%。在整体增速放缓的情况下，差异慢慢缓解，所得税比例相对提高，流转税比例相对降低，需要长期过程才会逐渐接近。

❖ 税种分类及作用

1. 按征税对象为标准大致分为五类

流转税类：包括增值税、消费税、营业税、关税，主要在生产、流通或服务业中发挥调节作用。

所得税类：包括企业所得税、个人所得税，调节生产经营者的利润和个人的纯收入。

财产和行为税类：包括房产税、车船税、印花税、契税、遗产与赠予税（目前我国尚未设立该税种），对某些财产和行为发挥调节作用。

资源税类：包括资源税、城镇土地使用税、土地增值税，调节因开发和利用自然资源差异而形成的级差收入。

特定目的税类：包括城市维护建设税、耕地占用税、车辆购置税等，是为达到特定目的，调节特定对象和特定行为。

2. 按税收负担能否转嫁为标准分为两类

直接税：指纳税义务人同时是税收的实际负担人，纳税义务人不能或不便于把税收负担转嫁给别人的税种。我国的企业所得税、个人所得税、房产税等都属于直接税。

间接税：指纳税义务人不是税收的实际负担人，纳税义务人能够用提高价格或提高收费标准等方法把税收负担转嫁给别人的税种。我国的增值税、消费税、营业税等都属于间接税。

新京报记者　李　蕾

31 赵萍

让投资慢下来，与消费相匹配

核心观点

在影响消费的因素中，收入是第一要素。如果不解决收入问题，即使其他问题都解决了，老百姓还是不可能大幅度增加消费。

目前中国经济难以做到有效投资，主要是因为政府没有转变政绩观。未来 GDP 在政绩中的重要性越来越低，民生、环境等的重要性越来越高，但真正不唯 GDP 至少需要 10 年以上的时间。

图 / 侯少卿

赵 萍

生于1970年2月，现任商务部研究院消费经济研究部副主任，研究员。商务部特聘“全国内贸行业专家”。

毕业于中国社会科学院研究生院，经济学博士。1996年起在中国社会科学院财政与贸易经济研究所工作，主要从事流通产业研究。2004—2005年在美国密歇根州立大学任访问学者。2006年调到商务部国际贸易经济研究院。

公开出版《中国现代流通三十年》等著作六部，发表论文百余篇，内部报告获得了商务部及国务院领导的数十次肯定性批示，相关研究成果转化为国家政策文件。

我国目前消费占比太低

新京报：你认为中国目前的消费增速处于“次高速”的状态，如何理解“次高速”？

赵萍：消费增速主要是指社会消费品零售总额的增速，以前消费增速为15%以上，现在下降到10%—15%之间，所以说是“次高速”。

以前经济增速比较高，一直高于8%，但现在经济增速有所下降，进入“次高速”增长的阶段。与经济增速下降相对应的是消费增速也出现下降，消费增速呈现出逐年下降的趋势，每年都比上年下降1—2个百分点。我估计未来两年，消费增速不会低于10%。

新京报：国外的消费增速情况是怎样的？

赵萍：目前，国外的消费增速都不是太高。从宏观经济增速来看，发达国家的经济增速一般都在3%—5%左右。

新京报：消费增长“次高速”的状态是否属于合理水平？

赵萍：对于我国转变经济发展方式的大目标来说，这个增速还是太低了。从历史上看，目前消费增速处于中等偏低的水平。过去23年中，我国社会消费品零售总额的名义增速为6.8%，最高的时候是29.8%。

中国要转变经济发展方式，要建立消费、投资、出口协调拉动的发展格局，从这个宏观目标来讲，消费的贡献应该更大，无论消费率还是消费贡献率都应该进一步提升。

新京报：消费率和消费贡献率分别代表什么？

赵萍：消费率是指消费占GDP的比重，消费贡献率是指消费增长部分占GDP增长部分的比重。一个是存量概念，一个是增量概念，无论从存量还是增量的角度，我国消费的占比都太低了。

提高消费占比须控制投资增速

新京报：为什么说我国消费占比太低？

赵萍：去年我国消费贡献率只有50%，而投资贡献率为54%，消费比投资的贡献率低4个百分点。从消费率来说，我国的消费率连续多年在40%左右。

而从世界各国来看，平均消费率一般都在60%以上，一些消费主义盛行的国家，比如美国，其消费率达到80%左右。即使在崇尚节俭的东亚国家，比如日本，消费率也在60%—70%的水平。因此未来要建立消费、投资、出口协调拉动的发展格局，必须提高“两个率”。

新京报：如何提高“两个率”？

赵萍：提高“两个率”就是提高消费增速。经济增速下降会影响人们消费的心理预期，经济形势好才会让人们产生良好的心理预期，才敢于花钱，愿意花钱，也有钱可花。因此，提高消费增速首先需要良好的宏观经济形势，需要经济较快增长。

另一个方面是要转变经济发展方式，进行产业结构调整，让经济增长进入消费驱动型模式。GDP是由消费、投资和出口“三驾马车”拉动的，提高消费“两个率”很有必要的一点是控制投资的增长速度。投资的部分属于中间需求，消费则是最终需求。比如投资生产钢材，老百姓不会直接用钢材，钢材必须要经过加工生产成汽车或者房子，才能成为最终消费品。中间需求取决于最终需求。老百姓需要，投资的东西才是有效的。

作为中间需求，投资需要两个市场来满足，即国际市场和国内市场，国际市场虽然复苏迹象明显，但依然是低速增长阶段，这就制约了我们的出口；所以投资还是要依靠内需，投资那么多，国内市场消化不了，就会形成产能过剩，造成结构不合理，这对经济发展是一个负面影响。所以，投资要有市场需求做支撑，以需求为牵引的投资才是有效的，因此要建立以消费需求为牵引的经济发展模式。

对我们国家来说，要转变经济发展方式，除了保证消费快速增长外，很重要的一点是要让投资的增速慢下来，这样消费和投资就比较匹配了。

第三个方面是要提高收入水平和福利水平。我国的人均收入水平低，福利又差，导致用于消费的比重太低。

让财富分配向劳动者倾斜

新京报：怎么提高收入和福利水平？

赵萍：在过去10年中，我国劳动报酬占GDP的比重只有40%左右，我们作过一些分析，美国工资总额占GDP的比重最低的时候都能达到60%。所以在分蛋糕的过程中，很有必要切一大块给劳动者报酬，使工资总额占GDP的比重要进一步提升，让老百姓新创造的财富在分配当中，更多向劳动者倾斜，而不是向投资者倾斜。

除一次分配外，也要注重二次分配的调节。现在老百姓自掏腰包买了很多公共产品，比如社会保障、教育、医疗、养老等，后顾之忧非常重，也就使得老百姓必须得攒钱。而这些在很多国家都是通过社会保障来完善的，所以我国社会保障方面的改革有必要尽快推进。

我国居民的储蓄率一直特别高，储蓄存款已经达到30万亿左右，对于很多人来说，有几万块的存款是没有问题的，而美国现在的人均存款只有5000美元，按照我们现在的收入水平，有这么高的存款量，说明老百姓不敢花钱。

新京报：居民收入是影响消费的最重要因素吗？

赵萍：我认为在影响消费的这些因素中，收入是最重要的因素，是第一要素。其重要性比其他因素叠加的总和还要重要。虽然消费也有其他影响因素，但如果不解决收入问题，即使其他问题都解决了，老百姓还是不可能大幅度增加消费。

普通劳动者有钱的结果是在社会上形成一个阶层，就是所谓的中产阶层，在我国称为中等收入阶层。中产阶层收入水平属于中等偏上，社会保障方面基本没有后顾之忧。中产阶层的消费倾向和消费习惯都是向高层人士去学习的，这是社会的普遍规律。中产阶层壮大，学习高收入阶层的消费习惯的人会增多，这些人的总体支出规模就会非常巨大。所以，中产阶层壮大是一个国家的消费进入快速增长阶段的前提。

新京报：我国的中等收入阶层还达不到快速消费阶段的水平？

赵萍：我国中等收入阶层的数量近年来确实在大幅度增加，但我们会发现，在我国这个阶层的人还挺难依靠他们的工资过上体面的生活，一个大问题就是房子；另外，收入水平提升的同时，还要控制通货膨胀，如果通胀太高，即使名义收入提高了，真实购买力的提升也会很缓慢，所以控制通货膨胀也应该是扩大消费的一项重要措施。

决策机制造就很多无效投资

新京报：目前我们投资产能过剩，产业结构并不合理，你所说的有效投资还难以做到，原因是什么？

赵萍：最重要的问题在于我们投资的决策体系有一些问题。国有投资对市场的敏感性不强，比如政府投资了很多项目，像基础设施、公路、铁路、保障房等。到底是不是需要这么多基础公共设施，应该建在哪里？其需求的数量以及结构跟投资是不完全匹配的。比如东北地区和中西部地区已经有不少高速公路了，还要继续修路，最后导致的结果就是“有路没车”，这些都是无效投资。

之所以出现这一类无效投资，主要是因为政府没有转变政绩观，建了很多政绩工程。比如修路、建大型商业综合体等。政府对市场并不敏感，却在牵头和主导投资，所以投资决策机制决定了很多投资都是无效投资。

新京报：这种状况该如何改变？

赵萍：很重要的一点是我们的政绩观要改，中央从去年开始强调不要再唯GDP论英雄，这是个好的迹象，目前处于地方政府考核标准的转换阶段。但我们还是一个发展中国家，发展还是非常重要的一项内容。所以虽然不以GDP论英雄，但GDP仍然很重要，我们必须保持一定的经济增长速度，才能够解决就业问题，才能够使物质生活更加丰富。

只有达到足够富裕的水平，GDP增速才会没那么重要。地方政府不唯GDP是一个方向，但真正不唯GDP肯定需要一个相对较长的过程，至少要10年以上的时间。

新京报：在消费提速缓慢，而GDP增速面临跌破7.5%的情况下，会不会重回依靠投资的老路上？

赵萍：我觉得不会再走大规模刺激的老路了。最近几年，我国房价过快上涨、就业问题以及产能过剩等问题，已经积累了一些社会矛盾，这些问题都与金融危机时推出4万亿刺激计划有一定的关系。我们现在极力推进全方位经济体制的改革，实际上也是为了消化4万亿刺激带来的负面影响。本届政府正在面对大规模投资所带来的不良影响，所以即使为了保增长也不会不遗余力刺激投资。

消费目标与政策不配套

新京报：去年消费的预期增长目标是14.5%，却并没有实现目标，近几年一直喊鼓励消费，但效果并不明显，原因是什么？

赵萍：目标定得很好，但政策并没有配套。首先，居民收入增速与GDP增速没有实现同步，收入分配的改革力度也不大，就是说对于消费的影响因素并没有真正去解决；其次，鼓励消费更多的是停留在战略目标的制定上，实际政策却并没有落实到刺激消费方面，以前的短期刺激消费政策几乎全部退出了，与此同时，还新出台了很多限制消费的政策，比如汽车限购等。我们的目标是鼓励消费，但实际动作却是限制消费。

新京报：短期刺激政策对消费增速的影响有多大？

赵萍：非常大。我举个例子，节能家电补贴政策是去年5月份出台的，6月1日开始执行，5月家电的消费增速只有0.6%，而政策执行一个月后，增速就达到9.5%。

新京报：为什么会出现这种战略目标与实际政策相悖的情况？

赵萍：制定目标是某些部门的责任，而实施目标是很多部门的责任，很多部门要达成一致非常难。比如，消费刺激政策退出之后为什么不继续？有些部门肯定认为有必要延续，而对出钱的部门来说，可能会认为，去年开始税收增长压力非常大，很难再拿出一笔资金用于这些政策的延续。

新京报：所以你提出扩大消费需要国务院层面提出顶层设计？

赵萍：是的。扩大消费应该由国务院层面来制定顶层设计，制定规划，然后把任务分解到各个部门。中国现实的特点是很多官员对上负责，如果是上面提出来的，就更容易执行和推进。

新京报：推进这项内容有难度吗？

赵萍：所有的改革都是一个利益再分配的过程，利益再分配时既得利益者会反对，既得利益者一般掌握着话语权，他们是强势群体，所以改革会受到很多阻力。

新京报：政府工作报告提出完善消费政策，培育消费热点，你认为未来消费热点在哪几个方面？

赵萍：第一个消费热点是信息消费，第二个消费热点是服务消费。

❖ 人物

“我的羽毛球水平还是相当可以的，在一些俱乐部的业余选手里算中等以上的。”见到赵萍是在周五的下午，她刚运动完回到办公室。一双平底鞋，一件蓝色小外套，头发整齐地向后绾着，一丝不乱。赵萍的装扮和气质更像一名投行人士。

赵萍最初确实是在投行工作，但后来却放弃了优厚的待遇，选择作经济研究，用她自己的话说，是受传统教育的影响比较大，更看重精神生活和理想，也想弄明白中国经济到底是个什么样子，会走向何处。她说，自己对于很多物质的东西并不那么看重，但特别看重精神生活，看重自我价值的实现。当时，保尔·柯察金的那句话对她影响很深——当回首往事的时候，不因碌碌无为而悔恨。

1995 年，赵萍在投行的工资是每月两三千元，而到中国社科院作研究只有四百元。社科院当时告诉赵萍，来了没有房子，职称暂时也解决不了，但是她不在乎，觉得只要能够参加调研就行。在这种情况下，赵萍 1996 年辞去投行的工作，到了社科院，从此做了 17 年的经济研究，期间从社科院转到了商务部研究院。

“我就是想看透经济是什么，想知道中国经济是什么样子，想看清楚中国经济未来的走势是怎样的，如果从中我能得出自己独立和独到的一些观点和判断，这就是我的理想了。”赵萍说。她认为自己是个工作狂，有一些成果就会觉得快乐和有成就感。

在社科院的时候，赵萍更多的是通过写文章来表达自己的观点，但商务部研究院是政策研究部门，很多研究与政策直接相关，因此，观点和研究落到实处也就比别人多了一些途径，有更好的渠道把自己的观点以内参的方式报给决策部门，直接影响决策者。看到一些观点被采纳，一些研究成果变成政策，赵萍说，自己会从中看到希望。

❖ 同题问答

新京报：对 2014 年的经济社会运行，你最大的担忧是什么？

赵萍：我最大的担心是消费贡献可能进一步下滑。今年经济增长目标是 7.5%，比社会预期要高一些，为实现这个目标不排除很多地方政府可能会回到投资的老路上，所以消费对经济增长的贡献可能会进一步下滑，这会导致转变经济发展方式的目标受到一定的影响。

新京报：十八届三中全会确立的 300 多项改革中，你最关注哪一项？

赵萍：我最关注的是有关市场经济方面的改革，发挥市场在经济中的决定作用，比如简政放权就能够让市场在配置资源中起到决定性作用。

新京报：未来两年最有希望改变现状的一项改革是什么？

赵萍：我认为是下放审批权，这方面政府相对更容易做到。

新京报：未来10年，你认为哪个行业最具有投资前景？

赵萍：与信息相关的行业。随着信息消费的高速增长，与信息相关的行业应该会是各类行业中增长最快的。

新京报：你最为尊敬的经济学家是谁？

赵萍：我很敬佩凯恩斯。他独创性地提出凯恩斯经济学这种核心的系统性的理论，并且能够在自己执政的过程中，用这种理论和思路调控国家的经济发展。我觉得能够提出自己的独创理论，而这种理论具有系统的思路，这样才能算经济学家。

新京报记者 李 蕾 实习生 常 涛

32 李宏彬

推动经济发展　投资教育更划算

核心观点

随着出生率、生育意愿的下降，我国人口结构在未来二三十年，会与目前欧洲、日本等地一样，无法避免老龄化、劳动力短缺和福利泡沫等问题的出现。尽管马上放开计划生育，已无法扭转这一趋势，但也应该即刻放开。

图 / 侯少卿

李宏彬

1972 年出生，清华大学经济管理学院经济系 CVStarr 讲席教授、中国经济社会数据中心常务副主任。研究课题主要围绕人口、教育等。1993 年毕业于中国农业大学经管学院经济学专业本科，1995 年在农大读硕士期间赴美留学，2001 年获美国斯坦福大学经济学博士学位。2007 年加盟清华经管学院前，为香港中文大学教授。2009 年，被评为教育部长江学者特聘教授，2010 年获国家杰出青年基金。

宏观调控要做好市场预期引导

新京报：在当下经济改革议题中，你个人比较关心哪一项？

李宏彬：针对短期宏观经济下行的现状，近期有一个讨论，就是政府要不要刺激经济。其中有一个说法是，为了实现经济长远健康发展，现在要改革，要调结构，因而要忍受短期的经济下行。我觉得，有一定道理，但其实短期调控和长期改革并不一定矛盾。当经济短期下行的时候，往往国家都需要刺激，缩小经济波动幅度。而如何去刺激则是另一个话题。刺激应该是通过宏观的、充分发挥市场自身运行机制的方法，避免微观的、干预市场、干预企业的刺激。比如，通过调整货币政策，或者减少行政审批、放开市场准入、减税等手段。

另外，现在地产估值可能过高，有些地方出现泡沫，应该避免直接捅破泡沫。因为这会造成大量企业、个人破产，银行也会受拖累，影响太大。宏观调控的一个底线应该是，要避免系统性的金融风险。

新京报：那你怎么看2008年的4万亿刺激？

李宏彬：刺激是对的，但是具体执行起来，却变成了批项目，干预了市场。干预了企业的微观经营行为。

短期内，经济下行的下限在哪里，是7.5%？如果目标只是盯在增长率上，是很难说清的。因为GDP长期增长率究竟是多少，现在没有人知道，要计算出来对经济学家来说也是个难题。所以大部分国家盯的，是通胀率和失业率。

我国的调查失业率并没有对外公布，所以政府与市场的信息不对称，也给宏观调控带来了一定困难。宏观调控很重要的一点，就是预期的引导，如果市场和政府之间的预期不一样，就很难引导，容易出现大起大落。比如，政府通过失业率等数据发现经济状况很好，不需要调控，但市场却没有得到这个信息，还在期待政府刺激经济。对市场预期引导不充分会导致政府和市场的信息不对称，进而容易增加经济的波动。

劳动力短缺已不可避免

新京报：你曾在发表的文章中提出，人们常常容易忽视人口转型因素对经济中长期走势的影响。具体的影响是怎么样的？

李宏彬： 人们往往以为，人口多对经济是坏事，其实是好事。现代经济学认为，人口多了，劳动力供给就会多，市场也容易形成规模效应。也有证据显示，人口多的国家，更容易出现创新。

很久之前，人们会生很多孩子，因为生了10个，可能只能活下来5个，而养老可能需要5个孩子。随着医疗水平的提高和死亡率的下降，人们意识到，不需要生那么多孩子了，就会少生。这个从高生育率向低生育率演化的过渡过程，被称为人口转型。

西方国家的人口转型发生在工业革命时，英国、美国等国家生育率大幅下降，这个过程的时间很长，用了大概一两百年。在此过程中，经历了很多代，每一代的生育率下降得并不多，所以，当时的人们体会不是很深。

但是“二战”以后，西方国家出现新的人口转型。由于“一战”、“二战”、西班牙大流感、美国大萧条等，造成20世纪前50年的生育率很低。“二战”后，美国大兵回国，出现生育潮、婴儿潮。这些孩子在六七十年代进入劳动力市场。因此，当时的年轻人多，干活的人多，被养活的人少。同时，年轻人储蓄率高，有利于投资。另外，年轻人多也有利于发明创造、创新。因此，从劳动力市场、资本量、创新这三个角度，年轻人多都有利于经济增长。

这一波婴儿潮一代，在90年代逐渐进入退休年龄，退出劳动力市场。但由于他们生的孩子很少，所以，欧美、日本等地区，人口结构发生逆转，老年人增多，年轻人减少，同时人均寿命提高，老龄化严重。从劳动力市场、资本量和创新来讲，老龄化对经济发展都不利。这也是为什么，90年代以后，日本经济进入长期低迷，欧洲表面看还可以，但其实主要是靠借债。

新京报： 你此前也提到，我国劳动力市场也面临着问题。一边是农民工工资持续上涨，另一边则是返乡潮或大量剩余劳动力留存。这一问题出现的原因是什么？应该如何改变？

李宏彬： 其实是一码事。工资上涨反映了劳动力短缺，总劳动人口下降。农村中，年轻的劳动力基本都已经转移出来了，只留下年龄比较大的劳动力。想吸引留守农村年龄比较大的劳动力出来工作，成本比较高。他们上有老、下有小，为什么出来呢？除非给更高的工资。今后二三十年，劳动力短缺这个问题已经是不可避免的。能够做的就是两点：第一，提高劳动者的素质，使每个人可以生产更多的产品；第二，大量用机器代替人力。

生育率下降不是中国独有

新京报：此前你曾倡导单独二胎。目前，这一政策陆续在全国实行。你如何看待我国目前的人口政策？这样的政策对我国未来的长期经济发展又会起到什么样的作用？

李宏彬：人口问题上，我们跟美国、日本、欧洲很像，只是我们的变化来得晚而已。我们的婴儿潮也发生在20世纪六七十年代，八十年代之后，出生率就开始下降，而且下降非常快。我们是从生6个孩子下降到1.4个、1.5个，并且我们只用了30年，完成了他们200年的转型。未来30年，我们会感受到同样的问题，年轻人越来越少，老年人越来越多。

新京报：我们也将面对福利泡沫的问题？

李宏彬：我们同样会有福利的问题。养老、医疗等，都将面临大量支出。

新京报：在单独二胎实行后，我国人口结构会有什么样的变化？对于经济发展会起到什么样的影响？

李宏彬：变化不会很大，现在的年轻人不爱生孩子，甚至都不爱结婚。全世界范围内，计划生育政策只有中国有，但生育率下降不是中国独有的现象，全世界都在下降。以中国和印度作比较，1950年，印度每个女性也差不多生育6个小孩，和中国没有太大区别。事实上，印度虽然没有计划生育，生育率也在下降。生育率的下降，计划生育并不是唯一的决定因素，最主要的因素其实是经济社会的发展。

人们生不生孩子，主要取决于女性的工资。随着女性工资水平的提高，其照顾孩子的机会成本也在上升，牺牲时间就是牺牲收入。所以说，全球生育率下降，主要是由于女性的教育水平和工资的上升。现在，不只是生育意愿在降低，包括结婚的意愿也在下降。我们就算全面放开计划生育政策，也不会出现生育率的大幅提高。

新京报：该来的问题还是会来？

李宏彬：这个问题已经不可避免了。现在生育已经来不及了，今后20年必然面对劳动力短缺。印度生育不受限制，但现在平均才生2.5个，美国平均不到2个，中国香港不到1个，全球如此。

新京报：那么，下一步，我国的人口政策应该采取什么样的措施？

李宏彬：劳动力数量已经开始下降，趋势已经不可避免。

放开单独二胎还不够，计划生育应该全面放开。同时，制定福利政策时要格外谨慎，要考虑长远。欧洲和日本都有这个问题，当初制定福利政策的时候，没有考虑到人口结构的变化。短期内劳动力多，供养人多，被供养人少，高福利是可以维持的。但现在倒过来了，供养人少，被供养人多，所以高福利变成了大问题。

就长期发展来讲，下一步需要提高每个人的能力，教育就是很重要的因素。

职业教育和大学教育回报率高

新京报：你对教育投资、教育与就业关系非常关注。你曾提到，大学的教育回报率在改革开放之后增长迅速。这里的教育回报率是个怎样的概念？目前，我国的教育回报率现状如何？

李宏彬：教育比较复杂，因为教育最大的成本是时间。简单来说，教育回报率是指，多读一年书，会增加多少收入。比如，大学生跟高中生比，（初入社会的）收入多了40%，四年大学教育每年的回报率就是10%。在中国，平均每多读一年书，教育回报率已经从上世纪80年代的2%左右，上升到现在的10%左右。大学教育的回报率更高，平均每年15%左右。回报比较低的是高中，研究数据显示，高中学历跟初中比，工资没有明显的区别。

但这里也有一个问题，简单比较大学生和高中生的收入差异，并不一定都是教育带来的回报，也会有人群的能力差异。为了剔除掉能力差异等不可观测因素对收入的影响，采取的办法是双胞胎比较。双胞胎的家庭背景、能力等因素相同，他们之间的比较可以剔除掉这些因素的干扰，收入的不同则来源于教育水平的差异。剔除掉其他因素的影响后，大学的回报率每年为10%左右，职业教育每年7%—8%，高中是0。最终学历是高中或者是初中，工资是一样的。

为什么呢？现在的高中主要以做题、考试为主，如果没考上大学，三年做题、考试不能增加你的就业价值。这就说明，大力发展教育的话，应该是职业教育和大学教育。大学教育扩张很快，但是职业教育还可以更好。

新京报：所以你认为，知识和技能将更大程度地改变个人的经济地位，同时，投资高等教育对推动经济长期增长非常合算。2012年时，中央财政预算按国内生产总值的4%安排教育经费。这样的比例，是否合理或充足？

李宏彬：很难说多少比例合理，多少是不合理，还要看财力和机会成本。总的来说，投资教育是很划算的，回报率高。

过去更倾向于投资基础设施，比如铁路、公路、机场。未来投资在人上，可能更划算，比如教育、医疗领域。投资在人上，短期内看不到回报，不像修路，GDP 一下子就上来了。随着政绩考核机制的改变，淡化 GDP 在政绩考核中的地位，政府可能会更多投入在教育、医疗方面。

❖ 人物

李宏彬说，读大学之前选专业是很随机的，跟现在的高中生一样，不知道应该选什么专业，也不知道各个专业都学些什么。但一个偶然的经历，坚定了他与经济学的缘分。

1993 年本科毕业的时候，有位斯坦福经济学教授 Scott Rozelle 和他的博士生 Albert Park 来中国农村作调研。李宏彬帮助他们在陕西做调查员。四五十页的问卷很长，一份入户调查可以从早上持续到下午才结束，话题涵盖生产、消费、教育、生育、粮食储存、就业等多个方面。“我发现这件事情挺有意思的，很想知道，为什么要做这样的一个问卷，是想研究些什么”。后来，李宏彬就被推荐到斯坦福继续学习。“那个年代能够获得这样的推荐信，是非常幸运的，”李宏彬说。

李宏彬在个人微博上，对自己的简介一栏写着“经济学可以很好玩”。他解释道，很多经济学问题，大家都会感兴趣，只不过我们需要用有趣的方式讲出来才行。

他曾经为自己女儿所在小学的同学们用“喜羊羊”讲过一堂经济学课。按照媒体当时的报道，他说，经济学其实是一种思维方式，是一个选择的学问。“比如每天放学后的时间有限，除了必须睡觉、做作业外，只剩下两个小时，是去锻炼身体、看书，还是出去玩？怎么样的选择是能够得到最多收获的，这就是一个经济学的思维”。

❖ 问题问答

新京报：十八届三中全会确立的众多改革中，你最关注哪一项？

李宏彬：人口、教育改革、医疗改革、国企改革、金融改革、政府职能改革，都很关心，彼此都是相关的，所以才会推出一揽子计划。

新京报：未来两年是上述改革推进的重要窗口期，你认为两年内，最有希望改变现状的一项改革是什么?

李宏彬: 最需要改的，是中央和地方的关系，尤其是财政关系。地方财力不足，还要做事情，只能靠卖地、靠借钱，也就是所谓的地方融资平台。应该改变税收的分配体制，给地方更多的财权。还有专项转移支付的方式，现在是中央批项目，一个项目，所有省都在争，所有省都上相同的项目，既干预了市场，又容易造成产能过剩。其实可以通过合理的设计财政或者其他方式，调动地方政府的积极性。

此外，现在说要改变政绩考核方式，不看 GDP，但是还没有给出一个明确的考核目标，地方政府就会很茫然。所以，考核指标一定要明确化，要不地方政府不知道往哪儿努力。

新京报: 未来 10 年，你认为哪一个行业最具有投资前景?

李宏彬: 农业，因为还不够市场化。养老和医疗，因为我国小孩少，老人多。教育，未来教育将发生根本性改变，职业教育的市场格局将发生很大改变。另外，目前国内的金融还是大银行为主，需要大量地方性的小银行，我国金融中介数量不足。还有环保和节能，老百姓的环保意识越来越强，国内的能源价格太贵，需要大量新产品以节约能源。

新京报: 怎么看待知识分子的社会责任话题?

李宏彬: 当有些话语权的时候，有点良心就好了。

新京报记者　赵嘉妮

33 汪 浩

混合制改革关键在国企市场化

核心观点

目前的混合所有制企业实际上还是典型的国企，特征主要有两个，一是政企不分，二是私人股份不能影响企业经营。

因此混合所有制改革的关键在于让国企市场化，一方面，要去行政级别，雇用职业经理人；另一方面，政府应该停止干预企业经营。

汪 浩

1970 年生于湖南岳阳市临湘县。北京大学国家发展研究院／中国经济研究中心教授。1992 年南开大学数学系毕业后，就读于中国人民大学信息系，1995 年获得经济学硕士学位。1995—1997 年，在财政部财政科学研究所工作。1997—2002 年，就读于美国俄亥俄州立大学经济系，获经济学博士学位。2002 年至今，在北京大学中国经济研究中心任教。 研究范围包括：产业组织理论、企业战略、反垄断与政府规制。

反垄断官员自由裁量权很大

新京报：你在反垄断方面有很深研究，怎么界定企业是否有垄断嫌疑？

汪浩：我们理论研究本身并不能给出一个数值。但是在实践中，官方会有这样的一些指标。这个指标不是简单的百分比指标，而是一个指数。把每个企业的市场份额的平方和加起来。如果数值小于某个数就没有问题，大于某个数值就要具体问题具体研究了。再大于某个数值就要否决了。

新京报：一般在什么状况下，政府会对企业进行反垄断调查？

汪浩：对企业进行反垄断调查一般有两个原因，一个是企业要进行合并，再一个就是企业的一些做法，大家觉得不好，我们一般称为合并案例和垄断案例。垄断并不违法，违法的是垄断的行为。比如它的一些做法促成了垄断，或是促成了对其他企业不公平的行为。如果一家企业通过正常经营，越来越大，反垄断就拿它没有办法。如果它想合并，做的事对别人不公平，那就可以进行干预。

新京报：去年互联网行业曾爆发第一例反垄断诉讼，你怎么评价中国的反垄断法？

汪浩：我国反垄断法的制定高度借鉴了美国、加拿大的反垄断法，国内并没有自己的理论研究。条文不可能涵盖现实生活发生的所有事情，比如360和腾讯的案例，不可能找一些案例直接适用的，那么必须要靠主观判断。

所以我认为中国的反垄断不应该做得很大，也不应该把反垄断法抬到一个很高的地位上。垄断行为是个说不清楚的事情。很多时候靠的是主观判断，主观判断很多时候就是拍脑袋。为什么反垄断官员的权力非常大，因为他有自由裁量权。

新京报：这个自由裁量权究竟有多大？

汪浩：没有边界，说不清楚。而将说不清楚的事，规定得太详细，会产生负的作用。另外，反垄断法在正常的环境中针对的都是大企业，因为它要垄断市场。在中国，大企业是国企和外企，民营企业很少。但是国企往往不受这个约束。

新京报：为什么这么说？高通卖给本土企业是一个价格，卖给中国企业是另一个价格，不是明显的不平等待遇吗？

汪浩：那要继续调查，为什么会出现区别定价。东西卖得便宜的原因往往是有竞争。在中国卖得贵往往有几个原因，有可能中国没有竞争，只能从高通买，不能从别的地方买。为什么美国能从别的地方买，中国不能从别的地方买。这个原因要调查清楚。再一个是不是中国的市场可能不一样，比如中国的营销成本比较高。

举个例子，宝马的汽车在中国的价格是美国的三倍。为什么会有这么大的差异？除了税收以外，宝马本身的营销在中国的成本也很高。或者在中国的定位是不一样的，在美国它的定位是中端汽车，在中国它的定位是高端汽车。这种企业的自由定价，我个人感觉是有道理的。但从法律上说，区别定价可能是违反反垄断法的，在没有理由的情况下，对不同的顾客收取不同的价格就可能是违法的。

混合制可以提高国企效率

新京报：你刚刚也谈到国企垄断问题。混合所有制被认为是国企改革的重要部分。其实混合所有制的问题已经在联想等企业做到了。为何现在重提到如此高位？

汪浩：目前大型国企基本上都是上市公司，可以说都已经实现了混合所有制。但是目前的混合所有制企业实际上还是典型的国企，特征主要有两个：一是政企不分，二是私人股份不能影响企业经营。因此这一轮混合所有制改革的关键在于让国企市场化，一方面，要去行政级别，雇用职业经理人；另一方面，政府应该停止干预企业经营，包括提供行政性保护和施加政策性负担。对于没有竞争力的国企，应该私有化、破产或者被收购。

一般来说国企的经营效率较低，民企效率较高，混合所有制企业介乎其中。但是对于品质很难观察且重复购买很少的产品，如医疗、基建、设备维修、高度耐用品（如输油管道）等，国有企业往往享有较高的信誉，因此有一定竞争力。如果能够适当“混合”，那么既可以获得接近民企的效率，又可以享受国企的信誉，有一定优势。

新京报：现在许多经济学家认为混合所有制很危险，比如保育钧就认为现有出台的政策基本上起不到什么作用。你怎么看？

汪浩：关键要看怎么执行，政府决心有多大。总体而言，这届政府提出把市场可以决定的交给企业，交给市场来做。权力下放，分散决策，这是非常正确的一个方向。但是，收权容易放权难。心理学有个现象就是你给人家好处，人家是感激的，但是这个感激有限度，如果你把这个好处拿走的话，人家是会跟你拼命的。现在官员已经有很多的权力，如今要把这个权力拿掉，阻力是很大的。

新京报： 该怎么具体操作，你有何建议？

汪浩： 这方面我没有想过具体机制，但把官员权力交还给市场这个过程是必须坚持的。至于怎样使得阻力最小，有个办法就是增加透明性，让权力贬值。比如审批权，想拿到审批签字，就得给好处。这个权力不直接从官员手里拿掉，但过程慢慢透明化让它贬值，当权力贬值后再拿掉就比较容易了。

新京报： 但是实现透明化本身就是一个困难的过程。

汪浩： 是。实现透明化本身就有权力调整的问题。在什么情况下公开，什么情况下不公开，本身就是个权力调整问题。这些事情看起来像死结，但是必须去做，有些事做起来还是会产生效果的。

提高土地供应量解决房价问题

新京报： 你在一篇文章里说，“城市交通条件的改善会加剧房地产楼盘之间的竞争，在其他条件不变的情况下，使得房地产价格有下降趋势。从而可以作为政府调控房地产市场的一个有效的政策工具”。这个理论运行有哪些前提，为何感觉在北京地区该理论失灵？

汪浩： 那个是纯粹的理论研究。它的前提是，在总的住房需求不变的情况下加强交通，消费者到哪儿买都行，竞争就激烈了。但是北京的需求一直在增加，供应实际上是不够的。这也是一个理论经济学研究和投行经济学研究的差别。投行研究会告诉人们最终是涨还是跌的一个结果，而理论研究会有很多前提条件，是在别的都不考虑的情况下得到的结果。

新京报： 怎么理解这个研究在实际操作过程中的意义？

汪浩： 要考虑更多的因素。在不考虑需求增加的情况下，加强各个楼盘之间的竞争，价格就会下降。但是在考虑实际问题的时候需要把各个问题都考虑进去。包括需求的预测，预测需求一直增加而供应一直不涨的情况下，价格就会涨。

而需求是很难预测的。一个是人口的流入，但有的人没流入这个地方，房子已经买在这个地方了；另一个是本地人的预期，如果本地人预期房子会涨，可能不需要也会买。还有很多其他的因素会影响需求。

所以，在考虑现实问题的时候，很多的问题都要考虑，不像理论研究只考虑一个点，是比较局限的。

新京报：为何你认为政府打压城市土地价格、增加经济适用房供给、增加炒房成本等手段抑制房价都不是正确选择？

汪浩：很多调控是完全没有经济学道理的。比如经济适用房的初衷是建一批房子，土地价格便宜，卖给低收入人群。初衷是好的，但可能会产生很多问题：首先，执行的过程中会不会有腐败；其次，低收入怎么界定。大学生刚刚毕业是属于低收入人群，但是过了十年八年可能就不是低收入人群了，这个时候如果还住在经济适用房里，就不合理了。

再一个就是政府打压土地的价格。如果是提高土地的供应量，打压土地的价格是合理的。反正市场要出清，土地多了就便宜了。但是以行政手段打压土地价格，而这时土地是不够的，那么企业就愿意以很高的价格去购买，但价格经过“打压”很低，结果就是大家都想要，该把土地给谁，问题就出现了。

新京报：对房地产调控政策，你认为当前行之有效的手段是什么？

汪浩：我的方法是提高土地供应。

❖ 人物

在北大朗润园里，见过汪浩两回，他都是一身的运动装。但汪浩发表文章的速度似乎和他矫健的身姿成反比。目前在网络上能够公开搜索到的中文作品不超过十篇。

这是因为他的研究是面向学术界人士，学术界比大众更加挑剔，所以汪浩一篇文章的写作时间通常要半年到一年时间，后期修改还要几年时间。平均一篇文章从开始到最后发表，需要两三年时间，有的文章需要五六年时间。

汪浩说，作学术研究要耐得住寂寞。还好他追求的不是知名度，而是能在学术研究中占有一席之地。“比如某个文献里面有一个学科研究是汪浩作的，将来几十年后，研究这个东西的人，还要看这个文献。”

“这个东西就像盖房子，必须要把地基打牢。我不是在建立一个对当前问题的看法。当前问题的看法过了几个月就消失了，而我希望我的研究能更持久一点。这就是我的个人目标。”

汪浩认为，作学术研究是年轻学者建立学术地位必经的历程，只有当学术地位确立，作通俗研究才有意义，也才有人愿意倾听你的见解。虽然会很寂寞，但自己内心平衡，因为知道前进的方向在那里。虽然感觉一开始前进的速度很慢，但理顺思路，总能如疾风般快步远去。

❖ 问题问答

新京报：你对中国经济运行最大的担忧是什么？

汪浩：中国经济2014年最大的问题可能在房地产上。如果房地产降温过快的话，可能会导致失业的问题，可能会导致建筑工人和相关的行业方面一些就业的问题。

新京报：有评论说这两年是改革的窗口期，你认为最有希望的改革是什么？

汪浩：简政放权。简政放权是其他改革的基础。如果不简政放权的话，其他市场改革也做不下去。如果看改革成不成功，最近的看点还在简政放权。

新京报：未来行业你认为哪一个行业最有投资前景？

汪浩：个人感觉将来比较有希望的是保险行业。

新京报：怎么看待中国知识分子的社会责任话题？

汪浩：知识分子的首要职责应该是发现知识，为社会提供知识。

新京报：你最尊敬的经济学家是哪一位？

汪浩：周其仁。

新京报记者　林其玲　实习生　徐新媛

34 龚六堂

改革税制，将税权收归全国人大

核心观点

收入分配改革的核心问题，是提高个人可支配收入在 GDP 中的比重。现阶段的收入分配中，政府征税还是太高，且存在重复征税的现象。中国亟须改革税制，将税权收归全国人大。

落实混合所有制改革，难点在于国企和民企的互不信任，要解决信任难题，关键在于加强立法，落实产权保护。

图 / 周岗峰

龚六堂

北大光华管理学院副院长、应用经济系教授、博士生导师。教育部“长江学者”特聘教授、国家杰出青年基金获得者。1992年武汉大学数学系毕业，1997年获得武汉大学数学博士学位。主要研究宏观经济政策、公共财政、经济增长和动态经济学等。

老百姓收入占比下降不应该

新京报：4 月 30 日，国务院宣布，建立深化收入分配制度改革部际联席会议制度。你怎么评价这个制度安排？

龚六堂：从 2003 年开始提收入分配改革，一直到 2013 年改革纲要才出来，但细则一直未出台。此次成立这样一个组织，总比不成立好，说明现在开始正式启动改革了。

新京报：你认为这个机构能起到多大作用？

龚六堂：收入分配改革中，容易的部分已经改完了，剩下的都是难改的，要进入攻坚战了，要动既得利益群体的蛋糕。可统计的数据显示，中国行业间的收入差距，最高已达 6 倍。我认为成立这样一个会议制度，有总比没有好。对于它的作用，将拭目以待。

新京报：中国收入分配改革的核心难题是什么？

龚六堂：收入分配改革的核心问题是要提高老百姓的收入，提高老百姓的收入在 GDP 中的占比。我们老百姓收入占 GDP 的比重，最近才上升到 35%，发达国家个人可支配收入是 GDP 的 60%—70%，美国大概是 80%。总体而言，中国老百姓的收入还不高。政府税收增长比这要快，老百姓收入占比在不断下降，这是不应该的。

新京报：你在十多年前就研究收入分配问题，呼吁中国的收入分配改革。对这些年改革的进展是否满意？

龚六堂：政府的税目前还是收得太高了，2013 年政府税收占比 22.7% 左右，按这个水平而言，是不多的，但按全口径统计，把各地的土地出让金等税外收入都加上去，就会达到 33% 至 36%，这个比例和工业化国家相比，就显得太高了。所以现在的核心是政府要减税。从结构上、总量上减税。

新京报：从这十年来看，收入差距继续扩大。问题在哪里？

龚六堂：GDP 分配中，有个首次分配，首次分配主要是在政府、企业、个人间分配。如果政府和企业在首次分配中占比过大，个人的收入就会少。从 1997 年开始，个人收入在首次分配中的比重不断下降。

按常理而言，在经济发展中，资本的重要性应该是越来越低，劳动力的重要性越来越高，而我们现在正好是相反的。这就要反思，在初次分配中，政府拿的是不是太多了。

新京报：中国各种隐形收入分配不公也加剧了这种差距。

龚六堂：正常的收入分配是政府、企业和个人三分，但在我们的分配体系中，还有一部分是灰色收入，这些收入是没有计入统计数据，未进入分配体系的。有预测称目前灰色收入占 GDP 比重是 4% 到 12%。这样一来，进入正常分配体系的份额就更少。灰色收入又都是掌权者或有钱人获得的。这些进一步加剧了分配不公。

新京报：你前面提到，“政府拿的是不是太多了”。中国各级政府征税的权力挺大的。这似乎是一个难题。

龚六堂：这就要制衡，办法是完善我们的财税体制，把我们的税制厘清，找到 GDP 增速低于政府财政增速的原因。

我们的税收有重复征税的环节。重复征税后，征税成本也高。现在的情况是政府根本不清楚对老百姓征收了多少税，哪些环节多征了税。

新京报：政府都弄不清究竟对老百姓征了多少税?

龚六堂：这主要是税收体制上出了问题。本来征税是要经过全国人大立法通过的，但目前的状况是多部门都有权制定征税条例，这就会政出多门，出现重复征税。这就要求我们不断推进依法治国的进程，将税权收归全国人大，这是解决税收问题的关键。

要努力降低基尼系数

新京报：事实上，政府减税对经济是有好处的。现在似乎决策层很多人接受了这一点。

龚六堂：虽然在经济危机中，各国政府出台了多项措施，对经济的恢复起到了一定作用，但是政府公共支出对经济的影响，是短期的拉动。长远来看，减税可以增加老百姓的个人收入，刺激消费，提振经济。所以本届政府在减税这个问题上是有共识的，现在积极推动“营改增”，给小微企业免税，减税的步伐在加快。

新京报：去年中国出台了收入分配改革纲要，纲要的核心是强化社会保障体系、调整个人所得税以及要求国有企业承担更多社会责任等。你怎么评价这个改革方案？

龚六堂：税负多少算合理，并无定论。很多发达国家征税比例很高。关键问题是钱收了，要怎么花。

税收怎么花，老百姓高兴呢？在教育医疗社保这些领域，可以说，政府花多少都不为过。在发达国家，这些公共领域支出一般占财政收入50%。在我国，2012年教育支出占到4%，但在医疗、社保领域，支出还不够。

新京报：对于收入分配的研究，20世纪80年代以前的计量研究认为收入不平等有利于经济增长。后来的研究又认为不平等不利于经济增长。现在的研究，普遍接受的结论是什么？

龚六堂：研究发现收入分配和国民经济呈现倒U形的关系。在收入差距小的时候，收入分配不平等，起激励作用。但是收入差距扩大到一定程度，收入分配不平等差距扩大，也就是基尼系数扩大，对整个社会经济运行是有害的。

我们刚实行改革开放时，基尼系数是0.15，那时候几乎是完全平等的。但大锅饭，没有积极性。当时邓小平提出让一部分人先富起来，允许收入分配上有差距，这样可以提高一部分人的积极性，促进经济发展。但发展到现在，我们的基尼系数过高了，一定要努力去降低它，否则是要出问题的。

新京报：这个倒U形结构，具体到哪一点开始出现收入分配不平等对经济有害？

龚六堂：具体到一个国家来说，在倒U形的模型上，U点是各不相同的。U点就是基尼系数到某一点后，老百姓没有幸福感。测算显示，欧洲是0.43，美国是0.41，当到这个水平时，人民的幸福感降低，中国还没有做过这方面的统计，但是我估计是在0.5左右。

新京报：国家统计局公布，去年中国的基尼系数为0.473，略低于2012年的0.474。一些独立经济学家对上述数据表示质疑，认为中国的贫富差距在扩大。密歇根大学公布的一份报告认为，中国基尼系数约为0.55，高于美国的0.45。你认为目前我们的基尼系数存在低估吗？

龚六堂：社会上对政府公布的数据争议较大，一方面觉得低了，另一方面怀疑这个系数趋势问题。按政府公布，2008年为0.491、2010年是0.481、2011年是0.477，到2013年是0.473。趋势不断下降，但对公众自身感受而言，是不相信这样的趋势的。

新京报：中国人对收入不平等的趋势还是很敏感的。

龚六堂：我国的不平等加剧的趋势是惊人的。1978 年刚改革开放时，几乎是完全平等的，30 多年的时间，就拉大到现在这个水平。而相比发达国家，它们的贫富拉大是经过漫长的发展时间。所以中国在这方面，个人的感受就会变得尤其敏感。

混合所有制改革需解决国企和民企互信

新京报：财政部通知，从 2014 年起进一步提高中央企业国有资本收益收取比例。提高 5 个百分点，至 10%—25% 不等。最终这个上缴数字多少合适？

龚六堂：我认为现在上缴的比例还是低了。

国企利润留存是一个历史问题，以前国企发展不好，利润少，甚至处于亏损状态，为了国企发展，上缴的利润占比比较少。现在国企发展起来了，留存的利润越来越多。数据显示，国有企业员工的收入是民营企业的 1.5 倍。国企留存的利润，是全国人民的。国企收入应该看做是财政收入，全国人民享有。

新京报：财政部说今年央企上交利润中约有 13% 将用于社保计划。这个比例还有继续提高的可能吗？

龚六堂：13% 还是不够，杯水车薪。社保基金本来是国家的，国企也是国家的，我认为要划拨到 30%。

2004 年，我让博士生作过研究，测算将国企股份划入社保基金的经济效应。研究发现这对于社会福利是很有利的。划拨股份比上缴利润更好，这样一来，国有企业的股份持有者就变成国资委、社保基金，这比混合所有制改革简单。

新京报：你提到混合所有制。目前似乎很多民营企业家还处在观望状态。这是什么原因造成的？

龚六堂：目前的混合所有制改革，就是我们之前提出的股份制改革。主要是为了解决同股不同权的问题，国企占有的股份少，但却能控制整个企业。这就要求加强产权保护，每一份股份都有相同的权利，这样才能增加国企和民企的信任。

新京报：你认为目前混合所有制落实得怎么样？

龚六堂：混合所有制目前落实得不好，主要是国企和民企之前互相都不信任。国企害怕民企进来，掏空国有资产，造成国有资产流失，而且还可能将国企吞并。民企担心国企吞并自己的企业，兼并它，控制它。

新京报：怎么解决这个难题？

龚六堂：要想混合所有制发展好，需要解决国企和民企的互信问题。需要加强立法，落实产权保护。十八届三中全会中也提出加强产权保护，但关键在于落实。

新京报：有观点认为，过去30多年改革开放，主要依靠自下而上的创新和发展，未来30年更需要顶层设计。但也有经济学家反对顶层设计，认为中国过去的很多重大改革是民间智慧的合法化、制度化的结果，你怎么看？

龚六堂：现在提出顶层设计和"摸石头过河"相结合，过去30年的改革，是自下而上的，但容易改的东西，已经改革得差不多了。目前的金融、国企改革等这些问题，不是自下而上能改的，这就需要从全局层面，设计出合理的财政体系，这些改革具有系统性。这就需要顶层设计。

中国经济研究还在照搬国外模型

新京报：你认为中国经济增长的过程中显示出了大量的问题，每一个问题的研究都可以获得诺贝尔经济学奖。但我们原创性的研究还不够。

龚六堂：中国的经济学研究，正规的起步相对晚。现在我们的经济学研究都是模仿、套用西方的研究方法，还未跳出西方的研究模式。中国30年的经济发展，有自己的特点，研究中国的经济问题，应该有自己的研究方法和模式。

新京报：现在有一个说法，经济学在中国成为显学，谁都跑出来预测经济。媒体还总结过去10年经济学家对房价的预测，发现很多是错误的。怎么看待经济学家的预测问题？

龚六堂：经济学的主要作用就是解释经济现象、解读经济政策和预测经济，其中最重要的就是预测。

现在中国缺乏对国家经济预测的系统性研究。报纸上有很多财经时评，老百姓看了以后有种错觉，觉得大家都能预测经济。但是实际上能够对宏观经济有掌握的人很少。

新京报：国内宏观经济的研究问题在哪里？

龚六堂：我们过去的研究是套用国外的模型。但是中国的市场和美国不相同。国外的研究有参考作用，但是不能完全照搬。我们必须有自己的模型自己的研究。但是建立一个这样的模型很耗时耗力，在这个浮躁的社会很少有人能够耐下心来去研究。

❖ 人物

很难想象，这位著作颇丰的青年经济学家，到博士的第三年，才真正对经济学感兴趣，而在此之前，他一直致力于数学专业。喜欢之后，便阅读了大量的经济学书籍。

博士毕业后，龚六堂作为专家学者到美国做科研工作。这短暂的半年时间，影响了龚六堂的研究方向。

"之前我读了大量的书籍，只是理论掌握了很多，但是到了美国之后，通过交流研究，一下子找到了经济学的感觉，这对于一个学经济学的人来说非常重要，找到感觉之后，我很快就确定了自己的研究方向，包括我现在研究的动态经济学、宏观经济学等等，都是在那时候确定的方向。"

在大多数人看来，经济学是如今中国社会的一门"显学"，知名的经济学者不仅名利双收，还能影响国家的宏观经济政策。对于这种观点，龚六堂却不以为然。

"经济学研究想影响政策很难。我研究经济问题，是基于自己的兴趣，享受学习的过程。"龚六堂说。他还认为，"经济学的作用就是解释经济现象、解读政府政策、预测经济。我可以把别人没有看清楚的问题看清楚，自己心里舒服。当然，要是能有影响，那是最好的。"

基于这样的想法，在教学中，龚六堂会让他的学生从经济学的角度，解读政府的政策报告；或者去基层作社会调查，了解真实的社会。

在采访快结束时，龚六堂的儿子放学后来到他的办公室。龚六堂经常把他带到学院来，"希望光华老师的好习惯能够影响到儿子"。

❖ 同题问答

新京报：对2014年的经济、社会运行，你最大的担忧是什么？

龚六堂：担心中国经济可能出现系统性金融风险；房地产的风险和银行的呆坏账风险也存在。更害怕经济下滑后，又走老路，对经济进行刺激。不过，李克强总理说过不会有大的刺激。

新京报： 十八届三中全会确立的300多项改革中，你最关注哪一项？

龚六堂： 市场与政府的关系，让市场在资源配置中起基础性作用。

新京报： 评论认为，未来两年是上述改革推进的重要窗口期，你认为两年内，最有希望改变现状的一项改革是什么？

龚六堂： 金融市场的改革。

新京报： 未来10年，你认为哪一个行业最具有投资前景？

龚六堂： 农业现代化和环保。

新京报： 怎么看待知识分子的社会责任话题？

龚六堂： 知识分子有责任推动社会进步。经济就是经邦济世，经济学家参与社会调研，写报告，希望研究成果被政府采纳，贡献自己的一点点智慧。

所以我们培养学生的社会责任感。这个社会责任感不一定是很大的东西，责任感也可以体现在小的方面，比如敢于承担错误也是责任感的一种体现。

新京报： 对经济学家，你最为尊敬的是哪一位？

龚六堂： 罗伯特·卢卡斯。

新京报记者　杨万国　朱　星　实习生　徐新媛

35 温彬

利率市场化推动银行业二次转型

核心观点

当前深化金融领域改革的核心要素是利率和汇率的市场化。

大型银行应向综合金融集团迈进；股份制商业银行建设专业银行，提升比较优势；小型银行做精做细社区银行业务。中国需要多层次、差异化、错位竞争的银行体系，以满足不同类别客户发展的需要，这是银行业“二次转型”的方向。

图／吴 江

温 彬

经济学博士，研究员，中国银行国际金融研究所宏观经济研究主管，《国际金融研究》杂志副主编。

中国银行业告别黄金时代

新京报：你最近主要关注什么？

温彬：就金融领域而言，我认为最重要的是利率市场化改革。这不仅给银行业的发展转型带来挑战，而且对宏观经济也会造成不确定性。十六届三中全会开启了过去10年的金融业改革，这一轮改革的核心是商业银行的股份制改革。银行业纷纷股改上市，中国银行业迎来了快速发展的黄金10年。

新京报：中国银行业的黄金10年原因何在？你怎么评价中国银行业的业绩？

温彬：这首先得益于中国经济的快速发展，为银行业快速增长创造了条件；其次，股份制改革使商业银行建立了良好的公司治理机制，风险管理水平也显著提高。当然，我们也要看到，我国银行业高盈利能力主要来自两个途径：一是规模扩张。截至2013年末，中国银行业总资产规模达到151万亿元，较2003年末增长了4.39倍。二是稳定的净利差。由于存在利率管制，银行业的平均净利差多年来保持在3%左右。

新京报：那你如何看待未来10年银行业的发展？

温彬：对中国银行业来说，未来10年是充满竞争和挑战的10年。一是，我国经济增速已从高增长转向中高速增长的新常态，随着多层次资本市场的快速发展以及新资本协议对银行业资本充足率和杠杆率监管要求的提高，银行业凭借资产规模扩张就能盈利的时代已经结束。

二是，自2003年商业银行股改以来，中国银行业尚未经历一个完整的经济周期，目前在中国经济下行压力不断增大的背景下，银行业的不良贷款率已经连续9个季度反弹，如何防范和化解信用风险对所有银行都是一个现实而严峻的考验。

三是，利率市场化以及互联网金融的快速发展对商业银行的传统盈利模式带来挑战，国有银行与民营银行、传统金融与新金融之间的竞争会更加激烈，迫切要求中国银行业进行“二次转型”。

借鉴美国经验，明确“二次转型”方向

新京报：今年两会的时候，央行行长周小川说，大概一两年，就能完成利

率市场化。你觉得银行都准备好了吗？

温彬：我国利率市场化已走过了18年，仅剩取消存款利率上限这最后一步。利率市场化是中国经济金融转型的核心要素之一，不能因为银行没有准备好而放慢脚步，银行经营战略和行为的转变是倒逼出来的。

近几年，大多数银行的董事会和管理层非常重视利率市场化的应对工作。但是，我国正在进行的利率市场化比欧美和日本当前的情况更加复杂，这主要是因为我国在利率市场化过程中遇上了互联网金融，它作为一个搅局者实际上起了一个加速器的作用。我国银行业不仅要面对发达国家当年“金融脱媒”的挑战，更要面对当今“技术脱媒”的挑战。

新京报：能否具体介绍一下美、日等发达国家银行业应对利率市场化的经验？

温彬：美国和日本基本上都在上世纪80年代开始进行利率市场化，总的来看，美国银行业应对比较成功，而日本则留下不少教训。

美国银行业在应对利率市场化时主要采取了三大措施：一是资产负债表重构。“金融脱媒”使银行中介作用下降，银行通过发行金融创新产品增加主动负债比重，尽管资金成本有所上升，但通过增加中小企业贷款、住房按揭贷款、信用卡贷款、消费贷款等具备议价能力的贷款比重，仍保证了一定的利差水平。

二是大力发展表外业务。当时《巴塞尔协议I》还未出台，银行通过金融创新和表外业务扩张，如信用承诺、金融衍生品交易等有效地对冲了利率市场化对表内业务的影响。

三是积极开展混业经营，发展投资银行、保险等业务，这为商业银行开辟了新的盈利空间。

可以说，美国银行业应对利率市场化的过程也是美国金融监管不断放松、金融创新快速发展的阶段。

新京报：那日本呢？

温彬：当时，日本也出现了“金融脱媒”，不过仅体现在大企业贷款的“脱媒”，而日本国民偏爱储蓄的习惯使银行的负债并未受到资本市场发展的影响。源源不断的储蓄使日本银行业资产负债表急速扩张，银行在加大对中小企业贷款投放的同时，在土地和房地产贷款方面的规模越来越大。20世纪90年代初，日本银行业资产规模超过欧美，位居世界前列，但随着房地产泡沫的破灭，日本银行业也从此一蹶不振。

新京报： 我们有哪些经验可以借鉴？

温彬： 距离欧美发达国家利率市场化已经过去30多年了，经济基础、监管规则、技术革命等已发生了很大变化。比如，当时发展表外业务就没有太多限制，但目前“巴塞尔协议Ⅲ”就通过杠杆率等指标约束了银行业表外业务的扩张。不过，对当前中国银行业仍有很强的借鉴意义。

比如：发展存单（CD）提高银行主动负债能力应对存款分流。去年末我国部分试点银行开始在银行间市场发行同业存单（NCD），预计今年将进一步扩大到对企业和居民发行。又比如：前几年大银行给中小企业贷款的积极性都不高，随着大企业更多地利用资本市场进行直接融资，大银行对中小企业融资开始由“要我贷”向“我要贷”转变。

虽然我国仍实行“分业经营、分业监管”的体制，但已有不少大银行拥有了证券、保险、基金、租赁甚至信托等牌照，综合经营以及大资管都为银行改善业务结构、提高盈利水平创造了条件。

新京报： 面对利率市场化，你认为商业银行应该如何进行二次转型？

温彬： 目前，大、中、小各类规模的银行都提出发展中小企业，认为可以通过提高中小企业贷款定价来应对资金成本上升造成的净息差减少的压力。这种客户结构调整一边倒的转型思路与利率市场化的要求背道而驰。

我认为，大型银行应向综合金融集团迈进，走“综合化、多元化和国际化”发展道路，更多服务中国企业走出去，将来人民币成为国际货币，具有更大空间。股份制商业银行建设以某一项业务为特长的专业银行，比如私人银行、小微信贷、资金交易等业务，提升比较优势。小型银行可凭借灵活机动和社区信息优势，做精做细社区银行业务。中国需要多层次、差异化、错位竞争的银行体系，以满足不同类别客户发展的需要，这是银行业“二次转型”的方向。

互联网金融加速利率市场化

新京报： 你刚才提到，中国的利率市场化遭遇互联网金融，变得更加复杂，是不是说互联网金融加快了利率市场化的进程？

温彬： 在我国，由于股市长期低迷，资本市场发展对银行“脱媒”的冲击相对渐进和缓和。而当利率市场化遇上互联网金融，其影响呈现加速度。

目前，对互联网金融拥护和质疑的声音都很大，究竟是先发展再规范还是在规范中发展应取决于互联网嫁接的对象。互联网其实更像是一个渠道，在

"渠道为王"的时代，互联网就具有了超强的能力。它可以和不同的行业和领域进行嫁接，于是便出现了互联网金融、互联网房地产、互联网旅游等等。因此，除需要对互联网本身的规范外，对于与之嫁接的对象自然也要接受相关行业的规则。

新京报：之前关于"余额宝"也有一场大论战，说是银行的"吸血鬼"，不仅没有任何创新，反而推高了社会融资成本，你怎么看？

温彬：互联网理财产品的高收益正是放松利率管制推进利率市场化的必然结果。互联网金融理财产品对银行最显著的冲击是导致银行活期存款加速市场化定价。

最近三年，企业和居民活期存款占一般存款的比重从50%下降到37%。照此速度，每年大概有2万亿元活期存款转向高收益的理财产品，银行为此要多支付上千亿元的资金成本。

新京报：那你是否也赞成对余额宝等产品征收存款准备金？

温彬：互联网金融理财产品支持者认为，对余额宝征收法定存款准备金是商业银行"绑架"央行的自救行为。其实，从理财产品发行门槛看，银行理财起点必须是5万元，而互联网理财1元钱就行，这既限制了银行理财发展空间，又使银行背负了"嫌贫爱富"的坏名声。我赞成央行统计司司长盛松成的意见，出于货币政策调控的目的，应针对商业银行的同业存款征收法定存款准备金，而不是针对货币市场基金或余额宝征收。

客观上讲，一旦开征，势必会使互联网理财产品收益率下降，从而使其吸引力下降，但互联网理财产品的未来走势会因属性不同而分化：对余额宝来说，因为它绑定的是支付宝，因此随着支付宝客户数量的增加和交易保证金的增长，余额宝还有发展空间，但对于那些单纯靠高收益吸引客户的互联网理财产品来说，未来生存空间会越来越窄。

利率市场化还有三道关

新京报：你会不会觉得利率市场化过快了，特别是互联网金融以来，银行好像有点招架不住？

温彬：的确，当利率市场化遇上互联网金融，使银行业竞争格局更复杂，银行不仅要应对资本市场发展的挑战，更要应对互联网新金融模式的挑战，后者对银行来说更加陌生且不易驾驭。

新京报：所以说取消存款利率管制很容易，但与利率市场化相适应的配套制度还并不完善。

温彬：取消存款利率上限容易，但要真正建立一套适应利率市场化的宏观调控机制、商业银行定价机制、利率风险管理机制还需要过三道关：

一是，建立以央行调控基准利率为基础的货币政策传导机制。整体来看，债券市场和资本市场以 Shibor（上海银行间同业拆借利率）为定价参考产品的广度和深度还有待提高。

二是，提高银行定价能力。利率市场化对商业银行最直接的挑战是对贷款定价的能力和风险管理能力的考验。目前，大多数银行还做不到分客户、分产品的定价，还未达到精细化管理的程度。

三是，发展规避利率风险的衍生品市场。与利率市场化相伴，银行的利率风险凸显，必须加快建立和完善规避利率风险的人民币衍生品市场，为金融机构和企业提供利率掉期、远期利率协议、利率期权、利率期货等利率风险管理工具。

此外，建立存款保险制度和破产退出制度也是实现利率市场化的重要基础。

不良贷款上升是更主要风险

新京报：在贷款定价能力方面，原先就扎根于中小企业的中小银行是不是更具优势？

温彬：利率市场化其实是考验银行的风险偏好、风险管理和识别能力，而贷款定价就是这种能力的集中体现。长期以来，大银行习惯做信誉良好、有担保抵押的大客户，而中小银行大多定位在服务中型和小微企业，利率市场化自然给了中小银行进一步做深做透中小微企业的空间。

新京报：但为什么在利率市场化的过程中，出问题的倒闭的都是中小银行？

温彬：通常，大家把美国利率市场化期间有上千家金融机构（主要是储蓄贷款协会等中小金融机构）倒闭看做是中小银行不能适应利率市场化挑战的证据。这种看法并不全面、客观。出现上述现象主要是 20 世纪 60—70 年代，储蓄贷款协会发放了大量的低息、固定利率且长期（一般为 30 年）的住房贷款，而 80 年代利率市场化使银行的负债成本快速上升，最终导致储蓄贷款协会经营亏损、破产倒闭。

我国中小银行发放贷款的期限较短，且基本是浮动利率的贷款，负债成本提高是可以通过提高信贷客户的风险溢价进行对冲的。当前，经济下行压力加大引起潜在的不良贷款上升可能是当前应对利率市场化更主要的风险。

❖ 人物

温彬1998年从中国社会科学院世界经济与政治研究所博士毕业，分配到中国银行公司业务部从事了6年的银行信贷和客户营销工作。出于对研究工作的喜爱，申请从银行实务部门转到国际金融研究所作宏观经济金融研究，期间还先后负责过《国际金融研究》杂志编辑出版和银行战略管理的工作。多种工作性质和职能的转换，使他对银行业务和实体经济运行有着深刻的理解。

目前他还是中央财经大学和对外经贸大学的兼职教授，每年要指导几名研究生的论文，繁忙工作之余定期和学生们就选题、观点、数据分析进行交流。

温彬认为，虽然理论源于实践，但一味关注市场的潮汐变换，时间久了，思维也会枯竭，和学生们一起学习理论、作点学术研究，有助于理论和实际很好地结合，从市场分析中发现问题，在理论学习中思考升华，不断丰富和完善自己的研究逻辑和框架，提高市场分析的科学性和前瞻性。

他认为，市场机构研究的核心工作之一是对宏观经济金融数据作预测，预测无常胜将军，分析师即使有好的研究逻辑和框架，也要敬畏市场的力量。

❖ 问题问答

新京报：对2014年的经济、社会运行，你最大的担忧是什么？

温彬：最大担忧是地方政府和企业部门债务可持续性问题。由于经济下行、投资效率下降等原因，不少地方政府融资平台和企业经营现金流不能正常还本付息，只有依靠筹资现金流进行“还旧借新”，融资成本的上升又会加剧债务负担，一旦出现流动性问题就会迅速导致信用风险。

新京报：十八届三中全会确立的300多项改革中，你最关注哪一项？

温彬：作为一名金融工作者，我最关注利率和汇率市场化。十六届三中全会明确了国有商业银行股份制改革方向，过去10年，国有商业银行公司治理机制大大加强，但金融要素价格的管制不利于商业银行成为真正的市场主体，也不利于发挥金融杠杆在优化资源配置中的作用。

新京报：评论认为，未来两年是上述改革推进的重要窗口期，你认为两年内，最有希望改变现状的一项改革是什么？

温彬：简政放权，打破行业垄断，给民营经济松绑，通过发展混合经济增强市场活力。

新京报：未来10年，你认为哪一个行业最具有投资前景？

温彬：2025年我国60岁以上老年人将突破3亿，养老产业将迎来历史性的发展机遇。

新京报：对于中国的诸多经济学家，你最为尊敬的是哪一位？

温彬：南开大学杨敬年教授，今年106岁，1948年获得牛津大学哲学博士学位，对我国发展经济学学科建设作出了重要贡献。他是我在南开大学读硕士期间的导师之一，我的学长孟宪刚先生曾著有《天地智者——解读南开大学百岁教授杨敬年》一书。

新京报记者　苏曼丽

36 吴斌珍

降房价不如稳房价

核心观点

在经济下滑时，通过提高社会保障来增加消费，基本是不可能的。刺激消费不是一个单一的工程，是一个系统工程。

对大中城市而言，房价上涨会抑制消费，并不代表下行会刺激消费，房价下行很重要的一个原因是信贷控制，首付高了，人们付不起，需要存更多的钱了。

让房价下降不如让房价稳定，让大家不要有房价上涨的预期。

吴斌珍

1977 年生，清华大学经管学院经济系副教授，清华大学财政税收研究及清华大学经济社会数据中心研究员。2006 年毕业于美国威斯康星大学麦迪逊分校，获经济学博士学位。研究领域包括公共经济学、发展经济学、应用微观经济学。2012 年，吴斌珍与清华大学经管学院史带经济学讲席教授李宏彬合著论文“Income inequality，consumption，and social status seeking”获第四届麦肯锡中国经济学奖。

用提高社保增加消费很难

新京报：政府出台一系列鼓励消费的政策后，居民的消费潜能还远未被激活，为什么？

吴斌珍：对于这个问题，目前还没有定论。但大家认可的原因有整个社会保障体系不完善，医疗、退休都是大问题，会让人感觉到将来的不确定性因素很多。不确定因素还包括宏观经济的不确定，这些不确定性导致大家不敢放开消费，需要把钱存着以防万一。

我们的研究发现还有另外一种解释，中国日益扩大的收入差距会刺激居民更多地储蓄。现在社会分层比较厉害，很多人希望更上一层楼，获得更高的社会地位，所以父母拼命给孩子的教育投资，还想给孩子买个好房子，这些都需要事先储蓄。

新京报：政策在其中所起到的作用是什么？

吴斌珍：如果问政府政策有没有起到作用，那就得问社会保障体系变好了吗？好像是有改变，我们有了新型农村合作社，有了居民医保，养老保险也在推广，数据上看，农村在 2005 年以后储蓄是下降的，但是并没有看到急剧下降，因为不稳定的因素还是很多。

新京报：就是说政策起到一定作用，但是力度不够大？

吴斌珍：对，这个力度很难衡量。我们也作过一些研究，比如引入新农合，消费增加了 5.6%，其实是蛮大的，但现实中有很多别的因素掺进来。比如医疗变得更贵了，有了新农合，医疗机器变得更好了，原来每次去花 10 块钱，现在每次去要花 20 块钱。补贴有了，但是自己花的也没变少。

当然，也不能说福利没有变好，因为他看了更好的医生，用了更好的仪器，但总体上，很多因素会把这 5.6 个百分点抵消掉。

再比如，改善养老保险可以提高消费，但是如果这个改善是以提高当前的缴费率为代价，消费反而会被抑制。

所以，刺激消费不是一个单一的工程，而是一个系统工程，政府也非常为难，各个部门之间很难协调。

新京报：现在 GDP 增长有下行压力，处理这个问题是不是更加困难？

吴斌珍：对，经济下滑时，大家更不敢消费，因为担心明年更糟糕。而且企业也出现很多状况，这时候政府要让社会保障变得更好，让企业或个人多交钱，也不现实。实际上，我们的研究发现，提高社保缴费率会抑制消费。所以，在这个时候，想通过提高社会保障来增加消费，基本是不可能了。

政府可以有一些别的刺激方式，包括宏观上的财政刺激，当然财政刺激也会有负面效果，会挤出个人投资，但是短期来看，财政刺激，比如基础建设，还是能拉动一些需求。

房价下跌也会抑制消费

新京报：你曾作过房价和居民消费关系的研究，目前房价对消费的影响怎样？

吴斌珍：中国居民房屋拥有率是80%以上，这个是很高的。我们曾写过一篇文章，拿12个大中城市做样本，平均来说，房价是抑制消费的。但是，后来又写了一篇文章，拿了90多个城市做样本，发现平均下来，房价对消费的抑制效果不明显。

新京报：目前房价出现下行趋势，如果房价降下来，会对消费有促进作用吗？

吴斌珍：如果拿90多个城市样本看，效果不明显。对大中城市而言，房价上涨会抑制消费，并不代表下行会刺激消费，现在房价下行很重要的一个原因是信贷控制，首付高了，人们更付不起，需要存更多的钱。所以，下行以后，也不一定能刺激消费。

新京报：什么样的房价涨跌程度能与消费形成互补关系？

吴斌珍：国外的研究显示，房价和消费往往是正相关，其中两个重要原因是财富效应和抵押贷款效应。房价高了，有房的人财富增值了，会刺激消费；房子值钱了，可以拿到更多的抵押贷款用于消费。这两个效应在中国都不明显。中国的投资渠道太过缺乏，加上大家一直有升值预期（高于其他投资渠道的回报的预期），因此我们观察到的是有房的人不是增加消费，而是继续为第二套、第三套房的投资进行储蓄。第二个渠道由于中国资本市场的不完善，很难有显著的影响。

我们针对大城市的研究发现房价的快速上涨会抑制消费。因此有必要遏制房价的快速上涨，改变人们的升值预期。原来是所有人都认为房价会上涨，于是省吃俭用，把余下的钱投入到房子里去，这是最坏的情况。为什么有泡沫？

就是大家把它变成一种投资品，不停地标价，如果房子是一种跟 CPI 一样平稳增长的东西，那它就变成了消费品，这是比较健康的状态。

新京报：房价下行导致的资产贬值会抑制消费？

吴斌珍：是的，房价下行不是很好的事情，80% 的人拥有房子，本来值 100 万的房子只值 50 万了，这很可能会抑制他们的消费。所以让房价下降不如让房价稳定，让大家不要有房价上涨的预期。

像修路一样修城会造成浪费

新京报：城镇化会对消费有什么影响？

吴斌珍：城镇化是个一揽子的工程，修路、建学校、建医院，有非农就业才是城镇化，不是把一座城建起来了就叫城镇化，而是要人搬进去享受城市的生活。有工作，孩子能上学，生病有地方看，人们才可能选择在一个地方定居。

人群聚集以后就会有规模效应，就会有商场、集市、菜市场这样的地方。这个规模效应会导致消费增加。城镇化是系统性的工程，如果这一揽子都建好了，那肯定是能刺激消费的。

新京报：会不会在发展过程中出现一些扭曲或风险？

吴斌珍：这是不可避免的，城镇化不仅是把人搬过来，还需要就业机会。所以政府提倡城镇化是对的，但如果进行过多的人为建设，像修路一样去修城，就会造成资金的浪费，这些钱还不如贷款给私人企业，让它们投资项目，雇用更多人。

新京报：如何在合理范围内推行城镇化，才能有助于刺激消费？

吴斌珍：本身城镇有自我发展的动力，因为城里的基础设施相对农村还是要好一些，人们还是愿意到城里去住。但是如果因为一些制度约束（比如户籍制度约束）使得他们在城里住得不舒服，那么他们就会回农村。

目前，小城镇的户籍制度已经慢慢放开，转为城镇居民越来越容易。但问题是大家不愿意离开农村，因为农村有地，变为城镇居民以后地的收益（包括可能的征地补偿）就没了。

政府应该设计一套机制，让农村的人搬到城镇以后，还能拥有原来集体所有制的权益。一边鼓励他们去城镇住，一边保留他们在农村的权益，这对促进城镇化有很大好处。

新京报： 所以要顺应城镇自然发展和农民的意愿。

吴斌珍： 是的。有城镇化苗头的话，政府就可以顺着推一把，改善城镇的基础设施。农村的权益把农民捆绑在农村里，要想办法解脱这种捆绑。有人说反哺农民，我觉得这是一种很好的反哺方式，欢迎他们来城市居住，同时保留他们在农村的权益。

干预价格是因为缺少其他工具

新京报： 你在原来作的关于药品降价的研究中提到，降价并不能很好地实现政策的初衷，为什么？

吴斌珍： 以前降价只是行政性降价，它的很多配套都没有变好。新药的审批没有跟上，药厂完全可以改变药的剂量和名称来重新上市，这样就换汤不换药了。

更根本的是医院没有被激励去用低价的药，人为地压下价格，医院也总有办法换一种药，不开低价药，这是典型的没找到问题根源的解决政策。

我看了药品的进出口情况，加了管制以后药品进口就增加了，进口药的价格就高了，毕竟医院是靠这个盈利的。政府本来想价格下来以后能把医疗支出降下来，但其实没有降下来。

新京报： 你怎么看待政府对价格的干预？

吴斌珍： 虽然直接干预价格并不好，但政府往往缺乏其他工具去做。最好的方法是调节供给，但见效并不快。行政性的降价是最快的，短期效果最好，所以也需要理解政府。

就限定猪肉价格的上涨为例，政府短期调节供给就意味着拿出储备肉，但这个量是很有限的。鼓励农民多养猪，但是这需要一年时间。美国很少有直接的价格干预（有价格管制），是因为不允许政府这么做。假如没有这个工具，政府就会想办法改进制度，改进农产品管理。

❖ 人物

吴斌珍是典型的工科女，本科毕业于西安交大核能和热能专业。考研时，她翻看范里安（美国经济学者、现为谷歌首席经济学家）的书，觉得特别有意思，于是决定跨界研究经济学。

“他思考问题，看待社会的方式，很独特。”吴斌珍说。从小受到的教育，让她对很多东西都有价值判断，也会用这个价值判断去想问题，但范里安改变了她。

“范里安的书让我觉得好像打开了一个世界，其实很多事情不要一上来就进行价值判断，应该先分析为什么，了解事情的根源，知道了根源就不会简单地批判这个事情应不应该。”这是吴斌珍读书后的收获。

转眼，与经济学已经结缘十几年，吴斌珍说经济学已经改变了她的思维方式。“我原来就是个愤青，对好多问题都看不下去，但是现在，我就会比较理性。”

吴斌珍还讲了一个她听过的笑话，说有人做试验经济学，测谁自私谁不自私，发现学过经济学的人都很自私。

她说，其实不是自私，而是理性，学过经济学的人会想，我要不要这么做，我为什么要这么做，一想就不得了。

“很多时候愤青是一种情绪，没有太多思考在里面，而思考就会变得‘冷漠’，但这样的好处是人是理性的，得出的结论是稳定的，不会反反复复。”

❖ 问题问答

新京报：对十八届三中全会中提到的改革比较关注哪方面？

吴斌珍：我比较关注教育，教育改革比医疗改革还要糟糕。教育的数据公开的也不多，这几年的教育改革也比较多，比如高考，就近入学划片等等，但这些政策都不是特别根本的改革。

新京报：未来10年哪个行业最具有投资前景？

吴斌珍：应该是互联网信息产业，这是中国有比较优势的一个行业。虽然是技术密集型，但技术也来自于人，不是靠机械的，它更取决于创新性想法（idea）。

新京报：你最尊敬的经济学家是谁？

吴斌珍：哈吉·柴堤（Raj Chetty），他2013年刚拿了克拉克奖，是研究税收的，我现在也关注这一方面，中国的税收还是有很多问题，商品价格是含税还是不含税的差别很大，他在这方面就做得非常棒。

新京报：怎么看待知识分子的社会责任这个话题？

吴斌珍：知识分子当然有社会责任，比如大部分经济学家之所以选择经济学，就是抱有经世济民的理想或责任感，想为民众、为社会出一份微薄之力。社会上一直批判知识分子没有责任心，但这句话只对少部分人成立。大部分学者都对自己有清楚的定位，不会在没有作研究的情况下就乱加评论。

新京报记者 李 媛 实习生 田思奇

37 夏立军

股市监管大框架尚未搭建完成

核心观点

在对证券市场的监管中，司法长期缺位，主要借助强有力的行政治理，当证券市场发展到一定阶段后，这一模式可能会不可持续。证券市场的监管，需要搭建立法、执法、司法齐头并进的系统性框架。

图 / 游泽方

夏立军

1976 年出生，毕业于上海财经大学。上海交通大学安泰经济与管理学院教授、博士生导师、会计系主任。主要研究方向：中国资本市场会计、审计、公司治理和公共治理。

“中国式”监管让非标意见逐渐减少

新京报：能不能谈谈你的研究方向？

夏立军：我目前的研究主要是两方面，一是揭示政治、经济、法律等因素如何影响公司治理，这是从制度的层面；二是希望研究中国企业家的特征怎样影响公司治理，这是从人的层面。大体上主要是这两条线。

新京报：你曾对盛润股份连续15年的财务报告拿到非标意见（非标准意见审计报告）进行过研究，当时是怎么想到作这个研究的？

夏立军：在早期，每年上市公司年报审计结束之后，证监会会计部都会有一些关于上市公司财务报告审计意见的分析，里面会提到一些连续多年拿到非标意见的公司。我们发现，盛润股份很典型，上市后每年都拿非标，于是想到拿出来分析一下，为什么“屡教不改”。

这种情况很显然和成熟市场有很大的不同，成熟市场不要说连续拿非标，一年拿非标都是很严重的情况，年报公布后股价会大幅下跌。但在中国呢，好像拿到非标也没什么，股票也不怎么跌，说不定还涨。

我们试图通过案例，分析相关制度是否有缺陷。

新京报：研究的结果怎样呢？

夏立军：我们发现，连续多年拿非标，公司也拒绝调整相关会计处理和披露，最关键的原因是非标对企业来说没有什么重大后果，这就造成企业进行会计和披露调整的成本可能很大，但收益很小，维持原有政策，反而是一个更为“合理”的方式。

企业就觉得，拿非标也没关系，反正已经是ST了，拿了非标也不会让他退市，所以他不觉得非标是个事儿。

新京报：目前这样的问题还存在吗？

夏立军：应该说，从2000年左右开始，证监会越来越重视审计师出具的非标意见，所以这几年的非标是越来越少了，因为企业比较担心证监会对非标的反应。

之前是审计师出具了很多非标意见，但投资者不去在意，企业也不觉得有什么成本。最近几年，证监会增加了获得非标意见的企业的代价。

在美国靠市场，你拿了非标，投资人用脚投票，很严重，中国是证监会给你惩罚，如果不改的话，可能交易所会让公司停牌等等，所以现在只有5%左右的企业拿非标，这5%里面，还有很多是因为种种客观原因改不了的。

国内上市公司缺乏对高质量审计的需求

新京报： 您曾经提到，国内上市公司对高质量的审计似乎没有需求，为什么这么说？

夏立军： 我们发现，国际上80%左右的上市企业都愿意请国际四大会计师事务所来审计，但是在中国，四大的市场份额（按上市公司客户数）连10%都没有。

这很特别。别的国家都愿意请四大审计，因为这代表着高质量。但在中国，大家似乎对最大的会计师事务所没有那么多需求。那我们就会担心，中国上市公司的会计数据质量会不会比较低，因为不是最高质量的审计师在做，但独立审计是自愿的，法律没有规定必须请谁。

新京报： 四大的审计质量就一定更高吗？

夏立军： 四大有大量投资在培训上，有严格的公司规定，还有全球性的声誉，独立性相对更强。

最重要的是，四大的规模大，一般企业对它的影响有限。对小所而言，小企业很容易成为它的大客户；对大所而言，大企业就变成了小客户。

新京报： 是哪些公司不愿意请四大呢？

夏立军： 国有和民营、东部和西部有差别，越是往西，越是地方国有企业，越不愿意请大的审计师审计。

也有人说当地审计师可能更了解当地的企业，更容易监督企业经营，这是一种正面的解释。但我们发现，企业请本地的公司作审计，往往拿出的审计意见还是更正面一点。

审计师的独立性来自于市场激励，如果大家对高质量的审计有需求，就会向市场发送信号，审计师也会提高水平，因为有价值。但如果审计师觉得，提升质量不光没有好处，还会丢失客户，在经济上的动力就不足。

新京报： 这是不是说明，中国上市公司有很强的造假动机？

夏立军： 中国股市的造假收益太高，成本太小。像“绿大地”这种极其严重的情况，无非就是几年一关就出来了，但造假的收益巨大。

很多人说 A 股 IPO 是造富机器，造富机器背后可能的代价是什么呢？最严重的可能就是坐几年牢，这种损失和代价是很少的。

股市监管大的框架还没搭起来

新京报：你是否认为中国证券市场的监管不够严格？

夏立军：在美国，公司造假投资者可以集体诉讼，可能让相关责任主体赔得倾家荡产，而且起诉时，法院会比较保护投资者，有严厉的法律，上市公司的高管就要小心谨慎了。

“安达信”曾是全世界最大的会计师事务所，就是因为安然公司的财务丑闻而倒闭了。安然事件之后，美国社会反思，到底是在哪个地方出现了问题，是不是安达信审计安然公司的年数太长了，变得不独立，是不是提供的咨询服务和审计有冲突，等等。

2002 年，美国颁布了《萨班斯法案》（SOX 法案），这是 1933 年之后，美国影响最深远的商业法案，禁止审计师同时提供某些咨询服务，一个合伙人签下客户超过五年，就要强制更换，等等。

新京报：在“万福生科”、“绿大地”出事后，国内资本市场监管方面是不是更加严格了？

夏立军：严格了一些，但中国与美国不同，美国的问题可能是存在一些漏洞，大的框架没有问题，而中国是大的框架还没有搭起来。

美国颁布 SOX 法案之后，当时中国证监会也作了一些改革，反应很快，把 SOX 法案结合中国的情况，很多条款也推行了。比如，要求在签字审计师连续五年审计一家公司之后，第六年必须换一个审计师，但这我个人觉得，这些都还是治标的办法。关键的问题是，能否高比例地发现上市公司财务造假，能不能严厉处罚。

现在上市公司总体上造假动机强烈，投资者又不能很有效地起诉上市公司，也没有动力揭示上市公司造假，一旦买了这个公司股票，还不如隐瞒公司的虚假陈述。如果说你买了股票，一旦因为公司造假引起亏损，能够得到容易的、合适的赔偿，那么他就有动力揭露公司造假。

新京报：“大的框架”具体指什么？

夏立军：总体上说，就是立法、执法、司法。

一是立法。立法是不是充分保护投资者？很多人都觉得，中国市场过去20年比较多地保护融资者，一开始保护国有企业，自然站在融资者角度。二是执法。肖钢上任的时候在《求是》写了一篇文章，讲执法困难。这可能有很多原因，比如一个很小的因素：上市公司当中有一大批国有企业，背后一大批政府机关、国资委，你一个交易所或证监会普通员工，政治级别差一大截，可能这些因素会影响执法。三是司法。如果上市公司出现了内幕交易、虚假陈述等违规行为，能不能通过民事诉讼挽回损失？如果没有有效的民事诉讼，那中国市场要规范的话，除非证监会特别厉害，执法很严格，但现在的监管还到不了那一步。

我们的立法进展可能超过了执法、司法，证监会颁布了很多通知、条文，但执行得好不好，司法是不是参与了，现在法院可以说在这方面贡献不多。如果司法方面不能有效地起作用的话，基础性的制度就没有建好。

一些比较大的案件出现之后，很多都是要最高法院的通知，基层的法院才会受理，有的是开始的时候法院不受理，后来有了舆论和市场的推动，法院才受理。即便是这样，也是不容易的。2002 年之前的 10 年里，证券领域甚至都没有民事诉讼。

监管不力或让更多投资者离场

新京报：资本市场监管力度不够，会带来怎样的影响？

夏立军：投资者总有一天会丧失信心的。有些人觉得，如果国内的行政执法、司法都不好，为什么中国股市发展那么快，做出那么大的市场？

很显然这是阶段性的，老股民被欺骗了，新股民又来，以至于有 1 亿多人开户，那么庞大的投资者规模支撑了资本市场20 年的发展。

但长久下来，市场肯定要承担这个代价，从 2007 年到现在，证券市场一直萎靡不振，包括基金，大家的投资兴趣逐渐降低了。

散户投资者离开市场，还有机构投资者，可是机构投资者背后也是很多散户，当基民也继续离开市场的话，这个市场该怎么办，最后影响到的是证券市场的融资和资源配置功能。现在已不是当年，不是刺激一下，马上就能回暖的年代。

觉得根本性的问题还是制度框架没有搭好，现在做的都还是小的调整。

新京报：你怎么看注册制的改革方向？

夏立军：现在我们资本市场的监管上面，司法不够好，行政相对比较强势，有很多中国式的监管措施。

比如现在财务报告中，非标的意见减少了，主要的原因是证监会的监管。证监会的机制是，如果你因为可以调整而不调整的会计处理拿到非标，我就给你停牌，通过这样的方式引导企业。

企业不可能完全无动于衷，因为企业想增发、重组，都需要经过证监会审批，所以必须按照证监会的导向来。但是如果这些管制性的措施突然全部放弃掉，证监会手上没有牌了，靠什么约束企业？

新京报：是不是不应该那么快地实行注册制？

夏立军：现有的机制还在起作用，但配套不够，监管者也缺乏更加强有力的手段。要么能给投资者维权的激励，要么加大市场对企业的约束、声誉机制、价格机制等，或是加强司法介入的力度。如果这些都没有，一下子放开，可能会经历一个阵痛期。如果造假的成本不高的话，可能你放的越多，造假的越多。

❖ 人物

很多人向夏立军抛出这样的问题：会计不就是做账吗？有什么好研究？

在资本市场，投资者和上市公司之间存在着严重的信息不对称，解决这种信息不对称是资本市场监管的核心，而解决方式无非是会计信息和非会计信息的充分披露。会计信息由于可验证性较强，在一定程度上还发挥着监督和约束非会计信息的作用。

但夏立军更喜欢举例说明会计的重要：2002 年美国总统布什签署了以会计审计改革为主要内容的《萨班斯法案》（SOX 法案），并称其为“自罗斯福总统以来美国商业界影响最为深远的改革法案”。SOX 法案和 20 世纪 30 年代相继推出的《证券法》、《证券交易法》共同构成美国资本市场的基石。

本科毕业后，夏立军在一家会计师事务所从事审计工作。带着对会计审计实务的切身认识，2000 年，夏立军考入上海财大，成为会计学院的研究生。1997 年开始，中国会计学界逐渐接受了国际主流的实证研究范式，上财则是国内高校中与国际接轨的实证研究范式和方法的最早的倡导者和实践者。

夏立军和这股潮流正面相遇，并受益于此。

他关注“制度环境”、“体制”这样的抽象概念，但他的研究又多与“经验”、“数据”、“实证”紧密相关。

他以新制度经济学的基本框架思考中国经济、资本市场、公司治理、会计和财务问题背后的制度根源，同时利用中国资本市场和上市公司的数据开展了大量的实证研究。

夏立军说，实证研究就像盲人摸象，每次都只是摸到一个点，要说通过个案的研究得出中国企业的全貌，还为时过早。但是真相在不断积累。

❖ 同题问答

新京报： 对2014年的经济、社会运行，你最大的担忧是什么？

夏立军： 经济增速下滑及金融系统不稳。

新京报： 十八届三中全会确立的300多项改革中，你最关注哪一项？

夏立军： 行政审批制度改革。

新京报： 评论认为，未来两年是上述改革推进的重要窗口期，你认为两年内，最有希望改变现状的一项改革是什么？

夏立军： 放宽投资准入。

新京报： 未来10年，你认为哪一个行业最具有投资前景？

夏立军： 互联网和信息技术。

新京报： 怎么看待知识分子的社会责任话题？

夏立军： 知识分子用自己的知识、智慧和品行为社会发展贡献力量，既是社会需求，也是自身的价值实现。

新京报： 对经济学家，你最为尊敬的是哪一位？

夏立军： 亚当·斯密。

新京报记者　郑道森　实习生　张　晨　常　涛

38 尹振涛

P2P应强调“事前监管”

核心观点

在实际的金融监管中，金融创新始终走在金融监管之前，监管层要处理好“管”与“放”的关系。应更加侧重事前和事后监管，“事前”建立“生前遗嘱”，“事后”出台退出机制。当下互联网金融发展迅速，监管层不能把每个零部件都管着，要留有发展和创新的突破口与空间。

图 / 高 玮

尹振涛

1980 年 2 月出生于山东省青岛市。2009 年毕业于中国社会科学院经济研究所，获得经济学博士学位。现任中国社会科学院金融研究所法与金融研究室副主任，兼任中国社会科学院金融法律与金融监管研究基地秘书长。同时，担任中国社科院研究生院硕士生导师。

主要研究方向：金融监管、金融史等。有著作《历史演进、制度变迁与效率考量——中国证券市场的近代化之路》（独著）、《中国金融监管报告 2014》（副主编）等。

“均衡被打破”引发金融危机

新京报：你研究金融监管多年，在你看来，为什么需要金融监管？

尹振涛：是为了尽可能防范金融风险，并规范金融创新。同时，尽可能发现和解决危机。

新京报：金融危机、金融监管和金融创新三者是什么关系？

尹振涛：三者可以说是一个共同体，是一个不断寻求稳定平衡的三角形。它们不是对立的关系，而需要确立一个内部的平衡和共同目标，即让金融业健康持续发展。

新京报：什么样的情况下，金融危机才会发生？

尹振涛：没有危机发生的时候，金融危机、金融监管与金融创新是一个均衡关系；只有当均衡被打破的时候，金融危机才会发生。如果均衡被打破，比如监管过严或过松，没有创新或创新过度，平衡点会从波峰走向波谷，便会出现金融危机。

新京报：请具体说明一下。

尹振涛：2008 年美国次贷危机发生前，每一个金融产品都符合监管政策，但是，由于金融过度创新，给普通金融消费者提供了过度的金融服务，比如该消费者并没有抵押物或必要的还贷能力，却依然可以享受大额贷款等，监管与创新之间的平衡就被打破了，最终引发了次贷危机。

新京报：2008 年美国次贷危机发生后，金融监管有何新的变化？

尹振涛：美国次贷危机之后，全球范围内监管层都在加强监管，有几个新的变化。首先，监管理念从以保护金融机构为主到保护金融消费者为主。美国以及其他国家相继成立了专门的金融消费者保护局等。

其次，由更注重日常的风险防范向更注重事前和事后监管。比如，数据共享与预警体系、生前遗嘱等政策的出台。

另外，监管原则也由微观审慎监管向宏观审慎管理转变。例如，危机后提出的宏观审慎管理框架、系统重要性机构管理等思路。

预计存款保险制度最快推出

新京报：金融危机能否避免？

尹振涛：我的观点是金融危机永远是不可避免的。该如何发现危机，是需要思考的问题。

新京报：既然金融危机不可避免，那么金融监管该如何最大程度发现和解决危机？

尹振涛：以前美国的很多监管政策都是如何避免金融危机，事实上 2008 年的金融危机之后，从美国出台的很多长期政策来看，监管层更加注重如何发现危机和解决危机。这是一个比较大的改变。既然金融危机是不可避免的，那么现在最重要的是事前和事后监管。

新京报：监管层为什么要重视事前监管？

尹振涛：2008 年金融危机之后，包括美联储、华尔街等金融机构都不知道该怎么办，对于解决问题的方案不能及时达成一致。甚至当美联储决定注资的时候，还要去考虑这些措施是否符合法律条例、监管规定等。

这势必要推出“生前遗嘱”，把各种最坏的打算都提前列出来，包括破产等各种糟糕的情况。然后，设计一个整体性的方案，并要获得监管机构和股东的认可。当危机真正发生的时候，便能够迅速有效解决。这就是要在“健在时就安排好自己的葬礼”。

新京报：“生前遗嘱”安排在中国是否也被推行？

尹振涛：目前，我们还没有建立完善的生前遗嘱体系，但是监管机构已经认识到它的重要性，并开始进行试点工作。比如银监会在今年 1 月份发文，要求系统重要性银行制定恢复及处置计划，同时一些股份制商业银行也在积极响应。

新京报：银监会推出生前遗嘱，是否意味着银行业有风险？

尹振涛：显然不是。如果真的要发生危机或者银监会对大银行不放心，是不会马上推出生前遗嘱的。恰恰相反，监管层对银行业很放心，所以，才从几家大银行推出生前遗嘱，未来逐步推广。

新京报：配合生前遗嘱最重要的工作是什么？

尹振涛：最重要的是金融机构退出机制和存款保险制度。这是一个系统性的工作，没有生前遗嘱和存款保险制度，是不敢让金融机构退出的。预计存款保险制度可能最快推出，下一步或许就是金融机构的破产条例，然后金融机构自己来做生前遗嘱。

新京报：这相当于打开了出口。

尹振涛：现在允许民资设立银行，实际上是打开了入口。那么，相应的出口也要打开。有进有出才会形成一个可持续的市场。

出台互联网金融监管法案不合适

新京报：你说金融监管与金融创新应该是平衡的，那监管如何处理好“管”与“放”的难题？

尹振涛：最严格的金融监管未必是最好的监管。不能把金融机构的每个零部件都管着，要给金融业的发展留有创新的突破口与空间。否则，金融业该如何创新与发展呢？

新京报：目前哪些领域是突破口？

尹振涛：互联网金融算是一个。我国的互联网金融起步并不比美国晚，目前互联网金融有很多种模式，比如2013年以来余额宝等“宝宝团”涌现，P2P和众筹等，都是一种新的金融模式。

新京报：有分析指出互联网金融并没有改变金融的本质，难以称之为创新。

尹振涛：这要分两方面来看，如果说互联网金融没有创新，那是因为不管是P2P、众筹，还是各种“宝宝”产品，实质上都是投融资的机制，并没有改变金融的实质。但是，另一方面，互联网金融使用了与传统金融完全不同的渠道或技术，又可以称之为创新。

新京报：互联网金融需要监管吗？

尹振涛：这个问题应该分两个层面来回答。

一是，互联网金融并没有改变金融的本质，因此，互联网金融仍然需要金融监管。

二是，出现了互联网金融，不一定要出台新的监管体系。其实，很多的互联网金融模式或产品，在目前的金融监管框架下，都能找到相应的归口部门。比如，在余额宝的运行机制背后，有银行监管、证券监管以及支付清算体系等监控。

三是，当然，由于互联网金融的特点，的确增加了金融监管的难度，需要重新安排或布局监管措施。

新京报：互联网金融增加了哪些监管难度？该如何监管？

尹振涛：互联网金融还处在发展中，今后到底能发展成什么样，现在还不能作出判断。因此，我认为监管层要以肯定的态度为主，不要过度监管。

前一段时间有人建议监管部门出台一部互联网金融监管法案，我觉得这不合适。因为这个行业的前景尚未看到，怎么去监管呢？万一这部法律法规尚未正式出台，被监管的某种互联网金融产品已经不存在了呢？完全有这种可能性。同时，互联网金融有很多表现形式，不能一概而论。比如余额宝与P2P就不同，如果要监管的话，那么细则肯定不同。

针对P2P应强调“事前监管”

新京报：前段时间P2P企业出现跑路等现象，难道监管层要放任不管吗？

尹振涛：一些P2P企业吸储建立资金池，有违法行为，但是，P2P又确实解决了很多小企业的问题。因此，针对P2P监管问题，不能一棒子打死，而是应该规范其健康发展。而且应该强调事前监管，而不是等P2P企业老板跑了，监管部门才出面应对。

新京报：如何避免事后监管？

尹振涛：要在事前进行登记注册，包括数据统计和信息披露。比如，全国到底有多少家P2P企业？估计没人知道。其实，在设立P2P企业时，就要到相应的部门进行登记。同时，要明确规定哪些业务需要信息披露，这需要明确的界定和规矩。

互联网金融监管，要从制度框架上进行理顺，监管明确，就不会存在这类无人监管的问题了。互联网金融因为运行手段不同，且有的是在工商部门注册，有的是在金融监管部门备案，容易造成监管真空。往往没有发生危机的时候，监管机构之间互相推诿，睁一只眼闭一只眼。发生烂摊子的时候，没有谁愿意管。

新京报：互联网金融要如何管？

尹振涛：互联网金融企业到底是一个金融机构，还是属于普通的工商企业，这是一个不太容易回答的问题。因此，要对现有的互联网金融模式和特点进行归类，哪些由金融监管部门管理，哪些由别的部门管理，应该达成一致。

同时，不仅要发挥金融监管机构的作用，还要发挥地方金融主管部门的作用。监管权力已经下放到地方的，地方金融主管部门也要承担起一定的监管职能。

此外，从法律层面来看，很多案件事实上也可以完全通过法律体系予以解决，监管机构做好取证配合工作即可。

分业监管存在监管真空

新京报：为何中国金融监管是一行三会的模式?

尹振涛：中国以前是大一统监管模式，随着金融业的发展，逐步形成了当前的分业监管模式。这是一个循序渐进的过程，是符合经济发展规律的自然选择。

新京报：分业监管有何优势和劣势?

尹振涛：分业监管各管一摊事，更加专业。同时，监管的效率更高也更有针对性。但是，一行三会监管部门之间绝缘，也有利益纷争，随着金融市场的变化，这个模式也暴露出一些问题。

最大的问题是分业监管存在监管真空和套利。对于一些新生的金融业态，由于部门分割，容易存在监管真空。另外，对于一些发展较好的行业或业务，监管机构也都想分一杯羹。比如，企业债市场的“九龙治水”现象。

新京报：该如何避免监管真空和监管套利?

尹振涛：当出现部门利益之争的时候，就必须加强监管协调，包括金融监管机构之间和监管政策之间的协调，以免造成监管成本和效率低下。

新京报：如何加强监管协调?

尹振涛：目前，国务院已经批准设立了金融监管协调部际联席会议制度，但要真正实现分业监管下的协调，则必须成立一个实体部门，比如成立金融监管安全委员会。并且要有常设秘书处或实体机构，以及一套机制和运行的流程，才能真正发挥协调的作用。同时，金融监管要进行微调，逐步向功能监管方向倾斜。不以金融机构而是以金融行为为基础，确定监管主体。

新京报：能否举例说明?

尹振涛：比如企业债的发行。发改委是否该保留对企业债发行的审批权?我认为应该取消。接着该归银监会还是证监会审批，要根据不同的债券形式、市场流向，从功能上判断。

❖ 人物

年轻，是中国社科院金融研究所法与金融研究室副主任尹振涛给记者的第一印象。这位“80后”学者戴着黑框方眼镜，穿Polo衫，一脸略带腼腆而自信的笑容。

2009年，29岁的尹振涛从中国社会科学院研究生院经济系毕业，获得经济学博士学位，此后一直在社科院金融研究所作金融监管与金融史研究，并担任社科院金融研究所金融系硕士生导师。

“我目前正在指导学生写毕业论文，没想到我的学生里竟然有大部分选择了互联网金融作为研究对象。”尹振涛告诉记者，除非有特别的理由，否则他已经建议那些学生换题目了。

尹振涛认为，对于新生事物，人们总是盲目去崇拜去研究，但是，互联网金融自从2013年6月爆发以来，至今仅存在一年。虽然互联网金融发展迅速，却也险象环生，目前监管尚未跟进。万一以余额宝为代表的互联网金融突然不存在了呢？“这不是不可能。”尹振涛不无担忧地说，去年他研究之余喜欢刷微博获取资讯，如今他以及周围更多的人已经转移到微信上来了。互联网产品层出不穷，更新换代时间短，各领风骚三五年已经算奇迹。

“做研究既要‘发自己的声’，也要理论结合实际，方法得当、数据精准，站得住脚、经得起推敲”。这既是社科院对其年轻研究人员的要求，也是尹振涛对学生的要求。

❖ 同题问答

新京报：对2014年的经济、社会运行，你最大的担忧是什么？

尹振涛：中国经济增速下滑的趋势不可逆转，原来高增长的模式不可持续。因为没有人在快速路上会永远踩油门，何况是一直在没有出现过大的经济周期波动的国家。同时，经济下滑导致房地产市场很难有起色。

新京报：十八届三中全会确立的300多项改革中，你最关注哪一项？

尹振涛：我最关注金融改革。

新京报：评论认为，未来两年是上述改革推进的重要窗口期，你认为两年内，最有希望改变现状的一项改革是什么？

尹振涛：我认为未来一两年内最有希望推出的是存款保险制度。围绕存款保险制度，还会有几项配套制度将陆续推出，例如金融机构的生前遗嘱和金融机构的破产条例等。除此之外，股票发行注册制改革也将在一两年之内推出。发行注册制改革要以修改《证券法》为前提，而《证券法》的修改已近尾声。

新京报：未来10年，你认为哪一个行业最具投资前景?

尹振涛：未来要把握人口结构转型这一大的因素。中国将在未来10—20年发生人口结构的转折，人口红利将不复存在，因此，养老和医疗产业，是比较有投资前景的。

新京报：对于中国的诸多经济学家，你最为尊敬的是哪一位?

尹振涛：我最尊重的学者是我们社科院副院长李扬。李扬即便行政事务缠身，也不放过任何跟年轻研究人员交流和捕捉任何最新信息的机会。同时，他始终要求不管研究人员提出的结论是否迎合大众或出人意料，但只要是有理有据、数据准确，并经得住推敲的，应该大胆地说出来。

新京报记者　金　彧

39 田利辉

“良性”股市可成经济改革抓手

核心观点

政府股东“看得见的手”有两只，一只手是掠夺之手，一只手是帮助之手。两只手产生正面作用，也有负面效果。

混合所有制的推进需要谨慎、小心。国企改革一要发挥证券市场的定价作用，二要给予管理层一定的激励，三是国企改革的核心是公司治理，需要监督和激励并举，公开和公平并行。

田利辉

南开大学金融学教授、金融发展研究院负责人。伦敦大学伦敦商学院金融学博士、密歇根大学经济学博士后。研究方向：金融机构、资本市场、收购兼并、公司理财和公司治理。

政府股东对持股企业的影响有两面

新京报：自去年下半年以来，国有企业改革就是广受关注的热点问题之一。你此前的一篇论文中也阐述了国有控股或参股与企业绩效之间的关系。而这篇文章被郎咸平用做抨击国企 MBO 的论据。

田利辉：郎咸平对我的文章的解读，实际上有一定的误读之处。这篇文章真正要谈的，是有关上市公司与市场价值的问题，而非效率。

我的研究发现了国有持股比例和公司市场价值存在左高右低的 U 形曲线，是指在竞争性行业中，民营控股公司价值最高，国有控股公司价值其次，混合控股公司价值最低。这可能对今天的混合所有制改革有所警示。

新京报：你在论文中提出了“政府股东两手论”，可否就此详细地阐述下？

田利辉：政府股东对于持股企业的影响存在正负两个方面。政府股东“看得见的手”是有两只，一只手是掠夺之手，一只手是帮助之手。

什么叫做掠夺之手？就是政府股东以社会福利最大化为目标，目的是创造就业、保护环境、维持稳定等诸多社会目标。企业的利润最大化是其次的。于是，政府可能会牺牲企业的利润，扩大社会的福利。

其次，政府是由一群官员构成的。这些官员可能是有自己诉求的。他们可能会为了自己的诉求，从企业拿钱。这些肯定是要减损企业价值的。

新京报：那相对应的帮助之手，是指政府给予企业一定的援助？

田利辉：所谓帮助之手，如果说政府控股股东强而有力，会密切地关注公司，派出手下的精兵强将去管理公司。这实际上是有助于公司治理的。再者，如果政府可以给予企业补贴、减免税收等，将会为企业创造更好的条件。

这两只手的相互作用，产生正面作用，也有负面效果。随着政府和民间资本持股比例的变化，就形成了一条 U 形曲线。

新京报：这条曲线是什么样的走势？或者说，可以阐述什么？

田利辉：处于 U 形曲线最高的点，是指政府一点股份都不持有的、纯民营企业。这样的企业，往往是竞争力最强、市场价值最高的。政府持股比例较高（达到控股状态）的企业，分布在曲线的另一端。

而曲线的底部，是政府参股 20%—30% 的企业，它们的市场价值是最低的。

新京报：为什么说政府控股比例最高的，市场市值会比较高？

田利辉：我们的国有企业，特别是国有上市公司，当它们由政府大幅度控股的时候，国企的公司治理可能会受到相对认真的政府监管。比如说，管理层在做什么事情，监管部门会看得非常认真。这个时候企业高管往往是有效率的。

更为重要的是，政府可能会帮助自己控股的国有公司。有的时候会给企业一些订单，会给产品一个非常好的价格；有时候，会协调紧缺的原材料供给；有时候，会督促影响银行的贷款。

新京报：政府参股20%—30%的企业，市值最低、情况最糟糕。这个观点应该如何理解？

田利辉：假设政府只持股30%，政府股东力量微薄，而占比较大的是民营家族股东。这时企业就处于"没人管"的状态——政府不管，民营股东也不上心。这种状态下，西方很多学说认为，职业经理人天然地会产生代理成本，天然地会产生贪腐，这是人的本性所致。在公司经理方面，一个公司的老总权力很大，这需要有人监管。

当无法完全公平公正监督的时候，家族股东可能会一手去掏政府股东的钱，一手去掏小股东的钱。或者，反过来，政府代理人一手掏家族股东的钱，一手掏小股东的钱。公司陷入游戏之中。

新京报：自去年以来，中央提出要大力发展混合所有制，包括寻找试点企业等一系列的措施，也在开展中。"政府股东两手论"，是否对当下的混合所有制有所借鉴？

田利辉：我认为混合所有制需要谨慎、小心。要避免混合所有制导致这样的结果：我也不怎么管，你也不怎么管。然后，代理人成本高企。

让股市发挥定价功能

新京报：你如何看待民营企业参股国企的前景？具体而言，你觉得民企参与国企改革的热情会不会高，会存在障碍吗？

田利辉：如果民企是简单的参股，不是控股，那么是很难改变国有企业的文化的。企业管理不能像市场那样可以讨价还价，不然这就是一个没有效率的组织。

第二个问题是民营企业参股的价格如何确定。股市应有的功能是定价机制，让市场公平公正地发掘和确定一个企业的股票价格。但是，我们的股市到现在还没有真正落实股票的定价功能。

新京报：民营企业参股价格高或者低，都会不妥。

田利辉：那些国有的非上市公司该如何确定价格？要是定价高，那就是掠夺民营企业；要么就低了，也就是国有资产流失，会导致一系列问题。

在定价机制尚未完善的情况下，号召民营企业参股国企的原因可能是国有企业不仅需要募资，需要股东资本，也可能是想引入民营企业的文化的元素。

但企业不是俱乐部，越热闹越好。企业是有特定结构的层级组织，它要明晰什么样的文化能做主流。单纯的民营企业参股，很难触及问题的根本。

新京报：你的意思是说，国有企业改革，需要依赖证券市场的发展。

田利辉：国企改革一直在强调的是所有制改革，也就是股权改革。但是没有定价机制，根本就无法改，这就需要证券市场的发展。

如果不能利用证券市场价格发现的作用，价格总是扭曲的，国企改革一定也是扭曲的，这是其一。

其二，改革应该给予管理层一定的激励，这就又涉及股票期权。高管应该有比较高的薪酬，而且不应该是固定工资。它应该有一个向上的空间。

这需要靠证券市场公开、公正、公平地运行。如果一个企业经营是好的，做出了很好的产品，有很大的市场潜力，它就可以去定价，拥有更好的股票价格。

第三，国有企业改革的核心应该是公司治理，需要的是监督和激励并举，公开和公平并行。

新京报：现实跟理想的状况，仍然存在差距？

田利辉：现实是，我们还不确定市场到底是什么样子，这个市场根本没心思去发现一个企业的价值。大家都在市场中博政策，猜政策走向，然后抓住机会就炒作一把概念，然后市场就会变成上蹿下跳的猴市，还是一个跟着政府的指令棒翩翩起舞的猴市。

股市的发展如果能够真正地走向良性的轨道，那么它就会成为我国经济改革的抓手。

高管薪酬可以和企业长期利润挂钩

新京报：现在有种担忧认为国有企业改革过程中，管理层可能会从中渔利。现在国企管理层的激励机制设置，是否合理？

田利辉：我们现在是在控制国有企业高管的薪酬。这套薪酬体系的问题很大，这意味着你让一头饥饿的狼盯着一群羊，那还不如提前把它们喂饱。

我不清楚政府官员是否应该高薪养廉，但企业老总一定要有适当的薪酬机制。如果太低的话，本分老实的人可能因此丧失工作积极性，而另一类人就会穷尽各种方法进行官民交易，就会造成资产转移、人事混乱。

我们不能指望管理层无偿奉献。如果他们无法获得相应的利益，那么企业的利润也一定会下降。

新京报：在很多普通人看来，国有企业高管的收入已经很高了。

田利辉：不要用政府官员的标准要求他们，也不要拿职工的收入跟公司的高管对比。职工做的工作固然重要，但企业的运转还得有赖于高管的管理。一味地对比两者的收入相差多少倍，只会挫伤高管的积极性。

企业高管应该关注的就是给股东的回报，他把企业的价值做起来，股东满意，董事会满意就好，大可不用理会外界的抨击。但中国人的内心比较脆弱，很难不去理会外界媒体和民众的口水。

新京报：你对国有企业高管的激励，有何好的建议？

田利辉：企业高管获得薪酬的方式可以和企业的长期利润挂钩。国外实行的这种股权激励就是把高管的薪酬以股票、股权的方式发放，这让他们获得的薪酬永远与公司股价挂钩。

股权激励是一把双刃剑。公司高管会非常愿意努力工作去获得很大一笔报酬。但股权激励是有期限的，假设期限是三年，那他就在这三年把股价推得很高，甚至是让会计做假账操纵股价，这正是股权激励机制在背后推动的负面结果。

另外，当前我国部分上市公司所实行的半价股票期权是慷股民之慨，是与有关政策法规相冲突的。

我认为在国内，上市企业要慎用股权激励。即便要采用，细节设计一定要规划好，比如减持时间和期权定价等具体细节。而非上市公司恰恰可以推进这种机制，相应的激励可以激发高管推动企业上市，让企业和高管“麻雀变凤凰”。

金融改革的监督主要交给民间

新京报：你对金融改革有深入的研究。

田利辉：金融改革会成为经济改革的重中之重，而且必须要经过反复思考，反复设计。绝对不能“闯一闯，试一试”，做错了再去补救。一定要把金融改革提升到国家安全战略的高度去考虑。哪怕中国只有一家大银行倒闭了，都可能引发社会问题。

新京报：你说过，金融改革监督交给民间，效果远优于政府监督。

田利辉：相比于政府监督，市场化监督更为有效。很简单的一个做法，放在阳光下，置于大众的眼皮底下。没有公开，就不会有公平和公正。

监督不应该只是让少数人去监督市场，而是让民众、网络、媒体等等都发挥监督的力量，即应该以民间监督为主，官方处理为辅。

就像证券市场管得不好的原因，就是政府管得太多，总有一个管着市场往哪个方向走的观念。市场不是管出来的，它需要的是一股强大的监督力量。

新京报：你在今年初谈到，利率市场化是必然趋势，但风险巨大，因此需要稳步式、渐进式改革。

田利辉：我本人绝对是崇尚市场的，但搞金融的必须要谈到风险。

比如，马云推出余额宝以后，各个银行都开始推出这种宝宝产品，存款利率都上去了。而利率一旦被推高，做企业的热情就下降了。目前，我国严重的经济问题主要来源之一是高企的资金价格。

利率市场化必须做好各种各样的配套措施，选准时机，千万别自己给自己画个时间表，诸如“我必须一两年完成它”等。

利率市场化的实施，还需要依据经济形势发展的情况去判断。利率市场化的步伐一定要稳健。它的成败与否对我们国家经济发展的意义太重大了。

新京报：你上面提到的“做好各种配套措施”，主要有哪些?

田利辉：配套措施至少有三个，第一是存款保险制度。这个是比较容易操作的；第二个配套措施是基准利率。央行要建立它的利率曲线，有行之有效的利率结构；第三个，也要对银行进行大刀阔斧的改革。要让它们确实成为市场经济当中有竞争力的银行，而不是靠政策吃饭的庞然大物。

金融机构做得不好可以破产

新京报：近年来，关于敦促银行业加强创新的呼声不断。这是否也证明了银行业目前面临的压力越来越大?

田利辉：利率市场化之后我国的金融改革就会进入人民币的国际化。银行会不断面临越来越强大的竞争。

从数字可以看出，银行的绝大多数利润是来自存贷款利率的剪刀差，而当年的存贷款利率都是央行一纸公文的规定，相当于政策性资金，完全没有竞争能力。

在互联网金融的冲击下，在利率市场放开的过程中，存贷款利率的剪刀差应该不断缩小，而不是扩大，让政策性资金越来越少，逼迫银行改善服务。

新京报：你认为银行业的创新，可以从哪些方面着手？

田利辉：银行应该大力提升自己的中间业务，提高工作效率，砍掉枝枝蔓蔓的成本。怎样把钱贷出去再安全收回来是银行的管理技能，需要做好。存贷差缩小的情况下更要提高自己的贷款质量，降低坏账风险。央行也应该在这个时候思考自己对商业银行的管理方式。

新京报：有观点提出，应该建立金融机构破产退出制度。

田利辉：我非常同意建立金融机构资产退出的制度，企业做得不好就要破产，把最有竞争力的，最能够适应市场的机构留下。

但它的实施有难度。企业员工经常出了问题就“找市长”，政府本身的目标也是社会福利最大化，考虑提供就业。政府在市场中分不清自己各种各样的角色的时候，它就很难推动企业破产的落实，不仅是金融机构，也包括其他的企业。

金融机构的破产不仅涉及自己员工的问题，它还是中介，它要处理储户的问题。现在应该允许破产，但也要考虑社会群众及方方面面的反应。

新京报：自去年开始，申请民营银行成为热潮。我们可以看到，很多做实体的上市公司、互联网企业，都有兴趣创办民营银行。这是一种好的现象吗？

田利辉：一些企业家无心搞制造业，都想着做金融赚钱，这样一来我们的实体经济就发展不了。企业家都想变成金融家，这是很可笑的事情。

在美国、欧洲和日本，实行利率市场化之后，最先倒掉的就是新设立的小银行。

新京报：似乎有些人认为，办银行比做实体的，要赚钱容易一些。

田利辉：办银行不容易。现在是很多人不懂金融的运作之道，不懂各种需要很多年才能掌握的金融知识和技能，就去做银行。

政府过去太优待银行了，而改革的导向就是要减少对银行的优待。想进入这个行业的企业家如果没有深思熟虑，如果没有自身技能，如果仅仅是看到过去银行赚到很多钱，好像闭着眼躺着睡觉就能挣钱，他们就忘了那个叫“过去”。

新京报：有观点说，民营银行可能是一条鲇鱼，为当下的金融环境注入活力？

田利辉：我们确实需要那么多银行，因为现在很多银行都是同质化的，做的事情非常接近。一旦引入新的银行，它们也可能和原有的银行一模一样，就可能起不到搅动的作用。

很多国家头疼的是它们的银行太多，而不是太少，它们在鼓励银行的收购与兼并，因为金融业要讲究一个规模。金融业的规模本身就是风险防范的模式之一。

还有的国家和地区，实行的利率市场化比较成功。当它们实行完利率市场化以后就发现自己的银行太多了，于是就进行了第二次金融改革，为了减少过多的银行，收回发出去的银行牌照。

新生力量不是越多越好，如果它们只是想分政策性资金的一杯羹的话，它们就不是在创造价值，而是在转移财富，这对我国的经济发展并不能起到什么作用。

新京报：你也说过，民营银行可能会起到改变金融格局的作用。

田利辉：民营机构的好处在于它的基因不是政府，它是从头做起的。民营银行会更强调用户导向，它们应该要发挥自己的不同，迅速地做强做大，发展起来，这会让我们的银行业获得更多的竞争。但我反对所有的企业都去办银行，他们把金融业太当儿戏了。

❖ 人物

43 岁的田利辉，目前担任南开大学金融发展研究院副院长。田利辉本科毕业于北京大学。他在一篇书评里，回忆自己的大学时光说，“忙于辩论队，忙于考律师证，忙于 GRE”。一路“过关斩将”后，田利辉成为了伦敦大学伦敦商学院接收的第一名中国大陆博士生。

飞赴英伦后，此前从未出过国的田利辉，有种“学不成名既不还”的豪情。

梦想照进现实。2004年，田利辉声名鹊起。彼时，田利辉文章中提出的“政府股东两手论”，为郎咸平重点引述用作抨击国企MBO的论据。10年后，田利辉说，这篇研究之于当下的混合所有制改革，仍有一定的警示作用。田利辉认为混合所有制的推进需要谨慎而为。

对话时，田利辉频频提到“风险”二字。他说，搞金融的必须要谈到风险。

田利辉不止一次呼吁，金融改革“不能摸着石头过河”。他认为，金融改革没法做实验，其实是要经过反复思考，做好顶层设计，“绝对不能闯一闯，试一试”。

他还是教育部金融风险重大课题的首席专家——对“风险”的敏感，或源于此。

❖ 同题问答

新京报：对2014年的经济社会运行，您最大的担忧是什么？

田利辉：房地产泡沫破裂和同业拆借利率高企。

新京报：十八届三中全会确定的300多项改革中，您最关注哪一项？

田利辉：利率市场化。

新京报：评论认为，未来两年是改革推进的重要窗口，您认为两年内，最有希望改变现状的是哪一项改革？

田利辉：简政放权，实施负面清单管理。

新京报：未来10年，您认为哪个行业最具投资前景？

田利辉：互联网金融。

新京报：如何看待知识分子的社会责任感这个话题。

田利辉：无比重要！知识分子应该担负起天下的兴亡。

新京报：您最推崇哪一位经济学家？

田利辉：凯恩斯。无论爱他、恨他，经济学者仍然都在谈他！凯恩斯是成功的学者、管理者和投资者，凯恩斯构建了当代西方经济秩序。实际上，斯蒂格利茨等当代经济学家正在发展凯恩斯，形成新凯恩斯主义。

新京报记者　尹　聪

40 成德宁

完善保障房，房价自然回归

核心观点

保障房建设是影响人口城镇化进程的关键，政府要尽到的责任重在建好保障房而非控制商品房价格。

在户籍制度改革的具体步骤上，政府应该尽快让户籍与各种社会福利脱钩，淡化城市偏向和户籍意识，通过先改内容后改形式的方式，来减少改革过程中的利益冲突和摩擦。

成德宁

1969 年 12 月 5 日出生，现为武汉大学经济与管理学院教授、经济研究所所长。从事发展经济学、技术创新与发展、城市化与经济发展等方向的研究。曾主持国家社会科学基金青年项目、教育部人文社会科学重点研究基地重大项目的研究，也长期从事国内世界银行、亚洲开发银行贷款项目的移民安置规划与咨询。

推进城镇化关键是保障房制度

新京报：当前的城镇化进程中，你认为哪项具体措施最重要？

成德宁：当前我国的城镇化要改变以往人口城镇化滞后于土地城镇化的局面，而且促进人口城镇化重点不应只着眼于提高人口的城镇化率，更应注重提高城镇化的质量，使进城农民工能够在城市里安居乐业。我认为保障房制度是推进农民工城镇化的关键措施之一，因为过高的房价已经严重阻碍了农民工市民化的进程。

新京报：为什么最关键的不是调控房价？

成德宁：说起高房价，我觉得还是政府没有尽到责任。这里我指的是建设保障房的责任，而不是指干预商品房。中低收入者是需要政府提供的保障房来解决居住问题的，保障房的建设迟迟跟不上，居住问题都要靠商品房解决，房价自然高。如果政府把保障性住房建设制度完善，这一块工作做到位了，房价自然会回归到合理水平。至于商品房，我认为它的价格政府不应该去控制，应该让市场来决定。

新京报：保障性住房具体由谁来建，这个问题也存在争议。

成德宁：是不是政府出面亲自建保障房？还是说让社会资本介入，市场化运作？国内经济学界对这个问题也有争论。政府与市场的关系是经济学永恒的主题。自由主义经济学家“唯市场论”，让市场自发解决，国家干预主义者则主张政府把这些包揽起来。我认为比较科学的态度是具体问题具体分析。是市场多一点，还是政府多一点？还要看政府治理的水平，治理良好的政府可以多管一点。像保障房建设，给居民提供基本的住所，这是政府的责任，政府不能缺位。政府建保障房的成功案例是有的，比如新加坡的公共住屋，它的模式我们可以参考。

公共服务“性价比”还不高

新京报：尊重自由市场的前提下，怎样判断哪些是政府该管的事？

成德宁：除了保障住房之外，食品安全、环境治理、公共治安，这些私人部门和市场无法有效提供的服务，都是政府要管的。现在的问题是有些该管的没有管好，像食品安全、空气质量这些问题，说明我们的公共管理水平不高。

新京报：能举例说明吗？

成德宁：比如人们抱怨大城市拥挤不堪、堵车、空气质量差，当地人抱怨外来人口多，政府也在严控人口方面下工夫。但是，香港、首尔、新加坡的人口密度更高。这就是公共管理水平的差异。总而言之，我们的政府提供的公共服务“性价比”还不高。

新京报：怎么理解公共服务的“性价比”？

成德宁：我们不仅需要“廉洁的政府”，还需要“廉价的政府”。即百姓能用尽可能少的成本，换来政府提供的尽可能完善的公共服务。如果公共服务不能很好地满足老百姓的需求，那么政府提供的服务“产品”就可以说价格高昂，这是治理水平决定的。

城镇化任务艰巨

新京报：李克强总理提出“三个1亿人”，其中一条是，到2020年解决约1亿农业转移人口在城市落户的问题。你认为这个目标制定的意义在哪里？

成德宁：城镇化现阶段的主要问题是市民化，尤其是第二代农民工的市民化问题。第一代农民工很多是利用农闲时出来就业，农忙时回老家务农，循环迁移，最终的落脚点还是农村。但是第二代农民工很难回到农村了，大部分人没有从事农业生产的经验和意愿，他们要求留在城市。你不给他户口，他也已经在这里了，这个问题如果不能解决，会滋生出很多不稳定因素。

新京报：未来6年，1亿人落户，这个目标实现起来容易吗？

成德宁：难度比较大，可以说任务艰巨。因为现阶段我们的户籍和公共服务没有脱钩，户口看起来是个名分，但背后是附带着很多项福利的。让这1亿人落户，意味着城市要通盘考虑他们的子女教育、医疗保障等因素，会给城市、政府带来很大的财政压力。

新京报：有观点认为，实现可持续发展是城镇化的主要目标，你怎样看待“可持续发展”？

成德宁：从以往的做法来看，只要经济萧条，首先做的就是刺激消费。实际上，高投入、高消费支撑的经济增长是不可持续的。全世界所有国家都在高喊可持续口号，实际上没有一个国家真正做到了。

新京报：为什么目前还没有一个国家做到这一点？

成德宁：人性的问题，这甚至都不是经济学能够解决的。经济学考虑的问题是，人类的资源是有限的，经济学家们尽可能利用有限的资源去满足无穷的欲望。我有 50 块钱，是买衣服还是看电影？这是经济学的本分。

城市病源于人口规划过于保守

新京报：去年武汉做了一个到 2049 年的远景规划，其中有很多争议。在人口规划方面，你跟其他人似乎发生了分歧？

成德宁：是的，人口规划现在还存在争议，我认为这个城市（武汉）人口到 2049 年能达到 2500 万，有别的专家不认同，他们觉得不可能达到这么多人。但我认为武汉有这个潜力，另外，对于大城市，规划人口的时候我宁可多估计一点。

新京报：现在对于城市规划的批评似乎多针对“盲目激进”。

成德宁：盲目激进的情况肯定有，一些小城市是这样，地方政府好大喜功，投资建设了大量的基础设施，但却没有人气，把城市搞成“鬼城”。但是大城市的问题我觉得反而是太保守，过去的城市规划设计普遍短视了。举例来说，上海过去制定到 2020 年的城市规划，人口方面估计是 1700 万人。结果到了 2005 年就已经超过这个数字了；北京 2000 年做的规划是，到 2020 年的时候常住人口控制在 1800 万，但是现在就已经有 2000 多万了。武汉也存在同样的问题。

新京报：城市规划只是按照一定的预测来制订计划，并不能决定人口？

成德宁：是不能决定人口，但人口规划是配置基础设施的依据，3000 万人口的配套和 1800 万人口的配套会有很大不同。如果我预计到人口可能是 3000 万左右，那我至少不会按 1800 万来配置基础设施，给今后很长一段时期的城市发展带来麻烦。因此，规划时宁可把“碗”规划得稍微大一点，规划的“碗”过小，米饭过多，再填压就会导致碗破损。相反，如果事先准备一个较大的碗，即使米饭没有盛满也不会带来太大影响，还可以加汤加菜。如同宽松的城市规划在满足人口规模的同时还能增加额外的配套设施，提高人民居住的舒适度。

现在大城市的预测和规划的人口规模往往过于保守，导致实际人口规模远远超出了预测和规划的人口规模。大城市规划的人口规模一再被提前突破，规划的用地和基础设施建设规模不能满足实际人口的需求，不仅造成今后城市用地紧张，基础设施不够使用，还会带来诸如城市拥挤、生态失衡、环境恶化等

“城市病”。

新京报：大城市此前在人口估计方面的保守是什么造成的？

成德宁：还是缺乏市场思维，幻想人是可控的。其实在市场条件下，人们肯定是用脚投票。把大量的资源往一个地方集中，又不想让人进来。自由市场环境下，肯定做不到。除非用行政手段严控，但这有违公平正义。而且，过去几十年户籍制度那么森严，都挡不住人们涌向大城市和超级大城市的脚步，所以今后很长一段时期内，人口向大城市迁移的基本趋势也不会改变。即使从落户上限制，也挡不住人们要到大城市去，只要资源还在那里。

新京报：为什么城市规划会存在忽视市场经济规律的现象？

成德宁：我们作规划的大多是工程技术人员出身，对社会科学了解不够。我认为城市规划人员至少应该懂经济，在作规划的时候才能具备战略眼光。

❖ 人物

45岁的成德宁，现为武汉大学经济与管理学院教授和经济研究所所长。穿着西装衬衫坐在没有开空调的办公室里，成德宁显得有些“老派”。照成德宁自己的话说，他不是个外向健谈的人。正因如此，在全家都认为一份公务员的工作更有前途的时候，少年时代的成德宁出于“自知之明”，选择了做学问。“不懂应酬，遇到那种场合，我巴不得马上跑掉。”成德宁说。

尽管自认为不健谈，但聊起他的专业“城镇化”问题，成德宁很难被打断。“为什么中国的城镇化滞后？”围绕这个问题，学历史出身的成德宁从大航海讲到了工业革命，从洋务运动谈到改革开放。

“当时历史是冷门，中途学校允许转系，很多人就转了。”成德宁说。毕业的时候，他所在的系只剩下大概一半的人。但成德宁将历史专业读到了研究生，把一部经济史学得烂熟，“这都是我后来研究经济的基础。”成德宁说。

也正因如此，他无法对当前大热于学界的“数理经济学”产生认同。“（数理经济学）热衷于学西方，通过构建数学模型去研究经济问题，一切都是定性分析、理论假设。”成德宁说，“但西方学界重视对经济史的研究，我们国内这个学科却大量衰退。”

成德宁认为，谈经济不能脱离历史和现实，“就像一条河，你得顺流而下才知道它的走向，它从哪里来，要到哪里去。历史就是让我们知道，我们的社会经济、我们的城镇化发展是怎么走到现在这一步的，我们的未来会怎样”。

❖ 问题问答

新京报：2014 年，中国经济整体的运行，你最担忧的是什么？

成德宁：还是房地产市场。我最近看了一下，我们现在大量的资金还是往房地产市场上流，很多实体部门缺钱，但是社会资金进不到这些部门。如果资源配置长期如此的话，经济会有很大风险。今年经济下行的压力很大，这个从就业就能看出来。

新京报：十八届三中全会确定的 300 多项改革中，你个人最关注哪一项？

成德宁：我关注政府部门的改革，当然这个包括的领域可能很宽泛。政府改革改到自己头上，那么这个改革一定会很困难。我关注它能不能起到实效，能不能持续。

新京报：未来两年，你认为最有希望改变现状的一项改革是什么？

成德宁：相对来说，户籍制度可能还有一些变化。

新京报：未来 10 年，哪个行业有投资前景？

成德宁：现在中国人穿衣吃饭的问题基本上都已经解决了。下一步，与个人发展有关的、更高层次的消费需求会形成更大的市场。基本生存需求之后，消费顺序对应的行业应该是健康行业、旅游行业、文化创意行业。

新京报：推荐一本书？

成德宁：《美国的民主》，这本书值得一看。

新京报记者　张泉薇

41 陈 钊

城市人口调控可充分发挥市场作用

核心观点

东京、首尔在过去城市功能疏散的过程中曾出现效率损失的情况。如今的“京津冀一体化”应当尽量避免效率损失，充分发挥市场的作用。产业的转移和分散要让企业自己作决定，政府设计好调节机制。

陈　钊

现任复旦大学中国经济研究中心副主任，教授、博导。研究领域：中国经济转型、城市与区域经济发展。

中国的特大城市并没有“过大”

新京报：我注意到，你在博士阶段研究的更多是企业制度上的问题，但现在的研究方向转到了户籍制度改革、城市研究方面，为什么会有这样的变化？

陈钊：当时研究企业，是因为觉得国有企业的改革问题很重要，后来我发现，放眼中国改革开放这么多年，城乡之间的发展很不协调，怎样能让农民分享城市化、现代化的好处，这是一个更紧要的问题，并且更加复杂，需要考虑的因素更多元，影响的面也更广。所以，城乡和区域发展成为我最近10年来研究的主要领域之一。

新京报：主要从什么角度来研究这个问题？

陈钊：如何让农民更好地分享现代化成果，有两个角度：一是如何在土地上分享现代化的成果；二是进城后，如何在城市里分享现代化成果。

新京报：对于农民进城之后的研究，有怎样的成果？

陈钊：目前我更多的研究是关于农民进了城之后会怎样，该怎么办，其核心问题也就是“人的城市化”。这个问题首先就涉及农民要在哪里城市化，是变成上海这样的大都市的市民，还是变成小城市的市民。

长期以来，大部分学者和政府的判断是限制大城市，发展中小城市，甚至包括鼓励农民就地城市化。我们觉得这样的说法既不符合效率原则，也不见得符合区域平衡的原则。

我与合作者陆铭教授最近作了个研究，看一个国家最大的城市，也就是首位城市的规模跟哪些因素有关。我们把全球能够拿到数据的国家的样本拿出来，然后发现人口可以解释绝大部分首位城市的规模。

一个国家的人口越多，首位城市就会越大。而上海不管是在全球的趋势图里面，还是在亚洲的趋势图里，都是在平均线的下面，但并没有偏离太远，也就是说，如果全球的大城市规模有某种普遍规律的话，那么上海并不像我们想象的那样，并不是太大了。这让我们思考，未来中国农民的城市化，到底应该在哪里城市化。

东京、首尔的“去功能化”曾带来效率损失

新京报：特大城市不是太大，你的结论似乎跟很多人的直观感受相背离。

陈钊：现在特大城市大部分人的感觉是雾霾、拥挤、人口多等等，所以现在的政策思路是怎么样限制人口过快增长。

从历史上来看，日本、韩国都有过类似的问题，大城市拥堵，人口众多等等。日本就曾推出过“去功能化”的政策，和北京现在的政策很像，希望分散一部分特大城市的功能。韩国首尔也曾希望企业能够搬出去。

但是日本实施这一政策的10年恰恰是经济减速的10年，这是以牺牲效率为代价的。首尔分散首都经济圈功能的做法也不成功，有限地走掉的企业也都是小企业。

回头来看大城市的拥挤等问题，首先，城市的治理和管理能力应该随着城市规模的扩大而提高。我们更需要做的是提高城市管理水平；其次，从治理环境污染的角度来说，大城市也更可能发挥规模效应。

新京报：你从东京和首尔的发展经验中看到了效率损失？

陈钊：如果考察东京大都市圈的人口占比和日本经济增长的关系，很明显，东京实行人口迁出政策的10年，恰恰日本经济增长率下降了。

新京报：人口的迁出和经济下滑之间真的有因果关系吗？

陈钊：二者当然有共同的影响因素，因而体现出部分的相关性，但也存在一定的因果关系。例如，集聚经济好处的减少就会影响增长。日本也接受这样的说法，即所谓这10年，也被称为“失去的10年”，某种程度上是分散化的政策导致的。

再看韩国，首尔都市圈的去功能化，这个政策并没有取得良好的效果，很多企业不愿意搬离，因为在那里它的生产效率更高，因为那里有各类人才、企业的集聚。

让企业从一个创造价值能力高的地方，搬到创造价值能力低的地方，一定会有效率损失。所以为什么要市场经济就是这个道理，因为市场是发挥资源配置最好的机制。政府人为的干预，往往会带来低效率。

产业转移应让市场发挥作用

新京报：你对“京津冀一体化”有怎样的建议？

陈钊：我认为，首先要打破一些不利于市场整合的局面，比如，交通没有充分衔接、地方之间的保护等等，这些打破了之后，产业的转移和分散应该让企业自己作出决定。

因为政府并没有足够的信息，决定什么产业应该转移，或者说某个行业是不是应该全面转移，或者行业内哪些规模的企业应该转移。在这个过程中，政府可以设置一些价格机制，然后让市场发挥作用。

其次，我也不主张对人口进行筛选，比如说大学毕业生就可以留大城市，高中、中专毕业生就不能留，这应该也是由市场决定。

大城市政府的落户政策往往偏向高端人才，但其实所谓的高端人才和低端人才是互补的，一些低端人才可能从事的是服务业，如果没有他们，高端人才能够享受的生活质量就会降低。于是，这些低端人才走了后，城市可能就不能更好地吸引高端人才。

谁走谁留，这些都应该由市场决定。比如人口聚集势必带来高房价，当房价很高的时候，有些人就会选择离开，这就是市场的作用。

此外，一些产业转移出去之后，北京的人口就会变少吗？不一定，因为这是一个市场选择的过程。总有一些企业需要在北京，或者只有在北京才能发挥更好的作用，这就是效率的原则。

新京报：你认为一些产业转移后，北京的人口可能不会减少，反而增加，这是为什么？

陈钊：这是有可能的。如果转移掉的是低效率的企业，腾出资源、空间后进来的则可能是高效率的企业，于是，企业能吸纳的人口可能更多。

人口集中带来的好处是资源的集聚效应，坏处是城市的拥挤、环境成本。当边际上集聚的好处与拥挤的坏处达到平衡，城市规模才会基本稳定。当集聚的好处大于它的成本，那么城市规模就 定会增加。

至于你说的，很多人觉得城市太大太拥挤，这只是他的感觉，可能过去他在北京能够享受到更好的资源，但是现在更多的人涌进来了，对他的利益造成了伤害。但城市户籍人口也在享受着移民带来的好处，例如，对城市老龄化问题的缓解，对城市社会保障资金的充实。

对新来的市民来说，可能他居住在一个很小的房子里，但考虑到这座城市在就业、教育、医疗等其他方面的便利，他还是愿意留下来，这也会导致城市规模的增加，除非政府人为干预。

其实应该利用市场化的手段来达到控制人口的目的，因为如果首先去想着疏散人口的话，其实不知道应该疏散谁。

政府设计机制，减少直接干预

新京报：怎样才能在“京津冀一体化”中凸显市场的作用？

陈钊：政府应该设计好的机制，让市场发挥作用。

例如，对高污染企业增加税收，加强对污染的监管是可以的。因为这个不针对具体某家企业，也不针对哪个规模或所有制的企业，政府只是对企业的污染水平、排污状况加强监管。这个时候谁发现监管太厉害了，呆不下去了自然会走。但政府不能说你这个企业太小了，必须走。说不定我的企业小，但是控制污染的能力强。这些都交给市场去选择。

可以加强对环境的要求，就像汽车尾气，必须达到某个标准，但不能说某个牌子的汽车不能生产，不应该对本该由市场选择的结果进行直接干预。

新京报：在这个问题上，政府行为的边界在哪里？

陈钊：这是非常复杂的问题。对于明显有负外部性的行为，政府可以进行管制，比如群租。在一些市场很难发挥调节作用的地方，政府也应该介入管理，比如排污。

更多的时候，市场会有一个价格机制，地价、房价、租金、工资，这些价格都对城市的规模带来影响，不妨让市场更多发挥作用。

新京报：北京市近期出台了《新增产业的禁止和限制目录（2014年版）》，通过“负面清单”的方式对产业进行引导，这样的做法会不会更加市场化？

陈钊：的确，这一新发布的细则，更加是借助市场机制来实现政策目标，这是值得肯定的。例如，政策将造纸等低附加值产业列入负面清单，而不是在更为微观的企业层面上进行人为干预。又如，对住宅的容积率进行限制，这要好于直接对住宅面积进行限制。

可以看出，这一政策出台的用意有两点。第一，引导企业进行空间上的再调整，疏散低附加值产业，同时也是为高附加值产业提供更多空间资源；第二，引导人口向城市核心区外疏散。

新京报：让农民共享更多城市化的成果，你有怎样的建议？

陈钊：现在大城市排斥外来人口，很重要的一个原因是教育资源稀缺，“异地高考”难以推行就是这个原因。

其实我们可以从容易做的开始，比如职业教育。现在职业教育对外地生源还是有一定门槛的，我们最近完成了一项研究，就希望回答是不是需要在政策上降低这个门槛，因为职业教育降低门槛是最容易的。

职业教育应该取消户籍门槛，高考不愿意把这个蛋糕让出来，职业教育可以做。而且这样做不会侵害城市的利益，现在沿海地区，技工荒、民工荒找不到人，产业要转移，GDP 要流失，如果能够在职业教育这一块利用本地更优质的职业教育吸引外来人口的话，也会有利于本地产业的发展。

❖ 人物

在记者采访过的青年经济学人当中，陈钊的反应机敏，表达流畅。在陈钊的一本著作中，导师张军评价他是“活跃在复旦大学校园里的年轻经济学人”。

他的“活跃”，从本科时期就已开始。进入复旦大学经济系不久，陈钊就和其他三位同学合作组建了一个兴趣小组，并创办了一份名为《经济学人》的小报，关注经济学的前沿课题和经典文献。这份报纸在学生当中一代代传下来，一直办到现在。

硕士阶段，他的《住房抵押贷款：理论与实践》由复旦大学出版社出版，博士学位论文《经济转轨中的企业重构：产权改革与放松管制》也于2004 年出版。导师张军曾这样评价，陈钊将转型中国中的一些经验观察融入到了理论分析当中，这体现出新生代经济学家正在融入世界主流、走向国际经济学舞台。

博士毕业之后，陈钊进入复旦大学经济学院工作，“爱折腾”的他又与几个年轻老师共同创办了“现代经济学工作室”，共同围绕中国现实问题进行学术讨论。

这一阶段的陈钊，兴趣从经济转型理论，逐渐转移到城乡协调发展、户籍制度改革、公共政策评估等方面。他表示，研究领域的转变只是一个表象，更大的转变在于研究方法上，他越来越意识到，中国的经济学研究仅有理论模型是不够的，更需要从经验的角度去提炼事实、解释现象、评价政策，需要用实证的方法去解决现实问题。

如今，“现代经济学工作室”已蜕变为“当代中国经济与社会工作室”，更加倡导经济学与其他学科的跨学科合作。这一工作室还成为了复旦大学985 三期计划支持下的一个研究平台，举办了“公共利益论坛”、“改革对话”等一系列活动。工作室的口号是：以人文情怀和科学精神，我们接近真相。几个经济学家办的工作室，将“人文情怀”放在了“科学精神”的前面。

❖ 问题问答

新京报： 十八届三中全会确立的300多项改革中，你最关注哪一项？

陈钊： 发展基层民主。

新京报： 评论认为，未来两年是上述改革推进的重要窗口期，你认为两年内，最有希望改变现状的一项改革是什么？

陈钊： 积极发展混合所有制经济，这项改革更大程度上具有多方利益兼容的性质。

新京报： 未来10年，你认为哪一个行业最具有投资前景？

陈钊： 与健康相关的行业。

新京报： 怎么看待知识分子的社会责任话题？

陈钊： 知识分子应该讲社会责任，研究什么样的问题、是否遵从科学规范、是否基于研究进行知识的普及、是否对学生负责，这些无不体现着知识分子的社会责任。

新京报： 对经济学家，你最为尊敬的是哪一位？

陈钊： 其实有很多位，如果一定要从当下的经济学家中选择一位的话，我就选茅于轼老先生。

新京报记者　郑道森

42 朱铭来

警惕养老社区变成“圈地运动”

核心观点

保险的发展跟国家的经济发展密切相关。随着人口老龄化的进一步加剧，社会保险的压力越来越大，在选择未来社会保障发展道路时，应该两条腿走路，即积极发展商业保险，和社会保险有效配合。

朱铭来

1970 年 12 月出生，美国佐治亚州立大学（GSU）保险学博士，现为南开大学经济学院保险系教授，南开大学卫生经济与医疗保障研究中心主任。长期从事养老与医疗保障、保险经济学、保险法律制度等领域的教学和科研工作。近年来曾主持教育部人文社会科学研究基地重大项目“我国社会发展与民生保障战略研究：以构建公平和可持续的医疗保障体系为例”等 20 余项课题。

未来社保须“两条腿走路”

新京报：你2003年回国的时候，主要研究的是保险经济学，可否就此详细地阐述一下？

朱铭来：简单地说，就是从经济学的角度去分析保险。过去在国内学保险时，重点多在精算、理赔和营销等企业管理和实务操作方面。但在美国留学的时候就发现，当行业发展到了一定层次的时候，必须得站在大经济的角度去思考问题。

举例来说，保险的好处不只是获得经济补偿，分散风险。保险经济学里面就提到，保险在提供保障的时候，就会改变一个人长期的消费、储蓄的决策/偏好。而消费、储蓄是经济学最核心的内容，这就跟宏观经济联系上了。事实上，保险的发展跟国家的经济发展，产业结构跟人力资本都是密切相关的。这需要用经济学的思维方法把保险融到经济发展的各个方面去。

新京报：在发达国家，社会保险和商业保险是平行的关系，但是在国内，商业保险似乎被边缘化了。

朱铭来：这跟我们的国情有关。中国“大政府”的概念渗透到社会的各个方面。包括经济保障体系当中，实际上还是强调政府扮演主导地位。所以从一开始，社会保障更多的就是强调社会保险，甚至很多人会认为社会保障就等于社会保险。

另外，在过去很多年中，我国的商业保险在社会保障体系中扮演的作用的确不是很强。最明显的就是，我们经常在退休或是日常看病时，发现在基本的费用开支或是保障的组成里面，社保占到70%—80%，商业保险可能只占10%左右，剩下的还是靠一些储蓄。商保的占比的确有限。

新京报：你曾经主持过一个“商业保险与社会保险关系研究”的项目。你认为商保和社保之间是怎样的关系？

朱铭来：最近这一段时间，一直在谈一个话题，就是我们的社会保险可持续发展的模式是什么？实际上，从去年开始，很多人已经意识到，社保基金的压力越来越大。比如，随着我们人口老龄化，养老的问题日益突出，我们谈到了延迟退休。为什么要这么做？简单来说就是我们未来的资金不够了。

医保也是如此。前段时间我们做大病医保的研究项目，在对医保基金进行摸底排查时就发现，在某些省份，多个地级单位医保基金已经处在当年收支亏损的状态。有些地方已经没有当期结余，开始侵吞历史结余了。

另外，再看一下国外的经验，欧洲、日本长期走社保高福利的道路，走到今天就发现财政的压力很大。未来中国这么大的人口规模，而且我们还不是一个工业化程度很高的国家，没有很强的物质财富积累，这决定了我们今天的社会保险只能是“保基本”。

因此，在选择未来社会保障发展道路时，是单纯依靠政府不断加大社会保险的投入，还是从现在开始就两条腿走路，即积极发展商业保险，和社会保险有效配合？当然，一定要强调说明的是，绝对不是政府在甩包袱、推卸责任，这一点公众不要误解或误读。

养老社区搞不好就成圈地运动

新京报：说到社保发展这个话题，今年7月1日开始试点的“以房养老”目前试点将近一个月，却反应冷淡，你怎么看？

朱铭来：“以房养老”在中国能不能落地开花与我们的社会文化有很大的关系。中国的老百姓总希望把一些财富传承给子女，这个与西方的观念完全不一样。所以从目前来说，“以房养老”与我们的传统文化理念有一定冲突。另外，保险公司能不能对房地产价格进行科学的评估，有没有技术水平对长寿风险进行有效的风险管理？这是新事物，过去谁也没做过，对行业是一大挑战。

所以现在更多的也就是一个试点，正如保监会人士所说，这不是一个受众群体很大的产品，也绝对不会成为将来中国保险业的主流产品。所以我认为现在供需两方都不是很旺盛，是很正常的，这才体现的是一个理性的社会。

新京报：据媒体报道，截至今年一季度末，共有6家保险机构投资了16个养老社区项目，预计总投资250亿元。养老社区的市场前景如何？

朱铭来：未来少子、独子的家庭结构，加上人口平均寿命的普遍延长，肯定需要养老的社会化管理体系。而且对于现在中产阶级以上的人来说，养老实际上是一项非常重大的开支。以我们现在的经济水平，社会保障已经不单纯是解决温饱问题，将来主要保障的目标之一就是老年生活能否过得有尊严。

新京报：风险在哪？

朱铭来：第一个吃螃蟹的人肯定带点风险性质。按照国际上发展的规律，市场对一个护理院能不能认可，不是光看那些单纯的硬件条件。

从目前来看，保险公司做养老社区，第一件事情就是拿地，部分管理精细的公司已经参照国外养老社区的做法，对社区进行完整规划。但其实按照国外的经验，最重要的是专业的护理（照护）技术人员的培训和技能的提升，而这一块我感觉是很缺乏的。直到现在，我们还没有整套的护理服务的建设和管理体系。所以搞不好就把养老社区简单弄成了一个圈地运动。而且保险公司过多涉及纯地产，资金风险很大，特别是在相关的一些配套政策没有及时跟进的情况下，后期监管问题很多。

因此，我认为当务之急是相关政府部门密切合作，尽快建立有关老年护理的医学标准、护理服务的管理模式和监管机制，在此基础之上，才能谈得上后面养老地产的相关优惠政策等。有了这些标准和体系，老百姓才真正有需求，产业才能真正做大。

新京报：现在相当于有点本末倒置了？

朱铭来：有一点。但是做总比不做强，说明保险公司的发展方向还是很明确的。过去说改革是摸着石头过河，发展养老社区也一样。

健康险亏损在于没发挥专业优势

新京报：社保中除了养老，另一个重要组成部分就是医疗。在2008年，你曾经提过，医改中商业健康保险不应被边缘化。但从目前来看，专业健康保险公司基本处于亏损状态。

朱铭来：我国一共四家专业健康险公司。当时设立专业健康险公司的初衷是想探索一条专业化经营的道路。更多的是借鉴德国的做法，但问题在于，没有完整地学习德国经验。德国的专业健康险经营模式的特点是寿险公司一般不卖健康险，只有健康险公司才能卖健康险，同时健康险公司也不涉足寿险公司的产品。

但我们到最后制度确立的时候，出于种种原因，变成了健康险公司不卖传统寿险产品，但是寿险公司可以卖健康险产品。这样一来，很长一段时间，实际上是处在一个不太公平的竞争状态。为什么处在亏损状态？因为没有发挥出它的专业优势。

新京报：要改善亏损，怎么办？

朱铭来：未来商业健康保险要想大发展，必须有自己的一套医疗服务配套体系。去年10月，国务院发布《关于促进健康服务业发展的若干意见》提出，政策鼓励民营资本、社会资本投资医疗服务业，其中就包括商业保险机构。

新京报： 在国外，特别是发达国家，对健康险有一些税收优惠政策，我们国家没有吗？

朱铭来： 关于健康险的税收优惠政策，这是我目前研究的一项重点内容。今年我有幸参与中国保险行业协会组织的课题研究，希望研究成果在明年能够转化为政策出台。

目前，纯商业健康险的确没有税收优惠政策，但是企业给职工购买补充保险有一点税收优惠。但是这个好处仅体现在企业所得税，对于职工个人收入所得税，没有相应的税收优惠。我们目前参照国际经验，在规划税收优惠政策，这涉及起征点、封顶线怎么科学设置等。

发展太快导致保障功能被相对淡化

新京报： 从国内保险的发展来看，长期的误导销售、理赔难等现象，给这个行业造成了很大的负面影响，到现在，老百姓对保险的负面评价要大于正面的声音。国外是不是也有这种情况？

朱铭来： 我们现在的保险业发展大概相当于 20 世纪 30 年代美国的保险业，相当于 20 世纪 70 年代初到 80 年代的台湾地区的保险业。

新京报： 就是说中国现在面临的一些问题，其实当年美国和台湾地区也是这么走过来，这是一个过程？

朱铭来： 我们要尽可能去缩短这个过程。但是我们现在出现的问题也有部分原因是我们发展太快了。比如美国的保险业发展初期，美国的资本市场很差，所以它的保险产品都是保障性的产品，台湾地区也一样。到后来，20 世纪 80、90 年代，资本市场越来越活跃了，各种金融产品层出不穷，才开始有了投资型险种。但是公众的保险保障理念已经具备了。

而我们发展太快了。1995 年开始出现寿险，2000 年分红险等投资类产品就开始出现了。这样一来，保险的保障功能就相对淡化了。

新京报： 7 月 9 日，国务院总理李克强主持召开国务院常务会议，部署加快发展现代保险服务业成为其中一项重要议题。如何理解现代保险服务业？

朱铭来： 强调服务业的理念。过去把保险归纳为金融产业，更多地强调融资、资本运作的功能。但是它跟银行的资本运作不一样。银行基本上是中短期投资，但保险特殊的融资功能体现在它是长期投资，而这些长期投资恰恰是我们重点支持建设的项目，如一些养老产业、基建项目等。

❖ 人物

44岁的朱铭来，现为南开大学经济学院保险系教授。1988年，在国内基本上人们对保险意识很淡化时，朱铭来填报了南开大学保险学本科专业。

问及为何，“这得感谢我父亲，”朱铭来说，“当我还在上高中时，父亲在国外做访问学者时发现，在美国金融街上，保险公司跟银行一样建得很漂亮，而且听说保险公司可以保障人身和财产安全。既造福于民，又有发展前景，很不错。”

因此，朱铭来“一直学保险，并且一直干保险”。2003年，朱铭来从美国佐治亚州立大学风险管理与保险学系博士研究生毕业后回国，进入南开大学当老师，成为中国学保险专业回国首批学者之一。

说起回国，朱铭来说，是受到美国导师的影响，想要把在国外学习到的最先进的理念、学术传播回国，更想把学到的理论知识与国情相结合，转化为政策，对社会起一定作用。因此，回国11年，朱铭来的研究关注点从偏理论研究的保险经济学到理论与现实结合，用经济学角度去分析社会保障、社会保险，再细化到社会保障的一个具体分支——医疗保险。

❖ 问题问答

新京报：对2014年的经济、社会运行，你最大的担忧是什么？

朱铭来：如果要说2014年最大的担忧的话，还是房地产市场。在房地产收缩或是增速放缓的情况下，给经济不要带来过多的波动。

新京报：十八届三中全会确立的300多项改革中，你最关注哪一项？

朱铭来：社会保障。

新京报：评论认为，未来两年是上述改革推进的重要窗口期，你认为两年内，最有希望改变现状的一项改革是什么？

朱铭来：简政放权能不能最有效地发挥作用。

新京报：未来10年，你认为哪一个行业最具投资前景？

朱铭来：健康产业。国民收入到了一定程度之后，对健康的需求明显在增加，而且对基本健康水平之上的需求越来越旺盛和丰富。相关的医药产业、服务领域、产品器械等整个健康产业链都具有更好的投资前景。

新京报： 怎么看待知识分子的社会责任话题?

朱铭来： 主要做好三件工作：精通专业，熟知国情，建言献策（理论研究落地）。

新京报： 对于中国的诸多经济学家，你最为尊敬的是哪一位?

朱铭来： 吴敬琏。一个经济学家难能可贵的是有远见，具有创新思想，在很早的时候冲破阻力，扛起市场经济的大旗。其次，比较执着，一直坚持自己的观点。再次，敢于表达自己真实的想法，尽管可能会引起一些误解，但是一个知识分子的良知在吴老的身上得到很好的体现。

新京报记者　梁薇薇

43 刘元春

国企应让出一些控制权给民资

核心观点

从2012年到今年，宏观经济的微刺激已经实施了三轮。今年的刺激时间比此前都有所提前，但见效期比之前两轮都要长。从这个可以推断，当国家实施微刺激常态化之后，已经出现政策效果递减的现象。因此，本轮的微刺激所带来的增长惯性可能不比前两轮那么好。

图 / 浦 峰

刘元春

1972 年生，毕业于中国人民大学经济学院，获经济学博士学位。现为中国人民大学经济学院教授、博士生导师、"长江学者"特聘教授、国家发展与战略研究院执行院长、中国人民大学科研处处长、经济研究所常务副所长。目前主要研究领域：开放宏观经济学，如汇率政策、货币体系、贸易不平衡等问题；货币政策与通货膨胀分析；经济增长。

“微刺激”边际效应递减

新京报： 我们看到二季度的 GDP 增速为 7.5%，比一季度有所提升，你怎么看待这种回升？

刘元春： 这个回升是微刺激的产物。今年整个货币和财政政策相对宽松，而且从 3 月下旬以来，国家在基础设施建设、民生等方面加大投资，并带来这种短期的反弹。这次反弹有几个特征比较明显。

从结构上看，政策类的数据变化较大。比如说基础设施建设，以及一些中央和地方项目的反弹比较明显。但是其他类都处在一直相对低迷的状态，内生型、市场型的增长还缺乏动力。

微刺激的时点越来越提前，但反弹幅度并不大。从 2012 年到今年，以微调为主体的微刺激已经实施了三轮，2012 年是在 8、9 月份启动微刺激，2013 年是 5、6 月份，今年就提前到 3、4 月份，而且刺激力度比较大。

但今年的这轮刺激过后，6 月份才看到了一些效果，比之前两轮的见效期都要长。从这个可以推断，当国家实施微刺激常态化之后，已经出现政策效果递减的现象。因此，我们认为，本轮的微刺激所带来的增长惯性可能不比前两轮那么好。

此外，内外环境都不好。从外部来看，目前外贸的状况略有改善，三季度可能还会有所持续。但是全球宏观形势并不看好，甚至有些担忧。国内来看，企业的盈利状态、投资意愿以及经营环境等，也还没有发生根本性的变化。因此，今年整体经济形势可能不像往年那样出现“前低后高”的状态，四季度下行的压力还会进一步增大。

新京报： 下行压力增大，跟房地产市场的调整周期有没有关系？

刘元春： 很有关系。从中国的房地产周期本身来看，2008 年的调整和 2012 年的调整没有形成一个市场性的调整。这一轮调整周期已经启动，持续的时间和幅度跟往年都不一样。这也是经济下行压力大的一个核心问题。

当然，房地产业的这轮调整是必需的。如果没有一个成功、平缓的调整，而是在政策的干预下还出现了放缓，甚至反弹，则可能会使得中国经济面临的中长期问题更加严峻。

此外，今年反腐倡廉工作进行得如火如荼，它带来了经济上的一些破局效应。目前很多地方的投资出现了持续下滑，在这个阶段是很正常的。

四季度需做三项预案

新京报：你说到今年的国际环境也不好，具体怎么不好？

刘元春：首先看美国，美国经济不错。但是它的经济越不错，它的货币政策就愈加常规化。美国已经宣布10月份全面退出QE，对于新兴经济体是个不好的信号。因为去年已经证明了，小幅度退出QE对新兴市场的影响很大。同时，如果美国的实体经济的参数进一步变好，还会进行加息，带来的震动会超出大家的想象。

再看日本。“安倍经济学”的第三支箭已经射出，结构性增税改革开始推出，这对日本经济下一步的变化会带来极大的考验。

最后看欧洲的债务危机。最近西班牙银行出现危机，证明欧洲的金融体系比想象的脆弱，随时可能会出现问题。

就目前的这种状况来说，如果美国、欧洲、日本的经济状况在四季度都会有所变化，就可能对中国四季度的外贸形势、资本流动性带来很大的冲击。所以说，真正的考验就在那个时候。

新京报：既然能够预测到四季度经济形势不太好，那么我们是否需要做一些预案？

刘元春：很有必要。至少要做三个方面的预案。第一个在房地产领域。房地产市场调整的深度和广度，目前来看具有一定的未知数。但是房地产跟整个金融体系紧密相连。在房地产市场调整的过程中，怎样在不触发金融危机的同时，实现房地产的软着陆？是考验决策者智慧的。在这个过程中，一旦出现市场的异动，或者局部的重大变化，一定要有所预案。

第二个预案是针对美国经济的快速复苏，以及QE政策的退出，等等。如何通过对汇率的调整来对冲外部环境的压力？也是一个很重要的预案。

第三个预案在于就业。随着经济增速的缓慢回落，就业的参数其实会发生变化。现在我们官方的就业参数可信度较低，与宏观经济的匹配性较差，所以必须要进行大量的抽样调查和定点调查，观察就业数据。同时还需要做一些相匹配的社会保障工程，维持就业的稳定，以及社会的安定。

服务业繁荣是“假象”

新京报：回到半年数据，你刚才提到了结构，我们看到第三产业的增长速度比第二产业要高，这样的状况在下半年会持续吗？

刘元春： 目前社会上都会讲我们第三产业增长不错，这可能不是一个科学的结论。从增加值来看，金融危机前（第三产业比重）是百分之十一点几，现在只有百分之八点几。因此，这个下降的幅度是非常大的，甚至超过第二产业。

目前我们发现很多劳动密集型的服务业还不错，需求量也在上扬。很重要的一点原因，是我国收入水平出现变化所致。也就是我们经常讲的，东部很多区域人均 GDP 已经超过 1 万美元，进入后工业化社会，后工业化社会的消费主体是以服务业为支撑。

这两年我们看到很多服务业的价格在上升，很多服务业招工难，很多服务业的供给出现了瓶颈，特别是一些公共服务，比如说医疗、教育、卫生，包括一些家教等等，都出现了短缺的现象。

但这造成了一些假象，让人觉得服务业很繁荣。但实际上，我们服务业的很多主体，比如说物流、仓储、法律、金融、咨询、知识产权、技术专利等方面的表现并不是很好。生产性的服务业对于制造业的依存度还是很大，同时还有很多的服务业是遇到瓶颈之后增速在下降。

所以从下半年来看，服务业的增速可能会维持上半年的状况，但是明年会有下行的压力。原因就是民众的收入如果老跟不上，收入的低迷必定会传递到消费端，从而使服务类的消费受到一定的影响。

新京报： 提高服务业的比重，其实也是“调结构”的一部分，具体需要在哪些层面加力呢？

刘元春： 对生产型服务业的支持要全面地进行，包括一系列的减税等，这一点是很重要的。

对于中高端的消费服务业要进行培育。消费税该减免的应该减免，基础设施的建设该强化的要强化，尤其是我们经常讲的一些公共服务，如教育、医疗、卫生等等，应该进行全面的强化。

另外，国家还应该进行一些投入，来释放需求。主要包括一些新兴消费，比如对网购进行有序的管理。再比如，养老消费应该更加进一步地凸显；同时还有一些生产性的服务，比如技术专利、金融等，要真正地向民间资本放开，使它形成良好的竞争格局。

新京报：“调结构”过程中最大的难点是什么？

刘元春： 最大的难点还是政府和国有企业的定位问题。国家已经看得很清楚了，因为总理已经讲了，改革核心是政府要进行自我革命。如果没有政府定位的革命性调整，市场空间是很难释放出来的。没有市场空间的释放，就会出现过剩与短缺并存、结构不合理的状况。

现在不是民资进入最好时机

新京报：国企改革也是比较热的话题，最近国资委公布了六家参与“四项改革”的央企，您怎么看这几家企业改革的前景？

刘元春：如果对于国有企业的定位不明确，只是简单地采取混合所有制，简单地对一些人事制度进行调整，那么下一步的前景还不是很好。

目前来看，大家希望混合所有制能够改变国企的独大现象。但是实际上，如果我们行政性的管制不消除，行政性的垄断还广泛存在，国有企业与各级政府之间的关系还是捋不清楚，混合所有制的作用也就有限。就像你简单地往里面加一点水，调一些面，稀释一下，并不会改变国企内部资源配置的一些基本规则。

新京报：国企改革一直是难啃的骨头，你觉得里面最大的阻力在哪儿？

刘元春：在国企周围，这些年出现了“新国企”现象。也就是说，国企成为了一些权贵的寻租通道，围绕国企形成了一些新的利益集团，这些利益集团是改革最大、最直接的阻碍。

新京报：在国企改革的过程中，民间资本有哪些机会？

刘元春：民间资本是有机会的。但首先有一个前提，即国有企业必须让出一些控制权给民营资本，这就要求国资委和中组部对于相应的人事权和支配权进行全面的重构，否则简单的股权让步没有多少意义。如果没有控制权的让步，民间资本进入就没有真正的价值。

第二个前提是，国有企业利润的分配，必须要有一个良好的分红机制。目前国企在利润分配上基本都是糊涂账，国企的资本经营预算、账户题目构建也很不完善。这里面就要求国有企业的利润分配机制有一个科学化、明细化的调整。否则所有的资本进来，既没有控制权，又不能每年进行分红，自然就没有动力。

对于民间资本来讲，最好是率先进入到盈利状况好的一些领域，这样可驾驭性更强一些。但是国企改革的逻辑往往是“先改坏的后改好的”，所以现在还不是民间资本进入的最好时机。

新京报：在国企改革过程中，怎样避免国有资产的流失？

刘元春：这是一个很重要的话题。如果很多国有资产变相流失，不仅不利于我们综合国力的提升，同时还会导致出现比行政性垄断还要严重的“财阀垄断”现象。

怎样防止国有资产流失？一个健全的资本市场是很重要的。只有一个健全的资本市场，才能够对国有资产进行相应的科学定价。否则就是人为定价，就很难排除内部控制的嫌疑。

还要有一个完善的考核体系。我们经常对国有企业的保值增值提出很多要求，但是所谓的“保值增值”，未必就是要求国企每年都要盈利。在一个相对良性的竞争市场中，国有企业需要有一套完善的考核体系，对其实施分类治理。

楼市低迷期至少持续一年

新京报：过去一年来，房地产投资的增速一直是低于固定资产投资增速的，说明房地产业在宏观经济里面的作用有所放缓，你觉得什么原因造成了这个现象？

刘元春：很重要的一点在于，房地产处在一个周期性调整的阶段。在这个周期中，首先看到的是整体市场的需求开始有所趋缓。主要体现在我们的人口结构中，第四次“婴儿潮”带来的住房需求在2013年达到了高点，今年开始有一个趋缓的过程。

其次，由于之前的涨价预期已经持续了很多年，导致很多刚需和改善性需求提前释放，因此也使得目前的市场需求处在一个相对低迷的状态。

在前几年积累了很多的土地储备之后，住宅的库存量也比较大，进而导致供求发生逆转。在这个逆转的过程中，最直接的表现就是销售下降。如果这种状况还不能缓解的话，接下来就会接连出现企业资金来源下降、企业购买土地量下降、企业投资水平下降，最后是房价全面下降。现在我们看到的仅仅是第一阶段。

新京报：之前你说过，房地产业出现了拐点性的变化，这个判断是怎么来的？

刘元春：主要的依据还是销售参数和投资参数，这两个指标都出现了明显的下滑。另外，一些中长期指标，如人口、人均居住面积和收入水平的变化，都比较契合“拐点”的判断。

新京报：你如何判断未来一段时间房价的走势？

刘元春：如果政府没有对宏观经济政策和房地产市场进行颠覆性调整的话，

房地产价格还会出现缓慢回落，而不是断崖式下跌。

原因有三。第一，虽然目前中小房地产商财务状况有所紧张，但是很多大的房企，其财务指标并没有出现极度恶化的状态；第二，与西方国家相比，中国房地产市场的杠杆率并不是很高，建立在房地产市场上的金融衍生品也不是很多，因此楼市调整对于宏观经济和金融体系的冲击也比较小；第三，中国政府对市场的干预能力还是很强的，完全有可能在市场出现崩溃性变化的前期进行风险的控制。

新京报：从去年年底持续到现在的房地产市场相对低迷的状态，还会持续多久？

刘元春：假设的前提政府没有出台对冲的整体政策的话，应该至少会持续一年时间。但是如果政府一调，就不好说了。

❖ 人物

刘元春目前担任中国人民大学国家战略与发展研究院执行院长。1999 年，他毕业于这所大学的经济学院，获经济学博士学位。

他在人民大学明德楼的办公室布置保持着学者的简朴和素净，衣着、谈吐亦如是。

3 年前，刘元春曾在学校图书馆与学生就“60 后大学生和 90 后大学生”的话题进行对话，感慨道：大家对“大学生活必需品”的理解不一样。

他提到，一位同学因家中贫困接受补助，却表示手机、电脑什么都要买。刘元春当时不解：“你干嘛一定要手机？”那位同学解释，手机上网、聊天，是年轻人的生活方式。

学生的答案让刘元春感慨，大家对“必需品”的理解不同了，但他仍建议学生们：“大学生的消费要与大学生生活和主业相匹配，大学生要力求提高自己的能力，使自己志向高远。”

刘元春称，近年有关知识分子的话题兴起，表明社会的自觉在提升。知识分子独立性、良知需要社会体系保障。有了物质条件，社会、政治地位，才能有更多空间。

但刘元春坚持认为，“物质条件之外，知识分子需要能够抛弃眼前的利益，关注人类社会最核心的功能。这是一种回归，某种程度上是进步”。他钦佩老一代经济学家，有知识分子的使命感，又有中国社会的现实感。

近八年来，他专注于“中国宏观经济预测与分析”项目。聊起对宏观经济的分析判断，刘元春条分缕析，冲口而出。让人觉得这所有问题在他头脑中思考盘桓已久。

同时，他也十分重视宏观经济理论的大众传播层面。近年担任中央电视台和凤凰卫视等多家电视台和媒体的财经特约专家，以及《经济研究》、《世界经济》等杂志匿名审稿人。

对话中，刘元春数度提及自己牵头组织的人民大学“中国宏观经济论坛”，颇感自豪。2011 年举行的“宏观经济论坛”上，他曾提出“房地产整体价格回落不会超过 25%”的观点，引发轩然大波，被斥为“胡猜”。刘元春并未对此作出正面回应。但即使在如今的市场调整期，房价走势也没有超出他的“预言”。

❖ 问题问答

新京报：你对 2014 年经济社会运行最大的担忧是什么？

刘元春：最担心政府缺少定力，在面对经济下滑和波动的时候过度地采取一些刺激措施。

新京报：你个人最尊敬哪位经济学家？

刘元春：老一代经济学家孙冶方，有知识分子的使命感，又有中国社会的现实感，同时又前瞻性地看到了中国社会发展的一个核心关键点。

新京报：十八届三中全会确定的 300 多项改革中，你个人最关心的是哪一项？

刘元春：最关心财税体制改革。我们改革的核心是政府改革，而政府改革的核心在于财税改革。

新京报：未来两年最有希望推进的一项改革是什么？

刘元春：第一是金融改革；第二是简政放权。

新京报：未来 10 年，你认为哪一个行业最具有投资前景？

刘元春：技术服务和高端的服务业。

新京报记者　刘　夏

44 刘培林

中国经济结构将发生重大变化

核心观点

后发经济体在经济发展方面遵循着“追赶周期”。在追赶的过程中，经济增长的潜力实质上是后发经济体与发达经济体的技术差距。

我国未来追赶潜力的释放节奏，将比过去高速追赶平台期的水平慢。企业必须通过推动创新和转型升级，培育在较低增速的宏观环境下生存和获利的能力，早日丢掉对政府大力度宏观刺激的幻想。

图／高　玮

刘培林

1969年出生于山西省，现任国务院发展研究中心发展战略和区域经济研究部副部长、研究员。1999—2002年，于北京大学攻读博士学位，师从林毅夫。毕业后，一直在国务院发展研究中心从事研究工作。

研究的课题及项目包括“新时期不同区域和行业转变经济增长方式的路径研究”、“我国近中期经济社会发展的特征、挑战与战略选择研究”、“制度创新与区域协调发展研究”等。目前的研究方向聚焦于中长期经济增长。

社会福利水平改善节奏会影响经济增长

新京报：你近期研究的课题之一是“追赶周期”，可否具体解释一下“追赶周期”的含义？

刘培林：经济追赶是有规律的。具体来说，成功实现经济追赶的经济体，都会经历这样一个增长速度变动的周期：一开始增速很低；之后实现经济起飞，进入为期20—30年的增速接近两位数的经济追赶的平台期；再之后，经济增长速度会逐步降低，向发达经济体收敛。这样一个增速由低到高再降低的过程，构成了一个完整的周期形态，可以称为“追赶周期”。

说到周期，大家还会联想到其他周期形态，如为期4—5年的商业周期，为期10年左右的设备更新周期等。这些短周期在发达经济体和后发经济体都适用。后发经济体实际的追赶进程，是这些短周期和追赶周期的叠加。不过，与各种各样的短周期相比，追赶周期是长周期，决定着追赶进程的基本走势。理解了追赶周期，才能把握住追赶的基本规律。

新京报：简单讲，可以将“追赶周期”形容为发展中国家在追赶发达国家的过程中，经济增速较长时间内的变化趋势？是不是所有发展中国家都必定经历这个周期？

刘培林：对。后发经济体在实现经济起飞之前，长期停留在低收入陷阱中，经济增速长期保持在低水平上；之后，通过政策调整和改革，摆脱低收入陷阱，实现起飞，进入高增长的平台期；当追赶空间释放得差不多了，追赶速度也就会慢下来。

不过，并非所有的后发经济体都成功地走完了这样一个追赶周期。目前只有几个东亚国家完成了追赶周期。拉美一些国家的追赶进程就不断反复。所以，严格地说，追赶周期只是成功实现经济追赶的后发经济体所经历的轨迹。走完这个周期，需要艰苦的努力。如果在追赶周期的全过程中没有持续的改革和政策调整，将难以经历完整的追赶周期，或者是经济起飞难以冲到高速增长平台之上；或者是高速增长平台的中途跌落；再或者是高速增长平台走完之后，难以保持追赶态势，增长急剧滑坡，甚至出现收入水平的绝对倒退。

新京报：之前你在论文中也提到过，日韩是在追赶周期中比较成功的国家，拉美一些经济体的表现则较差。这里的区别和原因在哪？

刘培林：我个人感受较深的一点，是经济增长过程中政府改善社会福利水平的节奏，东亚国家明显比拉美国家掌握得好。以社会性福利支出占 GDP 的比重作为社会福利水平的度量指标。在东亚国家，这个指标是随着人均 GDP 的水平提升而相应稳步提升的；但是在巴西，这一比重在发展初期时缓慢提升，但当人均 GDP 达到 5000 国际元（一种购买力平价指标）时，人均 GDP 收入几乎不增长了，社会福利支出占 GDP 的比重却继续快速提高。

巴西之所以社会福利水平提高节奏过快，很重要的原因是，竞选者为了当选，承诺高福利，这会导致财政赤字，无法为继时，就把赤字货币化，转化为通货膨胀，下一轮竞选时承诺更高的福利。如此，陷入恶性循环，偏离了追赶周期的正常轨道。智利“二战”后一度也遇到过巴西同样的问题，但后来通过改革，较好地掌握了社会福利水平提升节奏，经济增长得以回复到追赶周期的正常轨道上，目前的发展态势相当不错。

增速放缓源于与先进技术差距缩小

新京报：你曾在文中表示，后发经济体的追赶周期表象上是一个经济追赶过程，其实质则是一个技术和生产率的追赶过程。能否列举一些具体的事例来解释追赶周期的这一实质？

刘培林：先从人们对中国增长速度放缓的各种解释说起。常常被提及的理由是各种要素成本上升、人口红利消失、生态和环境保护压力加大等等。用这些因素解释增长减速虽然不无道理，但却解释不了这样的现象：非洲的要素成本低、生态环境压力小、人口红利大，为什么它们没有经历中国过去 30 年那样的高速增长，增速一直比较低呢？当今发达国家历史上也有过要素成本低、生态环保压力小、人口红利大的时期，为什么始终没有在一段相当长的时期内经历类似中国过去 30 年那么高的增速？

另一个更深刻的解释是，中国等追赶型经济体实施了市场化改革和对外开放。这个解释当然也不无道理，而且能够解释中国和其他仍然处于低收入阶段的经济体之间的绩效差距。但是却不能解释这样的现象：当今的发达国家是市场经济的发明者，是“一战”前和“二战”后的全球化的推动者，为什么这些国家从来不曾经历中国过去 30 多年那样的高速增长？

所以，理解高速增长、增速放缓，需要在要素成本和制度环境等因素之外，引入新的因素，这个因素就是技术进步的方式。英美等发达经济体的发展，需要在未知世界中依靠自身试错打开知识边界，没有现成经验供它们拷贝。而后发国家在启动经济追赶进程时，有前沿国家积累的大量知识可供低成本地拷贝。这是高速增长的根本潜力所在。非洲等低收入国家之所以增速不高，是因为没有通过制度改革启动技术追赶进程；中国过去高速增长的原因在于通过制度改革启动了技术追赶进程，并使之维持了相当长的时间。而随着中国与全球技术前沿距离日益缩小，低成本拷贝的空间缩小了，所以，增速会慢下来。

新京报：下一步，中国的经济活动将面临一个什么样的状态？

刘培林：日本、韩国等都经历了完整的追赶周期的几个阶段，包括起飞、高速增长平台期、增速下降再到稳定。中国也在按着这个周期走。

不过，现在有一个分歧是，中国的高速增长平台期是否已经结束？如果已经结束，未来一段时期经济增速会降到多高水平？

有的观点认为，未来 15 年内仍有每年增长 8% 的潜力，依据是中国与美国的技术差距还很大。另一种观点认为，日本等东亚经济体高速追赶平台期结束时，人均 GDP 水平是 11000 国际元，且经济结构同时发生了转折性变化：制造业占比下降，服务业比重上升；投资比重下降，消费比重上升。中国人均 GDP 马上就到这个临界点了；此外，中国的经济结构的转折性变化，如服务业占比超过第二产业已经出现，所以中国经济增速将逐步放缓。

两种观点都有道理，差别在于，前者以人均 GDP 的相对水平作为技术差距的衡量指标，而后者则以人均 GDP 的绝对水平作为衡量指标。同时，后者也考虑了更多的经济结构方面的因素。

我个人的观察是，目前为止的现实情况似乎更支持第二种观点，即中国经济增速将放缓，经济结构也将发生重大变化。这应该是经济增速换挡的题中之意。

未来应避免形成过度悲观预期

新京报：中国的技术跟发达国家还有多大的差距？这样的差距能否支撑中国未来一段时间保持高速发展？

刘培林：中国尚处于上中等收入水平，即使未来越过高收入经济体行列的门槛水平，距离最发达国家的收入水平也还有很大差距，差距就是潜力。不过，增长潜力与其释放节奏，是两个概念，就如同距离和速度之间的差别一样。

新京报：什么措施会让我们跑得顺利一点？快一点？

刘培林：这涉及很多方面。我个人认为促进创新是最重要的一点。如果不能建立促进产业创新和技术持续升级的体制，我们的追赶潜力就无法释放。短期的宏观经济管理也很重要，如果管理得不好，容易出现泡沫和经济危机，进而导致我国偏离追赶周期的正常轨道，出现重大的挫折和反复。

新京报：怎么才能管好呢？

刘培林：除了要通过传统意义上的财政和货币政策进行调控之外，我个人认为中国在迈入新常态的过程中有一个独特的任务，就是通过法治建设、深化改革和宏观调控措施，共同引导广大微观经济主体的预期，使得全社会形成关于新常态的正确认识。

这正确的认识，我觉得有几个重要的方面。第一，使得微观主体相信，前途是光明的，我国未来尚有可观的追赶潜力，避免形成过度悲观的预期。同时，使得微观主体相信，投资收益是安全和有法律保障的。

第二，使得微观主体认识到，道路是曲折的；要丢掉幻想，投入战斗。我国未来追赶潜力的释放节奏，将比过去高速追赶平台期的水平慢。未来的市场竞争会更加激烈，企业必须通过推动创新和转型升级，培育在较低增速的宏观环境下生存和获利的能力，不能指望在政府刺激的高增速宏观背景下通过扩大规模等简单的经营措施获利。早日丢掉对政府大力度宏观刺激的幻想，早日投入转型升级和技术创新的战斗。

推动增长需实施包容性发展政策

新京报：今年4月，国家发改委相关负责人回答记者关于“十三五”规划编制情况的提问时表示，希望通过努力，到“十三五”末接近甚至进入高收入国家行列，引起舆论热议。

刘培林：其实大家对这个分类有些误解。2012年世界银行国别分类标准当中，高收入、上中等收入、下中等收入的下限的人均国民收入水平，分别为12615美元、4086美元和1035美元。按照这个分类标准，人均国民收入要达到7万多人民币才算跨入高收入门槛。但是，很多人把这个人均国民收入的概念和人均可支配收入混淆了，粗略地讲，前者除了包含后者之外，还包含间接税、资本报酬、资本品折旧等。

按照其他国家的经验，从跨入上中等收入行列的门槛算起，进入高收入行列所用的时间，大多是十多年。中国2010年成为上中等收入国家，推算一下差不多在2020年前后，也就是“十三五”结束时有可能进入高收入国家。此外，按照对我国未来经济增速的合理推断，结合人民币汇率升值，以及高收入门槛水平本身的调整，也可以推算出，“十三五”末中国有可能接近甚至跨过高收入门槛。

当然，未来现实可能不像上述这样简单的推算那样演进。我本人的看法是，中国离高收入门槛有多远，取决于我们的改革有多成功。扎扎实实落实十八届三中全会部署的各项改革，则完全有可能实现这样的目标。

推动增长需要实施包容性发展的政策，充分激发每个社会成员的活力和创造力，给予所有人以公平参与竞争的机会，并保障竞争失败者的基本生活。所以我提出应该实施创业兴国战略。创业兴国战略，是在初次分配领域形成合理收入分配关系的重要途径。因此，创业兴国战略是实现包容性发展的最重要途径。

新京报：如果推进创业兴国这一政策，我们还有哪些不足？

刘培林：创业兴国需要一套有效的制度体系和文化氛围。首先，需要鼓励创新、冒险，包容失败的社会氛围和教育理念，避免把企业家和创新者湮灭在摇篮里。同时，要保障劳动果实的安全性，让包括企业家、创新者和从事标准化劳动的人，都有充分的积极性踏上竞技场。此外，还应该搭建社会安全保障网络和基本公共服务体系，让人们敢于拼力奔跑、无惧摔倒，也让所有愿意踏上竞技场的人都具备起码的上场资格。但最重要的一点是，形成公平竞争的竞技场，打破各种垄断和进入壁垒，保持社会的流动性。

❖ 人物

今年45岁的刘培林，有着与他年龄和身份“不太符”的谦逊。在被列为青年经济学人系列报道采访对象后，记者7月中旬第一次打电话约采访。刘培林在获悉采访需求后说到，自己的年龄已经到了45岁的上限（青年经济学人评选的年龄上限为45周岁），如果跟30多岁的年轻经济学者们一起受访，显得“装嫩”，拍照也怕“对不起观众”。

而在后来作采访前的沟通过程中，刘培林则显现出了与研究工作者“相符”的严谨和认真。一般在人物专访前，通常是记者在大量的文件资料、公开报道中收集信息，提炼采访提纲。但刘培林却自己根据经济热点和自己近期的研究，选取了七份资料，以帮助记者尽快理解关键概念。

7月末，在北京市朝内大街225号的国务院发展研究中心，采访按照既定时间进行。刘培林同时展现出他谦逊与严谨的特性，在回答采访问题时语速适中，让记者的录音笔可以更清晰地记录下他的回答。采访的过程中，他提到自己正在做一个关于经济“新常态”的研究文章，采访后不久，记者就收到了刘培林发来的最新研究文章，以保证采访稿件中对一些新概念理解的严谨度。

❖ 同题问答

新京报：对2014年的经济、社会运行，你最大的担忧是什么？

刘培林：担心社会上能否形成对新常态和经济增速换挡的正确预期。

新京报：十八届三中全会确立的众多改革中，你最关注哪一项？

刘培林：财税、金融、土地、国企和社会保障体系，每一项都是很重大的改革。

新京报：评论认为，未来两年是上述改革推进的重要窗口期，你认为两年内，最有希望改变现状的一项改革是什么？

刘培林：没有唯一的答案，取决于很多因素。

新京报：未来10年，你认为哪一个行业最具有投资前景？

刘培林：节能环保，健康、养老等。特别要指出的是，信息产业和各行各业的深度融合，对各行各业发展的推动和改变，才刚刚开始。

新京报：对于中国的诸多经济学家，你最为尊敬的是哪一位？

刘培林：对每一位遵照严谨的经济学方法论开展研究的同行，我都怀有敬意。对我个人的经济学研究产生最大和最直接影响的，是我的博士生导师林毅夫教授。

新京报记者　赵嘉妮

45 朱海斌

取消限购是正常的政策反应

核心观点

这一轮楼市调整过程需要的时间可能比以往更长，但房价崩盘的可能性依然很小。这一轮调整将持续一至两年，部分城市房价跌幅或达 20%，三线城市的去库存周期会比较长。地产调整已成为中国经济下半年下行的最大压力，短期会有更多的城市取消或者放松限购。

图 / 王嘉宁

朱海斌

2011 年 9 月加入摩根大通，担任摩根大通中国首席经济学家和大中华区经济研究主管。在此之前，朱海斌于 2001—2011 年任职于国际清算银行，先后担任经济学家和高级经济学家。2001 年获美国杜克大学经济学博士学位，1996 年获中国人民银行研究生院硕士学位，1994 年获北京大学信息管理系学士学位。研究方向专注于金融体系和实体经济的传导，风险管理和金融监管，中国经济和房地产市场。

部分城市房价跌幅或达20%

新京报：你最近表示，在全国范围内，一两年内房价降幅不超10%。如何得出这个结论？包括北上广这样的一线城市在内吗？

朱海斌：一两年之内房价降幅不会超过10%指的是全国平均房价，区域之间、城市之间会有不同，部分城市可能会达到20%，甚至20%—30%之间。其中，一线城市房价泡沫现象最明显。

用房价收入比的指标来看，北京、上海、深圳的房价收入比在15到20之间，中国正常的水平可能应该在6到8之间。相比之下，欧美国家大部分房价收入比在4到6之间，也就是说4到6年的收入就可以买当地一套普通住房。中国房价的地区差异比较明显。

北上广房价远超正常水平，但一线城市相对需求最大，反而价格相对稳定。短期房价下跌幅度最大的是一部分供大于求比较明显的二线城市，但是二线城市市场对价格的弹性比较大，降价后会刺激需求、促进销售。三线城市则要经历比较长的去库存周期。

新京报：怎么测算房价不会跌10%？

朱海斌：影响我国房价的主要因素包括城镇化进程、居民收入、货币供应量、房地产市场供需变化和人民币汇率。其中，近两年出现明显变化的是供需变化比例和货币供应量，这是导致本轮房地产市场调整的最主要原因。

2012年开始房地产市场出现了供大于求的状况。货币供应量从2009年、2010年时比较宽松到现在慢慢回到中性。在其他几个因素中，虽然整个经济增速在下滑，但居民收入增速维持在高位。去年家庭名义收入增长10%左右。一般来说，收入上升比较快的地方，其房地产调整过程中房价下跌的幅度较小。因为房地产调整本质是房地产出现泡沫，房价超出居民消费能力，调整的目标是让房价收入比降到一个更合理的水平。途径有两个：房价下跌，收入上升。

全球金融危机期间，欧洲几个国家和美国房地产“大调整”很重要的一个原因是居民收入基本上不变，甚至有些国家是下降的，调整结果就是房价大跌，美国跌了30%，英国跌了10%。

新京报：关于中国房地产市场触及“拐点”的论调不绝于耳。房地产的黄金10年已经过去吗？

朱海斌：我认同这个观点。

新京报：你所说的拐点是什么拐点？是供给拐点、需求拐点还是房价拐点？

朱海斌：从目前数据来看，供给的拐点最先出现，供大于求状况2012年出现，此后供应量不断增加，短期的供给已经明显大于需求。今年1月份开始，新开工面积同比大幅度下滑。房价的拐点出现在4月份，到目前为止环比下降了2%左右。需求的拐点还没有出现，预计未来5年内需求仍比较稳定。

需求拐点没有出现，意味着这次房地产更可能经历一次调整而不是崩盘。我们估计未来几年需求量将维持在10亿平方米的水平。经过调整，供需会重新恢复平衡。我国房地产目前的情况，是供大于求之后市场的自我调整。

新京报：你反对“中国房地产即将崩盘”的说法，原因是中国的城镇化进程给中国房地产带来平稳增长空间。但瑞银中国首席经济学家汪涛6月公开发表文章称，新增城镇人口对住房的需求没有想象那么大，很多人高估了城镇住房市场的实际刚需。这和你的观点相左。

朱海斌：国内地产市场的刚需来自三个部分，第一个部分是新进城的新增人员；第二个部分是改善住房的需求；第三类是旧房重建。汪涛表述的是第一个部分。确实，新进城的人口并不是100%对住房都有需求，比如乡改镇、镇改县，由于建制的变化一些居民被城镇化，他们通常不用买新的住房，这个有可能占到新增城镇人口的50%。“新增的流动人口不会很快买房，住房的需要没有想象得那么大”，这个理解是有偏差的。因为从城镇化过程带来的需求并不是当期的需求，它是一个滚动式的需求。

我们不能奢望房价能够降到让刚进城的农民工和刚毕业的大学生都可以马上买房，那同样不是一个合理的现象。所以今年城镇化带来的住房需求，对应的可能是五六年之前进城的那些农民工，或者是说五六年前毕业的大学生，这是个滚动式的过程。

房价调整会持续一到两年

新京报：这次调整和2012年的房地产调整有何不同？

朱海斌：二者有很多相似之处，包括市场供大于求和楼市各项指标的下滑。不同之处是2012年供大于求是区域性的，主要体现在东部沿海地区和一些高房价地区。目前的供大于求是全国性问题。

新京报：现在房地产供大于求的情况有多严峻？

朱海斌：两个指标可以参考。一个是全国在建的住房面积跟过去一年的住房销售面积的比率。这一比率在2013年底达到4.2，也就是说，要把目前在建住房全部卖完需要约4.2年，而历史平均水平是3.3年左右；第二个是库存指标，目前我们追踪的八个大城市平均库存大概是18个月，去年年底时也就10个月左右，目前水平远远超出历史平均值。

新京报：你怎么评价这次楼市调整的性质？

朱海斌：从需求来看，目前还是比较稳定的，政策上还有一定的调整空间。从整个行业来看，目前很多开发商的利润是15%左右，如果房价降幅超过15%，就会成为一个分界线，开发商会大幅削减未来新开盘或投资。从宏观角度，对房地产投资增速下滑会加大，对宏观经济造成更大压力。从这点看，政策不会容忍崩盘式的调整。

目前来看，这次仍是一个温和的调整。

新京报：这次的调整期会有多长？

朱海斌：房价调整会持续未来一到两年，从今年4月份开始算，全国平均房价可能会持续下调5到10个百分点。

调整引发宏观风险或大于金融风险

新京报：最近地方政府救市热情高涨，楼市政策松绑此起彼伏。但就目前来看，多数放松限购城市楼市成交量仍旧低迷。怎么评价现在地方政府的救市行为？

朱海斌：取消限购有利于销售回稳，但楼市价格不一定会起来。今年退出限购是比较合适的一个时间窗口。限购本身就是一个临时的行政性措施，而不是中长期的政策安排。在目前整个房地产市场整体供大于求的情况下，取消限购是一个正常的政策反应。

新京报：过去几年政府也参与了地产调整，但为何房价越调越高？为何这次房价顶不住了？

朱海斌：从1998年房改到2011年的13年里，大部分时间房价都是在上升。房价上升主要由两个因素决定：一个是市场因素，1998年房改的时候，房价是低于市场价格的；另一个因素就是供求关系，2011年前一直是供小于求的局面。

2012年的调整并没有持续太久，主要原因是货币政策放松，2012年年中中国人民银行连续地下调利率和存款准备金率，信贷也重新加速。

从目前的观察看，今年下半年货币政策很难宽松，信贷增长会保持稳定。当前的宏观经济政策并不支持房价在短期调整后的复苏。

新京报： 你认为，中国房地产接下来的调整期，取决于政策是不是出现大的变化。你期待政策如何调整？

朱海斌： 短期会有更多的城市取消或者放松限购，这是目前政策调整的重点方向。另外，7月份以来首套房房贷利率出现下滑，也会有利于市场压力减轻。如果这些措施还没有起作用，下一步有可能会出现二套房的房贷政策调整。

总体而言，本届政府没有特别多直接的政策出台（干预市场）。房地产市场的长期制度安排需要注意三个方面：一个是房地产税收政策（包括房产税）的制定和执行；第二个是要考虑存量二手房政策（包括租房）；第三个是保障房政策。我认为相关政策还是有调整空间的。

新京报： 在保障房政策方面，存在哪些问题？

朱海斌： 我认为政策应针对不同城市，进行不同处理。具体来说，要加强一二线城市的保障房建设，减少甚至取消三四线城市保障房的建设。因为一二线城市房价收入比很高，中低收入阶层根本买不了房。在三四线城市，房价本身相对合理，保障房跟商品房的价格差别并不是很大，导致保障房跟商品房有一些直接的竞争，在这些地方并不需要大规模的保障房。

新京报： 如果政府不"救市"，会发生哪些连锁反应？

朱海斌： 用"救市"形容，有一些偏颇。政府在这一段调整里，更多是托底的功能，控制尾部风险。房地产的正常调整政府不应该干预，如果超出一定的幅度，影响到整个经济运行，政府应该采取一些逆周期的措施，控制尾部风险。我们判断，今年房地产调整可能引发的宏观风险会大于金融风险。

新京报： 为什么？

朱海斌： 房地产市场的调整会导致房地产投资增速的下滑。房地产投资是支柱产业，占整个固定资产投资的25%，对GDP直接的贡献率在12%－13%之间。房地产投资下滑会直接影响固定资产投资的增速，也会直接影响经济增速，如果投资下滑太快，经济可能就会出现硬着陆。这样实体经济的其他部分，如贸易、制造业都受到波及，银行整体的不良贷款率会上升。如果说有金融风险的话，我们担心的是由宏观向金融传导的这样一个传导机制。

爆发财政危机的可能性非常小

新京报：房地产调整已经成为中国经济下半年下行的最大压力，是否也会给稳增长带来难题？

朱海斌：今年下半年最大的压力是房地产市场调整导致的房地产投资下滑。另一个宏观风险来自财政压力。去年地方政府土地收入4.2万亿，相当于去年地方总支出的三分之一左右。我们预计今年土地收入会下降15%到20%。如果土地出让金下滑15%到20%的话，地方政府的资金来源会受到很大影响。

目前稳增长政策的一部分还是提振内需。基础设施建设和保障房建设目前大部分是由地方政府提供财政支持的。如果土地出让金下滑，这也会给稳增长带来难题，就是地方政府既没钱又要投资。当然，开放民间资本投资和PPP（公私合作模式）是可能的解决方案。

新京报：今年地方政府发债额度达到4000亿元，其中地方政府背负实有债务中，将有2.4万亿到期。在房地产不景气的情况下，地方政府的财政问题进一步恶化。有分析称，地方政府今年会爆发财政危机。你怎么看？

朱海斌：中国出现财政危机的可能性还是非常小的。第一我们看政府负债水平，在国际上属于中游或中上的水平。中央政府、地方政府，包括像铁路总公司这些部门的负债全都加起来，大概占GDP的60%。另外，从政府的资产负债表来看，中国政府拥有大量资产，其实负债率相对来说是比较健康的。整体看，中国爆发财政危机的可能非常小。

今年或者未来一两年内，市场担心的主要是流动性问题，而不是违约问题。最近几年投资的项目要完成还需要融资，而现在土地出让金下降，中央又加强了对地方政府融资平台的监管，这给地方政府融资带来困难。

新京报：你预测中央会动用哪些政策来促增长？

朱海斌：一方面，政府会继续强调通过基建、保障房、环保等定向领域投资来稳增长。另外，政府也在尝试通过改革寻找新的经济增长点。李克强总理一直强调几件事情，第一是简政放权，开放民间资本投资；第二，降低实体投资融资成本；第三，减轻企业的税费负担。这三点都是从供给方着手的，也体现了本届政府的新思路。目前看，这几点执行并未到位，我预计这些是下半年工作的重点。

❖ 人物

他是新凯恩斯主义者。他既主张为市场多留空间，又赞同一定程度的政府调控。

在中国诸多经济学家中，朱海斌最尊敬林毅夫。理由是林毅夫创办了中国经济研究中心，对下一代作经济研究的学者影响非常大，同时林毅夫致力于探索适用于发展中国家的新增长模式。

"我不一定同意他的观点，但是探讨怎么样跟中国的国情结合起来，形成与中国经济发展相关的经济理论，而不是人云亦云，这点上林毅夫是很值得尊重的。"

这也正是朱海斌作研究的出发点，和中国国情结合，不一味套用国外理论。

朱海斌在国际清算银行任职11年，2011年加盟摩根大通，担任摩根大通中国首席经济学家和大中华区经济研究主管。虽然履历非常"国际化"，但他并不会直接套用国际标准来研究中国当前的问题，而是从中国国情分析，稳妥地提出短期、中长期两种方案。

在采访过程中，面对每一个问题，朱海斌都会用严密的论证方式进行回答。提观点、摆事实、讲道理，同时说明可能存在的个别问题，最后总结核心观点。朱海斌给人的感觉是，严谨睿智，隐藏锋芒，绝不激进。

他认为，当前中国改革的症结在于执行力不够，因此确保改革措施落到实处，应该成为下半年政府工作的重点。

❖ 问题问答

新京报：对2014年的经济、社会运行，你最大的担忧是什么？

朱海斌：宏观经济运行担心的还是房地产，准确地说是房地产投资的调整幅度。

新京报：十八届三中全会确立的300多项改革中，你最关注哪一项？

朱海斌：土地改革。这是目前诸多改革领域中最关键的一环，也是最难的一环。

新京报：评论认为，未来两年是上述改革推进的重要窗口期，你认为两年内，最有希望改变现状的一项改革是什么？

朱海斌： 金融改革。

新京报： 未来10年，你认为哪一个行业最具有投资前景？

朱海斌： 健康或养老相关的行业。

新京报： 怎么看待知识分子的社会责任话题？

朱海斌： 作为知识分子最重要的两条，一是独立思考的能力，二是分析要尽量做到客观。

新京报： 对于中国的诸多经济学家，你最为尊敬的是哪一位？

朱海斌： 林毅夫教授。

新京报记者　林其玲　实习生　陶平颖

46 尹志超

应该增加对居民家庭的转移支付

核心观点

限购应该取消。取消后，能够把多余的房子慢慢释放出来，让房地产市场重新配置。房地产下行是中长期的趋势，大概要五到十年。

我国收入差距大，主要是市场配置资源的结果，要想解决，不能靠市场，而要靠政府，靠转移支付来解决。转移支付就是要通过种种途径，对低收入群体进行各种补贴。

尹志超

1976 年生，西南财经大学金融学院教授、博士生导师、中国家庭金融调查与研究中心副主任、金融系主任。研究方向：货币银行、家庭金融、农村金融、应用微观计量经济学等。

城镇化难成房地产上升的动力

新京报： 你所在的中心叫中国家庭金融调查与研究中心，能否解释一下家庭金融的概念？

尹志超： 家庭金融是一个新的领域。金融学有两个传统领域，一个叫资产定价，研究的是金融市场之中产品如何定价的问题，比如股票如何估值；另一个是公司金融，研究企业融资投资策略、治理结构等具体问题。

家庭金融应该是跟这两个领域并列的第三个领域，是研究家庭的金融行为，包括家庭的借贷行为、投资行为、消费储蓄行为等。金融学中，对家庭的研究一直不够重视，但事实上家庭是整个经济体中非常重要的细胞，家庭行为决定着整个宏观经济。

新京报： 你们在发布了房地产调查数据后，曾与任志强有一场争论，双方争论的焦点是什么？

尹志超： 我们的房地产报告中，一个基本观点是房地产市场供过于求，空置率很高。供过于求是从增量和存量两个方面说的。存量角度，中国房地产市场供给很多，原因是我们有二套房、三套房的家庭有很多，全国平均空置率是22.4%，美国只有2.5%，我们是很高的。

增量方面，我们计算了刚性需求和改善型需求，发现在中国新购房家庭中，购买首套房的比例在逐年下降，而买二套房和三套房的家庭在上升，这就意味着，推动房地产市场的不是刚需，而有可能是改善型需求或投资性需求。这样的需求是最脆弱的，一旦预期改变，这些需求可能就没有了。

所以我们争论的第一个焦点是刚需的问题。任志强认为，城镇化以后，老百姓有大量刚性需求，有大量住房需求，需要建很多房子。但事实上，我们的数据显示，刚需不是推动房地产市场的最重要力量。第二焦点是，我们认为房子空置率是22.4%，任志强根据统计局数据，认为空置的没有那么多。第三个焦点是，我们认为房地产供给大于需求，原因在于老百姓持有的二套房、三套房可能变成潜在的供给。但任志强不完全认同，他认为老百姓不会一夜之间卖出来。

新京报： 你们的数据完全准确吗？有没有考虑过任志强也有他的合理之处？

尹志超： 任志强的主要依据是统计局的数据分析，而统计局数据公布的竣工面积数据是来自于房地产开发商申报的数据，这个数据可能会对面积有所低估。此外，老百姓也有自己建的房子，这些也是供给，但并不需要申报。总体而言，几个方面导致了他对房地产供给的低估，所以他认为中国的房产空置率没有那么高。

新京报：城镇化会改变你们的判断吗?

尹志超：我们对这个问题也进行过深入分析。我们的数据显示，过去30年中国农村劳动力大量转移，在农村受过教育读过书的高中以上的人，60%以上已经进城了，青壮年40岁以下能进城的也都进城了，留在农村的多数是妇女、儿童、老人。这部分人进城后并没有购买房屋的能力。所以，城镇化的速度并不会像我们想象的那么快。

第二方面，中国对城镇化高估，原因在于我们很多官方对城镇的统计是按照城乡代码，这可能会影响统计结果。城乡代码现象是比较特殊的，比如有可能它是一个农村，但政府要求每年城市化率要有一定比例的上升，所以会给某些乡镇一个城市代码，这样它就由一个村委会变成居委会，这种城镇化叫被动城镇化。那里的居民还是从事农业生产，住在自己的房子里，这部分人是没有购买房子的能力的，而他也算是城市居民了，这部分被算做刚需是不合理的。

所以总的来说，我们对城镇化的判断是存在高估，未来发展不会像我们想象的那么快，城镇化也难以成为推动房地产继续上升的动力。

取消限购让空置房缓慢释放

新京报：你怎么看现在各地楼市限购松绑的现象?

尹志超：在总体供过于求的情况下，政府很紧张，尤其是地方政府，因为涉及土地财政的问题。我们也不希望房价突然下跌，这对宏观经济会造成很坏的影响，我们希望空置的房子通过缓慢的方式逐渐释放，所以我认为限购是应该取消的。取消后，能够把那些多余的房子慢慢释放出来，而不是一夜之间释放出来。同时，其他行政管制的政策都应该少，比如交易税等，这可以让房地产市场重新配置，实现软着陆。

新京报：房地产一旦剧烈下行，会给经济带来怎样的影响，会给金融市场带来哪些连锁反应?

尹志超：中国现在是第二大经济体，中国的房地产出问题，中国经济要出问题，世界经济也要出问题。所以房地产市场不只是中国的事情，也是世界的事情，这是未来五到十年世界经济的巨大风险。

对金融行业来说，金融领域的资金链条，很多环节都与房地产有关系，比如贷款、信托、理财产品。这其中按揭贷款风险不是很大，因为有首付要求，即使房价下跌20%—30%，银行也不会资不抵债，把房子处置后，还是能收回成本。但是开发贷款风险很大，还有信托，一旦房地产出了问题，信托资金收不回来，银行会受到很大影响。

新京报： 也就是说，银行对房价下跌还是有一定承受能力的。

尹志超： 按揭贷款部分是有承受能力的，但是对开发贷款以及信托等相关的影子银行体系，对游离在资产负债表之外的部分可能会构成很大的影响。

新京报： 有什么方法可以让银行体系在房价下跌中平稳过渡？

尹志超： 这需要银行体系本身进行风险管控，投入房产的贷款早一些收回来，对一些新增的房地产企业贷款要非常谨慎。

新京报： 你对未来房地产市场总体走势的判断是怎样的？

尹志超： 根据我们对供需和空置率的分析，房地产下行是中长期的趋势，大概要五到十年。当全国人民都在炒房的时候，是很不正常的，房子是满足居住的，不要成为投资、尤其是投机的工具。要让老百姓心态回归正常，房地产行业也回归正常，这个调整时间可能要五到十年。人们很少在房地产上亏过钱。现在让人们炒股，人们会很谨慎。

收入差距大是市场配置资源的结果

新京报： 你对中国国民收入差距也有过研究。根据你们的数据，我国目前收入差距的现状是怎样的？

尹志超： 我们2012年公布的基尼系数（国际上用来综合考察居民内部收入分配差异状况的分析指标，数值在0和1之间，数值越低，表明财富在社会成员之间的分配越均匀）是0.61，国家统计局在2013年1月18日连续公布了过去10年的基尼系数，大概在0.48左右。数据中存在较大差距的主要原因是对高收入群体样本的处理。

按简单随机抽样办法，高收入群体很难抽中，所以国家统计局样本中，高收入群体的样本很少，最高收入是80万，但实际上社会中超过80万收入的群体很多，我们通过技术问题，尽可能地抽高收入样本，高收入群体在我们的样本中达到1%的比重。从我们两次数据监测来看，2011 年的基尼系数是 0.61，2013 年依然是 0.61，2011 年我们的样本是 8438 个，2013 年是 28143 个，但数据始终没有变，说明我们的基尼系数是比较稳健的，同时也说明我国收入差距真的很大。

新京报：为什么收入差距这么大？

尹志超：对比 OECD（经合组织）国家，在初次分配的时候，基尼系数都很大，所以基尼系数大其实是市场配置资源的自然结果。市场配置资源的关键是市场在资源配置中发挥决定性作用，如果让市场配置资源，基尼系数一定会很高，美国也曾经达到 0.49，德国 0.51，意大利 0.53，都在 0.5 左右。

新京报：有人认为，基尼系数大是由于公务员、垄断行业引起的，你怎么看？反腐能对调节收入差距起到作用吗？

尹志超：对于这一点，我们有个计算：把银行、铁路等垄断行业去掉，基尼系数依然在 0.58 左右，把公务员家庭去掉，基尼系数也仍在 0.58 左右。所以这些群体可能对收入差距大有影响，但不是决定性的。

收入差距最重要的原因还是完全任由市场配置资源导致的收入差距拉大。当然，这中间也夹杂着中国社会的一些复杂因素，比如市场在配置资源的时候，本来是公共的资源，配置的时候可能集中到一小部分有特权的群体中。但这属于初次分配环节，此后在二次分配过程中，市场的作用还是会导致收入差距，所以不能把初次分配的不公无穷放大，把收入差距过大归结于少数人群。

解决收入差距要靠转移支付

新京报：居民收入差距过大的问题该如何解决？

尹志超：收入差距大，不能靠市场来解决，要靠政府来解决，靠转移支付来解决。转移支付就是要通过种种途径，对低收入群体进行各种补贴。从世界上很多发达国家的情况看，转移支付非常有效。

意大利在转移支付之前基尼系数为 0.53，转移支付后降到 0.35，德国转移支付前是 0.51，转移支付后变成 0.34，美国转移支付前基尼系数 0.49，转移支付后变成 0.38。我们有个数据，美国收入最低的 20% 的家庭，家庭年收入只有 7500 美元，这对美国家庭来说基本没办法生存，于是政府就通过种种转移支付手段，让这些家庭达到年收入 3 万美元。

降低基尼系数最直接的方法就是转移支付。根据我们的计算，如果国家能够筹集一部分资金转移支付给低收入的那部分家庭，我们的基尼系数可以从0.61降到0.5左右。

新京报：我国在转移支付方面的运作情况怎样？

尹志超：我们国家转移支付中直接对家庭的很少。中央政府对地方政府有转移支付，省级政府对市级、县级政府有转移支付，但这些钱转移到地方政府后主要用于修路、修桥、搞项目了，没有直接对家庭。当然，基础设施也很重要，但是经济发展到现在，我们转移支付的方式需要改变，应该增加对家庭的转移支付。

过去经济增长主要靠投资、出口拉动，现在这两个都遇到了瓶颈，这时候就要转向消费驱动，但低收入群体没钱消费怎么办，只有靠对他们的转移支付。对低收入者的转移支付，可以起到一箭双雕的作用，一方面，降低了收入差距；另一方面，他们拿到钱有很强的消费欲望，使我们传统对投资、出口过度依赖的模式转移到消费驱动的增长模式，这就是发达国家经济增长的主要动力。

新京报：既然转移支付可以让基尼系数降下来，为什么我国并没有大规模推行，这种方式在具体执行上是否存在一些问题？

尹志超：首先，政府观念还是没有转变，他们把资金转移给地方政府，地方政府去修路修桥，搞大工程。在过去30年，这确实很重要，但现在基础设施已经完善差不多了，转移支付从项目转移到家庭有了条件。

第二，我们也没有去研究具体的操作方式，因为在转移支付的过程中面临一些道德风险。比如穷人一个月只有500元，补贴后他会不会就不工作了。这些可以用一些具体的技术和方案规避掉。有一种方法叫劳动所得抵免制度，又称为负税率制度，担心有的人领到补贴后就不认真工作，就让他工作后再给补贴。他一天只赚50元，但只要工作一天就给他补25元，挣得越多政府补的越多，他工作就有了动力。

还有一种方法叫有条件的现金转移支付，比如一些低收入者的小孩在学校读书，国家免学费，提供免费午餐，这种方式可以把原来需要工资支出的部分，变成补贴。

但这些方法在具体操作过程中还存在一些问题，比如怎样核定家庭的收入，怎样设定补贴标准线，这些都还需要一些机构作具体的研究探讨。我们希望的转移支付是，识别出20%—30%的最低收入家庭，能够持续做下去，让转移支付成为经济运行中的一个固定做法。解决收入分配差距过大的问题，要靠转移支付，要靠政府。

❖ 人物

见到尹志超的时候，正值暑假，西南财经大学校园内静悄悄的，但中国家庭金融调查办公室里还是很热闹。尹志超和他的同事们每天都按时来上班。这个暑假，他们的主要任务是数据分析。

尹志超目前是中国家庭金融调查与研究中心副主任，统筹管理中心调查和研究工作。当年，甘犁教授来到西南财经大学创立了家庭金融调查研究中心，该中心成立的初衷是希望收集高质量的微观数据用做学术研究。

“相比国外，中国的微观数据太少，”尹志超说，“老外讲话注重逻辑、证据，而我们讲话观点很多，缺乏严密的论证，做这个工作也是在改变中国对待数据的态度，希望人们的观点、研究、政策制定都建立在可靠基础上，而不是凭直觉”。

只是没想到，这个项目如此困难。

2011 年，他们抽中了深圳福田区 200 个家庭去作访问，但那里陌生人敲门都不开，无奈之下他们动用了所有能动用的资源，最后通过校友联系到当地政府，下发文件告知社区希望能配合，才搞定。那次，为获得 200 个样本，13 个人待了 47 天，平均每个样本的成本是两三千元。还有一次在吉林，访员敲门的时候，受访户报警了，尹志超解释了很久。另一次，在贵州某个县里，有受访户通知了当地统计局执法大队，执法大队收走了他们的电脑。而后甘犁、尹志超和众多老师分头跟国家统计局、省统计局、县统计局沟通，最后才妥善解决。

尹志超说，一开始真没想到这个工作这么复杂困难，以为问卷出去了，数据就回来了。如今，调查工作已越来越顺利，筹集到了更多资金，也获得很多认可。“我们很欣慰，因为我们获得了中国第一个对中国家庭金融状况进行全面描述的数据。支持我们继续做下去的动力是，希望这些数据能对历史产生影响。”

❖ 同题问答

新京报：对 2014 年的经济、社会运行，你最大的担忧是什么？

尹志超：房地产市场，房地产市场泡沫破灭会对中国经济和世界经济造成放大的负面影响。

新京报：未来10年，你认为哪一个行业最具投资前景？

尹志超：现在通过网络平台进行交易的城市家庭占30%以上，农村家庭占到10%以上，所以未来10年，与网络相关的行业依然具有极大投资前景。

新京报：怎么看待知识分子的社会责任话题？

尹志超：知识分子应该承担应有的社会责任。但是，知识分子的社会责任应该建立在专业知识的基础上，而不能对自己不熟悉的领域随便发表意见和看法。

新京报：诸多经济学家中，你最为尊敬哪一位？

尹志超：美国经济学家弗里德曼，他进入的每个领域几乎都被他改变过，对社会问题有深邃的洞察力。

新京报记者　李　媛

47 邵宇

目前微刺激不能停

核心观点

目前来看，这一轮经济下滑主要是由于房地产下滑引起的，在控制住房地产下滑之前，微刺激不能停。

今年下半年经济下行压力依然很大，未来新的经济增长点包括医疗、健康、旅游等，国企改革或许会释放一轮内生需求，刺激经济增长。

国资改革要划分国有资本的类型和功能，在竞争性领域，国资可以大幅退出，并引入民资和股权激励。

邵　宇

1973 年生，金融学博士，牛津大学 John SWIRE 学者，复旦大学金融研究院研究员，南京大学工程管理学院兼职教授。2011 年加盟东方证券，目前担任东方证券首席经济学家、首席策略分析师和首席固定收益负责人，研究领域覆盖全球宏观、中国宏观、权益债券投资策略和金融工程。同时还担任陆家嘴沙龙理事会秘书长、中国首席经济学家论坛理事。

微刺激对中国经济非常重要

新京报：上周公布的2014年8月工业增加值、PPI、地产、零售等经济数据全面回落，有观点认为经济增长呈现硬着陆，货币政策亟待放松。你是否认同？

邵宇：8月份数据肯定不好。很多数据都是5年以来的新低。

新京报：这是否表明下半年经济下行压力较大？

邵宇：今年下半年两个季度的经济增长会比较慢。相较于去年下半年两个季度的高基数，同比数据压力比较大。

新京报：微刺激政策要持续下去？

邵宇：今年8月的PMI、发电量等经济数据比较弱，所以，我的判断是如果不再进行适度的微刺激，下半年经济增长会更加乏力。目前来看，微刺激会连续不断地出现。

政府希望在温和下降中，一方面调整经济结构，另一方面释放泡沫和缓解过度流动性带来的压力，也就是缓解因失业带来的问题。

新京报：目前主要有哪些微刺激？

邵宇：在我看来，微刺激分为两个方面，一个是财政的，一个是货币的。财政的政策包括铁路开工，新的基建项目等，从GDP的角度来说，这种投资最有效。从货币政策来看，政府正在做定向调整，比如定向降准。

新京报：今年8月初，我曾到江浙地区走访小企业，发现定向降准的资金并未真正流向基层的小微企业。

邵宇：作为终端经济不会立刻就感知到，因为定向降准资金通过商业银行体系放贷，商业银行有自己的考量体系，也就是说央行降低了银行间的利率，不会因此立刻将终端资金的利率降下来。

新京报：李克强总理会见参加2014年夏季达沃斯论坛的企业家代表时，表示相对于"微刺激"，他更愿意用"改革"这个词。他指出中国继续坚持稳健的货币政策，没有依靠强刺激来推动经济发展，而是依靠强改革来激发市场活力。在稳定总量的同时要进行结构性调控，也就是实行定向调控。据你所知，"微刺激"货币政策落实状况如何？

邵宇：政府把已有的存量货币和增量货币向农业、微小企业、新兴产业、高技术产业倾斜，并在这些领域实施了定向降准措施，扶持这些企业或产业的发展。因为不是扩总量，而是调结构，所以是可以持续的。

新京报：微刺激对于带动中国未来经济增长会产生什么影响？

邵宇：微刺激对于中国经济来说非常重要，目前正在从强刺激向微刺激这一常态过渡。目前的财政政策和货币政策，都是尽可能让经济不要出现断崖式的下滑，所以，微刺激、调整结构都是应有之义。

新京报：微刺激政策要持续多久？

邵宇：在经济获得新一轮平衡之前，微刺激不会停止。而新均衡为新常态下 GDP 每年增长 7% 左右。预计今年第 3 季度会有新刺激政策出台，并会持续较长一段时间，更准确地说，应当称为保底线政策而不是刺激政策。

止住房地产下滑前 微刺激不能停

新京报:微刺激应该在什么时候退出？

邵宇：目前来看，这一轮经济下滑主要是由于房地产下滑引起的，在房地产下滑的态势被遏制住之前，微刺激不能停。如果稳住了房地产市场，那么，中国经济就不需要微刺激了。

新京报：为什么房地产下滑不被遏止，微刺激便不能停？

邵宇：因为长期以来，房地产已经成为中国经济的支柱产业，房地产行业产业链很长，不仅连着基建投资，还连着地方财政。今年以来，即便部分城市放开限购限贷政策，市场依然没有动力去购买房产。同时，由于房地产交易成本很高，税费、佣金等成本加在一起，接近总房款 10% ，如果房地产不能每年增长约 10% ，那么，房屋持有者就相当于亏损了，即不涨便是跌。这就导致了经济或将进一步下滑。

新京报：此轮房地产下滑会持续多久？

邵宇：这一轮下降是挤掉投资、投机需求泡沫，逐步回归到真实需求水平的过程。现在看起来效果明显，政府已经不再需要抑制居住需求，仍需要对投机需求从长期进行调节。

不过，房地产出现了拐点，会向下运行。特别是二三四线城市都会向下，一线城市最多是持平。因为一线城市户籍不会迅速打开落户的空间，对于二三线城市来说，它的供给量太大了，去库存压力特别大。

新京报：如何稳住房地产下滑势头？

邵宇：统计表明房地产增速下降1%，那么公共投资便要增加3%。政府现在用大量的公共投资来弥补房地产下滑带来的影响。而住房需求的释放，则需要通过解除双限、稳定刚需和为新移民提供合适的住房供应来实现。

新京报：能否找到一个新的经济增长点？

邵宇：医疗、旅游、健康等需求正在上升，也是消费升级的趋势，这部分需求会缓慢释放出来。但是，这需要时间。上述行业仍不足以在未来两三年内把房地产对经济拉动的量级顶替掉，所以，更大的概率是在这些需求没有释放出来之前，房地产仍然是主要的经济增长点。

不过，国企改革或许会释放一轮内生需求，刺激经济增长。

竞争性领域国资可以大幅退出

新京报：为何说国企改革会释放一轮巨大的内生需求或活力？

邵宇：经过测算，国资的体量才80多万亿元，民营资本的体量为260多万亿元，如果充分发展混合所有制，肯定是民资带动国资一起飞。因为，民资更加注重效率和公平，更具创造力，会激发市场活力。

新京报：这其中的改革逻辑是什么？

邵宇：国企改革的逻辑很简单，如果一家公司发展得好，只有两种途径：治理结构好，就是混合所有制。比如民企打头，会转向以利润和市值最大化来考核，实现目标；如果所有制不动的情况下，采取股权激励。要给职业经理人良好的薪酬和回报，激励安排，实现市值和利润最大化。当然，最好是两个一块做，让一个企业像真正的市场主体那样，关心利润和市值回报股东。

新京报：2014年9月14日晚间，中石化发布公告称，其销售子公司已与25家境内外投资者签署了增资协议，进行混合所有制改革。这被视为今年2月19日中石化发布的混合所有制改革方案的落实版，对此，你如何评价？

邵宇：这是混合所有制的破题之举，正在兑现。

新京报：你曾表示不能低估这一轮国企改革的执行力，判断依据是什么？

邵宇：以前大家都懂这些正确的事情，但是推动很难。这一届政府不一样，其执行力和推动力很强，比如反腐的进展和力度，给人信心。另外，去年十八届三中全会明确市场起决定性作用，并提出发展混合所有制，有些地方国资委已经开始这么做了，已经有了一些样本。

新京报：目前国家层面在推动国企改革。国资委点名六家央企进行首批试点改革，这里面没有中石化。为什么？

邵宇：目前对改革的顺序存在争论。有的认为应先解决垄断问题，后解决所有制问题，比如采矿等特许权市场化，从上游解决，会慢慢解决垄断。我想没有把中石化等作为首批改革的重点，道理应该在于此。

不过，国家层面目前尚未有改革成功的样本。本轮国企改革要给民资信心，目前民资仍在观望的原因是担心拿不到控制权。

新京报：提出混合所有制以来，不少学者表示要给民资真正的地位，包括话语权，而非把民资吸引进来，却无话语权和决策权。

邵宇：拿一两个大型国资作为样本，充分混合，成功之后，一定能够提振市场信心。

新京报：关系国计民生的领域，是否仍需要国资控股？

邵宇：要划分国有资本的类型和功能，理清哪些是关系国计民生的公益性领域，哪些是竞争性领域。在竞争性领域，国资可以大幅退出，并引入民资和股权激励，提升国企和国资的利润率和效率。而真正关系国计民生的领域，国资仍可以控股，这没人反对，因为全世界都是这么做的。

新京报：哪些领域可以充分发展混合所有制？

邵宇：特别是以前觉得难以突破的领域，比如电网、石油、通信等领域，一旦突破，可以释放很大的潜力。

海外投资也是新的经济增长点

新京报：近年来，国企和民企均不断加速海外投资，这能为中国经济带来什么？

邵宇：积极布局海外投资也是中国经济的一个新的增长点，是一个真正意义上的大国的必然举措。目前中国拥有全球最大的外汇储备，但产能过剩，需要做正确的事情，比如调整收入分配，创造中产阶级，同时，积极布局海外投资。

新京报：目前中国进行海外投资与大国地位匹配吗？

邵宇：中国海外投资刚开始，目前海外投资的量与中国目前经济的体量不相匹配，所以，要加大海外投资。中国有那么多的外汇储备、人民币储备，不进行海外投资，留在国内已经没有太多意义了。

新京报：进行海外投资的时候，以民资为主体还是以国家名义？

邵宇：投资有很多种形式，比如以国家主权基金进行投资。不过，以国家的名义去投资，会有很多障碍，主要是政策上的。比如美国等发达国家经济体，担心新兴经济体出现民族主义，拿大量资金去买资源，买光了就不再回来了，这是风险。

另外一个比较受欢迎的是民资投资，因为他们关注利益，不会去砸钱，而是会敏锐地发现中国经济发展的动力和需求，会挑选海外品牌或资产，去完善消费结构升级，这是值得鼓励的。

新京报：一些研究报告显示，民营企业数量上有优势增速也快，但是，在海外并购交易额上无法比肩国有资本。

邵宇：国企海外并购大部分是资源类的，金额都比较大，比如10亿美元量级的并购投资越来越多了，民企跟国企比起来依然比较小。但是，民企可以作为管理者，吸收国资和其他民资，去海外并购更能够做大做强。

沪港通是“一市两制”

新京报：在实体经济之外，资本市场也亟待盘活。今年4月，“沪港通”试点获批，当时公告称将于6个月内建立，因此，10月份便是沪港通问世的时间了。沪港通会为内地资本市场带来何种影响？

邵宇：沪港通非常有趣，可定义为一市两制，即一个市场两个制度。香港原来的交易制度、投资风格、投资需求，国内A股有涨跌停板限制等，现在把两个不同制度的市场融合在一个市场里面，你会看到不同的投资理念、需求等在碰撞，一个融合或化学反应，非常有意思，值得期待。

新京报：会不会形成新的价值投资理念，成为国内市场研究的潮流和方向呢？

邵宇：我认为有可能。这要从制度改造、制度嫁接的角度去看这个问题，而不是简单看哪个股票会涨或跌。从更大的角度来看，沪港通只是人民币国际化的一个中间站，主要是提供了一个足够大量级的资产池。而这个资产池是对全球开放的，这是沪港通真正的意义和影响。

新京报：目前的制度设计，沪港通每日有额度限制。

邵宇：监管层初期追求稳健，因为这也是在做试验，不知道大幅度资本开放是不是会带来冲击。如果一下全面放开，结果发现运行不好，再关掉系统，这就不是一个好的姿态。因此，初期宁愿走慢一点，稳健一点，逐步实现制度融合，三五年之后发现没有问题，再作进一步开放，这就是水到渠成。

新京报：目前，两地证监会已经联合券商机构开展数轮技术测试，基本准备就绪，沪港通开通，最需解决的困难是什么？

邵宇：两地券商与交易所主要是参与技术测试，只是在正常情况下先跑起来这个系统，还停留在想象的场景中。目前还没有在特殊情况下或者资本进出比较剧烈的情况下，开始压力测试，资金规模、抗压等测试还不够。

新京报：内地与香港有不同的监管模式，内地投资者该如何适应港股监管方式？

邵宇：初期肯定会出现 bug，但要有积极的心态，只要不出现大的问题，就可以及时调整，继续推进。

新京报：你对此最大的担忧是什么？

邵宇：当然目前制度设计上不允许资金大量外逃，只不过会抽离资金去香港市场，或者单方面吸收资金过度，导致另一个市场流动性的匮乏，这是让人最担心的。比如，大规模资金去了香港市场，会造成国内的资本市场流动性下降，有可能损害 A 股估值。

❖ 人物

从文学学士、经济学硕士到金融学博士，邵宇跨越了横亘在中文与经济学和金融之间的“数学”大山，还出版了金融数学著作，至今仍是金融专业学子重要的参考著作之一。在复旦大学读完金融学博士之后的十余年，邵宇从未真正离开复旦大学。

“读完博士学位，我留校任教 7 年，期间曾在上海宝山区发改委挂职一年，担任副主任。还曾到牛津大学做访问学者，”邵宇说。他至今都没有真正离开过复旦大学，仍然是复旦大学金融研究院研究员。

“之所以没有在复旦大学担任教师一职，是想做些理论之外的事情”。邵宇说，他之所以仍然在复旦大学担任研究员一职，是不想离开学术圈。他现在每个学期都要回复旦大学为学生上课或开讲座，把学校之外的实操经验分享给同学们。

在加盟东方证券之前，邵宇曾辞去复旦大学教师一职，先后到西南证券研发中心担任总经理，任宏源证券研究所首席分析师等职务，2011 年加盟东方证券，担任首席经济学家。

既有政府工作经验，又有证券等金融实操经验，还仍在学术圈作研究，这是邵宇把经济学做深、做厚、做实之路。

他希望可以脚踏实地地调查研究，以实事求是的研究态度准确理解中国经济发展。他最敬佩的学者是被喻为“中国农村改革之父”的杜润生。

❖ 问题问答

新京报：对 2014 年的经济、社会运行，你最大的担忧是什么？

邵宇：目前中国经济形势的下滑，主要是房地产下滑导致的经济持续下滑。这也是自 1997 年房地产成为中国经济的支柱产业以来首次出现内生需求下降，造成投资的滑坡和经济的滑坡。如果房地产持续下滑的势头没有被抑制住的话，明年经济增速将在 7% 以下。这是我最大的担忧。

新京报：十八届三中全会确立的 300 多项改革中，你最关注哪一项？

邵宇：目前最关心的是财税改革。这次改革的总目标是确立一个现代化的国家治理模式，财税、公共财政预算法案等，有助于完成国家治理现代化的推进。

新京报：你认为两年内，最有希望改变现状的一项改革是什么？

邵宇：国企国资改革，在未来一两年内将会有大动作，有望实现混合所有制。

新京报：未来 10 年，你认为哪一个行业最具有投资前景？

邵宇：医疗、健康、环境保护等新兴消费行业比较有投资前景。

新京报：怎么看待知识分子的社会责任话题？

邵宇：知识分子的社会责任首先是作好研究，把公允公正的研究传达给社会，让好的知识尽可能影响更多的人。同时，知识分子要尊重社会规律，既不迷信权威，又不被民粹所干扰，能够给出独立且公正的见解。

新京报记者　金彧

48 吴庆

现在是取消限购限贷的好时机

核心观点

房价应该由市场来解决，而不是管制。现在的房价下跌跟房地产调控没有什么关系，现在房价下跌期间是取消限购、限贷的一个好时机。

北京房价不跌只有两种可能，一是工资大幅上涨，另外是大幅的通货膨胀。未来房地产在国民经济当中所占比重会有所下降，出口和基础设施仍有增长潜力，但还要加上创新，中国还可以多一些马云。

图 / 侯少卿

吴 庆

1969 年生，工学学士、金融学硕士、经济学博士，曾师从经济学家吴敬琏。现任国务院发展研究中心研究员，金融研究所银行研究室副主任。当前研究领域：经济增长模式转变、经济体制改革、宏观经济预测、金融创新、互联网金融等。著有《见证通胀：动荡世界中的中国利益》等。

未来房价关键看城镇化

新京报：最近有消息称央行和四大行有意放松首套房的认定标准，你怎么看？

吴庆：本来就应该取消，限购、限贷本来就是不对的，现在房价下跌期间是一个取消的好时机。

新京报：为什么现在是好时机？

吴庆：在房价下跌的时候，我们出台这些政策的话，对市场的负面冲击会比较小。

新京报：放松限购、限贷之后，房价会不会大幅反弹？

吴庆：我不认为现在的房价下跌跟房地产调控有什么关系。我们的房地产调控越调越高，其实根本不应该这么调。最简单的调控，就是增加供给就行了。最后房价见顶还是供给增加造成的。

新京报：有观点认为，因为限购、限贷没有买房的人，可能就会再度入市，需求多了就会推高房价。

吴庆：房价就应该由市场来解决，而不是管制。尽管没有直接管制价格，但是管制了一部分人的需求，这是不合理的。市场调节最关键的办法就是调整供求，房地产是最容易调整的市场。

新京报：你觉得这一波房价下跌还会持续多久？

吴庆：房地产的未来的趋势，跟限购、限贷没太大关系。中国经济如果未来还有10年以上的增长空间的话，房价肯定会波动，但是波动也不会波动到哪里去。就像美国经济一样，现在美国经济复苏了，它的房地产不成问题。假如说美国没有这一次经济复苏，那它的房地产就会彻底不可收拾。

新京报：就是说房价主要还是跟宏观经济的大势走？

吴庆：目前在许多城市的房地产市场上，已经出现了泡沫。泡沫有两类，一类是价格泡沫，另一类是数量泡沫。

价格泡沫谈的很多，房价高了，大家讨论房价会不会跌。这个世界上没有只涨不跌的价格，涨得太高了，一定会跌下来，这个情况会发生。真实的房价需要扣除通货膨胀的因素。北京房价不跌只有两种可能，一是工资大幅上涨，另外是大幅的通货膨胀。

还有另一类泡沫，数量泡沫。在三四线城市，房价未必很高，但是房子数量已经太多。未来这个市场上的存量需要花很长时间去消化。在彻底消化完这些存量之前，大量的资金会被占用，新的继续开发的机会也不再有。

新京报：你觉得泡沫什么时候会破裂？

吴庆：这两类泡沫之间有可能呈现此消彼长的关系。北京的房地产市场供求关系，很大程度上取决于有没有足够的需求支持，这些需求一部分来源于外来人口的流入。而三四线城市人口流出若持续加大，当地楼市泡沫将加剧。所以，城镇化将成为影响未来房地产市场的关键因素。

没有必要大幅降息

新京报：过去房地产是中国经济的一个支柱，特别是对各地政府，房地产泡沫的逐步破裂，各地政府是否能够承受得了？

吴庆：房地产萎靡第一个受牵连的就是地方政府的财政状况。过去很长时间，土地财政的收入占地方政府收入比重很高，而未来这个收入一定会降低，它对地方财政的负面影响一定会表现出来，有的地方政府的财政收入已经遇到一些困难。

另一个就是对金融领域也会有直接影响。在过去几年里，按照监管机构的要求，商业银行已经收缩了对房地产开发的资金支持，但是有相当多房地产开发企业的资金需求，通过影子银行等渠道得到了满足。其实风险还是那么多，只是从银行的表内移到了表外或者移到了别的金融机构。未来风险暴露的时候，不仅要担心银行受到的伤害，也要考虑整个金融体系受到的影响。

新京报：未来最坏的情况会怎样？

吴庆：最坏的情况也不会超过2008年美国那种状况，就是2008年在美国发生的那种次贷危机导致整个金融界的危机，在中国发生的概率是非常小的，基本不可能。

我们会遇到一些困难，但是这些困难都是有办法去应对的。有一些办法是用来缓解这种问题，让这个问题变得小一点，也有最终托底的办法，而且有这种托底的渠道，我们现在正在开通。比如说最近市场上有传言，人民银行给五家最大的银行，每一家分别发放了一千亿的流动性资金。现在不好说这件事情是真是假，但是可以肯定的是人民银行现在已经建立了这样的通道，可以在需要的时候，给金融机构非常迅速地伸出援助之手。

新京报：刚才提到的央行释放5000亿的做法，目前争议也很大，这是不是政策放松的表现？

吴庆：首先我挺怀疑这个事情的真实性。即便是真的，比如说季末有大量的流动性会被锁定，如果考虑这种情况，短期释放一些流动性，这个也无可厚非，这并不意味着大规模地放水。

新京报：微刺激跟大规模放水如何拿捏其中的度？

吴庆：我认为央行绝对不应该大规模地放水，但市场资金利率的稳定很重要。比如季末市场利率高的时候，央行就应该出手调节市场利率。但我认为大幅降息这样的手段是没有必要的。

中国还可以多一些马云

新京报：国内现实的情况是，经济对房地产这个产业的依赖度太高了。现在各地政府急于救房市就表明，依然没有走出房地产支柱的经济发展模式。

吴庆：房地产曾经是中国的支柱产业，未来房地产仍然还将是一个非常重要的产业，但是它的地位不像过去那么重要了。房地产在国民经济当中所占的比重会有所下降，中国经济有很多新的经济增长点。未来出口和基础设施仍有增长潜力，但还要加上创新，中国还可以多一些马云。我不认为马云就真的是取得了完美的成功，他不过就是走得靠前一点而已，中国的企业家需要继续努力。

新京报：你说的创新、转型升级目前还没有迅速地发展起来，成为经济增长的一个点。

吴庆：没有必要一下达到，只要走上那条路就可以了。转型升级一直在发生，只是这个速度很慢，需要加快一些。从国家统计局公布的数字看，中国经济转型正在发生。

8 月份，用火车运输的货物同比下降了 19%，用飞机运输的货物同比增长了 8%，说明进出口运输的东西更加值钱了。再到商场中去看一看，以前强项是服装、鞋帽、玩具和塑料制品，现在这些最低端、廉价的产品已经开始转移到周边国家生产了。我们有了更好的选择，出口增长最快的是机电产品。再到国外商场去看一看，他们厨房中的用品、电子类产品很多是中国制造的。所以，中国经济正在转型，我们要生产更有价值的东西。

新京报：怎样能加快这个转型升级以及创新的速度？

吴庆：中国的经济政策要做的事情就是促进转型升级，让转型和升级来得更快一些，走得更远一些。中国政府要更少花钱去做基础设施的投资，主要的政府财力会用在改变基础、体制、建立保障制度。对于促进经济转型方面，政府要做哪些事情？在经济学家眼中，方法很简单：只要做好“降低交易费用”和“明晰产权”，就能让经济发展。

新京报：能否具体讲一讲如何降低交易费用和明晰产权？

吴庆：在“降低交易费用”上，第一个就是电子商务，还有现在热门的互联网金融。互联网技术的出现大大降低了交易费用，这是世界经济进入下一轮复苏的重要推力。同时中国大力推动“简政放权”，减少政府的行政审批，也是降低交易费用。

在产权保护领域，我们也有两件重大的事情是可以采取行动的，一个是农村土地问题。目前土地产权是不完整的，期限短而且不能交易，导致资本无法和土地结合，进一步导致我们的农业生产相对落后。

我认为，中国农业即将进入一个转折点，之前是靠数量的增长来创造价值，未来是靠质量的增长来创造价值。中国人已经从基本的温饱要求变为吃得更安全、更好，相当多人愿意花更多的钱来改善饮食。因此农业的增长空间可以翻几番，增长速度的潜力超过两位数。

另一个产权保护的领域是知识产权。世界经济未来变得很低的增长是靠创新，信息技术降低了交易费用，创业的门槛变得很低，甚至未来会有30%的人选择创业。在这个需要创新的年代，不是靠体力来创造价值，而是需要新的思维方式、新的思想、新的模式，特别是商业模式的创新。但不保护知识产权的结果就是，谁都不愿意去创新，因为你创新的投入得不到回报。

今年就业会超额完成任务

新京报：创新和升级转型还相对较慢，房地产形势也不容乐观，8月份的系列经济数据也并不理想，你对目前宏观经济怎么看？

吴庆：今年的宏观经济政策的逻辑是“保增长为了保就业，保就业为了保稳定”。现在看来，2014年的经济情况和我们2013年时猜测的有所不同，重大的差别是经济增长没有达到预期，但就业指标超前完成。

新京报：为什么会出现这样的情况？

吴庆：之所以会出现这样的差距，是因为国际经济的相互影响。在世界经济体系中，我们不能只看自己，还要看和我们关系密切的重要经济体，其中最重要的就是美国。

美国经济增长创造的就业，在这个全球化的时代会给全世界带来好处。中国作为最重要的制造业大国，我们能够分得相当的比例，尤其是劳动密集型企业。

比如一个 iPhone 手机，经济学家对 iPhone5 作过专门研究，价值 6000 元人民币的手机，我们只能分到 1%—3% 的价值，但其创造出的就业岗位，相当大的部分落到了中国大陆，这是一个有代表性的案例。

今年我们经济增长要达到 7.5% 的目标有难度，但是我们今年的就业目标，很快能超额完成。

新京报：7.5% 的目标有难度，那你认为能达到多少？长期来看又如何？

吴庆：我有两个判断，一个从中长期看，9%、10% 已经永远结束了。短期内我们经济增速在 7% 左右。

我们有两个判断，一个是中长期模型得出的结论，中国高增长的时代已经结束了，以前我们的常态是 10% 左右，但未来，在新常态到来后，两位数的增长已经成为历史了；第二个就是短期预测得出的结论，合理的增长速度在 7% 左右。以后我们的增长速度大概在 6% 左右，经济增速会出现一个台阶式的稳步下降。现在的经济增长速度还在下行，并且还没看到转折点。

新京报：可能会在什么时候出现这个转折点呢？

吴庆：我的看法，就是在重大的改革措施出台的时候，转折点就出现了。所谓重大的改革措施就是像土地制度的改革，或者是知识产权保护，或者说我们金融体制里头的重大的改革发生。下一步在金融领域还有两件事要迈出步伐。第一件事是“监管体制的改革”，第二件事是“国有企业的改制”，这两件事情启动，金融改革才完整。

❖ 人物

1990 年从大连理工大学化工学院毕业后，吴庆回到了家乡四川的一家工厂工作。22岁那年他当上了车间主任。但在三年之后，他放弃了那份工作，脱产读研究生。

“那个工作干到后来真是太简单了，每天的工作10分钟就干完了。剩下大把大把的时间闲着。我那时年富力强，总想做点什么，”吴庆说道。

在那段“闲暇”时光，吴庆漫无目的地阅读各类书籍，其中一本《货币银行学》引起了他的兴趣。1994年，25岁的吴庆辞职赴西南财经大学攻读货币银行学专业，开始了他的学术生涯。毕业之后到国家发展研究中心工作，之后又在中国社会科学院攻读了博士学位，还曾在英国曼彻斯特大学做访问学者。

吴庆自称：25岁才立志向学，35岁才走上正确的道路，45岁才爬到一定高度。

在英国期间，他曾做了一个《选址模型》的纯理论课题，虽然小有成就，但他依然醉心于观察现实的经济生活。

吴庆认为，这个世界分工很细致，科学研究也是一个产业链，有人作前端理论研究，有人作后端运用实践。做理论可能对这个世界没有直接的贡献，但理论的进步会影响这个世界100年。比如科斯1937年的论文，能够影响经济学界100年，但他不能帮助失业的人找工作。

“我的价值取向是作接地气的研究，观察这个真实世界在做什么，争取用我掌握的经济学知识作一点解释，甚至做一点预测。观察对我来说已经足够有乐趣了”，吴庆说。

过去三年时间里，吴庆几次到影院里去看好莱坞大片，但他每次都睡着了。他觉得虚幻世界的惊险刺激远不如现实生活，现实比剧本还要精彩得多，而且现实生活是一部连续的大片。

吴庆自称，现在这个年龄更适合旁观，但他要积极旁观，不吝指点江山。

❖ 问题问答

新京报：对2014年的经济社会运行，你最大的担忧是什么？

吴庆：决策风险：在改革问题上犹豫不决。

新京报：十八届三中全会确定的300多项改革中，你最关注哪一项？

吴庆：首先是经济体制改革。在经济体制改革里头，但凡其中有一个发生了，我觉得就是了不起的。

新京报：评论认为，未来两年是改革推进的重要窗口，你认为两年内，最有希望改变现状的是哪一项改革？

吴庆：土地制度改革和知识产权改革。

新京报：未来10年，你认为哪个行业最具投资前景？

吴庆：农业。未来会淘汰掉那些低端产品，吃得更健康。

新京报：你如何看待知识分子的社会责任？

吴庆：首先要敬业，研究出成果；其次要坦诚，把真实的结论展现出来。

新京报：你最推崇哪一位经济学家？

吴庆：茅于轼，他直率、坦诚。还有吴敬琏，他非常敬业。

新京报记者　苏曼丽

49 都阳

户籍改革到位每年可获超万亿收益

核心观点

户籍制度改革牵涉医疗、教育、养老等保障制度，现在迫切需要的是一个具有全国统筹、顶层设计的改革方案。

户籍制度改革的成本，很多计算都是不恰当的。我们的研究表明，如果把改革措施做到位，通过促进劳动力的进一步流动，可以带来效率改善和生产力提升，每年大概能带来相当于1万亿到2万亿的收益。

图 / 侯少卿

都　阳

1971 年出生，1993 年和 1996 年，先后在安徽农业大学农业经济系获得农业经济学学士学位和硕士学位；1999 年获得浙江大学管理学院经济学博士学位。

户籍改革迫切需要顶层设计

新京报:2014 年 7 月 24 日，国务院印发《关于进一步推进户籍制度改革的意见》，至今已有 3 个月时间。你认为当前户籍制度改革的进展如何？应该怎样细化改革方案？

都阳：《关于进一步推进户籍制度改革的意见》与先前颁布的《国家新型城镇化规划》中有关户籍改革的很多内容是一脉相承的。这些文件确定了户籍制度改革的一些基本方向和原则。《意见》提出了“积极推进城镇基本公共服务由主要对本地户籍人口提供向对常住人口提供转变”的工作思路。

实际上，在过去十几年时间里，各地在户籍制度改革方面已经有很多试点，户籍制度存在的主要问题以及改革的重点和难点已经比较清晰。户籍制度改革牵涉医疗、教育、养老等保障制度，现在迫切需要的是一个具有全国统筹、顶层设计的改革方案。

对现行户籍制度改革的最大制约，就是与户籍制度挂钩的社会保障体系，包括社会保险、社会救助和公共服务。正是由于这一原因，要彻底完成户籍制度改革必须通过全国统筹的改革方案。如果某一个地区改革，让常住人口和户籍人口的福利和公共服务均等化，就会形成一个福利洼地，所有的人都会流到这个地方来，地方财政肯定没办法承受。

以前郑州的户籍制度改革就提出公共服务和社会保障方面一体化，最后改革难以推进，以失败告终。这种与公民身份相挂钩的社会保护、公共服务改革，涉及不同地区之间、城乡之间的利益关系协调，它必须要有更高层次的统筹，全国一盘棋行动。如果全国各地的基本福利一致，户籍改革的难度就会小很多。

新京报：现在社保由地方政府提供。如果全国各地福利一致，地方政府在标准设置上会存在很大争议。

都阳：这就需要在社会保护体系的设计与义务分担中更好地厘清中央和地方的关系。

在一些基本的社会保护提供方面，如基本养老、基本医疗和基本公共服务（如义务教育），中央政府可以承担更主要的角色。比如现在新做的一些社会保障，像新农保、新农合，有些是县级层次统筹的，统筹层次很低，跟地方政府的财政能力关联就很大。如果将社会保障的统筹层次提高到中央层面，全国一个标准，这样户籍制度改革的难度也会小很多。

新京报：2013年中央政法工作会议上曾宣布，三年之内完成户籍制度改革。今年发布的《关于进一步推进户籍制度改革的意见》给出的时间表是到2020年。时间表的调整从侧面反映改革难度超过此前预期。当前户籍改革的主要困难是什么？

都阳：改革制约主要来自几个分割：城乡分割、地区分割，还有部门之间的协调。要做好这几个统筹不是很容易。因为改革不仅仅取决于措施，还涉及意愿和执行，涉及部门利益调整、地区利益调整，涉及中央政府和地方政府关系的调整。

目前，有很多社会保障项目发挥着类似的功能，但其管理却分散于多个部门，如果把这些项目和管理进行合并，可以让资金使用发挥更大的效率。比如医疗保险方面，职工基本医疗保险现在归人社部管，另外两个部分归卫生部管；社会救助方面，除低保外，其他一些类似低保的社会救助项目也在并行运作，这些类似的项目和职能是可以整合的。

户籍改革成本很多计算不恰当

新京报：把统筹层次提高到中央，改革的阻力似乎迎刃而解了。但中央财政如何消化这笔支出？现在户籍制度改革让地方财政压力增大，无法消化成本的说法很多。

都阳：我认为大家过多关注户籍制度改革的成本，很多计算都是不恰当的。所谓户籍制度改革成本，就是给一些原来没有福利的人提供更多保障，但这些人本来是应该有保障的，所以不能完全称之为成本。

而且，如果采用渐进改革思路，财政压力并没有达到那么可怕的程度。现在社会保障最重要的有三个部分：养老、医疗和社会救助，其实中央财政给地方政府的补贴已经负担了大头，大概在60%以上。如果把现在的社会保障制度系统化、规范化，提高统筹层次，中央财政的能力是可以承担的。

另外，大家对户籍改革的收益估计不足。户籍制度改革能带动劳动力市场发展，促进劳动力进一步流动，它带来的收益是非常可观的。

新京报：怎么评估户籍制度改革可以带来可观的收益？

都阳：这个收益可能被很多人忽略了。之前有人做过一个研究，美国的非法移民并没有享受本地福利和公共服务，但是却对美国的经济产生了很重要影响，提高了美国经济活力。我们的研究也表明，如果把改革措施做到位，通过促进劳动力的进一步流动，可以带来效率改善和生产力提升。每年大概能促进经济增长1.6个到2个百分点。也就是说，即使GDP增速在5%—6%，这项改革也能带来相当于1万亿—2万亿的收益，完全可以抵消所谓的改革成本。

农业生产不会成为制约因素

新京报：*效率提高的来源在哪里？*

都阳：举个例子，现在北京保姆的工资越来越高，同时，农村仍然有一些中年的劳动力。具备相应条件的农村妇女并不是不想来北京当保姆赚钱，是很多条件制约了她。万一离开土地，找不到工作，又没有保障，该怎么办？看病都是大问题，在农村有新农合，在北京看病即使能报销，也非常困难。如果这些顾虑都没有了，她可能就愿意去北京当保姆，比在农村赚更多的钱。而需要保姆的人就能以更低价格或更方便地雇到一个保姆，他本人就能更好地投入工作，提高生产率。这是一个促进分工和专业化的过程。

新京报：*所以你认同户籍制度改革能延长中国人口红利的观点？*

都阳：对。结构转型需要花时间在市场上摸索。我们也不希望劳动力成本直线上升，当劳动力供给制约经济发展，劳动力的充分流动实际上是有利于结构转型的。

从宏观层面看，已经实现了30年高速增长奇迹的中国可能正处于"中等收入陷阱"的十字路口。以前促成经济增长奇迹的一些有利因素正逐渐消失。而东亚经济体的经验表明，在中等收入迈向高收入的阶段，由全要素生产率推动的劳动生产率增长是经济增长的主要动力。在以要素积累为特征的传统经济增长方式被发挥到无以复加的程度时，深化改革与持续增长是兼容的。甚至唯有改革，才能为中国经济发展注入新的活力，使中国避免中等收入阶段的发展难题，步入高收入经济体的行列。

新京报：*是否担心户籍改革引发从事农业生产的劳动力骤减，影响农业生产？*

都阳：以前一直有这个担忧。但现在中国农业的现代化程度已经很高了，农业生产经营并不是简单的劳动投入，其他生产要素投入也非常高，像化肥、农药、优良品种，包括机械化的程度，投入增长都很快。所以农户也并不是一个简单的劳动者，而是一个家庭农场的管理者。既然农业的生产经营跟劳动投入已经没有太大关系，如果农地的流转制度更加自由的话，那农业生产本身并不能成为一个制约的因素。发达国家的农业，都是1%—2%的劳动力，这完全不应该成为一个担心的因素。

新京报：劳动力流动变为人口流动会牵扯到方方面面的问题，尤其是教育问题。在这方面你有何建议？

都阳：教育很重要，思路跟养老制度基本一样，教育的公共服务也应该一体化。可以实行类似于义务教育账户的方法。适龄人口可以拥有个人账户，在任何地方接受义务教育。

新京报：但目前我国教育的核心问题是供应不足。

都阳：我也同意，教育深化改革应该在这个方面展开。国家需要办学校，承担义务教育角色，但同时也应该让其他社会主体参与进来。

新京报：从长期发展来看，如果户籍制度改革以及相关配套改革迟迟不能就位，中国经济主要会面临哪些问题？

都阳：由于没有对户籍制度进行全面系统改革，它所造成的一些弊端已经显现。例如，以劳动力流动为主导，造成了人口结构在城乡间分布的扭曲。留守儿童、留守老人等群体的出现会造成一些新的社会问题。同时，由于人口流动的潜力没有进一步释放，我们也就难以享受其对社会经济发展所带来的红利。

❖ 人物

第一次见到都阳本人，记者忍不住在内心赞叹，这个学者真帅，像极了令狐冲的俊朗潇洒。

可当回到经济话题，刚才的那种错觉马上消失。在整个采访过程中，都阳都一脸严肃，谨慎地对每一个问题作答。即便聊起经济学界的学术争鸣，或学者应坚守的准则这样的题外话，他都会马上表示，“这个话题我不参与，不做回答”。

不少企业家和学者会角色带入，将自己与武侠小说里的某个人物对号入座，或秉持某种侠客精神，作为自己的学术精神，仗义执言。

但都阳认为，经济学者不是武侠英雄比武功，作为一个学者，他只能从自己的研究结果来看，政府应该怎么做，或者能做什么。作为一个研究者，他只能提出方案和内容。至于“后事”如何，那是决策者的事情。所以，他会谢绝那些涉及形势判断、走势预测的话题，认为这不是学者发挥作用的地方。

都阳也认同经济学家对社会的很多问题看得很清楚，执政者需要“游说”，也不反对“游说”，前提是内容不跟个人利益挂钩。他也愿意在不同场合提方案，比如发表学术论文、接受媒体采访，或者给决策者写报告提思路，但仅此而已。

“因为我的角色就是研究这些问题，提出自己的想法和思路。作为这个事情，我已经完成我的角色了”。都阳说，每个决策的过程，决策者都会受到其他因素制约，站在某个学者的角度可能看不清。他说，即使自己的观点没有被决策者采纳，而时间证明自己的方案更合适，也没有什么委屈或遗憾，因为自己已经做了该做的事。

❖ 问题问答

新京报：对2014年的经济、社会运行，你最大的担忧是什么？

都阳：一些经济的结构性问题所引发的矛盾能否顺利解决。

新京报：十八届三中全会确立的300多项改革中，你最关注哪一项？

都阳：三中全会提出全面深化改革，这很重要。现在我们需要一个全面、系统的改革方案，而不是孤立地说哪一项改革更重要。

新京报：评论认为，未来两年是上述改革推进的重要窗口期，你认为两年内，最有希望改变现状的一项改革是什么？

都阳：很难说，有的改革很重要，但并不一定是立马见效，比如像户籍制度改革，它是一种根本性的长远的改革。

新京报记者　林其玲　实习生　钟宜豪

50 汪德华

近期不宜死守3%赤字率红线

核心观点

如果经济能够维持在7%左右的增速，那么地方债就不值得担忧。

中国社会福利体系制度设计碎片化现象严重，今年将首次出现年度性养老金缴费体系缺口。可以将国有企业利润通过公共财政按比例划拨进社保战略储备中。

图 / 侯少卿

汪德华

2005 年毕业于南京大学获经济学博士。现任中国社科院财经战略研究院财政审计研究室主任、副研究员，中国社科院“基础研究学者”。兼任中国成本研究会常务理事、副秘书长，对外经贸大学国际经贸学院兼职教师。主要研究领域为财税理论与政策、社会保障以及财政审计等。

非税收入比重过大 有一定减负空间

新京报：目前中国的宏观税负是多少？

汪德华：我们按照国际的标准口径测算，2013年全口径政府收入占GDP的比重为33%左右。

新京报：我国的宏观税负水平合理吗？

汪德华：我国目前正处于基础设施建设的高峰期，同时，社会福利体系建设这几年也发展很快，实际上是处于基础设施建设和社会福利体系建设双碰头的特殊国情下。这种特殊国情，决定了我国宏观税负要维持在一定水平之上。

新京报：你曾写文章提出过非税收入比重过大。

汪德华：对。我们对总体宏观税负作了分析，税收收入占政府总收入的比重长期稳定在55%左右，也就是说其他45%的政府收入都是非税收入。我们经常听到企业抱怨税负重，实际上大部分指的是费，包括社保方面的缴费。

新京报：国外的非税收入大概是多大比例？

汪德华：国外也有较高的社会保障缴费。除去这一项，很多国家的非税收入也就10%左右。

新京报：我国的非税收入比重为什么这么高？

汪德华：社保的缴费是国际上普遍存在的。中国比较特殊的是这几年兴起来的土地出让金和传统意义上的政府性基金。

新京报：非税收入比重过大会带来哪些问题？

汪德华：我们在分析税制改革的时候往往会忽视一些问题，比如很多人建议减税，实际上，真正要讨论减轻负担，非税收入是重点；其次，这些非税收入不像税收那样经由人大通盘考虑和规划，一般都属于“名花有主”的资金，这就干扰了财政统筹安排，也会使资金配置效率出现问题。

新京报：非税收入存在减负的空间？

汪德华：从基础设施建设和社会福利体系建设双碰头等支出方面来看，现在不具备大规模减税的空间，且税收收入已经比较规范，但在非税收入上有一定的减负操作空间。我个人倾向清理一些政府性基金，土地出让金可以由征收房产税部分替代。

建议增值税中央地方五五分成

新京报：房地产税会逐步替代土地出让金吗？

汪德华：房产税的改革过程可能会比较慢。另外，房产税能够为地方提供多少财政收入，还要看税制的选择，如果是按照之前讨论的人均住房超过40平米部分才征收，那么房产税补充地方财力的效果有限。

新京报：营业税改增值税后，地方的财力会受到多大程度的影响？

汪德华：按现行规定，营业税是百分之百归地方，增值税是中央与地方分别按照75%和25%分成。2013年，我国营业税大约为1.7万亿，营改增之前，1.7万亿全部归地方，如果改成增值税后按照75∶25分成，那么地方大概会减少1.3万亿左右的收入分成。

我们现在采取的是过渡的办法，即原来交营业税的企业，改成增值税后仍然百分之百归地方。但这个过渡的办法是无法长期维持下去的。现在要讨论的是如何找到新的办法替代，确切地说就是如何把这1.3万亿的亏空补上。

新京报：有意见认为可以将消费税和车购税作为地方主力税种。

汪德华：我不太赞同这种设想。这种设想夸大了能弥补地方财力的程度。目前消费税和车购税加起来大概1万亿左右，但其中有4000多亿已经通过税收返还或转移支付的方式给地方了，留下能够真正弥补地方财力的仅有6000亿左右。

同时，消费税是大头，如果要给地方，就必须将征管从原来的生产环节移到零售和批发环节，这会大大提高征管成本。

另外，我国的消费税是特别消费税，政策目标是针对一些特定商品，比如烟、酒、奢侈品等，通过税收手段来抑制这类产品的消费。将其给地方将导致政策目标冲突。比如，烟草消费税占消费税的50%以上，如果将其归地方，地方还有动力推动控烟工作吗？

新京报：那你觉得地方的财力亏空应该如何弥补？

汪德华：我个人倾向是经过测算调整增值税的分成比例，以确保地方总体财力分成比例不下降。例如，由现有的“75∶25”调整为“50∶50”。有些人担心，增加地方增值税分成比例，会导致地方政府过于重视招商引资、经济发展。我认为这种担心没有道理。首先，地方政府重视经济发展不是坏事，现在的问题是地方政府通过牺牲环境、权力保护等来追求经济发展，这需要通过事权调整来抑制。其次，我们可以调整增值税分成公式。例如，50%的增值税是地方分配的总盘子，但每个地方能分配到的增值税，可考虑20%按其当地企业缴纳的增值税进行分配，其他30%的分配按各地常住人口指标，甚至是加入节能环保等方面指标综合考虑。

我国政府债务风险不大

新京报：我国现阶段地方债风险高吗？

汪德华：根据审计署的审计，我国地方政府负债总额在18万亿左右。这18万亿中，实际上需要地方政府偿还的大概在13万亿左右。把中央和地方的债务加在一起大概是30万亿多一点，占GDP的比重在60%以下。发达国家的债务占GDP比重在100%以上都是正常情况。从总量上看，我国政府债务实际上问题不大。

中国比较特殊的是地方政府的债务比重很高。当前发达国家政府债务主要是中央政府负债。历史上，美国在1840—1880年左右的时期跟我国现在的情况类似，中央政府没有多少债务，地方政府借了很多债，那个时期刚好也是美国基础设施建设的高峰期。所以当前我国政府债务的现状与国情有很大关系。

新京报：所以地方债高企是阶段性的？

汪德华：随着地方政府基础设施建设高峰期慢慢度过，地方政府债务的高峰期也会逐渐缓解。

新京报：目前的地方债务水平还是能承受的？

汪德华：很多人拿债务与当期财政收入比较，这种分析方法是不合适的。政府的债务能不能还得上，与这个国家或地区的经济增长速度密切相关。我国的经济只要能够维持在7%左右的增速，那么政府债务就不值得担忧。一方面，经济增长速度快，财政收入的增速就有保证；另一方面，GDP增速很快，也就意味着分母不断增大。

近期不应死守赤字率3%红线

新京报：允许地方发债的规模能替代地方政府此前的融资借债规模吗？

汪德华：按照今年预算的发债规模来看当然替代不了。

发债规模到底定多少实际上非常关键，取决于财政赤字率定多少。当前在社会潜意识中，会参照欧盟经验，认为赤字率不超过3%是一条红线。

新京报：如果按照赤字率不超过3%的标准，地方发债规模不足以满足其需要？

汪德华：以前我们官方所公布的赤字率只是包含中央政府和代发地方债部分的债务，地方政府通过地方融资平台等方式的借债并没有包含在内。如果把这些算在内的话，我们测算过，2009年赤字率实际上是超过了10%的。

按照新修改的《预算法》，未来地方融资平台不能承担为地方政府借债的功能，地方政府债务只能采取政府债券的形式。也就是说，过去隐藏在地方融资平台中的赤字要显性化了。在这种情况下，如果以后按照3%的赤字率限制，发债的规模可能定得太低，不符合中国的现实国情，也会干扰经济发展。所以地方的发债规模还是应该与地方基础设施建设的需要相匹配。要理性讨论，务实面对。我认为近几年应该定得高一些，不能死抱着赤字率3%不放。

新京报：你认为赤字率定多少合理？

汪德华：这个还得测算，首先要看地方的基础设施建设实际需要，其次要看引入社会资本进入基础设施领域是否成功。

以前我们很多基础设施建设项目都是政府大包大揽，自己成立公司去做项目，这样负债都是政府的。现在鼓励发展PPP，推动社会资本进入基础设施项目建设，让社会资本承担项目建设的筹资压力。可以给予建设项目一定的财政补贴，项目建成后给社会资本一定的收费权利，从而对社会资本有吸引力。通过这种方式分清政府与企业的责任，就可以缓解地方政府的债务压力。

社保体系制度碎片化现象严重

新京报:你曾经提到经济建设性支出比重过高，社会福利性支出比重较低，目前两者的比重大概是怎样的。

汪德华：从2012年来看，全口径财政支出社会福利性支出占比为41%；经济建设支出为39%，这里面包含基础设施建设和给企业的大量补贴；剩下20%的支出主要用于支撑政府的一些基本职能。

新京报：国外的社保支出比例大概是多少？

汪德华：发达国家没有什么基础设施建设任务，一般都在70%左右，美国比较低也超过了60%。

这跟国情有关系，总体的方向是社会福利所占比例慢慢提高，这是随着经济发展阶段动态调整的。

新京报：社会福利体系制度设计存在怎样的问题？

汪德华：中国社会福利体系制度设计碎片化现象严重是个很突出的特点。

我国社保的管理权限基本都在市县层面。比如养老保险，美国一开始就是联邦政府直接负责，而中国是从市县开始，目前养老保险能做到省级统筹的很少，绝大部分还留在市县的层面。

从养老保险案例来看，碎片化的制度设计与劳动力流动规模非常庞大的国情是极其不适应的，造成了很大的不方便，阻碍了老百姓提高福利水平。

前些年没有建立转移接续机制，一个农民工如果从广东转到别的地方，社保没有办法转过去。现在制定了转移接续的办法，但在实际推行中仍然存在问题，比如农民工在广东打工，养老保险自己交8%，企业交20%，走的时候8%可以拿回去，20%拿不回去。但实际上，从经济学的定义来看，企业交的20%的社保是本人工资的一部分。可以看到，这个结果很不公平。

新京报：所以基本养老保险等社保应该由中央整体统筹？

汪德华：对，如果统一到中央就不存在这些问题。

老百姓不用担心领不到养老金

新京报：现在养老金缴费体系的缺口有多大？

汪德华：劳动者缴费，离退休人员拿养老金，比较理想的状况是缴费总数足够支撑养老金的支出总数。我所说的养老金缴费体系缺口，是指缴费总数低于支出总数，不足部分需要财政补贴弥补。缴费存在缺口，并不是指政府没钱发养老金了。老百姓不用担心领不到养老金，实际上目前账面上还有大量的养老金结余。

全国层面来讲，按人社部的数据2011年缴费总数比支出总数高出大概1100多亿；而到了2013年缴费比支出仅多出164亿；可以明确地说，2014年缴费总数要少于支出总数，今年将首次出现年度性养老金缴费体系缺口。

新京报：这样看未来缺口会越来越大？

汪德华：应当是越来越大。

新京报：不能保持养老金缴费和支出的平衡了？

汪德华：目前的体系下已经没有办法保持平衡了，财政要不断往里补贴钱。我们所谓的缴费缺口就是财政拿多少钱补贴进来，是这个意思。

新京报：现在财政也有补贴进来吧？

汪德华：每年补贴额度非常大，大概三四千亿。

新京报：没有出现缴费缺口为什么要补贴？

汪德华：跟社会福利体系的碎片化有关系，有些地方有结余，有些地方的缺口就非常大。有缺口的地方需要财政补贴。

新京报：是否能在制度上解决这个问题？

汪德华：养老保险制度无论如何调整未来都需要财政补贴，只能说原来需要补贴很高的规模，改革可以降低补贴幅度。

首先，要做好战略储备，比如我们建立了社会保障基金理事会，目前的储备有上万亿的规模，另外国有企业每年的利润是非常庞大的，可以考虑国有企业利润通过公共财政按比例划拨进战略储备中。同时，要在养老金制度上进行改革。改革有很多值得讨论的方向和问题。一个争议比较大的问题是延迟退休。

新京报：延迟退休的反对声音很大。

汪德华：延迟退休在所有国家都会引起非常大的争议。但我想反对的人也会认同，人口形势决定，10 年后或者 15 年后中国的退休年龄应当延迟。

建议降费增税改革养老金制度

新京报：目前养老金的管理模式是合理的吗？

汪德华：中国采用的是统账结合的模式，企业缴纳的工资总额的 20% 进入社会统筹账户，个人缴纳工资的 8% 进入个人账户。我国的个人账户在某种程度上应当是强制储蓄的功能，但有个很大的问题是，政府把账记在那儿，给的利息非常低，不到 1%，相比银行存款、支付宝等方式低很多，这就非常不合适了。

在人们的意识中，在缴费时可能会认为统筹部分是税负，在领养老金时会认为统筹部分完全是政府发放的福利。税负大家都希望逃避，福利大家都希望增加。也就是说，统筹账户部分在人们意识中完全是收入再分配。

我们觉得最好的制度模式是把强制储蓄与收入再分配功能严格分开。分开之后激励导向的问题就缓解了。现在工资的8%是强制储蓄，20%是收入再分配，能不能考虑把比例颠倒过来，20%成为强制储蓄的部分，但不能像现在这样只给不足1%的利息，而是应该按照市场正常利率；8%作为收入再分配的部分，给予贫困人口更多的倾斜，或者两部分的比例可以再做测算和调整。这样的改革方式是比较理想的模式。我们提出增值税筹资发放养老金，这是很重要的出发点。

新京报：增值税筹资发放养老金的具体方式是什么？

汪德华：我建议，在营改增全面实施之后，将增值税标准税率从17%增加到20%，同比提高增值税其他税率、消费税税率，并用这两类税收的20%建立国民养老计划，用于给所有老年人发放国民养老金，地区城乡可根据生活费用予以调整，还可以给贫困人口更多倾斜。这相当于收入再分配部分。

与之同步，将现有的养老保险缴费率降低至13%—18%，设置多档供企业、职工选择；非正式就业人群自己缴费，缴费全部计入个人账户。这相当于强制储蓄部分。由此，新体系形成国民养老计划加名义个人账户的双层架构。

❖ 人物

见到汪德华时，他戴着半框眼镜，穿着米色的夹克，是那种典型的知识分子和研究者的形象。

每周汪德华要去位于三里河的中商大厦一次，那里是中国社科院财经战略研究院的办公地，剩余的时间他更多是在清华大学做项目，跟他的博士后导师清华大学经管学院副院长白崇恩一起。

汪德华说自己的爱好是运动，足球、羽毛球都是他喜欢的。

汪德华毕业于南京大学经济系。他说当初选择经济系是因为热门，而毕业后从事学术研究则是因为性格。“我可能有一种探究意识，对问题比较好奇，搞清楚一个问题就觉得很有乐趣，这是个人的性格偏好。而在业界要一天到晚跟很多人打交道，会有一种厌烦感。职业的选择跟性格有关系”。

在汪德华眼中，虽然比不得金融机构的从业人员，但经济学界研究者的收入不算太低。他觉得赚的钱够用就可以了，反倒是要他像机构的人那样工作会觉得比较痛苦，而做经济学研究者挺开心的。

社科院是中国政策制定的智囊团，有很好的途径和渠道将自己的政策建议向决策层传递。汪德华说，每年都有要求写一些政策建议往上送，也会有布置的任务和课题研究。但他觉得公开的渠道要比专门的渠道更有效果。“政策建议不一定要通过内部渠道往上送，在这方面媒体的作用可能更大，更能传递理性的声音，引发社会更广泛的关注。而广泛的关注和讨论更容易达到决策层。专门的渠道送上去的并不一定比公开渠道的效果更好”。

他认为，学术研究能够得到学科界同行的认可，根据研究发表自己的观点，让公众听到更多理性的声音更是他所看重的。

❖ 同题问答

新京报：对2014年的经济社会运行，你最大的担忧是什么？

汪德华：经济增速还是值得担忧的。

新京报：十八届三中全会确立的300多项改革中，你最关注哪一项？

汪德华：我当然最关注财税改革。

新京报：未来两年最有希望改变现状的一项改革是什么？

汪德华：司法改革。市场经济正常的运转，包括个人权利的保护都跟司法有很大关系。

新京报：未来10年，你认为哪个行业最具有投资前景？

汪德华：我觉得是环保类的。

新京报：你如何看待知识分子的社会责任？

汪德华：知识分子从事的工作本身就具有社会责任，重要的是知识分子如何理性务实地创造知识、传播知识。

新京报记者　李蕾

51 谭小芬

央行全面降息可能性很小

核心观点

现在人民币汇率实际上已经基本接近均衡水平，不存在大幅升值的基础，反而双向波动的可能性在加大。

房地产投资在总投资中的比重高达25%，房地产投资的波动对投资总额和整个经济增长都会带来非常显著的影响。我们应该尽快摆脱过度依赖房地产业的现状。

央行全面降息可能性很小。如果中国经济真的往下走，央行有可能会降息。

图 / 彭子洋

谭小芬

1978 年生，2001 年和 2004 年，先后在北京师范大学经济与工商管理学院获得经济学学士学位和金融学硕士学位；2007 年获得中国社会科学院世界经济与政治研究所（世界经济专业）经济学博士学位。2012 年—2013 年美国哥伦比亚大学访问学者。现任中央财经大学金融学院国际金融系副教授、硕士生导师、博士生导师。研究领域为货币政策和国际金融。

新京报：2014 年 9 月外贸运行数据显示，贸易顺差有所缩减。10 月 1 日，国际货币基金组织（IMF）的数据显示，德国已经取代中国成为全球最大的贸易盈余国。中国贸易顺差慢慢降下来，跟人民币升值有关系吗？

谭小芬：中国贸易顺差降下来有几个原因，人民币升值肯定是其中很重要的因素，因为人民币汇率实际有效汇率到现在升了 36%，这个升值幅度还是比较大。

另外，中国很多产品在发达市场的份额在 2008 年已经达到天花板，即在别的国家市场份额达到一定的比例后很难再继续扩大。市场份额达到天花板之后，发达国家经济增长不是特别好，即使份额保持不变，但需求小了，总量也会变小。

此外，国内的生产成本包括水电、劳动力、银行贷款利率等都在上升，盈利的空间变小。加上人民币升值，外部需求下降，所以出口没有像过去增长那么快。

新京报：但 IMF 认为人民币仍然被低估了 5% 到 10%。

谭小芬：实际上，现在人民币还真不一定被低估，现在人民币汇率实际上已经基本接近均衡水平，不存在大幅升值的基础，反而双向波动的可能性在加大。最近有研究员认为人民币贬值的因素要超过升值的因素。

新京报：为什么现在人民币汇率没有大幅升值的基础？

谭小芬：从外部的环境看，人民币盯美元，美元对其他货币在升值，就意味着人民币对其他货币也在升值。所以人民币即使不动，对其他货币也在升值。

现在的贸易顺差没那么大，再继续升值的话，出口还是会往下降。这是非常重要的因素，不要小看这个因素。

20 世纪 90 年代的时候，所有的国家都在盯住美元，美元升值，它们的货币也升值，开始这些国家认为美元升值趋势应该在 1—2 年内就会结束，而实际上，1994 年—2001 年美元出现很长时间的升值趋势。

这一轮美元升值的周期也会比较长。如果人民币还是盯着美元的话，相当于对其他货币的有效汇率升得更多，所以从这个角度来看，人民币对美元应该贬值。

还有国内的因素。一方面，出口在往下降，进口在往上升，实际上我们需要进口的东西特别多，服务业和大宗商品的进口越来越多。中国的一般贸易进口占进口总额的比例从 2007 年的 45% 飙升至 2012 年的近 60%。在日益壮大的中产阶级的支撑下，中国对旅游、教育、医疗保健等外国服务的需求也在迅速增长。另一方面，国际收支，不能仅仅只看贸易，还得看投资。我国引进外资基本就稳定在 1 千亿美元左右。但是中国对外的投资越来越多，增长非常快。

所以出口下来了，进口上去了，境外投资在增加，国际收支的顺差就会下来。如果光看市场因素的话，人民币是有贬值压力的。但是因为央行有很大的外汇储备，可以通过政策对冲的手段进行干预，让人民币不贬值，保持稳定。

应尽快摆脱过度依赖房地产业现状

新京报：你的研究领域里还有一项是对美国和欧洲房地产周期的研究。

谭小芬：对。2006 年，当时还在社科院。当时中国房地产房价涨得比较厉害，出现比较明显的泡沫。所以当时就研究美国和欧洲的房地产市场，想从中得到一些启示。当时重点跟踪了美国的房地产市场，对房地产市场对宏观经济的影响感触比较深。后来去理解美国的次贷危机为什么那么严重，因为它的源头是房地产。

房地产跟宏观经济有两个方面的联系。第一是实体经济，比如说中国，房地产联系着建材、钢材、水泥、装修等大概 60 多个行业，跟实体经济的关系非常强。第二是金融，因为大部分贷款都是以房地产作为抵押。美国的房地产还有很多的衍生产品，所以它对实体经济和金融体系的影响非常大。

新京报：2006 年对美国房地产市场周期的研究，如今来看，对中国房地产市场有无借鉴意义？

谭小芬：美国的房地产投资占整个投资最高才 10%，房地产投资并不高，但中国的房地产投资占到整个投资的 20%—30%，这个非常高。而且我们的房地产抵押贷款增长得也比较快，信贷持续增长那么快是有问题的。

所以启示是，第一，房地产市场因为连着实体经济和金融体系，所以对于房地产市场的控制，不能直接控制房价（国外不会直接控制房价），可以控制金融机构的信贷，可以进行顺周期性的监管。所以对房地产市场信贷怎么进行监管非常重要。欧洲央行在 2005 年、2006 年的时候就非常关注房地产信贷的增长。

第二房地产对宏观经济的影响要特别重视。在中国，房地产行业已经成为经济的重要支柱，房地产投资在总投资中的比重高达 25%，房地产投资的波动对投资总额和整个经济增长都会带来非常显著的影响。而且，房地产行业大量资金来源于银行体系，开发商从银行贷款、买房者从银行贷款，风险也不容忽视。纵观历史，从日本的资产价格泡沫破裂到东亚金融危机，再到美国次贷危机，无不与房地产有关。我们应该以此为鉴，尽快摆脱过度依赖房地产业的现状。

房贷7折优惠可能性很小

新京报：近期央行新规：首套房首付比例30%，贷款利率下限是贷款基准利率的0.7倍，对拥有一套住房并已结清相应购房贷款的家庭，为改善居住条件再次申请贷款购买商品房，执行首套房贷款政策。你怎么看这次央行和银监会松绑楼市限贷?

谭小芬：今年可以看到经济下行的趋势比较明显，政府反腐的力度比较大，所以实体经济如果下来了，一定要有另外的领域发展起来，让大家觉得不会特别糟糕。

现在北上广一线城市还可以，房价不存在大幅下跌的基础。但是像三四线城市，房地产价格下跌风险较大。

中国房地产市场的暴利时代已经过去。对于房地产，我觉得现在政府是比较矛盾的。一方面，害怕它涨，老百姓会怨声载道；另一方面，又害怕它跌。一跌的话，银行体系、地方融资平台都会出问题。

但是房价不可能不动。我觉得政府还是希望稳定住房价，又有一点点上涨。所以看到房地产价格往下跌了，就刺激一下，但是这个刺激实际上还是局部的。因为现在贷款利率掌握在银行手上，贷款利率市场化，贷款利率下限是贷款基准利率的0. 7倍，我觉得可能性很小。

目前，商业银行1年期以上的贷款基准利率为6%左右，7折就是4.2%。眼下银行理财产品，一年的收益也能达到5%—6%，这比贷款利率7折后的4.2%反倒高。也就是说，执行7折利率，银行很可能要赔钱。所以这次央行只是这么规定，但是商业银行在力度上会减弱很多。

新京报：在业内分析人士看来，房贷新政已经算是定向降息了。现在市场比较关心的是央行会不会全面降息?

谭小芬：我觉得央行全面降息的可能性很小。如果中国经济真的要往下走，央行有可能会降息，但是现在有几个因素制约降息。

第一，国际上的因素，美联储加息只是时间问题。美国在加息，中国在降息，这个利差就大了，这个时候降息效果就会受到影响。

第二，从国内的因素看，我们现在处于经济增速的换档期、结构调整期、前期政策消化期，在这种情况下，利率很难大幅往下调。因为利率大幅往下调的话，释放了流动性，企业不愿意转变增长方式，结构就调整不了。所以央行肯定不会全面降息。只有确实会影响到经济增速降到7.2%以下，央行会刺激一下。

❖ 人物

采访前，查看谭小芬简历，觉得他是一个精力很充沛的人，既有行政职务，又发表学术研究论文。此外还接受媒体采访和定期发表财经评论文章。

“媒体记者采访时可能会问，银行最近的资本充足率计算方法发生变化，您怎么看？媒体觉得金融学教授应该各个方面都懂，是‘通才’，但是实际上我不研究这些领域。在高校做研究，大都做得较专，所以有些问题研究不是很深入，只能是泛泛而谈，”谭小芬说。

不过，谭小芬认为，跟踪政策的难度不亚于学术研究。因为作政策研究需要把握好中国经济的形势变化和具体特点，并且运用现代经济学金融学的理论方法进行分析，这个难度很大。由于时事热点变化很快，需要耗费很多精力。但是写学术文章就不一样，因为比较专一，钻研的时间长了，对某一领域就会越来越熟悉，发表文章反而不是那么难了。

“我曾经作过一段时间的形势跟踪和政策分析，也作过一些政策解读，但是2013年从美国访问回来后，我就几乎不写财经评论文章了。在高校作研究，尤其是年轻学者更应该扎扎实实地持续积累，奠定自己的学术底蕴，这样，写出来的文章能够更让人信服，同时也避免了学术上的浮躁。”

虽然不会专门写财经评论文章，但是谭小芬表示也会经常关注时事，毕竟做研究也要跟实际相结合，尤其是经济学和金融学，更需要去观察现实，寻找经济学的感觉。“学术研究要把理论上的分析成果转化为政策参考，为政府和管理层决策提供参考、借鉴或者启示。”谭小芬说。经济学离不开它的现实意义和应用价值。

❖ 问题问答

新京报：对2014年的经济、社会运行，你最大的担忧是什么？

谭小芬：企业债务居高不下以及由此引起的影子银行的风险。

新京报：十八届三中全会确立的300多项改革中，你最关注哪一项？

谭小芬：金融改革，尤其是自贸区的金融改革，包括资本账户开放、人民币跨境使用、大宗商品衍生品交易便利、利率市场化。

新京报：评论认为，未来两年是上述改革推进的重要窗口期，你认为两年内，最有希望改变现状的一项改革是什么？

谭小芬：土地制度改革。虽然我不是很懂，但是我感觉，土地制度改革一旦成功，会给中国经济带来非常大的变化。土地流转可以从三个方面去影响经济，一是农业有保障；二是劳动力转移，会带来人口红利；第三，土地流转过程中，金融和其他实体企业都可以介入，会出现很大的改革红利。

新京报：未来10年，你认为哪一个行业最具投资前景？

谭小芬：在线教育、健康产业、基于互联网的综合金融服务。

新京报：怎么看待知识分子的社会责任话题？

谭小芬：作为当代的知识分子和年轻学者，我觉得应该读好国内外的经典文献，借鉴世界各国的发展经验和历史，结合中国国情分析问题，提出建设性的政策建议和意见。

新京报：对于中国的诸多经济学家，你最为尊敬的是哪一位？

谭小芬：余永定老师。他是一位非常典型的知识分子。第一，学术功底扎实，在国内国际学术界的声誉都很高；第二，视野开阔，具有大家风范，不仅专业素养高，他对哲学、文学都很有研究，英语水平一流；第三，为人低调，但是做事高调；第四，非常关照后辈青年，善于提拔年轻人。

新京报记者　梁薇薇

52 张明

未来5年是爆发金融危机高危期

核心观点

如果结构性改革推进不力以及应对危机举措不当，中国有可能爆发系统性金融风险。未来5到10年是爆发金融危机的高危期，政府需要做好政策预案。若能把握住对资本异常流动的控制，增强国内外主体对中国经济与金融体系的信心，重塑中国经济增长的动力，就能避免或缓解危机的恶化。

图 / 侯少卿

张明

1977 年出生，分别于 1999 年和 2002 年获得北京师范大学经济学院的学士和硕士学位，并在 2007 年获得社科院经济学博士学位。现为中国社会科学院世界经济与政治研究所国际投资研究室主任，中国社会科学院国际金融研究中心副主任。研究领域为国际金融与中国宏观经济。

出版《全球危机下的中国变局》、《全球金融危机与中国国际金融新战略》等学术著作。入选首批中组部青年拔尖人才支持计划与中国金融博物馆第二届青年金融学者。

警惕金融系统性风险的爆发

新京报：你在最近一篇文章中建议，中国政府要做好应对危机的准备。最近也有知名经济学家认为中国经济现在处于危险地带，改革若把控不好可能会爆发很大危机。是这样的吗？

张明：的确有这方面的风险。中国金融系统性风险也是我过去几年的研究重点之一。

新京报：如果未来中国爆发金融危机的话，将会发生在什么领域？

张明：可以从私人部门、政府部门与对外部门这三个部门来审视中国金融系统性风险。这三个部门各自面临一些风险隐患，目前正在逐渐累积。而且，这三个部门之间的风险很可能是联动的。未来在特定情形下，一个源自内部或外部的负面冲击，可能导致金融风险在这三个部门相继爆发，并且形成恶性循环。

新京报：分开来说，怎么理解私人部门的风险？

张明：在私人部门，金融风险主要体现在两个方面：第一，我国的企业部门负债是全球大国中最高的，占 GDP 的比率在 130% 左右。企业高负债对应着高投资，高投资形成了企业的高产能。在过去内需和外需都很强劲的情况下，这样的模式没有问题，它会带来高增长。但全球金融危机爆发之后，外部需求开始萎缩。随着国内经济潜在增速的下降，内需也开始下行。内外需的萎缩导致过剩产能变得非常明显。过剩产能意味着企业投资收不回成本，银行给企业的贷款收不回本息。所以未来几年内，需求萎缩加剧的产能过剩必然导致中国企业部门的去杠杆化，进而导致银行不良资产比率显著上升。

第二，银行体系的健康完全和房地产行业的健康绑定在一起。我们曾经做了一个估算，中国商业银行放出去的贷款中，有百分之四五十左右，都跟土地和房产的价值密切相关。这些贷款最后能否顺利收回，也和未来中国房地产市场的变化密切相关。例如，如果全国的房价地价都下跌三分之一，那么商业银行的资本金就会产生相当大的损失。

新京报：但有经济学家认为，因为中国的首付比例很高，中国房地产贷款对银行不会造成很大风险？

张明：如果风险不大的话，为什么最近宏观经济下行，政府又开始放松房地产行业的宏观调控了呢？尽管首付的保障使得居民住房抵押贷款比较安全，但是对开发商的贷款与地方融资平台的贷款的安全边际并没有那么高。

新京报：公共部门的风险又是什么？

张明：过去10多年，政府债务占GDP比率的上升速度太快，特别是在全球危机爆发和“四万亿”之后。根据审计署最新的调研，截至去年6月底，中国政府整体债务占GDP的比重在56%左右。

随着私人部门金融风险的爆发，银行坏账比率将会显著上升，如果中国政府再像1998年那样对银行体系进行大规模救援，那么未来几年政府债务水平可能会继续快速上升，最终导致市场对政府的偿债能力产生怀疑，市场对于政府通过制造通货膨胀来降低债务负担的担忧也会加剧。

新京报：对外部门的风险呢？

张明：过去10多年，中国一直是国际收支双顺差。但未来的一些变化会使得双顺差逐渐消失。比如，随着人民币升值、劳动力价格上升以及国内其他要素价格调整，目前我国经常账户顺差占GDP的比率已显著下降。在资本账户方面，中国政府正在推动中国企业去海外投资，中国的家庭和企业以前只能在国内配置资产，而未来随着资本账户的开放，他们会有很强的动机将一部分资产配置在海外，这也就意味着中国可能会有很大的资本外流。因此我国的资本账户顺差也可能缩小，甚至变成逆差。一旦国际收支双顺差变成了一正一逆，或者说双逆差，那么我国的外汇储备就可能开始下降，人民币汇率就可能开始贬值，资本流出的压力会带来一些新的隐患。

危机爆发概率取决于政府对策

新京报：如果这三个部门发生联动风险，会产生怎样的恶性循环？

张明：我觉得未来中国最有可能面临的危机路径是，伴随着中国资本账户的加速开放，以及美联储步入新的加息周期，外部对资金的吸引力会显著增强。在特定情景下，中国可能会有很大的资本外流。

资本外流很可能会导致国内的流动性水平显著下降、国内利率水平显著上升。利率上升将会导致私人部门的金融风险加剧，例如企业部门会加速去杠杆，房价会加速下调，而企业去杠杆和房价下调都会导致银行的坏账加速上升。

所以未来3到5年，银行坏账显著上升的可能性很大。这些都会导致国内外主体对本国经济和金融体系的信心下降，他们会有动力把更多的钱挪到国外去。如果这样，资本外流会进一步加剧，人民币汇率将会面临更大的贬值压力，进一步的资本外流也会导致国内流动性进一步收紧，利率继续上行，这样就构成了一个风险的闭环，而且是恶性循环。

新京报：按照你的推导，这一危机实现的概率会有多大？

张明：危机爆发的概率取决于中国政府的对策，其实我们是完全有能力避免危机的。有两方面的对策非常重要。

第一，资本是不是想流出就能流出去？换句话说，中国政府有没有能力保持对异常资本流动的管制？若能把握住对资本异常流动的控制，中国政府就能避免或缓解危机的恶化。问题若只出现在国内，中国政府还是有很强的能力来应对的。

第二，能不能在风险浮出水面的背景下，维持甚至增强国内外主体对中国经济与金融体系的信心？换句话说，能不能推动一些看似困难的结构性改革，重塑中国经济增长的动力。

资本账户开放倒逼机制很危险

新京报：谈到资本账户开放，最近呼吁开放的声音很大，央行也有一些加快开放的政策，比如上海自贸区、前海特区、沪港通。但你却持反对意见，为什么？

张明：我并不是反对资本账户开放，只是认为开放的进程应该更加渐进、审慎和可控，从而使得中国政府保留管理异常资本流动的能力。

我赞成类似沪港通这样的在一定额度下可控的开放跨境金融投资的举措。但是，我反对为资本账户开放设定一个硬性的时间表。譬如，之前市场曾有传闻，中国政府将在2015年实现资本账户的基本开放，在2020年实现资本账户的全面开放。

对资本账户开放这样一个非常敏感且不确定的事件设置一个硬性的时间表，其实大可不必。它应该是一个在各方面改革都比较完善的情况下水到渠成的结果。它不应该被用来倒逼国内的结构性改革，这种倒逼机制其实是很危险的。

新京报：你认为其他改革进展到什么程度，资本账户可以开放？

张明：资本账户的全面开放应该有一些前提条件：第一，人民币利率和汇率的形成机制应该充分市场化；第二，中国金融市场现存的一些脆弱性应该得到处理，比如当前影子银行体系内积聚的风险、房地产市场下调可能导致商业银行出现的坏账风险等；第三，中国政府应尽快建立一套新的宏观审慎监管的框架，并借此来取代资本账户管制。在上述准备工作做好之后再全面开放资本账户，中国经济对负面冲击的抵御能力将会显著增强。

新京报：刚谈到避免危机的第二点是维持投资者信心，而其中的关键一环是结构调整。你认为中国经济的结构应该怎样改革？

张明：目前对中国经济而言，最重要的结构性调整有三点。

第一，让整个国民收入更好地在居民、企业和政府之间分配，让居民获益更多；

第二，打破国有企业对若干服务业部门的垄断。这里的服务业部门包括教育、医疗、通信、铁路、金融等部门。未来中国经济要进一步增长，主要动力源泉将来自服务业，因为我国的制造业发展已经达到一个很高的水平。而服务业要想快速发展，必须打破市场准入的门槛，让民营企业能够真正跟国有企业进行竞争。此前三中全会决议提到的混合所有制，包括近期石化企业的一些改革，就是一个很好的开始；

第三，加速实施国内各种要素价格的市场化。要素既包括土地、水电气这些资源，也包括环境成本，要把它内化到企业的经营决策中去。只有要素价格充分市场化，才能真正促使中国经济从粗放型增长变成集约型增长，变成资源节约型、环境友好型的增长。

应对危机应做好政策预案

新京报：对于改革的路径推进，你有何建议？

张明：第一，必须要推进结构性改革。只有结构性改革得以推动，中国经济才能真正完成转型，才能真正跨越中等收入陷阱。以上所有愿景，都建立在国内经济在未来一二十年能否再保持6%以上增长的基础之上。尽管来自既得利益集团的阻力非常强大，但我们很欣喜地看到，当前政府有很大的勇气和决心来推进改革。如果能把本轮反腐的勇气和决心用到推动结构性改革上来，我觉得是完全可以做到的。

另外，从历史上看，几乎所有新兴经济市场在成长为发达经济体的过程中，都会有跨越中等收入陷阱的阶段，经历各种类型危机的洗礼。未来的5到10年是中国爆发金融危机的高危期，因此我们要做政策预案。其实我觉得危机爆发并不是最重要的，重要的是危机爆发之后怎么加以应对。

世界上有两类国家。一类成功地跨越了中等收入陷阱，这类国家的数量很少，例如亚洲的韩国与北欧的芬兰。这两个国家的特点是，它们都曾爆发过金融危机，但它们很好地利用危机来凝聚国内的共识，从而推动进一步的改革。另一类国家则深陷在中等收入陷阱里不能自拔，例如一些拉丁美洲国家。

新京报：现在关于未来中国经济的增速，经济学家有很多猜测。有的乐观，有的悲观，且有很大争论。你怎么看？

张明：二者都是基于对未来改革情景的不同而判断得出的结论。比较乐观的，像北大的林毅夫教授和复旦的张军教授，他们认为中国经济未来 20 年还可能保持 8% 左右的增长。他们是基于一种乐观的愿景，即相信中国能够成功地实施结构改革，能够顺利地转变增长方式。在这种愿景下，中国经济可能有很快的增长。

但很多人没这么乐观，认为 6% 或 7% 就相当不错了。这是因为他们考虑到当前中国的政治经济现状，以及潜在的金融风险，他们倾向于认为，在未来 5 到 10 年要成功推动国内结构性改革是非常困难的。

新京报：你是一个中国经济的悲观主义者吗？

张明：我对中国经济的未来是审慎乐观的。如果政府能够真正推进国内的结构性改革，中国经济能够保持一个较快的增长速度，帮助我们在未来 10 年跨越中等收入陷阱。今天我提到的诸多负面情景，则是我衷心希望中国能够成功避免的。

新京报：你怎么评价当前改革的进展？

张明：有这样一个比喻，中国改革一开始像摸着石头过河，现在则进入了深水区，河的深度已经超过人的高度了，再在水底走也走不过去了。这个时候，就一定要浮起来，瞄准对岸的目标游过去。你要清晰地知道你想到达何处，你才能顺利地游过去。

新京报：在你看来，我们现在的改革目标是什么？

张明：我觉得三中全会给的蓝图就是一个很好的目标。国际社会给三中全会决议的评价是很高的。但是谁都说，关键看落实，要看七八年之后交出的成绩单。这个目标可能包括：人均 GDP 达到 1 万美元以上，从而跨越中等收入陷阱；有更加公平的收入分配；社会阶层之间的弹性更大。这或许就是中国梦的题中之义。

❖ 人物

尽管在经济领域已有建树，并在中国社科院担任了研究室主任，但张明看上去仍像个大男孩，一身休闲装、干净利索，很容易就打开话题匣子。不过，在回答记者对当下经济问题的各种提问时，张明却毫不含糊、逻辑严密。他说，因为这些是他每天都在思考的。

张明不是一个沉迷书斋的学者。他把自己和这个开放时代紧密关联起来。他同时运营博客和微信公众账号的两个自媒体平台，并更新频繁。记者约访的时候，张明正在美国访问，几日后还是有新作更新，一篇关于欧元汇率趋势性判断的文章，同时发表在《人民日报》上。他的自媒体上，还有很多读书笔记。

张明喜欢将自己的思考主动传播，他认为研究应该和市场结合起来，同时跟其他研究者交流，哪怕观点相左。他本人也常常作为反方出现在各种论坛上，尽管有争论，但大家会尊重对方的意见，“因为市场的发展需要思想市场的开放”。

对当前的经济，张明表达了很多悲观的判断。但他说，之所以愿意提出更多悲观情景，是希望政府能“提前预见，最终避免”。他说自己在扮演一个“bad cop”（坏警察）的角色，给政府提一些警告。如果政府能避免它的话，就是一个皆大欢喜的事。

对于一些声音批评政府政策过多干涉市场，张明认为不要低估政府官员对当前经济形势的理解。“政府官员在内部的交流中非常坦诚，但对外可能会有顾虑”。即便对于当前被保守经济学者批评的“4 万亿”政策，张明也表示理解。他说，事后作判断总是容易的，面对问题时，政府有可能反应过度，但不反应会更加危险。每届政府其实都在积累经验。

“批评总是很容易，难的是提出建设性意见，”张明说，“他的任务就是在批评之后提出有正能量的意见。”

❖ 同题问答

新京报： 你对2014年经济和社会运行最大的担忧是什么？

张明： 结构性改革推进迟缓。经济增速显著下降，可能迫使政府不得不重新采用大规模的扩张性政策，这会恶化当前的一些结构性问题，比方说制造业产能过剩、新建基础设施利用率不足、房地产市场供求矛盾等。

新京报：三中全会的300项改革中，你最关注哪一项？

张明：国企改革和土地改革。

新京报：有评论认为，未来两年是上述改革推进的窗口期。你认为两年内，最有希望改变现状的改革是什么？

张明：第一类是金融部门的改革，例如人民币汇率和利率的市场化改革，以及民营金融机构的准入等；第二类是国企改革，例如混合所有制方面的改革。我认为土地改革不会推进得那么快。

新京报：未来10年，你认为哪个行业最有投资前景？

张明：服务业，特别是养老、医疗行业。随着中国社会逐渐步入老龄化社会，养老、医疗问题将变得越来越重要。

新京报：怎么看待知识分子的社会责任？

张明：要有独立思考的能力。

新京报：对于诸多的经济学家，你最尊敬的是哪一位？

张明：我的导师余永定先生。

新京报记者　杨万国　林其玲

53 汪红驹

通过适当微刺激避免经济硬着陆

核心观点

在中国经济的“新常态”下，要以平常心适应经济增速放缓的现实。

在去产能、去泡沫、去杠杆的过程中，需要通过适当的刺激政策防止经济硬着陆。投资驱动仍然将是稳增长的主要手段。

2011 年之后，中国经济逐步放缓、美国经济企稳回升，两大经济体的新常态下出现周期性错配。因此，需要避免美元升值带来的资本流动对处于经济下行压力下的中国带来更多不利影响。

图 / 彭子洋

汪红驹

中国人民大学经济学博士，中国社会科学院财经战略研究院研究员、综合经济战略研究部副主任。

主要研究方向为经济周期、宏观经济监测指标、宏观结构模型、资产定价和网络经济。分别于 2006 年和 2011 年赴英国诺丁汉大学经济系和美国斯坦福大学国际发展研究中心进修学习。目前担任中国社科院研究生院博士生导师。

“新常态”概括了宏观经济运行状况

新京报：今年以来，不管决策层还是学界，都在提中国经济新常态的概念，其含义为何，又从何而来？

汪红驹：新常态，顾名思义就是指反常态的现实逐渐变为常态，用以概括国家宏观经济运行的变动状况。

2002 年“9·11”之后，美国出现过一个短暂的经济衰退，所以他们在 2002 年的时候提出“新常态”的概念。当时主要是两个含义，一方面是美国当时出现的无就业增长的经济复苏，另一个是恐怖主义距离日常生活更近。

之后 2008 年次贷危机，美国出现 20 世纪 30 年代之后的最严重经济衰退。于是，2010 年在第 40 届瑞士达沃斯世界经济论坛年会上，美国一个太平洋基金管理公司的总裁 Erian 用“新常态”来概括 2008 年金融危机之后全球经济陷入低增长状态的一些特点。他认为 2008 年的金融危机不是简单的皮外伤，而是伤筋动骨；同时，西方经济体不会出现类似以前普通的经济周期从底部快速复苏，而是会长期保持疲弱和高失业率；而美国国内的政治对立加剧，将削弱全球的经济协调和对地缘政治的干预等，这些特点决定了金融危机之后美国会进入多年低增长的“新常态”。

新京报：中国经济新常态又从何时出现？

汪红驹：中国经济的新常态，是因为在 2012 年之后，中国经济增长速度开始下滑和放缓，于是国内的很多学者就借鉴了国际上这个“新常态”的概念，用它去描述中国经济增长出现的变化。

今年 5 月，习近平主席在河南考察时指出，中国发展仍处于重要战略机遇期，从当前我国经济发展的阶段性特征出发，要适应新常态，保持战略上的平常心态。这是新一代中央领导首次以新常态描述正在变化中的中国经济，也表明了最高决策层对当前中国经济的认识。

中国处于转型期的“新常态”

新京报：具体来看，中国经济的新常态包含哪些含义？

汪红驹：从 2012 年以后，从媒体和学术研究关于新常态的论文和报告总结来看，中国经济“新常态”主要包括两种用法。一是认为当前中国经济处于经济增速的换挡期、结构调整阵痛期、前期刺激政策消化期，这个“三期叠加”的过程就是“新常态”。

另一种用法是把未来经济增长的目标作为新常态的概念。认为当前经济下移的过程还未到新的均衡点，经济结构也未调整到合理的状态；未来经济中高速增长的底被探明之后，经济可以稳定在新的均衡点上，才是经济增长的新常态。这其实暗含了对未来经济增长可能会处于新的均衡点的推测，是一种理想或期待的目标新常态，但不是目前正在进行和经历的过程。

新京报：你怎么看待这两种总结？

汪红驹：这两种总结都有局限性，因为这两种概括都是以经济发展的速度为核心指标，来区分经济发展的阶段。单一的速度指标，不能全面反映经济转型过程中的质量改进、效率提升，也不能显示经济增长的可持续性和风险。中国经济正处于大转型时期，相比于目前的“新常态”而言，过去经济高速发展“老常态”难以为继，但我们期待的“目标新常态”还任重道远，那可能是在2020年之后，各方面制度更加成熟更加定型的新的发展时期。所以如果改革进程能顺利推进，如果十八届三中全会和四中全会提出的改革目标能顺利实现的话，大约从2014年到2020年之间，这一时期也就是从“老常态”到“目标新常态”之间的转型过程，就是我们目前正在经历的时期，可以称之为转型时期的新常态。在这个过程中，应该从多维度来概括和定义目前的经济新常态。

新京报：具体如何概括？

汪红驹：具体来说是五点。

首先，是经济发展由过去的高增长模式进入次高增长阶段的新常态；

其次，保增长和控风险会成为宏观经济调控的新常态。意思是，一方面要保住经济增长的底线，另一方面是控制局部地区的地产泡沫和地方债务风险；

再有就是结构调整会成为新常态，中国要从工业大国向服务业强国转型，从投资、出口主导向消费主导转型；

第四，经济生产要素如劳动力、土地、环境的供给、成本的约束加大会成为新常态，过去低土地、资源和环境成本的时代已经过去；

最后，过去30年，中国经济快速发展的同时，积累了很多问题，比如居民收入差距拉大、城乡二元结构以及区域发展不平衡等问题。这意味着，新时期发展和改革会是新常态，体制和机制上的调整会成为新常态，依法治国会成为新常态。

要避免中美经济的周期错配

新京报:你在最近的一篇论文中提到，随着中美经济都进入了新常态，两国经济发生周期错配，对中国经济会带来影响，具体是什么意思?

汪红驹：2008年国际金融危机后，中美两国都采取了力度极大的救市策略，但效果不同。2009年到2010年美国经济增长缓慢，中国等新兴市场经济国家在强力刺激政策的作用下，经济增速首先从底部复苏。但两年后，情况出现了相反的变化。一个增速往上走，另一个增速在下滑。往上走是美国的情况，往下滑是中国的情况。

美国在金融危机之后推出对能源、制造业以及科技创新的扶持政策，外加四次量化宽松货币政策的助推，目前美国复苏的基础很坚实。当前，美国经济大体保持2%以上的增长，财政、国际贸易的赤字在缩减，股市和楼市也在底部反弹，经济整体在逐渐复苏；与之对应的是这两年来中国经济增速放缓，开始转入下行通道，两大经济体出现周期性错配。

美国经济走强，美元会进入升值周期，这会吸引中国香港、中国大陆的资金回流，这种资本流动会给本身处于下行压力的中国经济带来更不利的影响。另一方面，金融危机之后，美国重新调整国际经济战略布局，通过重返亚太、主导贸易谈判、成功实施能源战略降低能源对外依存度，中国过去的出口导向型高增长机制的外部环境已经不存在，加上中国内部房租和工资成本上升，出口加工制造业的对外竞争力也有所下降。

因此，内外方面因素相结合，决定了过去中国凭借全球化机遇加速发展的时代已经渐行渐远，需要警惕美国经济预期向好对中国经济的不利影响。

投资驱动仍是经济主要动力

新京报:三季度宏观数据出来，GDP增速降至7.3%，创五年新低。导致经济下行的原因是什么?

汪红驹：如前面讲的，我们到了一个三期叠加的时期，一是“经济增速换挡期”，这是指中长期的经济增长速度下移过程；二是“结构调整阵痛期”，目前投资消费结构、产业结构、各种要素市场的结构等仍存在扭曲，“调结构”的过程中经济增长速度会有所下降；三是“前期政策消化期”，这是说有些前期政策是过度刺激，目前需要消化其后遗症。出现产能过剩之后需要去产能，其典型表现是产品出厂价格指数（PPI）已连续31个月同比负增长，导致今年工业投资增速下滑较多；还有房地产市场调整，房地产销售面积、房地产投资增速也下滑较多。再有，从外部环境来看，全球金融危机之后的“新常态”是经济复苏缓慢，世界国际贸易总规模增速下降，中国出口增速也必然下降。

新京报：怎么看这种新常态下的经济未来走势？

汪红驹：对中国经济新常态，大致有三种前景。其一，压力之下定力不够，中央政府的宏观政策不能保持现在微刺激这种态势，重新出台强力刺激政策，有可能使债务杠杆率进一步恶化，对局部区域房地产泡沫火上浇油，未来经济出现断崖式跌落的可能性加大；第二，政策误判，微刺激的政策着力点不够保持经济底线，货币受地缘政治冲突影响，能源供应中断，经济增长的底线守不住；第三，比较理想的情况，能够保持定力，通过适当的微刺激政策，坚守保增长这个底线；另外一方面，为改革赢得空间，推进国家治理体系和治理能力现代化，释放创新和改革红利，完成2020年双倍增的计划。

新京报：你的意思是，未来理想的状态是通过适当的刺激政策避免经济硬着陆的风险，同时推进结构性改革，让经济实现平稳运行。

汪红驹：对。

新京报：这需要配套的政策和相应的改革？

汪红驹：是的。首先是要适应这种新常态。以前我们认为8%甚至10%的经济增长才可以保证充分就业。但随着服务业比重的上升和劳动力供给的变化，单位GDP吸纳就业的能力在提高，目前超过7%的GDP增长就已经可以保证就业。如果经济处于合理区间，就不需要再出台强刺激政策，否则会导致泡沫加剧和通货膨胀，增加经济波动的幅度。

再有，要妥善处理2008年后强刺激留下的后遗症，我们进入一个去地产泡沫、去产能过剩和去债务杠杆的周期，在这种过程中治理措施会抑制经济增长；所以，为了防范经济下行甚至硬着陆，要有一些适当的稳增长政策来对冲。比如，房地产方面的托市政策和货币政策定向宽松，就是这个意思，总体目标是要保证经济的平稳运行。

最后，投资依然是新常态下“稳增长”的有效手段。2008年以后，强刺激政策的出台，导致中国消费和投资结构比2008年以前更加恶化，2013年投资占GDP的比重为47.8%，比2007年高出6.2个百分点，根据世界银行的统计，2012年世界平均的投资占比（固定资本形成/GDP）只有21.9%。今年1至9月份社会消费品零售总额增速降到12%，比去年同期下降一个百分点左右，说明短期内消费还是难以成为“稳增长”的主要抓手。展望未来，投资占比需要下调，但不可能一下子转变过来。中国目前的储蓄率仍很高，高储蓄仍需要高投资来吸收。

具体来看，生态文明建设，新型城镇化、高端技术产业和传统产业升级都存在很大的投资空间。但和以往不同，这种投资政策要减少政府直接干预，为引入民营资本和经营创造良好的环境。

未来经济增长仍有巨大空间

新京报：对中国经济的未来，近两年学术界似乎出现了分化。一方面认为，中国经济结构问题突出，受房地产泡沫和债务拖累，有可能将进入一个中长期的衰退，甚至出现经济崩溃；还有一种观点比较乐观，认为中国经济仍然能保持高速增长10年到15年，这两种观点你怎么看？

汪红驹：这两种观点都有些偏颇。对高增长的臆想，主要是依据过去中国经济高增长的历史，还有新兴市场国家曾经经历过的过程，再加上我们有一个发展空间，来推断未来经济仍将维持高增长10年到20年，但其忽视了中国人口红利消失、国内产业结构服务业比重上升、城市化速度趋缓、经济全球化继续深化进程受阻、全球经济复苏缓慢等负面因素。

崩溃论的说法，其背后的证据支撑也不够。目前中国中央政府的债务比率从世界范围看并不是很高，财政稳健，握有世界第一规模的巨额外汇储备，存款准备金率仍处于高位，利率水平距离发达国家的“零利率”还有很大距离，同时中国大量国有资产，土地资源特别是农村土地尚未被完全市场化。总之，中国政府有充分弹药应对经济下行的压力。另外，中国未来经济增长仍有巨大空间。

新京报：具体有哪些？

汪红驹：根据国际货币基金组织的统计，2013年中国人均GDP为6629美元，跨越“中等收入陷阱”，实现人均GDP达到1万美元的目标，这是个很大的发展空间。具体来看，比如现在提出的长江经济带，21世纪丝绸之路，所谓的“一带一路”，都是未来促进经济发展的大战略。再有就是国内区域经济的不平衡调整、城乡差距、东中西的区域经济差异、未来实现城乡一体化等，这些本身都有巨大的发展潜力。

新京报：外界比较关心的产业结构要如何调整？

汪红驹：我们以前的产业结构以第二产业为主，随着工业化和城市化进程的推进，服务业的比重不断上升，中国正从工业大国向服务业强国转型，以第三产业衡量的服务业占GDP比重在2013年已经超过第二产业，达到46.1%。伴随着收入和资本存量的增长，中国正在从投资和出口主导型向消费主导型经济过渡。从历史经验看，这必将明显提升对服务业的需求，尤其是商贸物流、互联网金融等生产性服务业，高端的金融服务、体育产业、文化产业等等都会有显著的发展。另外，就第二产业内部而言，环境保护、医疗、高端的设备制造业，在技术上和设备上需要突破。

新京报：消费如何刺激？

汪红驹：消费的问题需要在经济发展过程中慢慢调整。中国消费占比低，主要原因是过去中国作为后发国家，走的是政府主导资源配置的发展模式，通过低消费、高储蓄、高投资来拉动经济增长。要扭转消费被压低的状态，需要在收入分配结构上加以调整，但一直难以改动。根本上来说，需要完善社会保障制度，建立失业保险、完善义务教育、医疗保障、退休金制度等。建立完善的社会保障体系之后，消除居民基本的后顾之忧后，消费者才敢去消费。

❖ 人物

严肃、面庞消瘦，鼻梁上架着副无框眼镜，44岁已是满头“银发”，这是初见汪红驹时的印象。

1970年出生的汪红驹，是中国人民大学的经济学博士。毕业后，汪红驹进入社科院经济研究所工作，目前是中国社科院财经战略研究院研究员、综合经济战略研究部副主任。

2006年和2011年，汪红驹先后赴英国诺丁汉大学经济系和美国斯坦福大学国际发展研究中心进修学习。也许正是亲身经历过欧美经济增速由高转低，又由金融危机的底部开始向上复苏的过程，汪红驹对宏观经济运行的周期格外敏感。在其最新的一篇学术论文中，通过对20个变量的检测，汪红驹还原出近年来中国经济宏观运行指数。

谈及个人的经历和已有的学术成就，汪红驹略显羞涩，并不愿多谈，“还是多花点时间放在学术问题交流和探讨上吧，”汪红驹说。但被问及知识分子的社会责任，他又立刻回归“严肃”。“知识分子的社会责任，含义太广，有人类发展的社会责任，有中华民族振兴的社会责任。如果指后者，我相信，只要是认同中华民族的人，都有义务有愿望去承担振兴中华民族的社会责任”，汪红驹说。

❖ 问题问答

新京报：对2014年的经济、社会运行，你最大的担忧是什么？

汪红驹：最担忧的是如何维持房地产市场平稳运行。

新京报：十八届三中全会确立的300多项改革中，你最关注哪一项？

汪红驹：最关注国有企业改革。

新京报：评论认为，未来两年是上述改革推进的重要窗口期，你认为两年内，最有希望改变现状的一项改革是什么？

汪红驹：房产税改革。

新京报：未来10年，你认为哪一个行业最具投资前景？

汪红驹：环境保护产业。

新京报：对于诸多经济学家，你最为尊敬的是哪一位？

汪红驹：斯坦福大学Darrel Duffie。从没有在其他场合见过其他老师将复杂的运算以简单、富有条理的表述清晰地呈现出来。

新京报记者　刘溪若

54 殷剑峰

“人口红利期”还有四五年

核心观点

中国房地产不是有没有泡沫的问题，而是泡沫有多大的问题。由于我国的高储蓄率和经济发展前景，如果宏观政策应对得当，尤其是不主动地去用货币政策刺破泡沫，那么，通过持续的经济增长，泡沫是可以有效消化的。

我国虽然人口在老龄化，但是从事农业的人口占比依然非常高，这些人口依然还是要转移。随着人口结构的变化，过去那种高储蓄高投资的增长模式可能会发生改变，但是中国经济并不会发生雪崩式的变化。

图 / 侯少卿

殷剑峰

中国社科院金融研究所副所长、金融产品中心主任，中国金融学会理事，中国金融四十人论坛成员。曾荣获 2006 年孙冶方经济科学奖（第十二届）和 2009 年胡绳青年学术奖（第五届）。主持和参与了由中央政府、地方政府、金融监管当局、金融机构和中国社科院赞助设立的多项重大研究课题。著有《金融大变革》、《金融结构与经济增长》等。

中国经济不会发生雪崩式变化

新京报：你跟李扬合作的《劳动力转移过程中的高储蓄、高投资和中国经济增长》2006 年获得了孙冶方奖，当时为什么想要做这个课题？

殷剑峰：当时不少学者对中国的高储蓄率和高投资率是一种负面的看法，认为高投资背后是高储蓄，投资的边际效应是递减的，这种模式是不可持续的，还有预言说中国正在走亚洲金融危机爆发前的老路，很快就会出现危机。

后来我们就做了这个课题。我们的研究发现，只要劳动力能够持续地从农村向城市非农产业转移，这个高投资是有必要的，那么高的投资率，你必须有资金来源，相应地就会有高的储蓄率。而这种高储蓄、高投资正是推动中国经济在过去几十年里高速发展的重要力量。这些年也证实了我们的看法。

新京报：但是近些年来，我国的高储蓄率出现下降，同时，农村的劳动力转移已经越来越缓慢了，现在危机是否来了？

殷剑峰：我 2005 年的文章是说劳动力能够持续转移。现在大家比较关心的一个问题就是随着人口老龄化，认为农村已经没有那么多剩余人口了。大概是在 2010 年前后，我国 15 岁—59 岁的劳动年龄人口增长速度开始趋缓，2010 年劳动人口占比出现了绝对性的下降。随着这种人口结构的变化，过去那种高储蓄高投资的增长模式可能会发生改变，但是中国经济不会因此发生雪崩式的变化。

新京报：你的依据是什么？

殷剑峰：原因很简单，我们虽然人口在老龄化，但是从事农业的人口占比依然非常高，这些人口依然还是要转移。

在欧洲、日本、美国，他们的人口老龄化的严重程度要比我们严重得多，但是这些国家的农业就业人口只有百分之几，这说明劳动力从农业到非农产业的转移并不会因为人口老龄化而停滞。农业人口依然需要转移，而这种转移的过程依然是需要比较高的储蓄率、比较高的投资率，也为比较高的经济增长提供保证。

所以虽然从 2010 年之后人口结构发生变化，但是这种未来的经济增长不会出现一下子从百分之十几，一下掉到百分之二三的水平，经济的转型可能会比较平稳。原因就是我们还是个发展中国家，农村还有大量的剩余劳动力。

刘易斯拐点还未完全到来

新京报:农村还有大量剩余劳动力，那为什么还会出现用工荒? 现在普遍认为，中国已经从劳动力过剩转向劳动力短缺，中国已经经历“刘易斯拐点”。

殷剑峰: 我认为这个观点是可以商榷的。

按照刘易斯和其他早期发展经济学家的观点，刘易斯拐点反映的是劳动力的供求关系，就是农业剩余劳动人口全部转移到非农业的现代部门之后，由于剩余劳动力已经不存在，从而导致工资的快速上涨。所以，识别刘易斯拐点应该看工资水平，而不能简单地计算劳动力供给数量的变化。因为劳动力供给数量的变化既不能代表供求关系的变化，也不能反映劳动力价格的变化。

新京报: 我们经常会看到，现在餐厅里三四千元招不到服务员，人力成本上升较快，这不是劳动力价格上涨吗?

殷剑峰: 工资确实出现上涨，2001 年—2010 年的 10 年，工资增速平均高于人均 GDP 增速 2. 6 个百分点。但在国民收入的初次分配中，劳动者报酬在 2002 年前保持稳定，在 2002 年—2010 年占比却从 54% 下降到 2011 年的 47% 。这说明，工资上涨虽然是劳动力供求变化的结果，即劳动力供给相对于劳动力需求的减少，但是，这种工资上涨还不是劳动力转移完成后的快速工资上涨，就是所说的刘易斯拐点。

新京报: 为什么会出现工资上涨了，劳动者报酬占比下降?

殷剑峰: 国民收入分为政府、企业和居民三个部分，其中，居民收入包括劳动者报酬和财产收入。在工资上涨的过程中，劳动者报酬占比的下降反映了我国收入分配不合理的一个重要方面，就是国民收入过多地被分配到了政府和企业部门，尤其是过去十年依靠卖地收入的政府部门。所以，工资上涨了，但是，其他部门的收入上涨更快，从而导致劳动者报酬占比的相对下降。

中国房地产泡沫可以有效消化

新京报:那什么情况下可能会发生危机?

殷剑峰: 人口拐点和储蓄率双重拐点到来，会导致经济增速和人均产出水平的下降。但是经济减速并不意味着要爆发危机。危机的爆发还受其他因素影响，例如房地产泡沫和信用膨胀等因素。

新京报：那你觉得现在中国有房地产泡沫吗？

殷剑峰：中国房地产不是有没有泡沫的问题，而是泡沫有多大的问题。我们的研究发现，我国住房供求关系在过去几年中已经出现了总体上的供过于求，因此，房地产市场的持续调整是必然的。但是，由于我国的高储蓄率和经济发展前景，如果宏观政策应对得当，尤其是不主动地去用货币政策刺破泡沫，就像20世纪80年代日本和本世纪美国所做的那样，那么，通过持续的经济增长，泡沫是可以有效消化的。

新京报：新一轮的城镇化是否是这一轮农村劳动力转移的新形式？这种城镇化对房地产市场有何影响？

殷剑峰：新一轮城镇化是人的城镇化，其本质是公共服务的均等化。这与以往土地开发和房地产扩张的城镇化完全不同，因此，不会出现过去那种大规模的购房需求。

人口红利还可持续5年

新京报：你有没有测算，农村剩余劳动力的转移过程还会持续多久？中国还有多久的人口红利期？

殷剑峰：按照过去劳动力转移的平均速度，大概也就是2019年。

新京报：也就是说还有四五年的过渡期，中国应该如何来把握？

殷剑峰：这个过渡期给我们提供了一个改革的窗口，错过这个窗口再往后恐怕就真的会出现中等收入陷阱。就好像日本，错过了机会窗口，就失去了这种改革的良好的基础。

日本在20世纪60、70年代经济高速发展的时候也是人口红利的时期。但是到80年代，人口结构发生了变化，人口迅速老龄化，日本没有抓紧改革，然后就发生泡沫，持续衰弱。现在日本好的岗位，领导岗位，都被老年人占了。整个养老保障体制是年轻人的钱付给老年人。所以整体的这个社会的机会、利益，全部转给老年人，年轻人没有机会。越来越少的年轻人养越来越多的老年人，财政压力会越来越大。

中国要避免出现这种状况，就是劳动力市场要是一个富有弹性的市场，养老保险体制要吸取包括日本在内的其他发达国家的这种经验。

新京报：我国的养老体系目前也是年轻人交钱养老年人。

殷剑峰：健全的社保体系应该有三个支柱。一是强制性的养老保险，二是个人和企业缴纳的养老保险，第三是商业性保险和自愿储蓄。

在我们国家，第一支柱基本是空档运行，有很多财政缺口，而且还有一个很重要的问题，全国不是统一的；第二块个人和企业是强制性缴纳的，也不是全覆盖，有很多企业，比方说私人企业可能就没有，像农民工就更没有；第三块商业保险发展还是非常不尽如人意，现在中国人主要靠自己储蓄来防老。

政府应该转型为公共服务型

新京报：那中国应该怎样避免陷入中等收入陷阱？

殷剑峰：具体方法实际上十八届三中全会决定已经说得很清楚了，现在主要问题就是怎么去加快推行。三中全会的决定里我觉得“市场发挥决定性作用”的前提是另一句话，就是“更好发挥政府作用”。如果没有更好地发挥政府的作用，市场这个决定性作用要么是不可能，要么会出问题。

新京报：你怎么理解“政府的作用”？

殷剑峰：过去这 30 年，尤其是过去这 10 年我们经济中面临的种种乱象、问题，核心问题就在于政府没有发挥好作用，就是该做的没做，不该做的做了很多。

该做的没做就是像全国统一的养老、医疗、教育，这应该是中央政府做的。但是在过去中央推给地方，然后地方也在推给市场。

医疗是最典型的，在改革开放前我们还有全民的医疗保障，但改革开放之后我们慢慢把这些全部推给市场，而这个应该是政府做的。当然政府承担起自己的责任不是说该大包大揽，得适度，因为在人口老龄化的过程中间如果政府承担得太多，财政会有巨大的压力。日本、美国就是例子，它们的财政赤字很大一方面就是因为医疗费用的支出，现在看起来美国的医疗改革可能是世界上最坏的制度。

新京报：就是说政府应该做一些基础性的公共产品，其他的让位于市场。但这种转型对于政府来说是艰难的，特别是地方政府，怎么让它们做好公共产品服务？

殷剑峰：我们以前的政府不是以提供公共品为主，政府从上到下都是追求经济增长。所以我们可以看到它的投资很多，政府的直接或间接的投资非常多，但在那个时期是有必要，就是在劳动力转移的时期。比如各地的开发区，有了资本，有了工厂，农业的就业就变成非农就业。所以在过去30年我们国家经济增长是一种开发区模式，它的背后行为的主体除了劳动力和企业家，就是地方政府，地方政府GDP的冲动是我们国家高速经济增长的一个重要动力。现在必须改变了，过去“唯GDP论英雄”的做法在人口老龄化的过程中间已经不再适用了，政府必须从追求GDP增长型，转向提供公共服务型。

新京报：不适用的具体表现有哪些？

殷剑峰：一方面是人口老龄化的趋势，老龄化过程中间对公共品服务的需求会大量上升，养老、医疗、教育等等。另一方面，随着人口老龄化，靠劳动力、资本投资的经济增长必须转向靠技术进步的内涵式增长，而这种增长要求政府提供很好的环境、很好的公共品。所以更好地发挥政府的作用是市场发挥决定性作用的基本前提。从去年以来我们做的很多改革都是政府在改革自己的职能，包括八项规定、反贪反腐。中国市场经济改革完成的一个标志就是发改委职能的彻底转变、甚至没有发改委。

❖ 人物

从2000年进入中国社科院攻读博士，14年过去了，殷剑峰一直没有离开社科院，历任中国社科院金融所结构金融研究室主任、理财产品中心主任、金融研究所副所长。殷剑峰说，他喜欢社科院轻松自由的环境，如果是在机构，说话有很多顾忌。

他说话很直接。谈到资本市场，他说：“证监会就像一个妈妈，市场就像她的孩子一样，从小就告诉你要吃这个，吃那个，但不让这个孩子进行新陈代谢，不让他把那些废物排泄掉，这么一个市场它怎么可能好呢？”

谈到市场化改革，殷剑峰更是直接表示：“中国市场经济改革完成的一个标志就是发改委职能的彻底转变、甚至没有发改委。”

但是他却说研究经济没什么意思。“坦率地说，经济学、金融学研究这么多年，越往后越觉得没意思了。越研究就越觉得很多事情是在之外的，”他举例说。他认为，关于金融改革，很多人就金融改革谈金融改革，实际上金融改革的很多东西是在外面的，比如财政，金融改革成功与否在很大程度上取决于财政体制能不能顺利改革。

殷剑峰还爱读历史，他觉得读史明鉴。殷剑峰认为，经济学家应该是个“大家”，是集大成者，而现在市面上99%所谓的经济学家都是经济分析师，不应称为“家”。

“英文的 Economist 更确切的译法应该叫经济学工作者或者经济分析师，”殷剑峰说。在现在这样浮躁的环境中，对一个经济观察者来说，最难得可贵的是：潜心治学。但现在，有一些学者已经基本上不作研究，而是在博眼球的乱说。

❖ 同题问答

新京报：2014 年经济社会运行你最大的担忧是什么？

殷剑峰：地方政府的高杠杆问题。

新京报：十八届三中全会确立的三百多项改革当中你最关注的是哪项？

殷剑峰：市场发挥决定性作用，更好发挥政府作用这句话。

新京报：评论认为，未来两年是上述改革推进的重要窗口期，两年内最有希望改变现状的一项改革是什么？

殷剑峰：政府的审批制。

新京报：未来 10 年哪一行最具有投资前景？

殷剑峰：这次改革提出了很多放松的方面，文化、教育、医疗，甚至包括农村的土地制度，我觉得养老产业吧。

新京报：怎么看待知识分子社会责任？

殷剑峰：知识分子的社会责任就是良心，不要胡说八道。

新京报：你最推崇哪一位经济学家？

殷剑峰：李扬，还有蔡昉。

新京报记者　苏曼丽

55 陈少强

政府需要寻找新的投融资计划

核心观点

混合所有制改革是本轮国企改革的重点，关系到改革的成败，要抛开意识形态争议，以结果为导向进行混改。在依靠土地融资模式难以维系，PPP 模式（公私合作模式，是公共基础设施的一种项目融资模式）有可能成为政府一厢情愿时，政府需要寻找新的投融资计划。

图 / 彭子洋

陈少强

1971 年生，财政部财科所国有经济研究室副主任、研究员，研究领域包括：宏观经济问题、财税理论与政策、国企改革。2002 年获得日本一桥大学公共管理硕士学位，2006 年获得财政部财政科学研究所经济学博士学位。曾参与写作财政部原部长项怀诚主编的《中国政府预算改革五年》，并翻译了《日本财政政策的制定》一书。

混合所有制决定改革成败

新京报：十八届三中全会以来，关于国企高管人员的薪酬改革是各方关注的重点。消息说，国企职工、特别是高管的薪水会下降。国企的薪酬改革特别是央企，也提了很多年，为什么一直没有一个让各方都满意的方案，难点在哪儿？

陈少强：国企高管薪酬的争议源于社会的收入分配差距。

我们必须了解国企薪酬的来龙去脉。国企薪酬牵涉两部分利益集团，一个是国有企业管理层本身，他们自然希望薪酬高一点；第二个来自于制定政策的国资委相关部门，国资委的收入分配局负责制定国企薪酬标准。国资委自然希望国企能够做大，制定的薪酬起激励作用，薪酬作为红利的一部分就很难降下去。

薪酬的制定水平与预期相差较大的原因，来自国资委和国有企业内部集团的默契和配合。

新京报：对于国企高管的薪酬改革，你认为怎样才能做到各方都满意？

陈少强：要基于国企的市场化改革，就是要推进混合所有制，让市场发挥决定性作用。

对薪酬的改革要立足于整个国有企业的改革来谈，而不能只就收入高低来谈是否公平。我觉得还是要基于效率优先的原则，在推进国有企业改革的情况下，兼顾社会大众的感受。

新京报：你提到国企市场化改革，要推进混合所有制，这也是本届政府主推的改革之一。你怎么看待混合所有制？

陈少强：中国混合所有制从很早以前就开始了。早在1984年国企和集体企业改革的时候，中国就已经开始所谓的混合，那时候叫承包经营。

从根本上来说，有些股份制已经完成，有些还没有。这实际上涉及有些改革的领域尚未放开。

新京报：为什么现在又提混合所有制改革？

陈少强：两方面的原因：一是内部的需求，经济进入转型期，需要通过改革释放新的红利；二是外在的压力，中国要想进一步和国外合作，就得放开更多的领域，允许外资进来，这也要求我国进一步开展混合所有制改革。混合所有制已经没有回头路。

新京报： 目前我国混合所有制的发展状况怎样？

陈少强： 混合所有制分为两个阶段，第一个是初期阶段；第二个是中高期阶段。我们现在恰恰处于初期阶段，当允许民营资本进入，将其与国有资本平等对待的时候，却没有一个被大家都认可的、共有的游戏规则。

民营资本的规则是利润最大化，而国有企业已经形成了一套严格的官方审批、汇报等制度，所以它们的目标函数不太一样。初期阶段，是大家一个取长补短的过程。

新京报： 你看好我们目前的混合所有制从初期向中高期过渡吗？

陈少强： 我们的混合所有制刚刚开始，大家还处于磨合期。我认为，经过在一个公平的、有效率的市场机制下试验之后，应该是会有成效的。如果没有成效，我非常担心这个改革失败。

新京报： 基于什么原因而产生这样的担忧？

陈少强： 基于两个原因；一个是民营经济担心进入后权益得不到保障；第二个是国有经济的内部人士担心混合所有制会削弱国有经济的控制力，甚至担心在进行产权股权交易时，会出现被人质疑导致国有资产流失的情况。所以，大家都畏缩不前。

新京报： 怎么解决这个问题？

陈少强： 解决这一问题，取决于混合所有制企业的治理结构。在我看来，混合所有制是一个方向，而重要的是如何让这个方向落地。

比较好的是按照现代公司治理框架，按公司法的套路和管理架构来进行，公司法已经被市场经济所证明和接受。这正好涉及混合所有制的改革起点，混合所有制可以把大家的优点相结合：国企的规范程度是要明显高于普通民营企业的，民营企业则对市场比较灵敏，因此可以把规范性和灵敏度相结合。

我们应该以结果为导向来评价混合所有制，不要太担心意识形态问题，而是要看大家能否从改革中获得红利。大家的担心，也证明了要解决这个游戏规则的问题，把制度和框架建立起来。

国企反腐比行政反腐更复杂

新京报： 据不完全统计，进入2014年后，有超过20位国企一把手因涉嫌违纪违法被调查。随着反腐的深入，国企领域的反腐风暴也愈演愈烈。你怎么看待国企领域的反腐?

陈少强:从全社会角度来看,腐败是一种现象,是制度不完善情况下的必然结果。我觉得国企领域的反腐比行政反腐更难。

新京报:为什么会更难?

陈少强:在传统的行政事业单位,对贪污、挪用和受贿的界定很清楚,追查起来也更容易。

但国有企业的腐败更加复杂。首先,这和国企高管委派制有一定联系,国企的领导者认为他是向上一级组织负责,而不是向全国人民负责;第二,这和经济规则有关。国企领导者认为在企业中,可以将消费支出算作企业成本的一部分,所以你见过哪个国企有“三公经费”一说?第三,也和职务消费制度的不完善有关。职务消费和生产性经营容易弄混,典型的就是吃饭问题,吃饭是消费行为还是经营活动一部分?就像媒体报道说,华润集团原董事长宋林一顿饭好多万,也许他认为这一顿饭能带来几个亿的收益;第四,企业和政府联手。

新京报:这个联手体现在哪些方面?

陈少强:这是一种利益的联手。比如,地方要发展经济,它有多种方式,比如将本地不太好的企业进行收购。其中的核心问题就是价格和股权,这里存在高估和低估的问题。在这个过程中,政府官员容易干预市场。若政府与企业有关,它会让企业被高估,进而从溢价中获得好处。

还有国企高管出让自己企业的问题,国企内部关联方交易的问题。关联方交易是一种市场化的方式,极具隐蔽性,监察成本很高,导致国有资产变相瓜分或流失。

地方债:中央释放“不兜底”信号

新京报:9月21日,国务院下发了《关于加强地方政府性债务管理的意见》,你怎么看待这份《意见》?

陈少强:这份《意见》和8月31日出台的《预算法》相吻合。《预算法》说允许地方政府在财力范围内经过审批,可以用于建设性的举债,为地方政府举债提供了法律依据,但谁来偿还债务还没有明确说明。随后,国务院下发了这个文件,要求“自发自还”,作了补充。我觉得,这是一个常态下的文件,警示地方政府发债要对自己的行为负责。

新京报：你认为在地方政府性债务出现违约时，中央政府会“兜底”吗？

陈少强：在非常态下，如果地方政府出现严重危机，中央政府是不可能不管的。文件中说是“实行不救助的原则”，而没有说是禁止中央政府救助。

新京报：你觉得对地方政府的警示性会有多大呢？

陈少强：两个方面有警示：一方面，举债规模要受到审批，可能会缩减发行规模；另一方面，在偿还上，给地方政府释放了“不兜底”的信号。

新京报：你对地方政府性债务的“制度建设”有何建议？

陈少强：第一，预算和财务管理制度，进一步朝着市场经济国家通行的管理制度去推进，包括进一步落实权责发生制、明确政府资产负债的定义、规模、统计口径等；第二，在市场建设上，加快培育地方债务评估主体，培育市场；第三，完善地方政府举债制度，进一步完善地方政府举债制度规定，基于现有的经验总结。

新京报：对目前的地方性政府债务有没有担忧的地方？

陈少强：现在的一个问题就是，一方面土地融资等方式没说不让搞；另一方面又在逐步放开地方政府债券市场。有可能会形成来自两方面的压力：一是既有的传统土地融资模式的风险；二是显性的地方政府的债务风险。随着城市的逐步扩大，风险会逐渐扩散。这两个问题是中央和地方政府同时需要考虑的。因此，下一步就是要探索新的财政投融资计划。

政府要寻求新的投融资计划

新京报：新的投融资计划目前有没有进展？

陈少强：现在有几个方案，一个是国务院正在大力推进的 PPP（公私合作模式，是公共基础设施的一种项目融资模式），国家希望通过这种模式缓解地方政府压力，实现公共资本和民营资本共享收益、共担风险。

这个方式的风险在于，项目的周期一般较长，从而风险较高，民营资本可能不太愿意进来。像日本，PPP 的投资仅占全部投资的 1%。因此，有可能会出现政府一厢情愿的情况。

新京报：民营资本为什么不愿意进来？

陈少强：这里涉及的问题是，如何能够真正把市场机制建立起来。如果市场机制不建立，社会民营资本是不愿意大量投资的。

新京报：这里的市场机制是怎么表现的？

陈少强：这里所说的市场机制不是说没有投资主体，而是缺少一个怎么能够有效地规范、保护各方权利的法制框架。

譬如，基础设施以后要逐步对外开放，周期这么长，外资进来后最起码要保证不亏本的问题。但是，万一地方政府违约怎么办？投资者的权益如何保护？我们现在还没有投资者救济制度，没有公平透明的游戏规则，谁敢进来投资？

PPP 的合同在事前就已拟定好，不会改变。但随着原材料价格的波动，市场的波动以及企业本身资金链条的波动，谁来为风险承担责任？还有，地方政府领导更换后，项目投资运营会不会受到影响？目前的情况就是，在一些地方政府换领导后，项目投资和运营出现很大的风险，企业投资面临尴尬的局面。

因此，PPP 模式的广泛应用和推广，要基于两个前提：法制和信用，这两者互为因果。

新京报：PPP 受阻后，你认为有什么新的模式？

陈少强：我个人认为，我国可以通过金融或基金方式启动投融资计划。

有两种方式：第一是政府建立各种发展基金，比如产业导向基金，主要指向工业，还有农业产业基金等。这种模式就是政府拿一笔钱，和民营企业共同投资，当然不仅仅是像 PPP 模式那样主要解决基础设施问题，而是扩大范围，包括一些有市场潜力的战略性新兴产业，像材料、生物等。政府和企业一起来做。待发展到 定程度，政府逐步退出。这样政府可以起到扶产业上路的作用，但政府对产业的带动是通过市场化的方式，而不是直接给补贴。

第二种方式就是政府和金融部门合作。它和以前融资平台的区别在于，以前的融资平台就是政府跟国开行等机构按照商业化的运作方式进行。

新的投融资计划为，政府注册一个资本，银行也来做，但给予一个相对低的利率和价格。投资项目可以包括保障房，也可以包括政府公益基础设施的改造。这种方式可以防止以前融资平台不切实际的担保和以后过高的支付成本，而且可以吸收资本进来，还可以借助资本的撬动作用，通过发行债券来发挥杠杆效应。

但也要防止一个问题，就是政府和金融机构一起形成金融寡头，导致过量投资，以及产生新的腐败。

❖ 人物

新知大厦的财政部财政科学研究所，陈少强在此获得了经济学博士学位。陈少强给人的第一印象是比实际年龄看着显老，43岁的他两鬓已有斑白。对目前国家经济运行的担忧与思考，也许使他“早生华发”。

陈少强多次提到对目前政府投融资计划的担忧：旧的模式风险大、新的模式可能是政府一厢情愿。并表示，“我担心经济转型期过长，旧的增长模式失效，新的增长模式没有找到，经济增速停滞，会引发社会矛盾”。

“担忧”这个词，在陈少强的讲述中，多次出现。

2000年，陈少强前往日本求学，在一桥大学获得公共政策管理硕士学位。这段经历，使他获得近距离观察日本经济的机会。

在采访中，他不断拿日本与中国作对比，提到日本经济存在的问题，中国要避免。例如，PPP项目投资额不到整个公共基础设施建设资金的1%，我国想要利用PPP解决公共基础建设的资金难度较大；新的投融资计划，政府与金融机构的合作中，要防止像日本那样，出现金融寡头。

政府智囊的身份并没有让他回避批评政府机构的问题：谈PPP项目，他批评，很多地方政府换一个领导，项目就变了，让企业怎么敢参与？谈社保基金改革，他批评，“参与管理的政府部门太多，九龙治水”。

“知识分子要代表公共利益，为大众说话，”陈少强称。他认为，很多所谓的“专家”说的话不理性，就是没有顾及公共利益，只为他所代表的利益集团说话。

❖ 同题问答

新京报：对2014年的经济、社会运行，你最大的担忧是什么？

陈少强：经济转型的步伐滞后，新的经济增长点尚未找到，双重交困。如果这一阵痛期持续时间较长，可能会产生更多的社会矛盾。

新京报：十八届三中全会确立的300多项改革中，你最关注哪一项？

陈少强：土地改革，这是改革的命脉。

新京报：评论认为，未来两年是上述改革推进的重要窗口期，你认为最有希望改变现状的一项改革是什么？

陈少强：政府职能和权力下放。注意不是简单地由中央下放到地方政府，而是政府向市场的下放。

新京报：未来10年，你认为哪一个行业最具有投资前景？

陈少强：新材料、新工艺，一旦和信息、金融资本结合，将有巨大生命力。

新京报：怎么看待知识分子的社会责任话题？

陈少强：第一，知识分子要与实践结合起来，知识分子所提的政策和建议必须立足于实践、来源于实践、服务于实践；第二，知识分子要为社会公共利益服务，为大多数人呐喊。

新京报：对经济学家，你最为尊敬的是哪一位？

陈少强：诺贝尔经济学奖获得者、世界银行前副行长约瑟夫·斯蒂格利茨。他用自己的专业知识对美国以及人类社会提出自己的想法和改善意见，是一位有独立见解、为社会大众利益呐喊的经济学家。

新京报记者　朱　星　杨万国　实习生　向倩芸

图书在版编目（CIP）数据

锐见：55位青年经济学人的思想守望／新京报编著.
—北京：中央编译出版社，2015.1
ISBN 978－7－5117－2389－5

Ⅰ.①锐…
Ⅱ.①新…
Ⅲ.①经济学－研究
Ⅳ.①F0

中国版本图书馆CIP数据核字（2014）第257018号

锐见：55位青年经济学人的思想守望

出 版 人：刘明清
出版统筹：贾宇琰
责任编辑：贾宇琰　张　娟
责任印制：尹　珺
出版发行：中央编译出版社
地　　址：北京西城区车公庄大街乙5号鸿儒大厦B座（100044）
电　　话：（010）52612345（总编室）　（010）52612339（编辑室）
（010）52612316（发行部）　（010）52612317（网络销售）
（010）52612346（馆配部）　（010）66509618（读者服务部）
传　　真：（010）66515838
经　　销：全国新华书店
印　　刷：山东鸿杰印务集团有限公司
开　　本：787毫米×1 092毫米　1/16
字　　数：305千字
印　　张：30.25
版　　次：2015年1月第1版第1次印刷
定　　价：68.00元

网　　址：www.cctphome.com　**邮　　箱：**cctp@cctphome.com
新浪微博：@中央编译出版社　**微　　信：**中央编译出版社（ID：cctphome）
淘宝店铺：中央编译出版社直销店（http://shop108367160.taobao.com）

本社常年法律顾问：北京市吴栾赵阎律师事务所律师　闫军　梁勤
凡有印装质量问题，本社负责调换，电话：（010）66509618